上海市"十三五"重点图书项目

上海文化发展基金会图书出版专项基金资助项目

教

译丛主编　周加仙

Teaching and Engaging Students with Poverty in Mind

[美] 埃里克·詹森 著
Eric Jensen

周加仙　张　哲　主译

贫困生的有效教学与有效投入

上海教育出版社
SHANGHAI EDUCATIONAL
PUBLISHING HOUSE

图书在版编目（CIP）数据

贫困生的有效教学与有效投入 / (美) 埃里克·詹森(Eric Jensen) 著；
周加仙，张哲主译.— 上海：上海教育出版社，2020.11
（教育神经科学译丛 / 周加仙主编）
2019年 "国家出版基金项目"
ISBN 978-7-5720-0261-8

Ⅰ.①贫… Ⅱ.①埃… ②周… ③张… Ⅲ.①教育学－神经科学－应用
－特困生－教学研究 Ⅳ.①G40-056 ②G455

中国版本图书馆CIP数据核字(2020)第270878号

策　划　袁　彬
责任编辑　王　蕾
责任校对　宋海云
封面设计　陆　弦

教育神经科学译丛
译丛主编　周加仙
贫困生的有效教学与有效投入
[美] 埃里克·詹森(Eric Jensen)　　著
周加仙　张　哲　主译

出版发行　上海教育出版社有限公司
官　　网　www.seph.com.cn
地　　址　上海市永福路123号
邮　　编　200031
印　　刷　上海展强印刷有限公司
开　　本　700×1000　1/16　印张 22.25
字　　数　363 千字
版　　次　2020年12月第1版
印　　次　2020年12月第1次印刷
书　　号　ISBN 978-7-5720-0261-8/G·0199
定　　价　69.90 元

如发现质量问题，读者可向本社调换　电话：021-64377165

译丛总序

脑：人类学习和教育的重要器官[①]

[美]柯特·W.费希尔[②]　周加仙

　　人能够学习。人类具有学习的特殊能力,是学习使我们成为真正的人。人的这种"特殊性"部分归因于人脑这个学习的重要器官。儿童时期,我们广泛学习社会文化和生活知识。近代历史中,人类通过建立学校开展正规的学习活动。我们在学校度过多年的时光,来学习阅读、数学、科学、历史、艺术等知识。是学习将学校与人脑紧密地联系在一起（Battro，Fischer，& Léna，2007）。

教育神经科学的诞生：教育和生物学的革命

　　将脑、认知科学与教育结合起来的一场革命正在世界范围内展开,其目的是创造新的知识和研究工具来极大地提高学生学习的效率。然而,如果期望过高,人们的热情将随着时间的推移而消退,那么这很可能最终变成教育中的又一阵

---

① 本文原英文部分由周加仙、陈洁翻译。
② 柯特·W.费希尔(Kurt W. Fischer),美国哈佛大学教育研究院教授,"国际心智、脑与教育学会"创始人,该学会官方刊物《心智、脑与教育》的创刊人和首任主编。

流行之风。其风险在于,学校会期望从神经科学中得到快速解决教育问题的对策,但是这种期望是不切实际的! 我们需要的是将生物学、神经科学、认知科学、教育学整合在一起的新知识与新方法(Immordino-Yang & Damasio,2007;Szücs & Goswami,2007)。这门新兴学科非常复杂,其复杂性甚至体现在名称的界定与学科内涵的把握上。世界上的不同组织机构与研究人员曾经用过许多不同的名称来指代这门新兴学科,如"教育神经科学"(educational neuroscience)、"心智、脑与教育"(mind,brain and education)、"神经教育学"(neuroeducation)等,这些名称的含义和所指范围并不完全相同。"教育神经科学"强调的是融合教育学的神经科学,重视的是这一学科的知识创造,而"神经教育学"强调的是以教育学为核心的跨学科整合,重视的是这一学科的知识应用。但是,更多的学者将两者看作同义词(Battro,Fischer,& Léna,2007)。事实上,任何一门学科的发展与兴盛都离不开知识创造与知识应用。作为一门新兴的学科,首先需要创造与积累本学科的知识与技能,才具备转化与应用的条件。因此,目前大部分专家、学者和组织机构倡导运用"教育神经科学"来指称这门学科(OECD,2007,参见《教育神经科学的使命与未来》)。经济合作与发展组织(OECD)"脑科学与学习科学项目"负责人、美国哈佛大学教育研究院的布鲁诺·德拉奇萨建议:"不要使用'神经教育学'一词,因为我们教育的不是神经元,而是人。或者只在以下情况使用这个词:命名伪科学或者被曲解的科学、歪曲的研究成果、各种剽窃的'成果'、急于推广到教育中的成果。"(德拉奇萨,2019)

　　创建"教育神经科学"这门新学科的目的,就是要为教育理论、教育政策与教育实践奠定科学的基础,从而改变教育缺乏科学证据的状况。教育只有以有效的科学证据为基础才能充分地发挥其潜力。目前,国际著名大学已经建立起许多教育神经科学的研究机构或组织。如美国哈佛大学教育研究院、哥伦比亚大学教师教育学院、加州大学的旧金山分校和圣迭戈分校、威斯康星大学麦迪逊分校、范德比尔特大学等,都建立了教育神经科学研究机构;英国剑桥大学和伦敦大学学院分别建立了教育神经科学研究中心；加拿大西蒙·弗雷泽大学建立了数学教育神经科学实验室（周加仙，2013）。在中国，2010 年 12 月华东师范大学创立了我国第一个教育神经科学研究中心，2012 年 12 月台湾师范大学建立教育神经科学实验室，并将发展教育神经科学作为迈向世界顶尖大学的重要举措。目前，国际上有关教育神经科学的专业研究机构与专业人才培养机构共有 80 余个（周加仙，2018）。其中，华东师范大学教育神经科学研究中心独具特色，该中心依托华东师范大学"心智—脑—行为—社会"多层面互动的研究体系，吸收了教育学、心理学、神经科学（认知神经科学）等传统学科的优势，采用超学科、跨学院的研究形式进行教育神经科学的研究。这种研究思路得到了国际教育神经科学研究界的关注。2010 年，国际著名学术期刊《神经元》（*Neuron*）将华东师范大学列为世界教育神经科学的研究重镇（Thomas & Susan，2010）。

学术期刊的创办对于一个新兴学科领域的发展具有重要作用。目前，教育神经科学领域创办了四份学术期刊：（1）《心智、脑与教育》（*Mind，Brain，and Education*）于 2007 年正式创刊，是"国际心智、脑与教育学会"的官方刊物，创刊当年即被评为最优秀的新创刊社会科学杂志，目前，该期刊已经被纳入 SSCI 期刊；（2）《神经科学与教育进展》（*Trends in Neuroscience and Education*，季刊）于 2012 年创刊，主编为德国乌尔姆大学神经科学与学习转化中心负责人曼弗雷德·斯皮策（Manfred Spitzer）；（3）加拿大魁北克创办的《神经教育学》（*Neuro-education*，年刊）；（4）《教育生物学杂志》（季刊），是中国第一本该领域的专业期刊，经原新闻出版总署批准于 2013 年正式创刊，上海交通大学主办，其特色是将医学与生物学、神经科学、教育学结合起来，为教育奠定科学的基础。

21 世纪是生命科学的世纪，生命科学的突飞猛进与日新月异的变化经常成为报刊的头条新闻。科学研究展现了人脑惊人的可塑性，以及人在阅读的时候或者在吸毒成瘾的时候，大脑产生了怎样的变化以适应新环境和新情境。借助新的神经影像工具，科学家们开始了解学习发生的过程,例如,数字学习是如何改变神经元联结的,不同的语言是如何影响认知和记忆的,人的感受是如何塑造学习和信念的。这些研究证明了教育变化的本质规律和全世界对教育的要求。教育提高了人们的生活质量,使个体能够获得更好的工作、更加健康的体魄,也使得社区和国家更加繁荣昌盛(Graham,2005)。学校教育不仅让个体学会阅读,而且改善了婴儿和母亲的健康及生存比例,同时还抑制了人口的过快增长。

　　要在教育中发挥脑科学的潜力,当务之急是建立这样一门能够促进脑科学研究者和教育工作者相互合作的综合性学科。在这门新的学科里,合作双方都具有重要的作用。为了避免这一综合学科的研究沦为一时的流行风潮,教育工作者和脑科学研究者必须共同努力,运用实践研究来阐释在学习环境中什么是有用的,什么是无用的。教育工作者和脑科学研究者必须合作,共同创建能够指导教育实践的有用知识,并运用这种知识来研究学校或其他学习环境中的学习是如何发生的(Hinton & Fischer,2007)。这种合作的一个典型范例是《芝麻街》,这部电视动画片是根据1969年初开始的一项研究取得的成果拍摄的(Lesser,1974)。一项研究就能有效地影响学习环境并最终提升各年龄段学生的学习成效,即使在现今,仍然是十分少见的例子。

　　神经科学的研究似乎会自然地影响教育,儿童的教育似乎也会明显地涉及脑的结构、发展与学习。基于这样一种直觉的认识,欧美教育领域盛行所谓"基于脑的教育"的主张,而这些主张完全没有认知科学或脑科学的基础。例如,"基于脑的教育"称,每个学生都有脑。但是这并不能给所谓"基于脑的教育"提供科学的证据。"基于脑的教育"缺少的是科学的研究基础。认真阅读这些所谓"基于脑的"学习和教育的报告、文章或者书籍不难发现,"基于脑的教育"是用脑科学的语言包装了有关学习的主张,但实际上并不是基于脑科学的研究提出的。教育神经科学仍然很年轻,目前只有少数研究者是在教育的情景中研究脑的学习过程,很少有教师能帮助科学研究者共同思考具有实用价值的研究课题,大部分重要的教育问题都还没有得到研究。这是一个有待研究与开发的重要领域。

　　幸运的是，教育神经科学的研究前景已经展现出一派光明。例如，在阅读困难或阅读障碍的研究中，运用神经影像工具来研究儿童是如何学会阅读的，哪些方法能促进儿童的学习。过去的证据证明，神经影像技术能成功地预测哪些学生容易患阅读障碍，并为干预、预防这类困难提供指导（Gabrieli，2009）。有关发展与学习的研究揭示出几个有前途的发展方向：追踪学习轨迹的方法，DNA 在学习中的中介作用，情绪对学习和发展的强大的组织作用（Bransford & Donovan，2005；Fischer & Bidell，2006；Kegel et al.，2011），不同学科学习的脑机制研究，等等。

　　对学习的研究表明，儿童的学习非常灵活。每个儿童的脑都各不相同，因而必须采用不同的方式来学习。同时，每个儿童在掌握自己最需要的技能方面都十分成功，比如交流和运动控制技能（Immordino-Yang et al.，2009；Immordino-Yang et al.，2012）。研究儿童不同的学习方式，最终将在教育实践中产生重要的进步。我们需要年轻的研究者同中小学、幼儿园的教师共同努力，将研究与实践结合起来：其一，制订教师专业发展计划，为职前教师和在职教师开设教育神经科学的培训课程，支持研究者与中小学、幼儿园教师合作。这一建议也符合 2012 年"联合国学术影响力"等组织在《模糊学科界限：国际教育发展大会宣言》中提出的要求（College of Education，Georgia State University，United Nations Academic Impact Committee on Teaching about the United Nations，Seoul National University，2012）。其二，开设专业培训课程，培养新一代的教育研究者与教育实践者，如 2000 年在哈佛大学开设的心智、脑与教育专业课程（http：//gseweb. harvard. edu/～mbe）。

　　教育神经科学不可能为这一发展过程提供捷径。让脑科学研究者与教育者合作，共同揭示教育情景中的学习是如何发生的，这需要假以时日。开展实践研究来探索学生高效率或低效率学习的原因也需要时间。教师和其他教育者必须开始探索脑的加工过程对学习的作用，而科学工作者和研究者则必须开始探索如何测量学习发展轨迹的多样性（Stein et al.，2010）。教师教育中必须加入教育神经科学的知识，因为脑是学习的重要器官。

学习发展轨迹的重要作用

新一代的教育工作者能够改变教育研究的状况。他们需要学习认知科学和脑科学的知识,提出有关教与学的实际问题并加以解决,从而为教育奠定坚实的研究基础。但是目前,教师教育很少关注学生的学习,而更多地关注课堂管理和学校组织,有时也涉及社会中的公平和差异问题。这些问题的确非常重要,但如果学校的核心目标是为了促进学生的学习和发展,那么教育者就应该把重点放在研究和分析学生的教与学的问题上。

对学习的关注应该始于这样一个研究假设,即不同的学生有各不相同的学习方式。教育神经科学运用"全人"的观点来研究不同儿童的学习;这种"全人"的观点包括人际关系、情绪、艺术、社会交往与学习差异,以及学习的强项与弱项的交互作用(Fischer, Bernstein, & Immordino-Yang, 2007; Immordino-Yang et al., 2009)。有效学习环境的设计必须考虑到"全人"的发展,考虑学生个体之间的关系以及每位学生不同技能中强项与弱项之间的关系。

即使在教育神经科学发展的早期,我们也已经清楚地知道,儿童的学习是按照特定的轨迹发展的,从而形成技能和特定内容的概念知识。儿童会发展出理解美国历史的学习轨迹、数学学习的轨迹、弹奏吉他的学习轨迹,等等。这些学习发展的轨迹大多彼此独立,按照不同领域的技能组织起来。

通过与发展性测试服务中心(Developmental Testing Service, DTS)(www.devtestservice.org)的合作,我们开发了分析道德判断、决策、批判性思维等学习发展路径的工具。DTS创造了许多重要的革新方法来促进对学生学习发展路径的测评。这些分析学习发展路径的工具全面勾勒了学生学习特定内容的常用学习方式(Fischer & Bidell, 2006; Stein et al.，2010)。阅读就是一个很好的例子。学生是通过多样化的而不是单一的途径学会阅读的,不同语言的学习方式有所不同。例如,患有阅读障碍的学生学习英语阅读的方式与普通学生不同,可能由于他们脑组织中某个部位的缺陷导致了阅读困难(Shaywitz & Shaywitz，2007)。在阅读困难的研究中形成了一种新的观点：许多存在阅读困难的人似乎具有不同的视觉系统,他们的视觉系统结构不同于常人,其边缘视野比常人更敏锐,这种差异在完成视觉任务时具有许多优势,比如在需要整合大范围视野信息时,阅读困难者的技能更具有优势。研究结果表明,这种视觉系统在某些视觉任务中占有优势,特别是需要处理并运用视野边缘信息的任务。例如,患有阅读障碍的天体物理学家在搜索天空、探测黑洞时显示出巨大的优势(Schneps et al.，2007)。阅读障碍者在分析图片的逻辑错误方面似乎也有显著的优势,如分析不可能图形。在逻辑上,这种图形在真实世界中是不可能存在的,却可以通过两个(或三个)维度画成,而许多阅读障碍者发现这个"视觉逻辑"错误的速度比常人快。阅读障碍者还能够比常人更快地发现照片边缘的错误和异常(Schneps et al.，2007),这可能是艺术院校中阅读障碍者的数量更多的原因。

芬克(Rosalie Fink，2006)访问并评估了许多患有阅读障碍的成功人士。这些阅读障碍患者成功地掌握了读写技能,他们学习读写的方法不同于常人,但是没有得到标准阅读课程的重视。在被问及是如何学习阅读时,这些成功人士说,他们找到了另一条掌握阅读的途径,即受强烈的个人兴趣的驱使,比如对动物、除草机或内战感兴趣,从而学会了阅读(Fischer & Fusaro，2007)。这些人的成长环境中还没有电脑或手机,因此,阅读成为获得自己感兴趣的信息的有力工具。虽然他们患有阅读障碍,但是他们自然而然地选择书籍来阅读。学校并没能很好地教会这些患有阅读障碍的成功人士阅读。在成人的支持下,他们自己摸索出适合自己的阅读方式,并学会了阅读。

教与学的一个最重要的起点是假设学生有不同的学习方式,并寻找适合每一个学生的有效学习方式。在这个领域,学习的研究开始对教育实践作出重要贡献：当教师能够帮助学生找到有效的学习方式时，就能为不同的学生提供支持，让他们通过不同的方式进行学习，进而开始分析不同的人有效学习的不同方式。

学校最重要的目标是帮助学生成为有教养的人，成为对社会有用的公民。另一个目标就是传授大量的技能来增进学生的知识，增强学生的动机、责任感和创造力。只有当学校的教育实践奠基于不同学习方式的科学知识时，它才能真正地教育所有公民（Fischer，2009；Hinton & Fischer，2008）。

脑是学习的重要器官。对有效的教与学的实际问题展开研究，最终将形成各种工具来提高全世界的教育质量。然而，教育神经科学仍然很年轻，作为一门学科，它才刚刚诞生，希望快速解决教育难题的人肯定会对此感到失望。促进全世界教育的最重要的目标是开展实践研究来评估教与学的有效性。教育神经科学的研究有助于提出这些问题，但教育家和科学家应该共同合作来创建这门新的学习科学，共同塑造儿童的脑。

目前，教育神经科学已经在全世界范围内蓬勃发展起来。本套译丛精心选择了国际上在这个领域具有重要影响的优秀著作进行翻译。本套译丛面向教育界与心理学界的实践者和研究者，目的是联结脑、认知科学与教育政策和实践，因此，本套译丛选择了与学校教育密切相关的著作，有的侧重数学、语言、音乐等学科教学，有的侧重将研究与实践联结起来的新型研究范式。这些著作从不同侧面勾勒出国际教育神经科学研究的广泛与精深。在中国这样一个人才大国，教育神经科学的发展将对人才培养与综合国力的提升发挥十分重要的作用，是中国迈向人才强国的有效途径。同时，中国的教育神经科学研究也将对国际教育神经科学的发展作出重要的贡献。我们期待这套丛书能够吸引更多有志于教育神经科学研究的研究者、关注转化应用的教育政策制定者和教育实践者积极投入到这个新兴的领域，为创建中国本土化的教育神经科学共同努力。

在本套译丛出版之际，我们由衷地感谢国家自然科学基金委员会、教育部社会科学司、教育部留学基金委员会、中国博士后科学基金会、上海市教育委员会、上海市人力资源和社会保障局、北京市教育委员会对新兴学科的大力支持。感谢韦钰院士、唐孝威院士、陈霖院士、沈晓明院士、任友群司长、董奇校长、俞立中校长、钟启泉教授、李其维教授、周永迪教授、桑标教授、杜祖贻教授、黄红教授、金星明教授对中国教育神经科学发展的大力支持。衷心感谢上海教育出版社袁彬副总编及其团队在出版本套译丛过程中所付出的努力。感谢各位参与翻译的教授和研究生认真负责的翻译工作，使得本套译丛能够与中国读者见面。

我们期待着中国教育神经科学的美好明天。

参考文献

Battro, A. M., Fischer, K. W., & Léna, P. (Eds.)(2007). *The Educated Brain: Essays in Neuroeducation*. Cambridge, UK: Cambridge University Press.

Bransford, J., & Donovan, S. (Eds.)(2005). *How Students Learn: History, Science, and Mathematics in the Classroom*. Washington, DC: National Academy Press.

Fink, R. P. (2006). *Why Jane and Johnny Couldn't Read and How They Learned*. Newark, DE: International Reading Association.

Fischer, K. W. (2009). Mind, brain, and education: Building a scientific groundwork for learning and teaching. *Mind, Brain, and Education*, *3*(1), 2 - 15.

Fischer, K. W., & Bidell, T. R. (2006). Dynamic development of action and thought. In W. Damon & R. M. Lerner (Eds.), *Theoretical Models of Human Development*. *Handbook of Child Psychology* (6th ed., Vol. 1, pp. 313 - 399). New York: Wiley.

Fischer, K. W., Daniel, D. B., Immordino-Yang, M. H., Stern, E., Battro, A., & Koizumi, H. (2007). Why mind, brain, and education? Why now? *Mind, Brain, and Education*, *1*(1), 1 - 2.

Fischer, K. W., & Fusaro, M. (2007). Eager to learn: Using student interests to motivate learning. In R. P. Fink & J. Samuels (Eds.), *Inspiring Success: Reading Interest and Motivation in an Age of High-stakes Testing* (pp. 62 - 74). Newark, DE: International Reading Association.

Fischer, K. W., & Heikkinen, K. (2010). The future of educational neuroscience. In D. Sousa (Ed.), *Mind, Brain, and Education: Neuroscience Implications for the Classroom* (pp. 249 - 269). Bloomington, IN: Solution Tree Press.

Gabrieli, J. D. E. (2009). Dyslexia: A new synergy between education and cognitive neuroscience. *Science*, *325*(5938), 280 - 283.

Graham, P. A. (2005). *Schooling America: How the Public Schools Meet the Nation's Changing Needs*. New York, NY: Oxford University Press.

Gura, T. (2005). Educational research: Big plans for little brains. *Nature*, *435*(7046), 1156 - 1158.

Hinton, C., & Fischer, K. W. (2008). Research schools: Grounding research in educational practice. *Mind，Brain，and Education*，2(4)，157-160.

Immordino-Yang，M. H.，& Damasio，A. (2007). We feel，therefore we learn：The relevance of affective and social neuroscience to education. *Mind，Brain，and Education*，1(1)，3-10.

Immordino-Yang，M. H.，McColl，A.，Damasio，H.，& Damasio，A. (2009). Neural correlates of admiration and compassion. *Proceedings of the National Academy of Sciences*，USA，106(19)，8021-8026.

Immordino-Yang，M. H.，Christodoulou，J. A.，& Singh，V. (2012). Rest is not idleness：Implications of the brain's default mode for human development and education. *Perspectives in Psychological Science*，7(4)，352-364.

Kegel，C. A. T.，Bus，A. G.，& van IJzendoorn，M. H. (2011). Differential susceptibility in early literacy instruction through computer games：The role of the dopamine D4 receptor gene (DRD4). *Mind，Brain，and Education*，5(2)，71-78.

Lesser，G. S. (1974). *Children and Television：Lessons from Sesame Street*. New York：Random House.

OECD. (2007). *Understanding the brain：The birth of the new learning science*. Paris：OECD Publications.

Schneps，M. H.，Rose，L. T.，& Fischer，K. W. (2007). Visual learning and the brain：Implications for dyslexia. *Mind，Brain，and Education*，1(3)，128-139.

Shaywitz，S. E.，& Shaywitz，B. A. (2007). What neuroscience really tells us about reading instruction. *Educational Leadership*，5(64)，74-76.

The Declaration of "Blurring Boundaries：An International Educational Development Conference" (2012). Sponsored by Georgia State University，United Nations Academic Impact，Committee on Teaching about the United Nations，Seoul National University. (http：//outreach. un. org/unai/2012/06/27/the-declaration-of-blurring-boundaries-an-international-educational-development-conference-issued)

Thomas，C.，& Susan，M. (2010). Neuroscience and education：An ideal partnership for producing evidence-based solutions to guide 21st Century Learning. *Neuron*，67(5)，685-688.

布鲁诺·德拉奇萨. (2019). 神经教育学：当心. 章熠，周加仙，译. *教育家*，180(6)，28-29.

台湾师大新闻. (2012). 迈向顶尖大学计划一大创举，教育神经科学实验室揭牌启用.

周加仙. (2013). 教育生物学的领域建构. 教育生物学杂志，1(2)，87-94.

周加仙，编著. (2016). *教育神经科学的使命与未来*. 北京：教育科学出版社.

周加仙. (2018). 教育神经科学视角的知识创造与知识判断标准. *教育发展研究*，24，48-53.

目　录

关于作者

埃里克·詹森(Eric Jensen)曾经是一位非常热爱学习的教师。他担任过从小学到大学多个学段多个年级的教师。获得人类发展博士学位。1981 年,詹森与其他人共同创立了美国第一个也是最大的基于脑的学习培训项目,迄今已培养了 5 万多名学生。此后,詹森撰写了《适于脑的教学》(*Teaching with the Brain in Mind*)、《基于脑的学习》(*Brain-Based Learning*)等 25 本关于脑与学习的书。作为基于脑的运动的领导者,詹森访问神经科学实验室 65 次以上,每年与数十位神经科学家进行互动。詹森是美国神经科学学会和纽约科学院的成员,也是学习脑博览会(Learning Brain EXPO)的创始人。25 年来,詹森培训了来自世界各地的教育工作者和培训师。他持之以恒,积极主动地改变学习方式。目前,詹森在学校开展有关贫困和学习投入的教师专业发展活动,并且经常在会议上发表演讲。

上　卷
贫困生的有效教学

贫困对儿童的脑有什么影响？
学校对此能做些什么？

上卷导言

我成长在一个典型的中产阶级家庭。尽管富人的世界对我充满吸引力,但是让我更感兴趣的是穷人的世界。"为什么?"曾是困扰我多年的主要问题。我不能理解为什么贫困的人不能(或不愿)让自己摆脱贫困。我相信,如果他们更努力或者有更高的价值追求,那么他们是能够成功脱贫的。

时至今日,我意识到这个想法是多么狭隘且充满偏见。问题的答案究竟是什么仍然有待探寻。读万卷书与行万里路使我的眼界得以开阔,灵魂得以升华。现在,我对社会经济地位低下的家庭有了更多的认识。

然而,驱使我撰写上卷的动机并非这一思想认识的转变。上卷的灵感源自一个令人震惊的简单问题:"如果生活经历会让贫困生向不好的方向发展,为什么就不能让他们向好的方向发展?"看到和听到的世界各地逆境成才的孩子的经历深深吸引了我。二十多年前,我作为发起人之一创建了超人营(Super Camp)①这一改变世界各地成千上万人的学业强化项目。正是这个项目让我认识到,学业成就的改变能够发生,并且已经真实发生。我和其他同伴的成功经验驱使我去探寻更进一步的问题:成功的学业成就改变是如何发生的?哪些成功经验可以复制?

---

① 超人营(Super Camp):1982 年诞生于美国的一种营地教育,旨在改变学生的学习态度,培养学生的生活技能。——译者注

上卷聚焦于探讨学业成就与低社会经济地位的关系。上卷提出了以下三个观点。

2
- 长期贫困致使脑产生有害的生理性变化。

- 因为脑天生具有适应性，所以能够向好的方向发展。换言之，贫困生同样能够获得情感、社交和学业的成功。

- 尽管影响学业成功的因素很多，但某些关键因素对改变成长于贫困家庭的学生尤为有效。

上卷主要探讨影响贫困生学业成功的关键因素，重点介绍具备这些因素的学校，并提供成功的实践案例，案例均包含基于科学研究的实施步骤。如果某项教学策略能够引发学生的变化，那么这项策略是非常关键的。上卷正是要分享诸如此类的关键策略以及提出此类策略的科学依据。

关于此类研究，研究者通常仅说明"这是什么研究"。但是，研究对象是谁？是低收入家庭儿童、中等收入家庭儿童，还是高收入家庭儿童？研究持续多长时间？是开展了几周研究，还是在学生毕业后坚持跟踪了 10 年？所谓"高效教师"究竟何意？是他们所教的学生能够在标准化测试中取得更高的分数，还是这些学生更容易成为人生赢家？只要采纳研究者提出的策略就能在实践中取得成功吗？研究者提出的策略是成功的必要条件吗？如果是，它对所有学生都是必要的吗？太多的研究者未能清晰地阐述上述问题，他们只是为了解释实践策略而简单介绍了研究基础，以保证教育工作者能够将其无障碍地应用于教育实践。上卷正是要解决这方面问题，详细、清晰地阐述少数对于教育实践具有重要影响的因素。

为什么低收入家庭的学生与高收入家庭的学生在学业成就方面存在显著差异？众多理论解释了低收入家庭的学生在学校表现不佳的原因。这些学生的父母智商不高；他们的家庭环境"不达标"；他们的父母不是下落不明就是不在身边，或是对他们毫不关心。然而，这些理论并不能解决问题。事实上，部分成长于低收入家庭的学生的确取得了学业成功。他们的成功使我们认识到，高收入的家庭并非学生学业成功的必要条件和充分条件。诚然，确实有些低收入家庭的学生学业成就不理想，但令人吃惊的是，这一现象更多的应归因于与学校环境相关的变量而非与父母相关的变量。

3
上卷提供以下三方面内容。第一，帮助教师更好地理解贫困的本质及其对学生的影响。教师将更多地了解到那些来自贫困家庭的学生每天必须面对的社交、认知、与健康相关的以及与压力相关的各种挑战。第二,从宏观(学校)和微观(学生脑的内部)两个层面为教师展示真正引发改变的关键因素。教师将了解那些已经发生改变和曾帮助贫困生取得学业成功的学校的具体情况。深刻认识改变的发生过程将有助于教师充分利用相关资源去实现这种改变。第三,重点关注教师和教师所在的学校。教师能够从那些成功的案例中学到什么?哪些成功的教学实践是可以复制的?哪些教学策略能够帮助教师创造奇迹?

　　上卷不仅致力于提供一个框架,而且期望全面呈现理论、研究、实践与策略,以保证学校能够成功地实践。上卷并不会事无巨细地介绍每一种改革观点与教学策略,也不会给出面向所有文化差异的参考意见。我们假设你在阅读本书前就已经知道领导力的重要性、健康环境的关键性,你能够实施有效的教学策略,并清楚校园安全应居于首位等问题。上卷聚焦于那些影响贫困生教学的最为关键的因素,阅读上卷将使教师能够更好地开展面向贫困生的有效教学。衷心希望书中这些整合了我的经验与研究的实践和策略,能够为改善贫困生的学业成就提供行之有效的指导。

第一章　理解贫困的本质

克里斯·霍金斯(Chris Hawkins)是一所高度贫困地区中学的历史老师。他拥有 14 年教龄,始终坚信自己是一名优秀教师。但现实情况是,他时常在课堂教学中受挫,每周至少有一次感到非常绝望。大多数教授贫困生的教师都会抱怨学生存在诸如习惯性迟到、缺乏学习动力以及行为失当等问题。霍金斯老师也同样,经常抱怨学生行为出格,脏话连篇,并且不懂得尊重他人。他经常说:"我每天都像打仗一样。"他最近常常在想,"只有 6 年,还好离退休只有 6 年了"。

如果你的孩子是霍金斯老师的学生,你会有什么感受?仅在两代人之前,多数教育决策者、学校领导和教师只是对贫困生抱有同情,并没有认识到这些学生身处的贫困环境已经深深地限制了他们成功的可能性。时至今日,我们已经有充分的研究依据,能够清晰地概括出贫困环境造成的影响,并且收集了那些在培养贫困生方面有成功经验的学校的案例。我们可以非常有把握地说,没有借口让任何一个学生掉队。面对贫困生,教师需要的是更为关键的信息和更加有效的教学策略,绝非妥协与绝望。

一、什么是贫困

"贫困"是一个会引起强烈情绪和引发许多问题的词语。在美国,官方贫困的标准由管理与预算办公室(Office of Management

and Budget)提出。那些收入不能够满足基本生活需求(购买食物、住房、衣服以
及其他生活必需品)的人被认定为贫困人口。事实上,生活成本存在极大的地域
差异:生活在旧金山的穷人来到肯塔基州的克莱县,可能就会感觉自己并不贫
困。我们把贫困定义为一种由多种不利因素共同引发的,能够影响人的意识、身
体和心灵的长期匮乏状态。然而无论怎样界定,贫困都是一个复杂的概念,对它
的理解因人而异。在上卷,我们定义了六种类型的贫困:情境性贫困、代际贫
困、绝对贫困、相对贫困、城镇贫困和农村贫困。

* **情境性贫困**一般由突发性灾难事件引起,具有暂时性。引发情境性贫困
的突发性事件包括自然灾害、离异或重大疾病等。

* **代际贫困**是指一个家庭中至少有两代人处于贫困环境中。处于代际贫
困的家庭通常不具备脱贫的条件和能力。

* **绝对贫困**在美国较为少见,通常表现为缺少生活必需品,居无定所,食不
果腹。处于绝对贫困的家庭每天都为生计所迫。

* **相对贫困**是指家庭收入无法达到社会平均生活水平。

* **城镇贫困**通常发生在 5 万人口以上的城市。此类贫困人口面临急性和
慢性的压力源,诸如拥堵、暴力、噪声等。他们不得不依赖城市服务,但城市服务
通常难以满足所有人的需求。

* **农村贫困**通常发生在人口低于 5 万的中等以下规模的城市。农村地区
的单亲家庭比例较高,多数家庭使用社会服务的机会较少,缺乏对残疾人的支持
和接受优质教育的机会。在工作机会寥寥无几的偏远农村地区,推行以提供工
作机会代替发放福利的扶贫政策往往是行不通的(Whitener, Gibbs, & Kusmin,
2003)。从 20 世纪 60 年代开始进行贫困人口统计起,农村贫困比例逐年上升,
且已经超过城镇贫困的比例。过去 30 年间,城镇贫困比例为 10%—15%,农村
贫困比例为 15%—20%,两者平均相差 5 个百分点(Jolliffe, 2004)。

二、贫困的影响

贫困会引发一系列复杂的风险因素,这些风险因素会通过多种途径对人产
生不利影响。其中,四类影响贫困家庭的主要风险因素如下(为理解方便,后文
称这四类风险因素为 EACH)。

- 情绪挑战与社会挑战(emotional and social challenges)。
- 急性与慢性的压力源(acute and chronic stressors)。
- 认知迟滞(cognitive lags)。
- 健康与安全问题(health and safety issues)。

研究表明,在 1995 年,35%的贫困家庭至少受到六种以上上述风险因素的影响(例如离婚、疾病或被驱逐),而仅有 2%的贫困家庭没有受到任何一种此类风险因素的影响。与之相反,仅有 5%的小康家庭受到六种以上上述风险因素的影响,而 19%的小康家庭没有受到任何一种此类因素的影响(Graber & Brooks-Gunn, 1995)。

多种由贫困引发的风险因素的共同作用,使得身处其中的人们每天都为生存而挣扎。这些风险因素是多方面的,且相互交织,它们接二连三地出现,带来破坏性的协同增强效应(Atzaba-Poria, Pike, & Deater-Deckard, 2004)。换言之,贫困引发的连锁效应会导致一系列有害结果。例如,对贫困儿童而言,头痛是可怕的潜在健康问题之一。由于缺乏充分的治疗,贫困儿童的认知和情绪可能会受到损伤,罹患精神疾病,甚至抑郁,而意料之中的拒绝或羞辱进一步阻碍了他们寻求必要的帮助;视力或听力的损伤无法得到及时的检测、诊断与治疗;行为障碍(例如注意缺陷多动障碍)或对立型人格障碍等疾病无法及时确诊。

可以肯定地说,贫困以及随之而来的风险因素正在摧毁贫困儿童及其家人的身体健康、社会情感健康以及认知健康(Klebanov & Brooks-Gunn, 2006; Sapolsky, 2005)。幼儿健康与发展项目(Infant Health and Development Program)的研究数据表明,40%长期贫困的儿童在 3 岁时至少有两个功能区存在缺陷(例如,语言和情绪反应区域)(Bradley et al., 1994)。下面将探讨家庭和学校的不良环境如何将贫困儿童置于学业成绩不佳和辍学的风险中。

8 1. 贫困儿童的家庭环境

与小康家庭的儿童相比,贫困儿童更多地处于不良的社会环境和物理环境中。低收入社区的社会服务、市政服务和本地服务质量均较差。与高收入社区相比,由于交通繁忙、犯罪率高以及缺少安全的娱乐场所等问题,低收入社区危险性高且绿化率低。贫困儿童经常面临空气污染和饮用水污染等问题,他们的居住环境拥挤而嘈杂,环境极差,且伴有大量安全隐患(National Commission on Teaching and America's Future, 2004)。

童年原本应该是一段快乐地、无忧无虑地探索世界的时光,然而贫困儿童的生存压力没有给予他们更多的时间去探索他们所处的世界。与高收入家庭的儿童相比,贫困儿童的社会支持与社会资本匮乏。青少年时期,他们更依赖于来自同伴而非成人的社会与情感支持。他们很少能够获得改善自己认知结构的机会。与中产阶级家庭的儿童相比,贫困儿童家里的书更少,去图书馆的频率更低,而看电视的时间更长(Kumanyika & Grier,2006)。

贫困儿童通常生活在混乱且不稳定的家庭环境中。他们大多成长于单亲家庭,父母或其他监护人缺少对他们的情感回应(Blair et al.,2008;Evans,Gonnella,Marcynyszyn,Gentile,& Salpekar,2005)。单亲抚养通常资源有限,进而导致成长于此类家庭的儿童存在学校出勤率低、学业排名靠后以及接受高等教育机会不足等问题。与之相比,双亲家庭更容易有较好的经济基础,父母有更多的时间抚养子女,这使得双亲家庭的同龄儿童能够获得更多的照顾,参加更多的课外活动,具有更好的课业表现(Evans,2004)。

儿童更容易受改变、中断和不确定性等负面因素的影响。处于成长发育阶段的儿童需要具有高度可预测性的稳定照顾者,否则他们的脑就会产生不良的适应性反应。长期的社会经济剥夺状态会破坏儿童的自我发展,削弱其自我决策能力和自我效能感。与高社会经济地位家庭的儿童相比,成长于低社会经济地位家庭的儿童在与父母、教师以及成年监护人的交往中,更容易产生压力,他们难以与同伴建立有益的朋友关系。他们认为父母对自己的活动并不感兴趣,教师很少给予自己积极的强化,保姆很少能在家庭作业方面给自己提供帮助,自己很难与他人建立稳定的、有益的朋友关系(Evans & English,2002)。

儿童与父母的健康依恋关系可以帮助儿童建立自尊心、对环境的掌控感以及乐观的心态。低收入家庭的父母普遍存在抑郁、化学品依赖或工作繁忙等问题,这些问题会干扰亲子之间健康依恋关系的形成。因此,贫困儿童常常会感到孤独和缺少关爱,进而出现诸如学业表现不佳、行为异常、辍学以及滥用药物等一系列不良行为。这些不良行为断送了贫困儿童接受高等教育的机会,致使这些贫困家庭丧失脱贫的可能性,进而陷入长期贫困的恶性循环中。图 1.1 展示了不良童年经历可能会引发的一系列雪上加霜的负面生活体验,包括社交、情绪和认知障碍,沾染有害健康的危险行为,疾病、残疾和社会问题,以及最严重的英年早逝。图 1.2 呈现了各类不利经济风险因素与学业成绩的负相关关系。

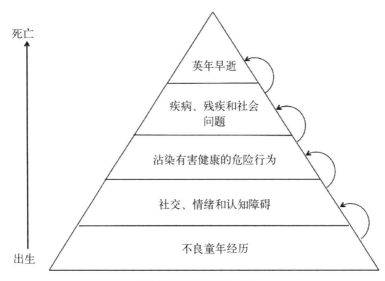

图 1.1 不良童年经历模型

改编自：Felitti，Anda，Nordenberg，et al.，1998

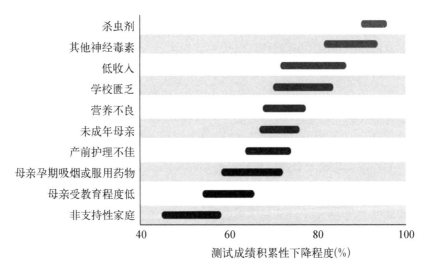

图 1.2 不利经济风险因素与学业成绩的负相关关系

注：根据此项研究，上述不利经济风险因素代表5%—15%的风险成本。它们与学业成绩之间存在相关而非因果关系。这些不利经济风险因素的协同效应导致学生的学业成绩急剧下降。改编自：Koger，Schettler，& Weiss，2005

2. 贫困儿童的学校环境

儿童风险应变能力的相关研究表明,家庭收入与儿童的学业成功显著相关。此种相关关系在学前阶段、幼儿园阶段和小学阶段表现得尤为明显(van Ijzendoorn, Vereijken, Bakermans-Kranenburg, & Riksen-Walraven, 2004)。受交通、医疗以及家庭监护等多方面因素的影响,贫困生普遍存在经常性迟到和旷课的问题。不幸的是,旷课与辍学紧密相关。而学校教育改变贫困生生活现状的前提是学生必须不能辍学。

学生的缺勤问题往往与父母对学校的消极态度相关。读书期间表现不佳的父母可能对孩子所在的学校持消极态度(Freiberg, 1993),这些父母甚至可能出于保护孩子的目的而阻止他们上学(Morrison-Gutman & McLoyd, 2000)。他们通常不愿参加学校的聚会和活动,不愿与学校沟通孩子的学业问题或是参加家长会(Morrison-Gutman & McLoyd, 2000)。与高收入家庭的儿童相比,贫困儿童更有可能就读于不尽如人意的公立学校,此类学校通常师资力量薄弱,即便有日托设施,也可能不足(National Commission on Teaching and America's Future, 2004)。

此外,多数学业成绩不佳的高中生表示,他们会对学校产生疏离感。这些学生通常会放弃学业,因为在他们看来,没有人在乎他们,老师不喜欢他们,总是以居高临下的方式同他们交流(Mouton & Hawkins, 1996)。在贫困环境中成长的儿童通常更缺乏关爱,却更需要关爱。生活中可依靠的成人(通常是教师)就是他们寻求关怀与支持的主要对象。

3. 实践步骤

加深教育者的认识。教育者应时刻谨记,有众多因素(有些是隐性的)会对学生的课堂行为产生影响。许多非少数民族或中产阶级的教师无法理解贫困生的某些在校表现。教师虽然不需要与所教学生的文化背景完全相同,但共情能力和相关的文化背景知识对其教学而言是必不可缺的。因此,了解贫困如何对学生产生影响的相关信息,对教师而言是非常有用的。

你可以总结从本章和其他来源获得的此方面信息,并与同事分享;也可以召开会议,组织研讨,将此方面信息告知同事;还可以组建研究小组,探索长期贫困对脑的生理影响。通过这些方式破除来自中产或中上阶级家庭的教师对贫困生的误解。例如,有些教师会误认为来自低社会经济地位家庭儿童的某些典型行为是"表演出来的"。其实,这些行为往往是贫困引发的症状,暗示儿童可能正处于诸如慢性应激障碍的状态中。这些障碍改变了儿童的脑,使他们易冲动和短时记忆受损,最终引发他们在课堂中的异常行为表现——脱口而出,擅自行动,以及忘记接下来该做什么。

将学校文化从怜悯转为共情。教师对贫困生普遍持有"他们成长于如此糟糕的环境中,祝福他们"的态度。这种态度会降低教师对贫困生的期望。所以,应鼓励教师对贫困生产生共情而不是同情,这样,学生会感激教师能够理解他们的处境。要建立充满关爱而不是放弃的校园文化。用平等尊重而非纡尊降贵的方式与贫困生对话,给予口头肯定,或张贴光荣榜,这些都是建立这种校园文化的有效途径。

三、迎接新使命

贫困不仅影响儿童本身,而且也对家庭、学校和社区产生影响(Bradley & Corwyn,2002)。问题越来越严重。在美国贫困儿童中,移民儿童占 22%(Rector,2005),而美国的移民率仍在逐年上升。每年都有大量新移民涌入美国,随之而来的是低收入岗位就业竞争激烈。而低收入与高生育率之间又呈显著相关(Schultz,2005)。由此可见,未来几十年,美国低收入家庭儿童的数量仍会持续上升。

我们需要尽快解决这一日益严重的问题。因为贫困发生的时间和持续的时间对儿童的发展而言是极其重要的。在学前和低年级阶段就经历贫困的儿童,比那些青少年后期才经历贫困的儿童辍学率更高。此外,对于那些多年挣扎在贫困线以下,领取社会最低生活保障金的人而言,他们年复一年地受到由贫困引发的各种问题的影响。这些经年累月的影响最终将他们推向英年早逝的结局。

但希望尚在。上卷中接下来的几章将呈现一系列研究结果,这些研究结果均表明,在儿童早期实施干预能够非常有效地降低贫困的不良影响。世界各地都有成功培养贫困生的学校,你的学校当然也不例外。面对贫困生,我们必须终结单纯的责备和放弃的怪圈,去迎接新的使命——帮助贫困儿童最大限度地发挥个人潜能。

第二章 贫困如何影响行为与
学业表现

在第一章,我们介绍了历史教师霍金斯。霍金斯老师家境优越,他的父亲是一名美国空军上校,母亲是一家商店的经理。他并不了解成长于贫困家庭是怎样一种体验。所以,当他了解到他的学生家中经常发生(和偶尔发生)的事情时,他震惊了。他一度将贫困儿童的冷漠或侵略性行为归因于缺乏礼貌或被歧视为"低级"等原因,现在他意识到,原因绝非如此简单。他对贫困生的此种认识使他陷入失望与沮丧中。他这一年的口头禅就是:"还有6年就退休了。"恰恰是这一想法,支撑他挺过了这一年。

一、贫困的风险因素

解释儿童行为差异的理论众多。心理学家和儿童发展专家普遍认为,行为是遗传和环境共同作用的结果,基因是行为过程的开始。行为遗传学家普遍认为,DNA(脱氧核糖核酸)可以解释人类行为的30%—50%(Saudio, 2005),环境则可以解释其余的50%—70%。

然而,此种简单的影响因素划分方式会在一定程度上产生误导。首先,儿童在母体中度过的9个月对其产生的影响(特别是对智商的影响)是绝对不能忽略的(Devlin, Daniles, & Roeder, 1997)。诸如产前护理的质量,是否接触有毒物质以及压力情况等

14 因素,均会对发育中的胎儿产生强烈影响。另外,相对新兴的研究领域**表观遗传学**(epigenetics)——研究在原始 DNA 序列不发生变化的情况下,基因功能的遗传变化——模糊了先天和后天的界限。外界环境可以影响细胞上的接收器,这些接收器能够向基因传递信息,进而激活或关闭各类功能开关。就像电灯开关一样,基因也可以激活或关闭。当处于激活状态时,基因会发送能够影响个体细胞过程和功能的信号。例如,身体负重状态会激活基因释放组织肌肉的信号。诸如压力和营养等其他环境因素均可以激活或关闭基因。基因激活状态可以增强或削弱攻击性、免疫功能、学习能力和记忆力(Rutter, Moffitt, & Caspi, 2006)。

研究表明,学生与同伴、学校中的成人以及家庭成员之间复杂的社交关系网络对其行为的影响,远远高于研究者先前的假设(Harris, 2006)。这一影响起始于学生与其父母或生活中的主要照顾者之间形成的核心关系,会影响其安全和依恋人格特征的形成。具有安全依恋型人格特征的学生在学校的行为表现往往更好(Blair et al., 2008)。一旦学生进入学校,社会化和社会地位都能显著影响其行为表现。学校的社会化过程常常迫使学生必须行为趋同,否则就会有在社交过程中遭到拒绝的危险。而对高社会地位的追求则驱使他们尝试在诸如运动、个人风格、幽默感及街头技能等方面表现得与众不同。

如果将学生的社会化和社会经济地位与其对学业表现的影响建立一个等式,那么社会经济地位是构成等式的重要部分。成长于贫困环境的儿童并非主观选择表现出行为异常,只是他们每天都必须面对大量家境优越的同学从不需要面对的挑战。这使他们的脑已经适应了退而求其次的选择条件,而正是这种脑的适应性发展,逐渐破坏了他们在学校的良好表现。回顾一下我们在第一章讨论的四类影响贫困家庭的主要风险因素。

- 情绪挑战与社会挑战。
- 急性与慢性的压力源。
- 认知迟滞。
- 健康与安全问题。

15 上述四类影响贫困家庭的主要风险因素的联合作用,严重影响了学生的学业成功和社会成就。但是这一事实并不意味着受这些风险因素影响的贫困生不可能在学校和生活中获得成功。相反,更好地理解这些风险因素带来的挑战，恰恰能为教育者提供行动指南，以帮助那些受其影响而处于劣势的学生获得成功。

二、情绪挑战与社会挑战

许多成长于低社会经济地位家庭的儿童都面临情绪和社会关系不稳定的问题。通常情况下，贫困环境中出生的婴儿容易形成微弱型或焦虑型依恋，此种依恋关系全面诱发儿童发展早期的不安全感。婴幼儿需要良好的学习和探索以使脑实现最优发展。然而不幸的是，贫困家庭往往充斥着诸如未成年母亲、抑郁和卫生保健匮乏等不利因素。这些因素使得生于此类家庭的婴儿敏感性下降（van Ijzendoorn et al，2004），进而致使其在儿童期学业成绩和行为表现不佳。

1. 理论与研究

自出生起，父母和儿童之间形成的依恋关系，能够预测未来儿童与教师和同伴间关系的质量（Szewczyk Sokolowski，Bost，& Wainwright，2005）。这种关系在儿童的众多方面（诸如好奇、激励、情绪管理、独立性和社会胜任力等）发挥主导作用（Sroufe，2005）。婴儿的脑只具备 6 种基本的情绪：愉悦、愤怒、惊讶、厌恶、悲伤和恐惧（Ekman，2003）。婴儿发展出健康的情绪需要以下几方面支持。

- 早期照顾者能够提供持续且无条件的爱、指导和支持。
- 安全、可预测且稳定的成长环境。
- 每周 10—20 小时和谐的亲子互动。这个被称为**协调**（attunement）的互动过程对婴儿头 6—24 个月的发展极为关键，能够帮助他们发展更多的健康情绪（包括感恩、宽恕和共情）。
- 个性化、难度逐渐增加的丰富活动。

与家境优越的儿童相比，贫困家庭儿童的上述关键需求很有可能无法得到满足，从而抑制了脑细胞的新生，改变了脑成熟的路径，重组了脑中健康的神经回路。最终，破坏了情绪和社会性的发展，使其容易情绪失调（Gunnar，Frenn，Wewerka，& Van Ryain，2009；Miller，Seifer，Stroud，Sheinkopf，& Dickstein，

2006）。

儿童与人交往和被温暖的需求是不言自明的。20世纪早期在爱尔兰孤儿院开展的一项研究结果显示，25年间，在几乎没有母亲照料的情况下，被收养的10 272名婴儿仅存活45人，且大多数幸存者成长为病态性不稳定和社会问题缠身的成年人（Joseph，1999）。

许多贫困家庭都存在父母受教育程度不达标、时间匮乏以及很少给予儿童温暖等问题，这些问题致使亲子之间的协调过程具有一定的风险（Feldman & Eidelman，2009；Kearney，1997；Segawa，2008）。贫困家庭的儿童照顾者通常是超负荷工作，压力过大，并且倾向于效仿他们的父母，采用严厉的纪律策略和专制的方式与儿童相处。他们缺乏温情和敏感性（Evans，2004），不能与被照顾者形成稳定、健康的关系（Ahnert，Pinquart，& Lamb，2006）。

此外，低收入家庭的父母能够随时在社区中定位他们孩子的可能性仅是高收入家庭父母的一半，他们经常对自己孩子的老师和朋友一无所知。某项研究发现，定期参加3项以上学校活动的低收入家庭父母比例为36%，而正常或高收入家庭父母定期参加3项以上学校活动的比例则为59%（U. S. Department of Health and Human Services，2000）。

父母工作时，低社会经济地位家庭的儿童通常会被留在家中自己照顾自己，甚至照顾比他们更小的弟弟妹妹。因此，与那些家境优越的儿童相比，贫困儿童看电视的时间更多，从事户外运动和参加课外活动的时间更少（U. S. Census Bureau，2000）。然而，不幸的是，儿童并不能通过观看卡通片产生恰当的情绪或习得如何恰当地回应他人的情绪，他们需要的是温暖的人际互动。未能与同伴形成积极的关系将对儿童的社会情绪发展产生严重的影响（Szewczyk-Sokolowski et al.，2005）。

为了尝试理解周围环境，无论周围环境是好还是坏，人脑都会不加选择地"下载"环境信息。当儿童形成对周围环境的掌握感时，他们更有可能建立自我价值感、自信心和独立感。而这些感觉对儿童性格形成至关重要（Sroufe，2005），且通常能够有效预测儿童在今后人际关系和生活中的成功和幸福。经济困难使照顾者很难创造一个可以信赖的环境来帮助儿童建立安全依恋关系。一项为期四年的行为研究结果表明，与家境优越的儿童相比，贫困儿童精神障碍和社会功能适应不良的比率更高。此外，四年中，低社会经济地位家庭的儿童更有可能被教师和同伴认为有社会行为问题（Dodge，Pettit，& Bates，1994）。不幸的是，另一项关于负面情绪和母亲支持的研究发现，低收入父母很少能像高收入父母那样调整他们的教养方式来满足儿童日益增加的需求（Paulissen-Hoogeboom，Stams，Hermanns，& Peetsma，2007）。

低收入父母经常被自尊心受辱、抑郁、无能为力和丧失应对能力等折磨得精疲力尽。这种感觉会以营养匮乏、消极和普遍缺乏对孩子需求的关注等形式传递给孩子。在一项关于单身母亲孩子的情绪问题的研究中，研究者发现，贫困的压力增加了母亲抑郁的比例，进而导致其对子女的体罚增多（Keegan-Eamon & Zuehl，2001）。儿童本身也是抑郁的高发群体。研究表明，贫困是青少年抑郁的主要预测指标（Denny，Clark，Fleming，& Wall，2004）。

2. 情绪和关系对在校行为和表现的影响

亲密、安全的关系有助于使儿童行为稳定，并为其建立终身社交技能提供核心指导。在这种关系中成长起来的儿童能够习得日常需要的健康且恰当的情绪反应。而成长于贫困家庭的儿童通常无法习得恰当的情绪反应，致使其学校表现不佳。例如，情绪调节异常的学生非常容易感到灰心丧气，以至于他们会在离成功只有一步之遥时选择放弃。社交障碍限制了学生在小组合作中的表现，致使他们很可能被其他组员排斥，因为组员们会认为这些人没有完成自己负责的任务或是加重了其他人的负担。这种排斥以及随之而来的协作和信息交流的减少，使得已经处于不稳定学业表现和行为风险中的学生雪上加霜。

许多教师将学生的情绪和社会性缺陷解释为缺乏尊重和礼貌，然而这样来思考——学生来到学校时所拥有的恰当的情绪反应比教师预期的要少，似乎更准确也更有帮助。事实上，许多学生缺乏恰当的情绪反应能力。这就好比他们脑中的"情绪键盘"只能弹奏几个音节（如图 2.1 所示）。

面对情绪处理能力有一定缺陷的学生，教师应首先理解学生的行为，然后，不带嘲讽与厌恶地、清楚地表达你对他们行为的期望。要理解成长于贫困家庭的儿童可能出现的如下行为。

- 出格行为。
- 缺乏耐心且易冲动。

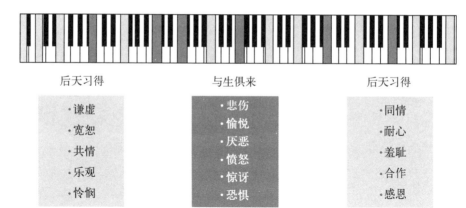

后天习得　　　　　　与生俱来　　　　　　后天习得

- 谦虚　　　　　　·悲伤　　　　　　·同情
- 宽恕　　　　　　·愉悦　　　　　　·耐心
- 共情　　　　　　·厌恶　　　　　　·羞耻
- 乐观　　　　　　·愤怒　　　　　　·合作
- 怜悯　　　　　　·惊讶　　　　　　·感恩
　　　　　　　　　·恐惧

图 2.1　情绪键盘

注：情绪化的脑可以被形象化为一个钢琴键盘。与家境优越的儿童相比，贫困儿童能够使用的琴键数量较少。用 6 个深色键盘和中间文本框表征的是 6 种人类与生俱来的情绪。浅色键盘和两侧文本框表征的是人类后天习得的各种情绪

- 缺少社交礼仪与礼貌。
- 行为反应范围有限。
- 不恰当的情绪反应。
- 缺乏对他人不幸的同情。

对缺少与贫困家庭学生打交道经验的教师而言，这些行为很可能使其感到困惑、烦扰甚至是愤怒，但重要的是，教师必须避免给此类学生贴标签，或是贬低和责备他们。责备学生的行为与命令其改变远比帮助他们改变更容易。在学校中，如果学生不具备恰当的情绪反应，教师应该教他们。这种教学并不是教师直接告诉孩子要尊重，而是在合适的环境中身体力行地展示恰当的情绪反应，并允许学生进行恰当的情绪反应练习。在学生习得强大的社交和情感技能或能够自觉控制不恰当行为之前，教师应改变自己对学生不恰当行为的反应，"预期"学生会容易冲动、脏话连篇和表现出不尊重他人的行为。

对教师来说，必须强调的事实是，除了 6 种基本情绪（愉悦、愤怒、惊讶、厌恶、悲伤和恐惧），其他情绪反应都需要学习才能获得。合作、耐心、羞耻、共情、感恩和宽恕等情绪对于任何一个复杂社交环境（如学校课堂）的顺畅运行都是非常关键的。在学生没有习得这些情绪的情况下，当教师期待学生的情绪反应是谦虚或忏悔，而学生实际的情绪反应是假笑时，教师往往会认为学生的"态度"有问题。诚然，这些情绪反应应该由早期照顾者教会儿童，而如果儿童没有在上学

之前习得这些情绪反应,学校就应承担起教授的任务。

所有学生在上学之前,都应具备以下三种与建立"关系"的行为相关性极强的驱动力(Harris,2006)。

可信赖关系的驱动力。学生需要从安全和可靠的重要关系中获得安全感。因此,他们需要父母双亲、积极的朋友和教师。如果与这些人均无法建立他们需要的关系,他们就会结交一些"不太好"的朋友。师生关系对于学生确立目标,发展社会化、动机水平以及学业表现具有最重要的影响。为了让学校取得更高的成就,为每位学生配备一个可信赖的合作者或导师是非常必要的。

同伴社会化的加强。作为接纳的内驱力,社会化促使学生模仿同伴并加入各种团体(包括俱乐部、小团体等)。学生需要归属感。有证据表明,对学龄儿童影响最大的是同伴而非家长(Harris,1998)。如果学校想要提升学生的成就,那么必须在学生中建立对学业成功的文化认同。

对个体重要性和社会地位的追求。这是一种与众不同的追求。学生通过选择扮演不同于他人的角色(例如运动员、喜剧演员、讲故事者、小团体的领导者、好学生或特立独行者)获得关注,并在社会地位提升的竞争中取得成功。孩子会非常在意同伴的所作所为,同伴是否喜欢自己以及自己在社交小团体中的地位如何(Harris,2006)。学生提升社会地位的需求将有助于其提升成绩和改善行为。

上述三种驱动力能够在行为塑造中发挥显著作用。学校能够通过采用正式策略和非正式策略相结合的方式,成功影响学生的这三种驱动力。常规教学中,教师可以在教学中融入建立关系、增加同伴认同和提升社交技巧的相关策略。这就给所有管理者提供一个警示:不要忽略学生的社会交往。社会交往会影响学生的脑、感觉与行为,而这三者又会对学生的认知产生影响。认知与情绪之间存在复杂的相互作用。当学生感觉自己处于社交群体中并且被群体接纳时,他们会有更好的学业表现。然而,提升学生学业表现的努力可能会与促进学生社交或社会关系的成功存在冲突。只有将学生的情绪和社交生活纳入学校改革的范畴,学生才能普遍取得好成绩。因此,上卷的以下部分将提供增强学生上述三种驱动力的具体策略。

3. 实践步骤

体现尊重。教师虽然不能改变学生的银行账户,却可以改变他们的"情绪账户"。这需要教师在思想上有一个大的转变。许多学生缺乏表达尊重的能力和场景,因此单纯要求学生表达尊重是不切实际的。教帅应采取以下方式。

- 即使觉得学生不值得尊重,也要尊重他们。
- 在课堂上制订决策。例如,在选择复习巩固旧知识还是直接讲授新知识时,充分征询学生的意见。
- 避免使用命令式的语言。例如:"现在就做!"应该采用充满期待地提供选择和征询意见的方式,例如:"你是愿意现在就起草,还是想再收集更多的想法?"
- 避免有损人格的嘲讽。例如:"你为什么就不能安静地完成你的任务?"
- 让学生了解成人的思考过程。例如:"我们必须先完成这项工作,因为我们今天的时间只够完成三件事。"使用此类方式与学生交流,并始终保持平静,避免"贴标签"。
- 通过建立积极的关系而非运用权力和权威来规范行为。避免使用诸如"不要耍小聪明""立刻坐下"等消极指令,而代之以"我们今天课堂上要做很多事情,如果你准备好了,请坐下"等指令。

培养社会交往技能。针对不同年级的学生,使用多样化的课堂策略来强化社会交往和情绪应对技能。

- 教会学生最基础、最重要的打招呼技能。初次相见,当学生向班级同学介绍自已时,告诉他们要面向同学,面带微笑,保持眼神交流并握手等。
- 即使是中学阶段,也要在课堂中采用轮流的方式。这种方式可以嵌入到学习站、同伴学习和合作学习策略中。
- 在完成合作活动后,提醒学生感谢同学。
- 在低年级就实施社交情绪能力提升项目。诸如 PATHS[①]、自律以及爱与逻辑等课程都提供了将社交能力培养融入班级管理的框架。

保持包容。通过使用包容的、有亲和力的言语,营造一种家的氛围。例如:

---

① PATHS(Promoting Alternative Thinking Strategies):流行于美国的一门提升基础教育阶段学生社交情绪能力的课程。——译者注

・每次提及学校和班级时，都采用"我们的学校"和"我们的班级"的表达方式，避免"我和你"这类强化权力结构的语言方式。

・对来上课的学生表示认可，并因为一些小事向他们表示感谢。

・对努力和成就均予以肯定，对达成阶段性目标和最终目标的学生均予以表扬，将这些鼓励与认可融入每个课堂。

三、急性压力源与慢性压力源

压力可以被定义为因感知不利情境或敌对的人而失去控制的生理反应。偶然性的或"过山车"式的压力对所有人来说都是健康的。压力有利于促进免疫功能并能够提高承受力。然而，成长于贫困家庭的儿童所经历的突发的与长期的压力，给他们的生活留下了毁灭性的印记。急性压力是指由于遭受虐待或暴力产生创伤等引发的严重压力，而慢性压力是指持续一段时间的高压状态。与非贫困儿童相比，贫困儿童更有可能受到这两种类型压力的共同影响。其中，慢性压力更加常见，对贫困儿童的日常生活影响也更严重。贫困儿童承受的慢性压力远大于非贫困儿童（Almeida，Neupert，Banks，& Serido，2005）（如图 2.2 所示）。压力对儿童的生理、心理、情绪和认知机能（这些机能影响脑的发展、学业成功和社交胜任力）具有潜在的毁灭性影响。受压力影响的学生可能会缺乏关键的应对技能，从而在学校出现明显的行为和学业问题。

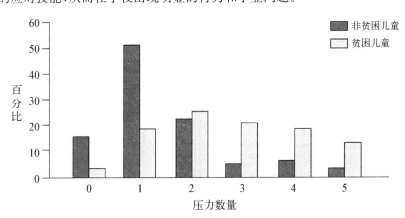

图 2.2　贫困儿童与非贫困儿童的压力数量

改编自：Evans，Kim，Ting，Tesher，& Shannis，2007

1. 理论与研究

压力的生物学机制在有些方面很简单,但在有些方面很复杂。一般情况下,身体中的所有细胞(30万亿至50万亿个)都会经历健康或非健康生长。细胞不会同时生长和恶化。理想情况下,身体处于自我平衡状态,人体机能的重要指标——心率、血压、血糖等均处于最佳范围。压力(诸如批评、忽视、社会排斥、生活单调、营养不良、服用药物、接触有毒物质、虐待或外伤等)是破坏人体平衡的主要因素。细胞一旦停止生长,它们便进入了衰退模式。在衰退模式下,细胞将为恶化发展积蓄资源。而一旦身体中数十亿乃至万亿的细胞均处于这种兵临城下的状态,人的身体机能就会出现问题。

尽管人体能够较好应对内环境失衡,但慢性压力或急性压力还是会给身体带来不同程度的挑战。贫困家庭的压力可能包括:生活环境过度拥挤,居住环境未达到标准,所处社区不安全,长期的社区或家庭暴力,分居/离婚,失去亲人,以及财务紧张,被迫搬迁或物质匮乏(Evans & English,2002)。来自贫困家庭的儿童面对压力性生活事件和日常麻烦的频率更高,强度更大(Attar,Guerra,& Tolan,1994)。例如,在任何一年中,50%以上的贫困儿童需要面对被驱逐、过度拥挤、公共设施被切断或缺少炉具或冰箱等问题,而仅有13%家境殷实的儿童会遭遇同样问题(Lichter,1997)。此外,缺乏适当监管,遭受忽视或虐待,日间照料和上学时间不足,难以形成健康的友谊以及易患抑郁症等因素,也造成发育中的儿童压力过大。

通常,低收入家长在满足家庭日常需求方面压力过大,由此引发的抑郁和消极情绪往往导致父母对子女照顾不周、亲子关系疏离以及忽视儿童的需求等问题。与中产阶级家庭的儿童相比,低社会经济地位家庭的儿童更容易遇到家庭暴力、混乱以及分离的情况(Emery & Laumann-Billings,1998)。父母受教育程度较低和职业较差也与社区犯罪率较高相关(Sampson,Raudenbush,& Earls,1997)。低社会经济地位家庭2—4岁儿童与社区中有攻击性的同伴交往的频率比家境殷实的同龄儿童高40%,与儿童保育机构有攻击性的同伴交往的频率比家境殷实的同龄儿童高25%(Sinclair,Pettit,Harrist,Dodge,& Bates,1994)。

虐待是贫困儿童面临的主要压力之一(Gershoff,2002;Slack,Holl,McDaniel,Yoo,& Bolger,2004)。大量研究表明,随着收入的下降,儿童照顾者的管束策略会越来越严格。平均而言,低收入家庭的父母更加专制,要求也更苛刻,殴打、体罚等屡见不鲜(Bradley,Corwyn,Burchinal,McAdoo,& Coll,2001;Bradley,Corwyn,McAdoo,& Coll,2001)。一项研究发现,蓝领父母对7岁子女使用体罚的次数是白领父母的两倍(Evans,2004)。2006年,研究者发现,贫困儿童报告遭受身体忽视的可能性是家境殷实儿童的1.52倍,而报告遭受性虐待的可能性是家境殷实儿童的1.83倍(Hussey,Chang,& Kotch,2006)。如果父母酗酒,滥用药物,经历一系列压力性生活事件(Emery & Laumann-Billings,1998),或生活在社会支持有限、破旧且犯罪高发的社区(Jack & Jordan,1999),那么儿童被虐待的频率就会高很多。 ²⁵

此类持续性压力造成的影响是难以量化的。慢性压力或急性压力影响儿童的脑发育,造成毁灭性的累积效应(Coplan et al.,1996)。与健康的神经元相比,处于压力状态下的神经元产生的信号较弱,处理的血流量较小,消耗的氧气量较少,并与附近神经细胞连接较少。对学习、认知和工作记忆至关重要的前额皮质和海马体是受皮质醇(所谓应激激素)影响最大的脑区。实验表明,慢性压力或急性压力会使额叶(脑包含前额皮质,是负责决策制订、计划和冲动调节的区域)的神经元缩小(Cook & Wellman,2004),并且会以降低学习能力的方式修改和损害海马体(Vythilingam et al.,2002)。

那些不可预测的压力会严重损害脑的学习和记忆能力(Yang et al.,2003)。例如,儿童期虐待对诸如健康依恋的形成、情绪调节和气质形成等发育过程有高度破坏性,进而导致成年后各种各样的社会情绪与心理紊乱(Emery & Laumann-Billings,1998)。神经生物学研究表明,被忽视或虐待的儿童,其脑发育发生了相当大的改变。此类儿童身体中产生的"战斗或逃跑"应激激素能够使其脑中控制情绪调节、共情、社交功能以及发展其他健康情绪所必需的技能的脑区萎缩(Joseph,1999)。

慢性压力不仅减少了前额叶和海马体中神经元的复杂性,而且增加了杏仁核(脑的情绪中心)中神经元的复杂性(Conrad,2006)。杏仁核中神经元的复杂性增加会导致记忆调控异常敏感。总体而言,慢性压力对海马体和杏仁核的综合作用,使得受此压力影响的儿童的情绪记忆和陈述性记忆均有所下降。

长期直接的慢性压力通常导致适应负荷状态。适应负荷是一种改变的压力。²⁶最终,脑适应了负面生活经历,变得不是高反应性就是低反应性,无法回到动态自我平衡的健康基线水平。2005 年，有研究发现，慢性压力和适应负荷在低收入人口中的发生率高于高收入人口中的发生率(Szanton，Gill，& Allen，2005)。

2. 急性压力和慢性压力对儿童在校行为与表现的影响

儿童并不会带着"警告！此处有慢性压力"的标签来到学校。但是，压力对学习和行为有着隐秘的影响，教师应该在课堂上识别出此类症状。

慢性压力：

- 与超过 50% 的缺勤相关(Johnston-Brooks，Lewis，Evans，& Whalen，1998)。
- 损害注意和专注能力(Erickson，Drevets，& Schulkin，2003)。
- 降低认知能力、创造力和记忆力(Lupien，King，Meaney，& McEwen，2001)。
- 削弱社交能力和社会判断力(Wommack & Delville，2004)。
- 降低动机水平、决心和努力(Johnson，1981)。
- 增加抑郁的可能性(Hammack，Robinson，Crawford，& Li，2004)。
- 降低神经的生长(新增脑细胞)(De Bellis et al.，2001)。

一个来自充满压力的家庭环境的儿童倾向于将这种压力表现为在校期间的破坏性行为，并难以发展健康的社交与学业生活(Bradley & Corwyn，2002)。例如，冲动行为是低社会经济地位家庭儿童常见的破坏性课堂行为。事实上，冲动行为是对压力的一种过度反应。这种过度反应可以被认为有这样一种生存机制：同样处于贫困环境，对压力过度反应的人比其他人更容易生存下来。学生生活中的累积性风险因素会增加他们的冲动，同时降低他们的延迟满足能力(如图 2.3 所示)(Evans，2003)。

成长于贫困家庭的儿童更容易受制于破坏他们在校行为和学业表现的压力。例如，在学校表现中，遭受虐待的女孩倾向于出现情绪波动，而男孩则是好奇心、学习和记忆受损(Zuena et al.，2008)。由贫困造成的高频率短距离搬迁给儿童造成的压力，同样会削弱他们在学校取得学业成功和开展积极社会交往的能力(Schafft，2006)。与中产家庭为了社会交往或改善经济所进行的搬家不同，低收入家庭的搬迁往往不是自愿的。除了增加儿童对未来的不确定性之外，搬家还破坏了他们在社区环境和学业环境中的社会交往，进而加剧了他们的压力负荷(Schafft，2006)。

担忧安全的学生通常学业表现不佳(Pratt，Tallis，& Eysenck，1997)。居住

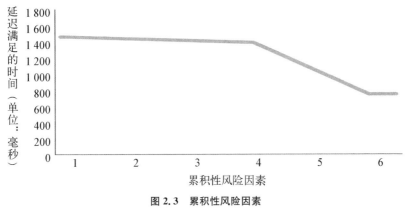

图 2.3 累积性风险因素

改编自：Evans，2003

在暴力社区（诸如邻居不安全或去往学校的路不安全）往往也会导致学生的学业成绩不佳（Schwartz & Gorman，2003）。此外，由校园暴力和欺凌引发的压力也会影响学生的成绩，使其注意广度缩小，旷课和迟到的可能增加（Hoffman，1996）。然而，令人遗憾的是，诸多高中生都有由于恐惧暴力而厌学和逃课的问题。

研究表明，社会经济地位通过影响教养方式对学业成绩产生影响。社会经济地位较高的家庭的父母，通常能够采用良好的教养方式，进而提升了成长于此类家庭的学生的学业成绩（DeGarmo，Forgatch，& Martinez，1999）。反之，由贫困引发的慢性压力则会降低教养的质量。而不幸的是，低质量、不投入、负面的教养行为会直接导致学生学业表现不佳。那些在贫困中挣扎，居无定所的家长，不是经常加班，就是常常换工作，无法将注意、情感、时间、精力和物质资源投入到孩子的教养问题上。由此引发的教养缺失往往会导致较高程度的行为异常和学业成绩不佳（Hsuch & Yoshikawa，2007）。

菲什拜因等人（Fishbein et al.，2006）发现，脑急剧变化的青春期对慢性压力极为敏感。他们发现，作出危险决策（如酗酒、滥用药物等）和不良社会胜任力均与青春期过早地经历高压力生活事件相关。

此外，压力会对认知产生不良影响。一项双盲随机控制实验测试了口服皮质醇（压力相关的化学物质）对机体的影响（Newcomer et al.，1999）。研究结果表明，与控制组被试相比，实验组被试口服高剂量的皮质醇导致口头陈述记忆能力显著下降（Newcomer et al.，1999）。

急性压力和慢性压力会使人疲惫不堪，最普遍的适应性行为包括焦虑水平上升（表现为广泛性焦虑或创伤后应激障碍）以及分离感和无力感增加。低收入家庭的儿童通常会经历与父母分离或创伤性事件，或缺少社会、家庭、宗教的归属感等问题，随着时间的推移，这些经历会使他们越来越无望（Bolland，Lian，& Formichella，2005）。接近半数（47%）的低收入非裔美国家庭的青少年表现出临床显著水平的抑郁症（Hammack et al.，2004）。低收入家庭儿童辍学或被动学习、厌学现象更明显（Johnson，1981）。而此种放弃学业的表现通常被称为习得性无助。习得性无助并非生而有之，而是一种对生存状态的适应性反应。不幸的是，此种适应性反应经常会在一年级就出现，许多习得性无助的儿童会伴有宿命论倾向、辍学和青春期早孕行为。

研究表明，压力的影响具有累积性效果（Astone，Misra，& Lynch，2007；Evans，2004；Evans & English，2002；Evans，Kim，Ting，Tesher，& Shannis，2007；Geronimus，Hicken，Keene，& Bound，2006；Lucey，2007）。有更多与贫困相关经历（诸如虐待、忽视、危险、遗弃等）的儿童对压力更加敏感。各类压力之间相互激活，逐渐对儿童产生影响。而压力之间的累积性效果则会使贫困儿童的生活变得异常悲惨。

当研究者为贫困儿童提供恰当的压力应对策略和减压相关课程时，他们的敌对症状（Wadsworth，Raviv，Compas，& Connor-Smith，2005）和抑郁症状（Peden，Rayens Hall，& Grant，2005）有所改善。然而，在贫困儿童的生活中，与减压相关的娱乐活动和干预措施几乎是没有的。例如，贫困儿童生活环境中的社区公园和娱乐设备十分匮乏，仅有的相关资源不是处于危险区域就是年久失修（Evans，2004）。此外，贫困儿童能够接触到博物馆、剧院、图书馆的机会仅是家庭经济情况良好儿童的一半，且他们度假或参与其他有趣文化活动的机会也相当有限（Bradley & Corwyn，2002）。

3. 实践步骤

识别标志性行为。冷漠、粗鲁等行为通常暗示了学生的绝望感和无助感。教师能够及时识别此类由慢性压力导致的标志性行为非常关键。处于由高压导致的行为异常风险中的学生，通常有如下行为趋势。

- 认为自己无法控制压力。

- 不知道压力程度与持续时间。
- 无法宣泄由压力引发的困惑情绪。
- 将压力归因于外部环境的恶化,或变得更加丧失希望。
- 在处理由压力引发的强迫行为方面缺乏社会支持。

教师应时刻提醒自己克制批评学生的冲动以及自我中心的行为,并与同事分享这方面的经验。每当发现学生表现出不恰当的行为时,教师首先应考虑,自己即将采取的处理方式是积极的,还是消极的,是能增加学生行为变好的概率,还是一种惩罚,会降低学生变好的概率。

改变环境。改变学校环境以缓解学生的压力,同时发现并解决不想作出改变的学生潜在的依从问题。

- 减少监禁感。例如,用歌曲代替上下课铃声。
- 在课上或课后完成家庭作业,减少家庭作业的压力。
- 采用合作的结构,避免自上而下的集权方式。
- 在课堂中开展庆祝、角色扮演及体育活动(如走步、接力或游戏),帮助学生宣泄。
- 在课堂中开展动觉艺术(如戏剧或字谜游戏)、创作型活动(如画画或演奏乐器)以及动手活动(如搭建或安装)等。

赋予学生权利。向学生展示自我管理压力水平的方式,从而帮助他们提高对环境的控制感。不要告诉学生要怎么做,而要采用以下方式。

- 教学生解决冲突的技巧。例如,教学生采用多步法解决烦躁问题,第一步通常为:深呼吸,数到5。
- 教学生处理愤怒和沮丧的技巧(例如,从1数到10,缓慢深呼吸)。
- 帮助学生形成权威感和责任感。在学校建立权威的概念,让学生认识到如果他们扰乱课堂,那么他们必须做对班级有利的好事来补偿。例如,如果某个学生在教室里乱扔杂物,那么他就需要用做值日或美化教室来补偿。
- 教学生通过设置一系列目标来满足个人需求。
- 为学生示范如何解决现实生活中的问题。为学生创设一个真实的问题情境,例如车没油了。在此问题情境中,教师应让学生看到他们是在尝试所有办法之后才选择求助他人的(如让朋友帮忙送油)。此类案例向学生展示了如何承担责任并解决生活中面临的挑战。

· 每周为学生提供一个集体解决生活问题的机会。

· 教学生一些社会交往技能。例如,在每次社会交往(例如,结对子教学或伙伴教学)前,要求学生目光接触,握手并互相问候;在每次社会交往结束后,让学生感谢同伴。

· 为学生介绍减压方法,包括身体减压方法(例如舞蹈或瑜伽)和精神减压方法(例如,有指导的周期性放松或冥想)。

四、认知迟滞

认知是一种非常复杂的能力,有多种测量方法,受众多因素影响。而社会经济地位仅是影响认知能力的众多因素之一。社会经济地位与智商、学业测试成绩、留级率和识字率等儿童认知能力的若干指标密切相关(Baydar, Brooks-Gunn, & Furstenberg, 1993;Brooks-Gunn, Guo, & Furstenberg, 1993;Liaw & Brooks-Gunn, 1994;Smith, Brooks-Gunn, & Klebanov, 1997)。从《贝利婴儿行为量表》(Bayley Infant Behavior Scales)到标准化成就测试,贫困儿童与非贫困儿童几乎在所有认知发展指标上均存在显著差异。社会经济地位与认知能力和认知表现之间普遍存在显著相关(Gottfried, Gottfried, Bathurst, Guerin, & Parramore, 2003),此种相关贯穿从婴幼儿期到成年期的每一个认知发展阶段(如图 2.4 所示)。然而,这种数据分析结果上显示的相关并非必然,脑的可塑性

32

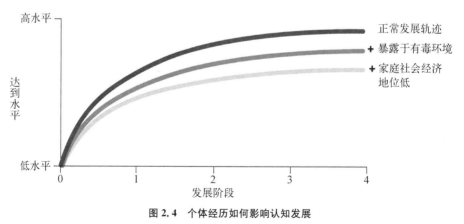

图 2.4　个体经历如何影响认知发展

改编自：Sameroff, 1998

使得改变随时可能发生。

1. 理论与研究

脑需要运行一个包含若干认知神经系统的"操作系统"，以保证学生能够集中注意，努力学习，加工和排序学习内容以及批判性思考（如图 2.5 所示），从而满足学生在学校期间的活动需求。其中涉及的 5 个关键认知神经系统如下。

· **前额叶/执行系统**。该系统主要调用脑的前额叶皮层，涉及延迟满足、制订计划、作出决策以及记忆的能力。此外，该系统还是与重置行为规则相关的脑区。例如，我们可能有两套不同的规则，一套用来与家人相处，一套用来与陌生人相处。

· **左侧裂周/语言系统**。该系统主要调用大脑左半球的颞叶和额叶区域，涉及包括语义、语法和语音在内的语言学习。该系统是阅读、发音、拼写和写作 4 项技能的基础。

· **颞叶内侧/记忆系统**。该系统负责加工与存储外显学习（文本、口语和图片），包括我们的"索引"结构（海马体）和情感处理器（杏仁核）。

· **顶叶/空间认知系统**。该系统主要涉及后顶叶皮质，是表征与操作物体之间空间关系能力的基础。此脑区对组织、排序和可视化信息尤为重要，且是数学、音乐和组织感所必不可少的。

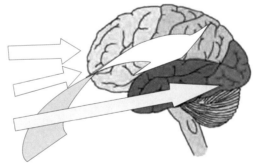

33

图 2.5 中等收入家庭儿童与低收入家庭儿童明确存在差异的脑区

注：图中脑区负责个体的工作记忆、冲动调节、视觉空间技能、语言技能和认知冲突
改编自：Noble, Norman, & Farah, 2005

· **枕颞/视觉认知系统**。该系统负责模式识别和视觉心理意象，能将心理意象转化为物体形状与符号等更抽象的表征，也能够将视觉记忆知识与心理意象相互转换（Gardini, Cornoldi, De Beni, & Venneri, 2008）。

理解脑重要加工过程发生的脑区的价值不容小觑。然而，这些关键脑区与家庭经济地位具有较大相关性，高社会经济地位个体和低社会经济地位个体的上述脑区存在显著差异。

34　　　认知神经科学的出现为更加精准和有选择性地评估脑的上述系统功能提供了可能。诺布尔、诺曼和法拉(Noble，Norman，& Farah，2005)的研究考察了费城公立幼儿园30名来自低社会经济地位家庭的非裔美国儿童和30名来自中等社会经济地位家庭的非裔美国儿童的认知神经系统的表现差异。诺布尔等基于认知神经科学相关文献,设计了评估上述关键认知神经系统的测试任务,对这60名儿童进行测试,以评估其相关脑区的功能差异。此项研究是首次揭示低收入家庭儿童与中等收入家庭儿童全脑和特定脑区差异的研究之一。法拉等人(Farah et al.，2006)的研究测试了中学生的工作记忆和认知控制水平,发现低收入家庭中学生与高收入家庭中学生在5项特定认知神经功能区域上存在显著差异。经常有人困惑,是否有人真正扫描过低社会经济地位儿童的脑,并将他们与高社会经济地位儿童的脑进行对比?诺布尔等已经做了。数据处理后显示,在效应量和脑区上的差异非常显著(如图2.6所示)。

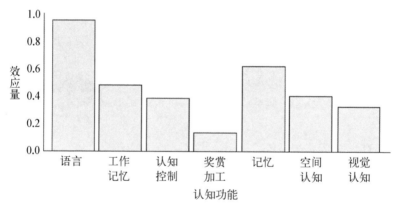

图 2.6　贫困儿童的脑何以不同

注:效应量差异通过低收入家庭与中等收入家庭5岁儿童独立样本标准差进行测量
改编自:Noble，Norman，& Farah，2005

35　　　在另一项研究中,150名来自不同社会经济地位家庭的一年级健康儿童接受了语言技能、视觉空间技能、记忆、工作记忆、认知控制以及奖赏加工任务的测试(Noble，McCandliss，& Farah，2007)。研究发现,社会经济地位对左侧裂周/语言系统的影响最大,预测力超过30%,对其他系统有较小但显著的影响。

儿童社会经济地位与其语言能力之间的高度相关,可能是由于语言加工涉及的裂周脑区所需要的成熟时间(从儿童出生就开始)比其他任何神经区都长(Sowell et al.,2003),从而更容易受环境的影响(Noble et al.,2005)。

例如,霍夫(Hoff,2003)在研究中发现,父母的语言数量、质量和环境对儿童语言能力至关重要。儿童的词汇能力受母亲的社会人口特征、个体特征、词汇水平以及其所掌握的儿童发展知识水平的影响(Bornstein, Haynes, & Painter, 1998)。大多数儿童在步入学校时应接触过 5 万个词汇,并掌握其中 1.3 万个词汇。到了高中阶段,他们应该掌握 6 万—10 万个词汇(Huttenlocher,1998)。但是低收入家庭的儿童往往达不到这一标准。魏茨曼和斯诺(Weizman & Snow,2001)研究发现,低收入父母通常倾向于使用简短的、语法结构简单的句子,他们不经常与儿童进行语言互动(较少提问,较少解释),从而导致在此环境中成长的儿童语言能力有限。图 2.7 和图 2.8 显示了父母的言语水平对子女词汇量的影响情况。

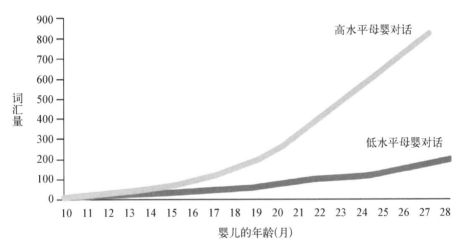

图 2.7　与婴儿交谈:母亲言语对 2 岁儿童词汇量的累积性影响

改编自: Huttenlocher, Haight, Bryk, Seltzer, & Lyons, 1991

在学前阶段,照顾者的忽视对儿童语言技能的发展和未来智商水平产生巨大的影响。哈特和里斯利(Hart & Risley,1995)以不同社会经济地位儿童为研究对象,进行了一项为期 6 年的研究。研究结果表明,双职工家庭儿童 3 岁时的

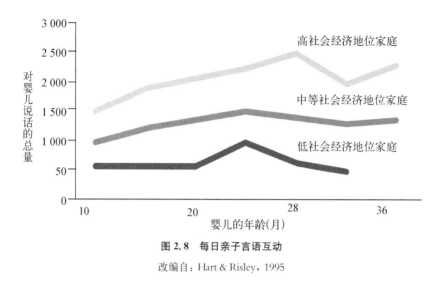

图 2.8　每日亲子言语互动

改编自：Hart & Risley，1995

词汇增加量是接受社会福利家庭同龄儿童的 2 倍。照顾者与儿童交流时采用短语的数量和质量均与其收入水平直接相关。此外，研究还发现，儿童 3 岁时词汇量增加缓慢，是致使其此阶段认知发展缓慢的原因之一。事实上，童年后期进行的智商测试结果表明，与相对富裕家庭儿童相比，接受社会福利家庭儿童的测试成绩落后高达 29%。同时，低社会经济地位家庭的父母也不会让自己的对话适合孩子的思维反应和合理推理。

　　阅读与语言习得密切相关，是影响儿童脑发育的重要因素之一。阅读技能并非直接与脑的某个区域相对应。儿童习得每一项与阅读相关的子技能（包括但不限于语音意识、流畅度、词汇、语音以及理解）都需要早期照顾者的明确教学。而这类教学要求早期照顾者必须有意识地投入足够的精力和时间。然而，再次不幸的是，贫困家庭的早期照顾者往往不具备此方面的专业知识，且无法投入足够的精力和时间。有证据表明，贫困会对与阅读技能相关的脑区发展轨迹产生不利影响（Noble，Wolmetz，Ochs，Farah，& McCandliss，2006）。

　　即使低收入父母倾其所有，为孩子做了所有能做的事，他们有限的资源仍然会将孩子置于极大的劣势中。处于成长发育阶段的人脑迫切需要连贯、新颖并具有挑战性的输入，否则它的成长发展轨迹就会缩小。因此，当儿童遭遇忽视时，儿童的脑就无法充分成长和发育（De Bellis，2005；Grassi-Oliveira，Ashy，& Stein，2008）。不幸的是，与中等收入家庭的儿童相比，低收入家庭儿童接受的认知刺激整体偏少。例如，父母为他们读书的机会较少。研究发现，每天仅有 36% 的低收入父母能够为其处于幼儿园阶段的子女读书，而这一比例在高收入父母中为 62%（Colye，2002）。此外，低收入家庭的儿童很少能够得到学习技能的训练，也很难在完成家庭作业时得到帮助。他们参观博物馆和参加其他户外文化活动的机会仅是家境优越儿童的一半（Bradley，Corwyn，Burchinal et al.，2001；Bradley，Corwyn，McAdoo et al.，2001）。一方面，他们家中可供娱乐的空间较小，使用计算机和网络的机会较少（且使用方式简单），拥有的书籍、玩具和其他娱乐或学习材料较少，看电视的时间较多，鲜有能够一起玩的朋友（Evans，2004）；另一方面，父母的经济情况也将他们排除在音乐、田径、舞蹈或戏剧等健康的课余活动之外（Bracey，2006）。

2. 认知迟滞对儿童在校行为和表现的影响

许多贫困家庭的儿童在入学时就落后于家境优越的儿童。父母在幼儿时期提供的认知刺激至关重要。然而，正如我们所见，贫困儿童所能接受的认知刺激远少于家境优越的儿童。此方面的不足会导致儿童童年后期的认知、社会交往和情感能力发育不全，这已被证明对词汇量增长、智商以及社会交往技能具有重要影响（Bradley，Corwyn，Burchinal et al.，2001；Bradley，Corwyn，McAdoo et al.，2001）。标准化智力测试结果表明，贫困与低认知成就之间存在相关性，低社会经济地位家庭儿童的阅读、数学和科学成绩通常低于平均分，且写作能力较差。尽管贫困的影响不是自然形成或一成不变的，但它们往往会引发一种低期望的顽固恶性循环。学业成绩不佳会导致外界对儿童的期望降低，而期望降低则会不断蔓延并破坏儿童的自尊心。

教育对弥补巨大的社会经济地位鸿沟无济于事。与贫困学校相比，严重贫困地区的学校和少数民族学生众多的学校获得来自州政府和地方政府的资金更少，且这些学校的任课教师往往经验不足或跨学科授课（Jerald，2001）（见表2.1）。该现象在数学和阅读科目中尤为明显。

表 2.1　严重贫困地区的学校跨学科授课教师的百分比

	数　学	英　语	历　史	物理科学
所有公立学校	35.8%	33.1%	58.5%	59.1%
严重贫困地区的学校	51.4%	41.7%	61.2%	61.2%

改编自：Jerald，2001

康斯坦蒂诺（Constantino，2005）开展了一项以加利福尼亚州大洛杉矶地区 6 个社区为研究对象的研究。研究结果表明,高收入社区的儿童接触书籍的数量明显多于低收入社区的儿童。研究者进一步发现,生活在高收入社区的儿童,其家庭图书占有量比低收入社区儿童家庭和学校全部图书占有量还多。米尔恩和普罗德（Milne & Plourde，2006）选取了 6 名来自低收入家庭但成绩突出的儿童作为研究对象,考察他们父母的教养行为。研究发现,这些儿童的父母非常重视教育,积极为孩子提供学习材料,愿意投入时间参与孩子的结构化阅读和学习,同时会限制孩子看电视。基于此,研究者认为,帮助父母更好地了解儿童学业发展的基本需求,能够克服社会经济地位低下对儿童学业成绩的负面影响。

学校中良好的行为表现并不需要太多的学业技能。本章已经零散地介绍了这些技能,提出了涵盖上述全部技能的学业操作系统,并将其定义为学业成功的基础。

3. 实践步骤

培养核心能力。当学生学业表现不佳时,教师首先应通过评估确定其学业能力培养的需求。当然,此类评估只需针对学业成功的核心能力展开。这些核心能力包括：

- 注意与专注能力。
- 长时记忆与短时记忆。
- 排序与加工能力。
- 问题解决能力。
- 持之以恒与长期实践能力。
- 社会交往技能。
- 充满希望和自尊。

教师确定学生所需培养的核心能力后,便可以制订相应的培养计划,寻找恰当的培养模式并分配相关的教育资源。上卷后续章节将介绍这方面干预措施的实施细节。在上述核心能力中,教师需要重点培养学生的社会交往技能和问题解决能力。如果教师能够培养出学生抵御来自同伴压力的社会交往技能,学生就会更愿意待在学校,有更好的学业表现,并能减少不必要的麻烦(Wright, Nichols, Graber, Brooks-Gunn, & Botvin, 2004)。此外,明确教授和示范问题解决技能并及时给予学生反馈也是非常必要的。以下是一个能够直接作为课堂教学内容的问题解决流程的例子。

- 确定待解决的问题。
- 开展头脑风暴,寻找解决方案。
- 使用清单评估每个解决方案。
- 将确定采纳的解决方案付诸实践。
- 总结汇报实践结果并进行反思学习。

除了讲授一些既定的问题解决流程外,教师还可以创设一些简单的、生活中常见的真实问题让高年级学生解决。例如,你在深夜与朋友离开购物中心,你的朋友可以开车,但据你所知,他已经疲惫不堪。你必须尽快赶回家,否则就会有麻烦。你该怎么办?

精准评估。与判定学生在某方面落后相比,帮助学生提高认知能力和学业成绩需要教师掌握更多学生的信息。例如,当遇到有阅读困难的学生时,教师需要判断学生的阅读困难是否由以下原因导致:

- 视力或听力障碍。
- 跟踪问题。
- 词汇量匮乏。
- 理解困难。
- 音素意识或拼读问题。
- 流畅性问题。

定性评估固然重要,但后续工作更为重要。精准评估对于确定学生擅长领域与不足领域至关重要。例如,"伍德科克-约翰逊阅读诊断测试"第三版(Woodcock-Johnson III Diagnostic Reading Battery)能够帮助教师发现学生需要针对性训练的具体领域。

给予希望和支持。每个觉得自己认知能力欠佳的学生都不仅有学习困难这

41 方面问题,通常还有行为出格、校园欺凌(不是被欺凌就是欺凌他人)、自尊心低、感到无助和绝望等问题。教师应确保能够与他们建立支持性的师生关系,为他们提供积极的指导,帮助他们建立希望,培养他们乐观主义精神,并投入时间对他们进行肯定与表扬。

虽然低收入家庭儿童的认知缺陷看起来令人生畏,但目前可用的干预策略比以往任何时候都更具针对性和有效性。只要干预恰当,美国所有儿童都能够取得成功。本书将在第四章和第五章重点讨论这方面内容。

招募并培训最好的教师。绝不能让处于弱势的儿童接受不合格的教育。1998 年在波士顿公立学校开展的一项有关教师影响的研究结果表明,在一个学年中,排名前三分之一的教师能够带来的学生学业提高是排名后三分之一教师的 6 倍之多。由教学效果最差的教师教授的十年级学生的阅读成绩没有任何提高,数学成绩有所下降。为了招募到优秀教师,学校管理者需要在学区和各类会议中不断寻觅,张贴各种招聘喜欢孩子和愿意接受挑战的教师的广告,并与其所在学校的优秀教师沟通,了解能够留住他们的方法。招聘优秀教师从来都不易,除非能够掌握吸引他们的方法。顶尖教师往往渴望挑战,期待灵活的工作方式,寻找能够高度支持他们工作的管理者。他们参加教师专业发展类活动,参与各类会议,寻找各种资料以持续不断地更新自己的技能和知识。学校管理者吸引他们的最好方法就是迎合他们的价值观,并明确指出你能够为他们提供什么。

五、健康与安全问题

正如我们所见,低社会经济地位的儿童总是会遭遇诸如营养不良、环境危害与医疗服务不足等健康和安全方面的问题。身体健康与取得成就往往分不开,我们身体的每个细胞都需要一个健康的环境才能运转良好。被各类压力围困的细胞会生长缓慢并逐渐萎缩。成长于贫困家庭的儿童体内,此类细胞的数量高于中等收入和高收入家庭的儿童。随之而来的免疫系统的适应性则会使贫困儿童难以集中精力,学习能力下降,并且行为失当。

42 ### 1. 理论与研究

斯坦福大学神经科学家、压力研究专家萨波尔斯基(Sapolsky, 2005)发现,儿童的社会经济地位越低,他们的整体健康情况就越差。低收入社区中不达标的住房导致生活在其中的儿童处于行路风险(街道狭窄,交通繁忙)和环境危害(直接接触氡和一氧化碳)的安全隐患中(Evans,2004)。住房质量差可能会引发呼吸系统疾病和童年创伤(Matte & Jacobs,2000),并可能加剧儿童的心理压力(Evans,Wells,& Moch,2003)。贫困儿童在维护不当的旧房子中生活的概率较大。当房屋脱漆时,他们很可能会直接接触铅(一种与智商低下有关的有毒物质)(Sargent et al.,1995;Schwartz,1994)。不幸的是,与贫困带来的其他不利因素一样,这些负面的环境因素也会彼此交织,协同增效(Evans & Kantrowitz,2002)。

父母收入越低,婴儿早产、出生时体重过低或残疾的可能性就越大(Bradley & Corwyn,2002)。贫困的准妈妈更有可能在危险环境中生活或工作。她们接触有毒物质(杀虫剂)的概率更大(Moses et al.,1993),更容易在怀孕期间吸烟、酗酒、滥用药物,而这些因素都与婴儿的产前问题、出生缺陷(Bradley & Corwyn,2002)以及儿童的不良认知结果息息相关(Chasnoff et al.,1998)。

通常情况下,低收入家庭儿童的身体健康情况比家境优越的同伴的健康情况更差。他们是哮喘(Gottlieb,Beiser,& O'Connor,1995)、呼吸道感染(Simoes,2003)、结核病(Rogers & Ginzberg,1993)、耳部感染与听力损失(Menyuk,1980)等疾病以及肥胖问题(Wang & Zhang,2006)的高发人群。营养不良、生活环境不健康以及无法获得恰当的医疗服务都是导致低收入家庭儿童健康情况欠佳与疾病高发的原因(Bridgman & Phillips,1998)。贫困儿童通常没有健康保险,这使他们可能很少或根本无法治疗疾病,最终导致他们比家境优越儿童更容易死于受伤或感染(Bradley & Corwyn,2002)。此外,儿童早期的身体健康情况对其未来发展具有长期且重要的影响。即使成长过程中儿童的家庭社会经济情况有所改善,早期贫困仍然对他们造成了难以改变的影响(McLoyd,1998)。布罗德曼(Broadman,2004)的研究发现,同一社区中高收入和低收入居民健康情况的差异大部分是由他们承受压力的水平不同造成的。

2. 健康与安全对儿童在校行为和表现的影响

低收入家庭学生高发的健康问题使他们的以下问题有所增加。

- 缺课频率。

- 缺课时间。

- 迟到频率。

- 课上生病率。

- 未能及时诊断和/或未能及时治疗健康问题或残疾的概率。

中等收入家庭和高收入家庭的学生也会出现上述问题,但低收入家庭的学生发生上述问题的频率更高,程度也更严重。因此,低收入家庭的学生更容易错失课堂中的关键教学内容和关键能力的培养。当他们无法跟上正常的教学进度时,教师往往会判定学生不在意或不感兴趣,但事实上这是因为他们上课时间不足。

3. 实践步骤

增加健康相关服务。低收入家庭的学生面临着一系列令人生畏的健康问题。成功的学校能够理解他们面临的挑战,并为他们提供多方面支持与便利。具体支持方式如下。

- 每周安排一次现场医疗活动。

- 与当地药房合作,安排学生接受合理的药物治疗。

- 安排牙医进校园活动。

- 帮助学生的照顾者了解学校的相关资源。

- 为缺课的学生安排辅导教师帮助其跟上教学进度。

- 提升教职工的健康意识。

解决学生的健康问题,学校能做的非常有限。众所周知,如果身体不舒服,我们很难集中精力听课和学习。成功的学校往往想尽办法确保学生有机会获得健康服务并保持健康。

建立丰富的学校环境。大量权威研究结果表明,丰富的环境能够改善早期暴露于有毒环境、母亲压力、创伤、酒精以及其他不良因素对儿童造成的负面影响(Dobrossy & Dunnett, 2004; Green, Melo, Christensen, Ngo, & Skene, 2006; Guilarte, Toscano, McGlothan, & Weaver, 2003; Nithianantharajah & Hannan, 2006)。学校环境越丰富,早期不良因素对学生学业成绩的负面影响就越小。丰富的学校环境通常表现为:

- 提供全方位健康与医疗服务。

- 减少负面压力,强化应对压力的能力。
- 开设具有认知挑战性的课程。
- 提供辅导以培养学生的技能。
- 促进学生与教师、员工、同伴建立亲密关系。
- 提供丰富的运动选择。

学校应该能够丰富每个学生的生活。这种丰富并不意味着给学生"更多"或"更快"的学校教育,而是要给学生一个丰富、平衡、持续、积极、与众不同的学习环境。只有这样的学习环境才能够持久地影响学生的生活(如图 2.9 所示)。

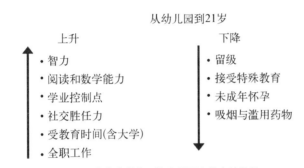

图 2.9　丰富的学校环境为贫困生带来的益处

改编自: Campbell, Pungello, Miller-Johnson, Burchinal, & Ramey, 2001

六、排除万难

本章描绘了贫困儿童的不利画面。当然,并非所有在贫困中长大的儿童都会经历本章所描述的脑和行为变化,但我们已经看到,贫困带来的不利因素已经交织成了一张消极的困境之网。我们还未能完全认识到,贫困已经渗透到儿童的身体、脑和灵魂深处。

童年贫困的经历通常会带来充满挫折的一生。极度贫困的儿童无法获得安全依恋关系和稳定的环境,而这两个因素对他们的社交和情感发展至关重要。他们由于孤独、侵略性强、被孤立以及同伴关系异常而感受更大的压力。同时,他们也更容易产生剥夺感、尴尬、被挑剔和欺凌的感觉。正因如此,他们未来的婚姻或其他关系都将困难重重。

　　然而,研究表明,尽管人生中的前五年非常重要,但是求学期间仍然有许多可以发生重要转变的机会(Hill,Bromell,Tyson,& Flint,2007)。低社会经济地位儿童的行为是他们的脑对长期贫困的适应性反应。脑容易受不利环境影响的同时,也容易受积极的、丰富的环境影响。下一章将详细介绍脑为什么能够变得更好。

第三章　保持改变的思维方式

　　霍金斯老师的一些热心同事与他分享了通过一学年课程改变贫困生的经验,但他对此表示怀疑。他没有在他的学生身上看到这种改变。多年前,霍金斯老师遇见了一个问题学生的母亲,让他明白了"有其母必有其子"的道理。他发现,现在的学生贾森(Jason)的行为表现与他十一年级就辍学的哥哥凯文(Kevin)非常相近。在执教的14年中,霍金斯老师一次又一次见证了诸如此类恶性循环的发生。所以,他宁愿思考即将到来的退休生活,也不愿意相信贫困生的情况可以被改变。

一、坏消息和好消息

　　我们已经明确了贫困对脑具有毁灭性影响这一事实。然而,幸运的是,成长在贫困家庭并不等于生活就是低质量。研究显示,教师帮助学生适应学校教育的程度和速度,能够预测学生长期的学习效果(Stipek,2001)。每当教师对贫困生失去希望时,我就会告诉他们:"是我们的一成不变导致贫困学生的情况没有得到改善,改变贫困生的现状必须从改变我们自身开始!"脑只能被动地响应外界环境,无法超越环境带来的影响。想要学生们改变,我们必须改变自己和学生每天生活的环境。本章将深入探讨两个问题:"脑可以变得更好吗?""如何让脑变得更好?"

47   二、脑可以改变

1. 神经可塑性与基因表达

面对学习成绩不佳的儿童,教师必须谨记:脑可以发生改变,脑也确实在发生改变。脑就是为了改变而生的。脑的有些变化是渐进发生的,例如,学习一种新的语言引发的变化;脑的有些变化是瞬间发生的,例如,某些"顿悟时刻"。有些变化是积极的,例如,那些高品质营养品、锻炼和学习引发的变化;而有些变化是消极的,例如,长期的忽视、习惯性滥用药物和厌倦所引发的变化。

研究结果表明,脑的结构和组织可以被有意识地改变。神经可塑性是脑的一种特性,它使个体的经历能够改变脑的特定区域。诸如脑外伤等狭义而具体的经历会导致脑的特定区域产生具体的改变,而诸如运动或机体成熟等广义的经历则会导致脑的整体性改变。研究表明,脑的顶叶、额叶和颞叶在受到特定的刺激时,能够发生可测量的神经变化。脑改变的具体实例如下:

· 电子游戏能够提高玩家的注意力(Dye, Green, & Bavelier, 2009)。

· 加强语言训练能够引发脑的听觉映射区可测量的物理变化(Meinzer et al., 2004)。

· 通过训练,失聪的人的视力可以获得更好的发展(Dye, Hauser, & Bavelier, 2008)。

· 空间导航能力可能与大于平均水平的负责学习和记忆的海马体的体积相关(Maguire et al., 2003)。

· 学习演奏乐器能够引起与感觉、运动和高阶思维相关的多个脑区发生变化,从而提升注意力、排序能力和加工能力(Stewart, 2008)。

· 学习新技能能够提高脑的加工速度,增加脑的大小(Driemeyer, Boyke, Gaser, Buchel, & May, 2008)。

48   · 高强度学习期间,学生投入学习脑区的灰质体积增加了 1%—3%(Draganski et al., 2006)。

· 长期疼痛能够改变脑(May, 2008)。研究表明,反复的疼痛刺激能够导致脑中与疼痛传递相关的灰质体积大幅度增加,这种改变具有刺激依赖性(即这种增加会在疼痛刺激结束后消退)(Teutsch，Herken，Bingel，Schoell，& May，2008)。

在学校的每一天，学生的脑都在发生变化。当学生的脑发生变化时，他们的注意力、学习能力和认知能力也会随之发生变化。变化的好坏在很大程度上受学校教职工素养的影响。

"究竟是基因还是环境，是先天还是后天对人的发展更重要?"曾是盛极一时的学术争论。然而，这一学术争论已经过时。时至今日，我们已经发现了第三种因素的存在——基因表达。20年前闻所未闻的基因表达，是一个将编码在基因中的信息翻译为蛋白质或RNA(核糖核酸)的过程。这个过程启动(激活)了基因。基因既可以是活化的(表达的)，也可以是缄默的(不表达的)。人类共享超过99%的相同基因，但是这些共享的基因可能在某个人身上表达，而在另一个人身上不表达。基因表达的差异是人类差异的最主要来源，它能够解释为什么家庭成员(甚至同卵双胞胎)共享相似的DNA但有不同的人格特征。

例如，母亲照顾方式的变化能够改变儿童脑中的基因表达，此种基因表达的变化则能够改变儿童应对压力的方式(Weaver et al.，2004)。上一章提及的表观遗传学是研究基因功能的可逆遗传变化、环境因素(例如压力、营养、运动、学习和社会化)对基因表达影响的学科。该领域的最新研究成果对教育实践具有较强的指导价值。教育工作者必须重新思考是否应该用智商测验判定学生的学习潜力。无论来自父母的基因情况如何，学生都可以通过基因表达，在行为和认知两方面作出意义重大的改变。

2. 改变智商

49

脑能够发生生理性变化，是否意味着作为传统智力测验标准的智商也能改变? 相关研究证据表明，许多低社会经济地位的学生入学时的智商低于平均水平(Gottfredson，2004)。他们是否会出现学习困难? 他们的智商能提高吗? 幸运的是，智商虽然具有高度遗传性，但并非100%由基因决定。双生子研究表明，诸如社会经济地位等表观遗传因素可解释高达60%的智商差异(Turkheimer，Haley，Waldron，D'Onofrio，& Gottesman，2003)。研究表明，智商可能受以下因素影响：

- 家庭环境和生活条件(Tong，Baghurst，Vimpani，& McMichael，2007)。

- 童年早期经历和早期教育干预(Chaudhari et al.，2005)。
- 受教育程度和持续时间(Cooper，Nye，Charlton，Lindsay，& Greathouse，1996；Murray，1997；Wahlsten，1997；Winship & Korenman，1997)。
- 营养质量(Isaacs et al.，2008)。

上述研究表明,智商是可以改变的,我们可以通过改变上述因素来改变儿童的智商。为了证明此理论,一项以收养儿童为对象的研究测试了研究对象的初始智商,然后将其分为实验组和对照组。实验组采取实验干预,丰富实验对象的生活条件,对照组不采取实验干预。最后测试两组实验对象的智商。

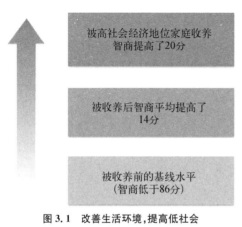

图 3.1　改善生活环境,提高低社会经济地位儿童的智商

注：65 名贫困儿童在 4—6 岁时被收养(被收养前平均智商低于 86 分),被收养 8 年后,他们的智商平均提高了 14 分。其中,被高社会经济地位家庭收养的儿童智商提高了 20 分

改编自：Duyme，Dumaret，& Tomkiewicz，1999

研究者从 5 003 名收养儿童档案的大型随机样本库中选出 65 名贫困儿童作为实验组研究对象。这65 名贫困儿童均在 4—6 岁时被收养,他们被收养前的智商低于 86分。由于婴儿期遭受虐待或忽视,他们的平均智商仅为 77 分。在青春期早期再次测试时,他们的智商已经提高到 91 分(如图 3.1 所示)。初始智商越低的儿童,实验干预后智商提高的幅度越大；收养前智商较低的儿童,在青春期智商测试中取得了较高分数(Duyme et al.，1999)。在为期 8 年的实验中,处于弱势的研究对象,在生活条件改善后,智商提高了 20 分。作为管理者、商人或工匠的养父母更有可能在与儿童的对话中使用高级词汇,也更有可能为儿童创造参观图书馆、博物馆和出国旅行的机会。凯普伦和达默(Capron & Duyme，1989)的研究发现,生于高收入家庭,或被高收入家庭收养的儿童智商测验得分比低收入家庭儿童得分高。

让我们从略微不同的角度重新审视这一问题。50 多年前,斯基尔斯(Skeels，1966)为了探究幼儿发育迟缓是否可逆转,开展了一项为期 3 年的实验研究。斯基尔斯在孤儿院选取了 13 名被判定为智力发育迟慢,不适合收养的儿童作为实验组研究对象,并将他们转移到专门为智力发育迟缓病人设立的机构。他们以"访客"的身份将这些儿童分别安排在不同的病房(类似于为残疾学生开设的全纳课堂),并为每名儿童安排了亲密的照顾者以及其他负责联络的阿姨。与此同时,研究者还选取了孤儿院中其他 12 名没有智力发育迟缓问题的儿童作为对照组研究对象,对其进行非干预性观察。

　　在实验干预结束 2 年后,实验组儿童的智商平均提高了 29 分,而对照组儿童的智商平均降低了 26 分。5 年之后,这个差异的趋势仍然存在。在随后长达 30 年的跟踪研究中,实验组儿童完成学业程度的中位数为 12.0(高中毕业),而对照组儿童完成学业程度的中位数为 2.75(三年级)。实验组所有成员都能自给自足,而大部分控制组成员仍需依赖他人,其中 5 名成员还留在收容机构。最后,实验组成员的 28 名子女(下一代)平均智商高达 104 分! 环境的重要性显而易见。

　　大量随机控制实验结果表明,教育干预可能会缩小由社会经济地位差异引发的学业成绩差距。例如,早期接受教育干预强化的低社会经济地位实验组儿童的智商比控制组儿童的智商高出 0.5—1 个标准差(Ramey & Ramey,1998)。尽管反对者经常对教育干预效果的可持续性提出质疑(Haskins,1989),但仍有研究表明,教育干预能够发挥持续的影响效果(Brooks-Gunn et al.,1994),并且是划算的(干预并不依赖联邦政府的资金,在市政府或州政府资金的支持下就可以开展)(Barnett,1998)。

　　尽管尚未经过研究检验,但最大化教育干预效果的有效方式是重点干预儿童受社会经济地位影响最大的认知神经能力,包括工作记忆、词汇、延迟满足能力、自我控制能力和语言能力。此外,认知神经分析能够揭示各类与社会经济地位相关的因素在认知神经系统中发挥的不同中介作用。确定影响认知神经能力的潜在影响因素,能够帮助我们设计与检验更有效的干预策略。

　　智商高的学生辍学概率更小,同时,接受学校教育也能够提高学生的智商(至少可以防止学生智商下降)。事实上,即将辍学的学生,在校时间每延长一个月,其辍学时的智商就会有相应的提高。此方面最早的研究证据可以追溯到 20 世纪初。当时,伦敦教育委员会以智商较低的孩子为研究对象进行了相关研究。研究结果表明,同一个家庭的孩子,智商与年龄呈负相关。最小的孩子——年龄为 4—6 岁,平均智商为 90 分,而最大的孩子,年龄为 12—22 岁,平均智商仅为 60 分。由此可见,影响孩子智商的是受教育时间而非遗传因素(Kanaya,

51

52

Scullin, & Ceci, 2003)——年长儿童辍学时间更长,导致他们的智商大幅下降。

学生的智商同样受接受学校教育时间的影响。接受学校教育时间越长,学生的韦氏智力测验(Wechsler intelligence test)分数越高。有这样一个实例,1970年,越南战争即将结束时,美国通过投票通过了优先权草案。该草案将出生于1951年7月9日的男性选定为首批执行优先权的对象,这使得他们不得不为了逃避执行优先权而选择接受更长时间的学校教育。同时,出生日期早于1951年7月9日的男性,由于不需要逃避执行优先权,而缺少了接受更长时间学校教育的动力。因此,与早于1951年7月9日出生的人(如1951年7月7日)相比,生于1951年7月9日的人智商和收入都更高(收入高约7%)(Ceci, 2001)。此外,学生的韦氏智力测验分数甚至会受暑假的影响。多个独立研究表明,暑假过后,学生的智商会系统性降低(Cooper et al., 1996)。学生在暑假期间学习时间越短,他们暑假过后的智商下降越明显。

反之,辍学会使学生智商降低。一项大规模研究随机选取了瑞典学校出生于1948年的所有男性中的10%(约5.5万人)作为研究对象,在他们13岁时对其进行智商测验(Ceci, 1991)。随后,在1966年(这些研究对象18岁时),再次对其中的4 616名研究对象进行智商测验。结果表明,在高中阶段,每早辍学一年,学生的智商平均下降1.8分(Murray, 1997)。也有相关研究结果表明,每早辍学一年,学生的智商就会下降5分(Wahlsten, 1997),反之,每多接受一年学校教育,学生的智商就可以提高2.7分(Winship & Korenman, 1997)。

除上述因素外,大量研究支持了**"弗林效应"**(Flynn effect)的存在。"弗林效应"描述了智商测验分数呈代际增长的趋势(Flynn, 1984)。此类研究涉及多种研究样本,因此,可以确定智商测验分数呈代际增长的趋势并不受文化和种族差异的影响(Rushton, 2000),甚至不受障碍状况(例如学习障碍)的影响(Sanborn, Truscott, Phelps, & McDougal, 2003)。事实上,在过去50年中,全世界人民的平均智商增加了15分以上(1个标准差)(Bradmetz & Mathy, 2006)。为什么会这样?有一种推测指出,技术的改变使新一代人类获得了很多额外的能力,这些能力使他们在智商测验中表现得更好。

53   3. 流体智力

诚然,正如上文所述,很多因素能够影响智商。但是,我们可以通过提升学生的流体智力,更直接、更有目的地改变他们的智商。流体智力是学生在不同情境之间迅速调整策略与思维过程的能力。例如,学生在学习了过马路前要左右观察的规则后,在繁忙的十字路口应用这一规则的能力。("我应该慢点走,这个路口情况复杂。")流体智力一般包括问题解决能力、模式识别能力、抽象思维能力、推理能力以及举一反三地理解概念并将其应用于实践的能力。

通常情况下,在一个情境中学习的技能很难迁移到其他情境中。例如,一项研究发现,巴西街头的青少年小贩卖东西时的数学计算能力极强(计算准确率高达 98%),但是同样的问题,在教室中他们的计算准确率却没有这么高(计算准确率为 56%)(Carraher, Carraher, & Schliemann, 1985)。另一项研究发现,在超市中能正常比较商品价格差异的女顾客,无法在实验室的纸笔测试中完成相同的数学计算(Lave, 1998)。此外,有研究发现,在轻驾车赛马比赛投注中,经验丰富的残障者能够操作含 7 个变量的复杂交互模型,而在正式场合,他们却做不到(Ceci & Liker, 1986)。人类在上述领域的智慧是情境性的且不可迁移。

流体智力具有情境独立性和高度可迁移性,并能够很好地服务于学生解决真实问题。如果真如科学结论所示,脑具有可塑性,那么我们应该能够提高智商较低学生的流体智力。

幸运的是,流体智力的确可以被教授(如图 3.2 所示)。事实上,学生接受流体智力训练的时间越长,训练效果就越好(Jaeggi, Buschkuehl, Jonides, & Perrig, 2008)。教师可以通过引导学生将诸如头脑风暴、思维导图和预写作等写作策略

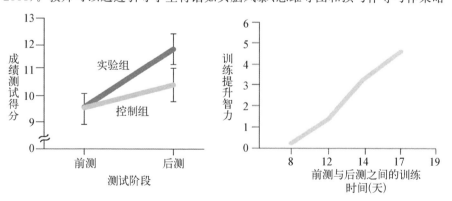

图 3.2 流体智力可以被教授

注:图 3.2 显示了一项训练工作记忆提高学生流体智力的研究结果

改编自:Jaeggi, Buschkuehl, Jonides, & Perrig, 2008

应用于其他情境,或者引导学生在科学项目中通过采用组织图像和设定目标应用阶梯规划过程,来训练他们的流体智力。许多网站(包括 www. soakyourhead. com 和 www. lumosity. com)都能为作为新手的你提供培养学生流体智力的方法。

三、脑为什么能够变得更好

现在,我们不仅知道了脑可以改变,而且知道了教师可以在改变脑的过程中扮演重要角色。但是,仅有意愿是不够的,教师还需要明确、具体的方法。

有些学校希望只通过增加课程就让学生变得更聪明。这个策略是没有科学依据的,它通常会让学生感到超负荷或无聊,效果适得其反。在贫穷环境中长大的孩子需要的不仅是内容,他们需要更强的脑。那么,我们能否建立一个更强大、更灵活、更快速并具有更强加工能力的脑呢?

多变量统计分析方法帮助我们发现了基因对不同学业能力的影响具有较大的重叠性(Kovas et al. , 2007)。此项分析结果表明,许多基因与阅读困难和数学困难均相关(例如,阅读和数学均需要分类、排序和处理数据的能力)。想要改变学生人生的教师会对行为遗传学家罗伯特·普洛明(Robert Plomin)的研究特别感兴趣。他的研究表明,通才基因是多个学习能力的基础(Plomin & Kovas, 2005)。我们知道,许多表观遗传学因素都能影响基因表达。普洛明发现:"如果基因对认知的影响如此普遍,那么它对脑的影响也可能是普遍的。按照此种方式,通才基因在将自上而下和自下而上的方法融入脑的生物系统方面可能价值巨大。"(Davis et al. , 2008)当你改变环境来促进学生的通才基因表达时,你将会引发学生在行为和学习方面一系列重要的连锁反应。但是为了获得更加激动人心的效果,你还需要升级脑的操作系统。

1. 学业操作系统

为了获得学业成功,学生需要建立一个学业操作系统(如图3.3所示)。这个学业操作系统并不完全涵盖学生人生所需要的一切技能。例如,脑会为了社会化、生存和工作发展出其他的操作系统。学业操作系统不包含爱、牺牲、责任、公平、幽默和善良等价值观。但是就学业成功而言,以下能力是必须具备的。

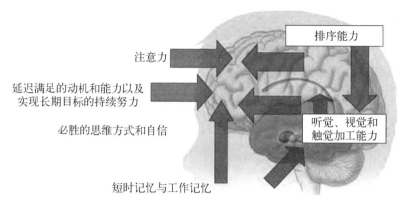

图 3.3　学业操作系统

- 延迟满足的动机和能力以及实现长期目标的持续努力。
- 听觉、视觉和触觉加工能力。
- 满足学生投入、专注和抽离所需的注意力。
- 短时记忆与工作记忆。
- 排序能力（知道一个程序的顺序）。
- 必胜的思维方式和自信。

　　上述能力构成了学生学业成功的基础，能使学生有能力克服贫穷带来的不利风险因素的影响。这些能力并不是简单的学习技能，它们使学生能以有意义的方式关注、获取、加工、评价、优先处理、处理与应用或展示信息。如果无法提高脑处理输入数据的能力，那么学习成绩就会停滞不前。无论怎样来降低打字速度或减少输入内容，老式电脑有限的加工处理能力仍然会使其系统不堪重负。为了提高学生的加工处理能力，教师必须在给予学生挑战的同时，为他们提供帮助。各种对低社会经济地位儿童有效的干预都具有共同特点：采用多种方法重建脑的操作系统和训练少数对学习最重要的加工能力。这些干预使学生充实丰富。丰富是有机体发生积极变化的结果，它源自与贫瘠相对的、持续积极的外部环境。

56

　　学业操作系统的许多加工过程都具有可塑性，可以通过多种活动进行训练和改进。

　　· 体育活动可以促进脑产生新的细胞，脑细胞新生的过程是一个与学习、情绪和记忆高度相关的过程（Pereira et al. , 2007）。

·下棋能够通过提高学生的注意力、动机、处理加工能力和排序能力来提高阅读能力(Margulies，1991)和数学能力(Cage & Smith，2000)。

·艺术能够提高注意力、排序能力、处理加工能力和认知能力(Gazzaniga，Asbury，& Rick，2008)。

57　·在计算机上完成对象识别、计数、记忆物体及其位置等任务,能够提高几周内的注意力和工作记忆,并能够提升完成其他记忆任务和无关推理任务的表现(Kerns，Eso，& Thomson，1999；Klingberg et al.，2005；Westerberg & Klingberg，2007)。

音乐是一个很好的通过培养某项能力显著优化学生的学业操作系统的例子。音乐训练能够增强自我约束力、脑功能与言语记忆(Chan，Ho，& Cheung，1998),还能够提高表征抽象几何,检测视觉形象的几何性质,建立欧氏距离与数值大小的联系,通过地图上的几何关系在更大空间中定位物体的核心数学系统的表现(Spelke，2008)。此外,彩排的过程能够开发学生的专注力,从而增强记忆力(Jonides，2008)。最后,音乐还能够加强学生的长期意志力和努力。想要在音乐学习上达到熟练程度需要付出很多的时间和精力,这能使学生认识到坚持的力量,与智商相比,坚持与好成绩的相关性更高(Duckworth & Seligman，2006)。

大量此类简单的案例完美地证明了人类有能力摆脱自身基因组的控制。基因提供了个人发展的蓝图,但是它们容易受环境和社会的影响。诺贝尔奖获得者坎德尔(Kandel，p.461)指出:"社会因素对基因表达的调节作用使得包括脑功能在内的机体功能容易受社会因素的影响。社会因素的影响将与特定脑区某个神经细胞中的特定基因的选择性表达发生生物性融合。受社会因素的影响,基因的选择性表达具有文化差异性。"本书将在第四章继续探讨这个主题,并重点强调文化的影响。

大多数低社会经济地位的儿童的脑都会为生存而非为在学校拿到更多的 A 发生适应性改变。他们的脑可能缺乏注意力、排序能力和取得良好学习成绩所需要的处理加工系统。如果不想看到他们的学习成绩退步,就必须对他们的学业操作系统进行优化。

58　　## 2. 教育干预和长期改善措施

为了最大限度地提高教育收益,教育工作者和政策制定者越来越重视 1 900

万名 5 岁以下美国儿童的早期教育。生命最初的几年对于儿童的学习和认知发展至关重要。已有文献详细记载了高质量早期教育的长期收益（Campbell，Pungello，Miller-Johnson，Burchinal，& Ramey，2006）。研究表明，教育干预有可能缩小甚至消除社会经济造成的表现差距，改变效果具有持续性（Brooks-Gunn et al.，1994）和成本效益（Barnett，1998）。研究者对运行良好的学前教育项目进行评估发现，与家境情况相似的同伴相比，接受过高质量早期教育的儿童，其辍学、留级或需要接受特殊教育的可能性均较低（Barnett，1998）。关于个体、儿童早期和基于学校干预的研究表明，高质量的改善措施：

- 能够提高语言流利度、智商和其他认知加工能力。
- 能够减少初中阶段和高中阶段的学习问题和学业失败。
- 若在童年早期实施，则能够提高社交智力、学业智力和情绪智力（Campbell et al.，2001）。

此外，接受高质量干预的儿童出现风险行为和法律问题的概率较低，辍学的可能性较小，对社会福利的依赖性较弱。毋庸置疑，干预效果与干预的质量和持续时间息息相关。小规模、定制化、年龄匹配且能够持续实施的干预是非常必要的。有些改善效果需要长达 4—6 年的有效干预（Campbell & Ramey，1994）。某些情况下，干预的代价是昂贵的，但它带来的效果是持久的。

一项以不同社会经济背景和不同类型学校的中学生为研究对象的研究发现，开发学生的实践智力（可以直接应用于日常生活的智力）能够提升学生的学业成绩（Williams et al.，2002）。发展出实践智力的学生能够在学习过程中而非学习结束后，开展自我评估和自我修正。在这项研究中，教师在经过培训后，开展了一项培养学生元认知意识的五种来源（认识原因、认识自己、认识差异、认识过程与重新审视）的项目。学生在习得上述思维能力后，在 4 个目标技能领域（阅读、写作、家庭作业和测试）的学习与实践能力均有所提升。研究结果表明，可以通过训练思维能力来促进学生的学业成功。在与康涅狄格州和马萨诸塞州的教师共同工作的两年时间中，研究者发现，不同社会经济背景的学生在上述 4 个目标技能领域的成绩均有提高（Williams et al.，2002）。

美国男孩女孩社团（Boys & Girls Clubs of America）开发了丰富的课后项目，旨在为居住在公共住房的低社会经济地位的学生提供帮助。该项目的实施地设在学校外距离学生居住地很近的地方，为学生提供交通服务，满足父母每天在时间、成本、交通和课程等方面的需求。项目的数据结果有力地支持了为高危青少年提供课外强化教育项目的做法（Schinke，Cole，& Poulin，2000）。项目启动后30个月收集到的数据表明：

- 学生的阅读、言语、写作与辅导技能得到提升。
- 学生的学校表现总体得到改善。
- 学生对课程资料更加感兴趣。
- 学生的学习成绩比控制组高。
- 学生的课堂出勤率提高了。

教育干预项目对提升低社会经济地位家庭学生的智商非常有效。许多研究者认为，由于脑发育存在敏感期（从出生到5岁，这一时期脑更易重塑），越早对此类儿童进行干预，获得的干预效果越好。然而，即使在儿童已经有性别意识、自治意识和无所事事的同伴后，我们仍有很多机会改变他们。

在北卡罗来纳大学教堂山分校，研究者发起的阿贝塞达里安项目（Abecedarian Project）是证明教育干预能够发掘人类潜力的一个实例。该项目是一项精心控制的研究，研究者随机选取了57名低社会经济地位婴儿为被试，为他们提供高质量的照顾，并在他们5岁前进行早期干预。同时，选取54名生活环境相似的婴儿作为对照组，不进行任何干预。实验组给予适合婴儿发展的活动、游戏和社会—情感支持。这项研究收集了年龄为3—21岁的被试的认知测验分数，并分析了年龄为8—21岁的被试的学业测验分数。研究结果表明，在干预结束16年后（被试21岁时），接受早期干预的被试在认知和学业两项测验上都获得了更高的平均分（Ramey & Campbell，1991）。与未接受早期干预的对照组被试相比，接受早期干预的实验组被试：

- 在21岁时获得更高的认知测验分数。
- 表现出更强的语言能力。
- 阅读成绩持续提高。
- 数学成绩有一定的提高（效应量中等）。
- 21岁时仍在上学的比例较高（实验组40%，对照组20%）。
- 更有可能接受四年制大学教育（实验组35%，对照组14%）。
- 遭遇法律问题的概率更低（Ramey & Campbell，1991）。

一些持反对意见的研究者指出，实验组被试的智商仅在实验开始阶段有所提升,到小学高年级和初中阶段,他们的智商就趋于稳定,不再变化了。这一说法是正确的,项目采取的早期干预所能发挥的作用是有限的。然而,在生活技能智力方面,实验组被试有更好的表现(如图 3.4 所示)。

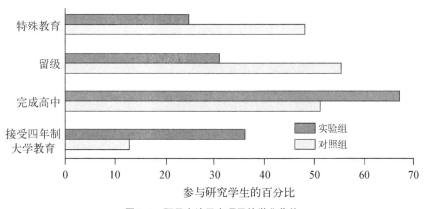

图 3.4 阿贝塞达里安项目的学业获益

改编自:Ramey & Campbell,1991

"提前开始计划"(Head Start)是证明早期干预能够发掘人类潜力的另一个实例。该项目源自这样一个社会—政治意识——许多贫困儿童无法从现有的学前教育中获益。这项由联邦政府资助的项目建立了基于学校和社区的特殊机构,为全美贫困的学龄前儿童提供教育、营养、医疗和社会服务。很多人诟病这个项目并没有取得令人满意的效果,但是后续研究者对此项目进行了充分的研究,其中一项关于此项目效果的纵向跟踪研究表明,在随后的几年中,参与此项目的学生教育成就更高,犯罪活动更少(Love et al.,2005;Oden,Schweinhart,& Weikart,2000)。另一项对参与该项目的学生进行的从儿童期到成年期的追踪研究发现,该项目能够带来持续的积极效果(Schweinhart,Barnes,& Weikart,1993)。

2004 年,已有 9 万名儿童加入了"提前开始计划"。管理规模如此巨大的项目存在难以估量的挑战。种类繁多的潜在障碍(如被试参与时间短,辍学,儿童被虐待或忽视)都使该项目难以控制。有些人认为,对高危儿童而言,"提前开始计划"的预防性干预活动启动得太晚了。2002 年,第一批地方"提前开始计划"获得资助后不久,一项全美范围内多地点的随机控制实验以最初建立的 17 个项目实验点为对象,检验了该项目成功与否以及成功的原因。尽管项目与项目之间的具体干预策略有一定的差异,但所有项目都旨在促进儿童发展(通过与多名工作人员建立人际互动),提高父母的参与度,并对父母进行儿童发展方面的培训。此外,所有项目都提供家庭服务,建立可能有帮助的社区关系。有些项目在家中开展干预活动,有些项目则倾向于在项目所设机构中开展干预活动,还有些项目两种兼有。

一项涉及 3 000 个家庭的随机控制研究发现,"提前开始计划"对 2—3 岁儿童的认知、语言和社会情绪发展具有显著的积极影响(Love et al.,2002)。该研究通过对亲子互动的观察和父母的自我报告发现,"提前开始计划"对教养方式同样具有积极影响。研究还发现,干预效果最好的"提前开始计划"综合采用在家中开展干预活动和在项目所设机构开展干预活动的方式,在全面实行干预服务和持续提升干预服务质量方面表现突出。目前,参与此项研究的儿童已经 5 岁,此前研究仅在他们进入幼儿园之前进行了评估。"提前开始计划"能否提升儿童的学习准备和社会情绪准备,仍需通过纵向研究来验证。

位于密歇根州伊普西兰蒂的佩里幼儿园调查了 123 名出生于贫困家庭且学业失败风险很高的非裔美国儿童的生活现状。在 1962—1967 年,3 岁和 4 岁的被试被随机分入实验组和控制组,实验组的被试参与高质量的早期干预项目,控制组的被试不参与早期干预项目。研究者追踪这些被试直至他们成年,调查了他们的学校、社会服务和被捕记录发现,与控制组被试相比,参与了早期干预项目的实验组被试在成年后赚钱更多,就业率更高,犯罪率更低,完成高中学业的比例更高(Weikart,1998)。早期干预项目并不能提供一个快速解决贫困问题的方法,但它能够产生连锁反应,从而对贫困儿童的生活产生长远的积极影响。尽管尚无明确、统一的研究结果,但是贫困儿童的早期干预项目确实发挥了作用,所以它们应该得到支持(Barnett,1998)。

3. 行动步骤

改变教师的思维定势。许多教师都明白,高质量的教学能够改变学生。但是,仍然有部分教师认为学生的智商是天生的,学习速度较慢的学生始终无法提高学习速度。要鼓励教师夸奖能够克服困难的学生。在教师休息室张贴宣传"奇迹每天都在发生""我们能够使学生发生改变"等理念的海报。此外,为教师提供高质量的职业发展项目(如每月举办读书会或提供研究论文)也是非常必要的。

投资教职工。很多学校和地区都提出了"一切以学生为先"的口号。然而，这个口号只有在学校教职工感受到包容、支持、挑战和被培育的情况下才能实现。换言之，学校只有做到"一切以教职工为先"，才能实现"一切以学生为先"的目标。只有教职工感受到来自学校的关怀，他们才会用心关怀学生。首先，开展广泛的评估来发现差距，并反思以下关键问题：每个学生是否都有一位他们可以找到的成年监护人？每个学生是否都能与同伴建立联系（如参加伙伴项目或俱乐部）？是否为每个学生提供了包含艺术活动和体育活动的丰富课程？是否每个学生的基本认知技能（如词汇积累、阅读流畅性）都达到了标准？其次，确定每学年教职工发展的主题（如培养目标能力），提供与该主题相关的教职工培训项目，加强团队建设。最后，在每学年初就启动培训项目，并在每月开展微培训，以保持教职工的动力与责任感。教职工发展得越好，学生的学业成绩就越好。

支持持续开展教职工合作。确保每学年都开展团队建设活动，以增进教职工之间的沟通与交流。每位教职工都应知道所有同事的名字，并了解他们的一些个人信息。帮助教职工了解怎样在课堂教学、课堂纪律与课堂氛围等方面作出积极改变，并让他们认识到脑具有改变的能力。组建正式的研究团队，学习讨论测量学生改变的相关论文。在条件允许的前提下，申请政府拨款，为教职工提供全年培训。

鼓励教职工之间开展积极的对话。精心安排教职工之间对话。鼓励他们在休息室分享更多的成功经验。如有必要，可与尚未成为正式教职工的成员进行一对一谈话。苏珊·斯科特（Susan Scott）所著的《口才制胜术》（*Fierce Conversations*）提供了关于对话的有效策略，这些策略有助于开启并继续相对艰难的对话，使谈话者之间建立共识并推进谈话进程。

收集高质量数据。你需要的有用数据永远比已经拥有的多。对检测学生的记忆力、注意力以及在加工能力和排序能力方面的缺陷而言，高质量的评估及贯彻执行至关重要。精准评估能够帮助教师发现学生擅长的和不足的领域。本书将在第四章进行详细介绍。 64

四、改变思维方式

尽管对于教师应该以何种思维方式与贫困儿童相处，目前仍没有定论，但可以肯定的是，以下极端的思维方式肯定是不可行的。

- 只关注基础知识（死读书）。
- 通过武力来维持秩序。
- 减少（甚至取消）艺术、运动和体育的时间。
- 强化课堂纪律。
- 减少学生间的交流。
- 安装金属探测器。
- 更多地采用高压的、严密管理的教学方式。

除此之外，为贫困儿童感到惋惜，认为贫困使他们必然失败的思维方式也是不对的。持极端思维方式的教师往往狭隘地将贫困儿童的问题简单化，而持同情思维方式的教师往往是精英主义者、失败者、阶级主义者或种族主义者。正确的思维方式应是：承认人类的经历能够改变脑，如果我们设计并使儿童有足够多的高质量的经历，久而久之，儿童的脑能够发生积极的改变。

尽管改变思维方式的优势显而易见，但在实践中仍有许多需要注意的事项。并非所有的干预项目都能实现预期效果，我们无法确定多大程度、多长时间的思维方式改变才能获得最佳的改变效果。相关研究结果表明，儿童的生活环境越恶劣，他们提升的潜力就越大。家境优越的儿童仅需要高质量的教学，而对家庭贫困的儿童而言，教师改变思维方式能对其学习产生巨大影响。对与贫困儿童相处的教职工而言，改变思维方式至关重要，他们必须坚信贫困儿童是能够成功的。

当你所在学校的每一名教职工都能改变思维方式时，你每时每刻都能感受到，并从学生身上感受到这种思维方式改变带来的效果。你将会看到学生非常享受课堂和在学校的一切经历，感受到他们对未来充满希望。教师会分享有用的信息和教学策略，更有建设地讨论问题。教职工休息室里充满了成功而非抱怨的故事。教师总是能够给予学生肯定与支持。

改变思维方式的先决条件是，我们必须具备改变的信念和意愿。在学生身上将我们期望的改变具体化。如果能将贫困儿童的问题视为发展的潜力而不是问题，那么我们就能帮助他们超越既定的奋斗之路。我们不应该将智商低作为放弃他们的借口，而应该为他们提供积极的、丰富的体验，帮助他们建立学业操作系统。学生的脑不会因为经历更多相同的事物而改变。我们必须相信脑的改变是可能的，理解脑是可塑的，能够适应环境，我们也要愿意作出改变。

第四章　学校层面的成功因素

　　霍金斯老师逐渐接触到一个新的范式。多年来,他始终无法接受贫困生的不良行为和学业表现,并为其所困。但现在他认识到,贫困会给学生带来巨大的消极影响,并且使脑产生诸多改变,导致学生课堂表现欠佳。他还意识到,认知能力(甚至智商)是可以提高的。新的认识令霍金斯老师重燃希望,但这只是改变的开始。他深信脑是可以改变的,但是他并不确定自己任教的学校是否有能力实现这一改变。霍金斯老师意识到,未来有诸多需要解决的问题。他开始思考退休前可以做点什么。毕竟他还有6年才退休。

一、影响学校成功的五类因素

　　到目前为止,我们已经认识到贫困会给儿童的身体、社交和情感健康带来伤害,贫困使儿童的脑产生变化,从而导致儿童的学业行为表现欠佳。我们还认识到,认知能力并不是一成不变的,而是可以提高的。那么,行动的时候到了!

　　本章和下一章将深入分析学校层面和课堂层面的成功因素,即哪些策略对贫困生的脑产生最大的积极影响。研究者几乎尝试了每一种能够想到的策略,但关于此问题的研究众多,目前尚无统一结论。为了使问题变得简单,本书梳理了前人的研究结论和作者本人的实践经验。虽然所得结论并不是所有学校走向成功的唯一途径,但是它代表了部分学校的成功经验。

统计分析结果表明,贫困生和少数民族学生在学业测验中的成绩比家境优越的学生和非少数民族学生差(Reeves,2003)。然而,贫困生和少数民族学生比例很高的部分学校颠覆了统计结果。在学业测验上,部分贫困生和少数民族学生比例很高的学校与同地区(或同州)的其他学校旗鼓相当,甚至更胜一筹。许多高质量的研究以此类学校为研究对象,总结了其成功的经验。综述这些研究结论,将为更多学校提供改革的依据。本书选取的相关研究如下:

• 《高贫困率学校的优异成绩:90/90/90 以上》(*High Performance in High Poverty Schools: 90/90/90 and Beyond*)(Reeves,2003)。

• 《探究高贫困率学校成绩优异的奥秘》(*Inside the Black Box of High-Performing High-Poverty Schools*)(Kannapel & Clements,with Taylor & Hibpshman,2005)。

• 《来自九所高贫困率蓝丝带学校[①]的成功经验》(*Learning from Nine High Poverty,High Achieving Blue Ribbon Schools*)(U. S. Department of Education,2006)。

• 《来自中部地区教育与学习研究所的观点:那些"战胜困难"的学校》(*McREL Insights: Schools That "Beat the Odds"*)(Mid-continent Research for Education and Learning,2005)。

• 《没有借口:来自成绩优异的高贫困率学校的 21 节课》(*No Excuses: 21 Lessons from High-Performing,High-Poverty Schools*)(Carter,2000)。

• 《实操手册:来自改革成功学校的实践策略》(*The Results Fieldbook: Practical Strategies from Dramatically Improved Schools*)(Schmoker,2001)。

• 《相似的学生,不同的结果:为什么有些学校做得更好? 一项基于加利福尼亚州小学(以低收入家庭学生为主)的大规模调查》(*Similar Students,Different Results: Why Do Some Schools Do Better? A Large-Scale Survey of California Elementary Schools Serving Low-Income Students*)(Williams et al.,2005)。

美国联邦政府设定的Ⅰ类资助学校或高贫困率学校的标准为,享受免费或

---

① 蓝丝带学校(Blue Ribbon School):蓝丝带是美国中小学的最高荣誉,是指在领导、课程、教学、学生成就和家长参与等方面具有杰出表现而受到表扬的卓越学校。——译者注

减价午餐的学生占全校学生 50% 或以上。笔者对贫困生占 75%—100% 的学校更感兴趣。通过综述不难发现,如果学校有半数以上的学生通过了州标准化测试,就可以被认定为成绩优异。在问责制主导的当今时代,人们越来越倾向于用标准化测试的成绩来衡量学校和学生是否成功,这为确定影响成就的关键因素提供了客观的统计依据。高贫困率且成绩优异的学校通常具有以下共同点。 68

- 发表关于成绩的学术研究。
- 有可用的教学资源。
- 相信所有学生都能取得高水平的成功。
- 关怀教职工。
- 课程选择很明确。
- 有连贯的、基于标准的课程和教学计划。
- 协同决策。
- 对学生作业进行协作评分。
- 致力于多元化和公平。
- 注重阅读能力。
- 高期待。
- 持续收集数据和开展形成性评价。
- 整齐有序的学习氛围。
- 定期评估学生的进步,并给予反馈,提供干预措施。
- 教师与家长定期沟通。
- 有共同的使命和目标。
- 有规划地任命教职工。
- 特别关注学生成绩。
- 高度结构化(包括学生目标和班级管理)。
- 为教师(也包括教师助手、辅助人员)的工作提供支持。
- 教师认识到自己对学生成败的影响。
- 完全专注于学生成绩,不找借口。
- 利用评价数据提高学生的成绩和教师的教学。

尽管上述因素都很重要,但是没有一个学校拥有足够的时间、资金和人力,能够同时对上述 23 个因素作出实质性改变。那么,我们怎样才能把这些因素转化为一个可行的实践方案呢？我们应在不影响效果的前提下，将上述清单中的因素削减到可实施的范围。因此，本书通过以下方式筛选了最重要的几类因素。

首先，整合相似因素（例如，"特别关注学生成绩"和"完全专注于学生成绩，不找借口"）以及具有因果关系的因素。其次，排除非成败攸关的因素。再次，审视对不同社会经济地位的学生都十分重要的因素（许多学校已经做得很好了）。最后，优先考虑那些能够加速改变学生脑的因素。

尽管成功的学校更倾向于采用整合多种因素的实践策略，但为了阐述清晰，本书将其分为整合学校层面和课堂层面成功因素的实践策略。本章主要论述整合学校层面的成功因素的实践策略，下一章重点阐述整合课堂层面的成功因素的实践策略。学校层面和课堂层面的成功因素有五类，其首字母可以组合成单词 SHARE。具体而言，学校层面的成功因素包括：

- 为学生提供全面的支持（support the whole child）。
- 客观确凿的数据（hard data）。
- 高度的责任感（accountability）。
- 建立良好的人际关系（relationship building）。
- 改变思维方式（enrichment mind-set）。

二、为学生提供全面的支持

将高期望作为口头禅的学校领导经常要求学生举止得体、心无旁骛、刻苦学习，而事实上，这些学生却处于饥饿、不健康、高压和情绪崩溃的边缘。高期望政策只在学生获得高度支持的情况下才是有意义的。在贫困中长大的学生，通常对社交、学业、情绪和健康有强烈的需求，却只能得到较少的社会服务，甚至缺少教室和宿舍。

许多学校管理者认为，期待自己的学校提供其他学校未提供的大量服务是不切实际的，甚至是荒谬的。我们不妨采用逆向思维。大多数接受学校教育的贫困生表现不佳，不负责任的学校会将贫困作为借口而推卸责任。然而，得到全面支持的贫困儿童能够冲出困境，努力抓住受教育的机会。如果学校解决不了贫困生每天都需要应对的社交、情绪和健康问题，那么期盼他们成绩卓越只能是遥不可及的梦想。

1. 理论与研究

为了理解学校有必要为贫困生提供社交、情绪和健康相关服务的原因,我们必须追溯到亚伯拉罕·马斯洛(Abraham Maslow)在半个多世纪前提出的需要层次理论(Maslow,1943)。根据该理论,如果学生的基本需要(例如食物、居所、医疗、安全、家庭、友谊等)不能得到满足,那么他们就不可能产生更高层次的需求——追求成绩卓越。常言道,当你的脖子在短尾鳄的嘴下时,你很难想起你最初的目的是排干沼泽中的水。对于那些已经被贫困扼住咽喉的学生而言,为其提供减少分心和压力的支持,提高他们学习和成功的能力,才是学校应该采取的最佳培养方案。

在培养低社会经济地位学生方面有着成功经验的学校,通常采用360度环绕式学生支持系统。许多学校管理者建立政治联盟,以各种方式获得学校董事会和地方政府的支持,从而使他们迅速果断地行动起来。如果没有各类专门机构的支持,这项工作可能会更加艰难。

不同学校为学生提供了不同的支持服务,有一些学校侧重于为学生提供1—2个急需的支持服务,另一些学校则试图为学生提供全方位的服务。除了标准的支持服务外,有一些学生可能需要额外的条件才能获得成功。与成长于中等以上收入家庭的儿童相比,成长于贫困家庭的儿童残疾比例更高。因此,教育工作者应该格外用心去发现给予最弱势学生支持的方法。所有参与个性化教育计划(individualized education plans,IEP)[①]或"504计划"[②]的学生都享有合适的居住空间,以保障他们能够充分参与州和地区的各类测试。从法律上讲,学生的居住空间必须在个性化教育计划指定的范围内,但这一要求并不禁止教师在资源分配上有更好的和偶尔例外的判断。为贫困生提供食宿,正如为考试的学生提供安静的场所一样,能够减轻残疾或其他劣势给学生带来的不利影响。

---

① 个性化教育计划是美国政府出台的一项帮助有特殊需要儿童获得最好教育的计划。有特殊需要的儿童既包括身体残障的儿童,也包括学业困难的儿童。——译者注
② "504计划"是美国政府发起的教育资助计划,旨在为贫困生或贫困学校提供资金支持,以定制满足学生个性化学习需求的环境。——译者注

2. 高贫困率学校的成功案例

位于加利福尼亚州拉霍亚的普罗伊斯学校是一所拥有 760 名初中生和高中生的公立特许学校。该学校 94% 的学生是少数民族,全部学生都有资格获得免费或减价午餐。然而,学校的升学率却很高,超过 95% 的毕业生被四年制大学录取。在 2008 年全美学校排名中,《新闻周刊》(*Newsweek*)和《美国新闻与世界报道》(*U. S. News & World Report*)都将普罗伊斯学校纳入全美排名前 10 的高中。

是什么让普罗伊斯学校如此不同呢？简言之,该学校不容许学生失败的情况发生。同许多成功的学校一样,普罗伊斯学校的教职工也对学生抱有很高的期望。该学校通过为学生提供 360 度全方位的支持来实现教职工的高期望。每一学年学校都会不间断地为学生提供丰富的支持项目。具体情况如下:

• 由基金会出资,与加州大学圣迭戈分校合作筹建的卫生保健部门开通转诊医疗服务,提供专业医师、青春期健康专业指导人员和现场医护。

• 为参与个性化教育计划的学生提供全职资源专家,为有语言、听力障碍和身体残疾的学生提供兼职资源专家。

• 所在学区常设心理学家,为学生提供心理咨询和心理测试,学校常设心理专家为学生提供免费现场咨询。

• 教师定期参与学生及其家人的问题解决讨论会,帮助他们提高应对能力。

• 每门学科都安排有资质且时间充裕的大学导师,为学生提供课外指导,以确保学生取得优异的成绩。

• 为学生提供校内实习的机会。

在普罗伊斯学校,没有学生会感到孤独、被忽视或有压力。家长知道学校可以帮助孩子实现学业成功,这正是他们所不能的。学生在普罗伊斯学校获得的支持,可能促成了他们的高出勤率和高升学率。为学生提供全面的支持服务能够使坚强、自律的学生更加努力。尽管听起来令人吃惊,但就对学习成绩的影响而言,自律确实比智商更重要(如图 4.1 所示)。

72

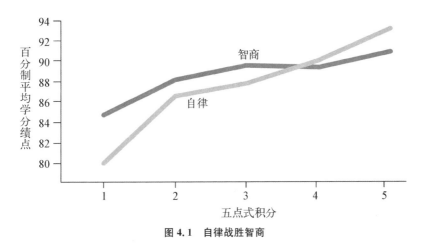

图 4.1　自律战胜智商

注：一项对八年级学生为期两年的研究表明，自律对学业成绩的预测力显著高于智商。
图 4.1 描绘了百分制平均学分绩点与智商和自律的五点式积分之间的函数关系
改编自：Duckworth & Seligman，2005

3. 实践步骤

调查学生的需求。受安全、健康和人际关系等问题困扰的学生无法集中精力学习。咨询你所在学校的辅导员和特殊教育教师，了解学生的需求情况。学生最需要的常见的支持服务包括：

· 学业及其他辅导。

· 学业、职业或心理健康咨询。

· 药物获取。

· 未成年父母的儿童保育。

· 社区服务（住房和公共设施）。

· 牙科护理。

· 理财、健康、住房等生活技能课程。

· 紧急的和长期的医疗服务。

· 心理服务（诊断与治疗）。

73

· 阅读材料。

· 晚放学时回家乘坐的交通工具。

为包括父母在内的成人提供支持及扩展服务。建立牢固的长期关系，识别最关键的需求领域,并为父母提供他们最需要的服务。提供儿童营养、儿童抚育以及儿童技能训练等方面的现场指导。

发展与社会机构的合作关系。学校资金显然有限,但许多社会机构有资源,也愿意以捐赠或合作的方式为学生提供必要的支持服务。双方可以就以下方面达成共识:

- 免费医疗服务(由当地医院捐赠)。
- 免费课外辅导(由附近大学致力于获取学业或志愿活动学分的大学生提供)。
- 免费心理健康服务(由退休的心理学家或治疗师提供)。
- 免费图书(由图书馆、俱乐部、扶轮社①、家长等捐赠)。

学生调节日常焦虑与压力的能力是有限的。一旦学生的这种能力达到极限,学校将成为第一受害者。为什么?如果学生每天都要担心被驱逐或被虐待,期待他们成绩卓越就几乎是天方夜谭。如果学生持续牙疼,那么无论教师怎样精心设计课程,都无法引起学生的关注。想要让学生专注于提高学业成绩,学校就必须帮助学生减少那些比心理和情感问题更亟待解决的现实困扰。

三、客观确凿的数据

成绩优异的学校都不愿意将州或地区测试作为衡量成绩的唯一标准,它们能持续创建切实有效的高质量数据,并基于此为师生提供及时反馈。

每个学生都有自己学习风格、需要和能力。教师不可能了解每个学生的学习特点。这就是为什么学校需要及时收集准确、个性化、具体的数据。教师可以基于高质量的学生成绩数据不断调整自己的教学决策,学生也可以基于这些数据调整自己的学习策略。

成为数据友好型学校的三个重要步骤为:(1)帮助教师认识到数据的价值,以减轻他们的教学工作;(2)创建持续收集、分析和应用数据的文化氛围;(3)强调利用数据改善教学过程是专业化的标志,而不是对失败的默许。数据告诉我们,学生的智商并不能决定他们的命运。学校中的每个人都应该知道,大量学生

---

① 扶轮社(Rotary Club):旨在增进职业交流,提供社会服务的地区性社会团体。——译者注

的实际测试成绩都好于智商预测的成绩。学生的情商和努力程度对学业成功的预测能力更强（如图 4.2 所示）。

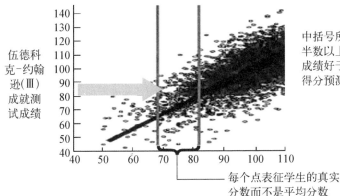

图 4.2　情商和努力比智商更能预测成绩

改编自：Mehrabian，2002

1. 理论与研究

持续收集准确的数据是所有学校成功的必要条件，对高贫困率学校来说尤为重要。多项研究表明，数据能够支持学校探索提升成绩的途径，并推动目标达成（Herman & Gribbons，2001）。决定数据有效性的因素包括：（1）数据的质量、准确性和及时性；（2）学校解析数据的能力；（3）协作使用围绕一组明确问题组织起来的数据；（4）学校的组织结构要大力支持全校使用数据（Lachat & Smith，2005）。成功的学校能有效地分析信息，并基于分析结果调整学校政策和教学策略（Williamset al.，2005）。

形成性评价是持续评估与不断调整的循环。学校必须根据自身情况有目的、持续地设计和开展形成性评价。形成性评价可以帮助教师随时掌握学生的情况。如果数据显示学校的学习氛围存在改进的空间，那么学校就应该重点关注改进学习氛围；如果数据显示学生的学习现状存在改进的空间，那么学校就应该重点培养学生，提升其学业操作系统的相关能力。相关研究表明，在能够获得清晰、及时、有效数据的情况下，大部分教师都愿意作出改变（National Education Association，2003）。评价专家波帕姆（Popham，2008）指出，形成性评价可以促

75

进教师的教学、教师专业发展和学生的学习,改善课堂氛围,提升学校的绩效。形成性评价可以将传统课堂变为师生为同一目标而合作的课堂。

2. 高贫困率学校的成功案例

桑皮特小学是位于南卡罗来纳州的一所乡村小学。该小学 90% 的学生都是享受免费或减价午餐的贫困生。在 2000 年的标准化测验中,桑皮特小学成绩低于该地区的平均水平。但自那时起,桑皮特小学逐渐走向成功(85% 以上学生的英语语言文学和数学成绩达标)。桑皮特小学的教育工作者在为改善学校成绩而召开的系列会议上,研究了本校先前的评价数据和南卡罗来纳州(及部分州内其他地区)的评价数据。与会人员制订了改进目标,明确了需要更多干预的学生,并规划了具体的干预措施。在随后的会议中,他们检验了新一轮的数据,以判断通过特定、持续、精准、个性化、及时的数据采集与应用是否实现了预期目标。

76   位于加利福尼亚州纳雄耐尔城的艾拉哈比森小学采用形成性评价驱动教学的方式,根据学生的需要将他们分成若干小组。教师定期参加数据管理培训项目,这些项目能帮助他们以有意义的方式组织数据并确定教学分组。哈比森小学不仅为学生提供计算机驱动的教学方式,还持续并有针对性地为教师提供其所教班级(每个学生)的优势和不足的报告。

沃森威廉斯中学是位于纽约尤蒂卡地区的一所表演艺术特色学校。该校使用计算机辅助教学,经常开展评估以产生驱动每日教学的相关数据。每天,教师会在开始工作前 15 分钟开会讨论评估数据(星期一到星期四同年级教师,星期五同学科教师),并基于此作出教学决策。学校还会对州测验结果进行详细的项目分析,找出本校得分低于地区平均分的部分进行深入探讨。通过这一过程,学校能够发现在哪些领域(例如词汇领域)存在不足,然后将与之相关的教学内容整合到每个年级的课程中。

3. 实践步骤

卓越的教学不是魔术,它不能只依靠直觉。只有通过严格的数据分析与应用,学校才能根据学生的个性化需求调整全校教职工的努力方向。当教师积极创造出不断收集和利用数据的文化氛围时,他们就能更加智能地开展教学。在向数据友好型学校转型期间,学校需要定期编制包含多种指标的报告,建立内部数据库,用于捕获定期发往地区数据库的数据,甚至生成更为精细的数据。同时,学校应定期召开相关会议,解决所有由数据引发的问题。

开发符合你所在学校需求的数据标准。如果你因为膝盖不适去看医生,那么医生会检查你的膝盖,查看你的病史,进行行动测试,并可能进行功能性磁共振成像检查。同样,你的学校也必须收集每个学生多方面的数据。反思学校目前的成绩情况就是一个好的开始。学校收集数据来回答以下三个核心问题。

(1)我们应该如何处理一般问题和具体问题?

你可以把一般问题按照年级、学科以及培养的能力分解成具体问题(例如,我们如何提升四年级男生的阅读水平?)

(2)我们能在多大程度上满足所有学生的需要?

你必须绝对诚实地思考与此相关的问题(例如,学校上个月有多少学生迟到、退学或得到推荐?哪个学校接收了他们?谁推荐了他们?)。

(3)我们擅长什么?我们需要哪些帮助?

你的学校可能擅长某些方面(例如,鼓舞教职工的士气),但在其他方面却很薄弱(例如,培养学生学会学习的关键能力)。

采用匿名的方式,让每位教师用半张纸简单回答上述问题。统计教师的答案,并在学校会议上公布统计结果,将其作为学校改革的跳板。为了实现调查的目标,应同等重视标准化评估结果和针对学校文化、学术与社会问题的校本评估结果。教师对上述问题的回答能够引出更多关于学生表现的问题。菲茨杰拉德(Ron Fitzgerald)曾经是某成绩优异的中学的前任校长,现在是一名顾问。他在判定要收集哪些数据以及如何分析这些数据时,会思考以下问题。

(1)每个学生在每门课、每节课或每个教学单元中的知识、能力和态度的情况如何?

(2)每个学生的学习风格如何?有哪些优势、不足和特别的学习兴趣?

(3)在完成某个特定的学习内容后,学生是否需要额外的帮助?

(4)学生最终收获了哪些值得庆祝和记录在案的学习结果?

(5)结合学生的学习结果和与学生交谈的结果,你将如何提升未来教学的有效性?

只收集需要的数据。学校可能需要经过一段时间才能做到这一点。最初,

77

78　大多数学校都会有数据收集不足或过剩的问题。尽管教师需要时刻了解学生各方面的表现,但是过多的数据只会让教师不堪重负。为成绩最低的学生设定数量有限且可测量的成绩目标,并设定完成目标的最低标准,有助于教师保持清醒。

使用多个数据集(例如,临时课堂测试结果、学生档案、教师编制的学生优势分析或全校学生情况记录)判定学生学习情况,因为不同数据集能够提供学生表现的不同信息。不要试图利用单一数据集来判定学生,因为这远远不够。为了保证数据的有效性,数据集必须涵盖与学生学业问题最相关的数据,包括工作记忆数据[自动工作记忆评估(automated working memory assessment,AWMA),工作记忆等级量表(working memory rating scale,WMRS)或工作记忆测验(working memory test battery,WMTB)],语言数据[语言加工能力与速度测试(speed and capacity of language processing test,SCOLPT)]以及排序和加工能力数据("伍德科克-约翰逊阅读诊断测试"第三版)。在上述方面对学生加以训练,能够间接提升他们达到预期学业目标所需的能力。

学校在收集数据方面做得越好,教师对数据的要求就越具体。但前提是,数据必须是具体的(specific)、连续的(continuous)、准确的(accurate)、相关的(relevant)和及时的(fast)。为了方便记忆,上述对数据质量要求的五方面可以缩写为 SCARF(首字母缩写)。

不断调整数据量。你可以通过收集和管理与学校绩效和特征相关的信息来挖掘现有数据,但你需要利用前文提及的相对较新的数据。

分析与共享数据。学校需要把数据转换为教育工作者、家长、社区成员和决策者均可用的用户友好型数据。学校内部需要有能够胜任上述工作的人员,如果没有,你可以求助附近的高校、心理学家或数据分析公司。全面收集和分析数据的任务令人望而生畏,教师可以借助许多简单易懂的可视化工具完成此项任务,包括:

- 电子表格数据库。
- 柱形图(可供直观比较)。
- 帕累托图①(显示数据优先级别)。

---

① 帕累托图(Pareto Charts):按照事情发生频率排序的直方图。——译者注

- 运行图或折线图(显示数据趋势)。 79
- 散点图(显示数据关系或相关性)。
- 根据标准衡量学生表现的量表,或判断学生个体(群体)优势和劣势的量表。
- 因果图。
- 故事板。

数据必须是条理清晰且可操作的。不要用大量枯燥乏味的信息表来压垮教师。可视化是呈现数据的最好方法之一。想要获得更多关于如何将数据变为用户友好型数据的信息,请访问 www. visual-literacy. org/pages/documents. htm,点击 Periodic Table(该标签可以获取最新有效数据展示工具的使用案例)(Lengler & Eppler,2007)。

制订应用数据的计划。一流学校总是能够通过制订合理的数据分析方案来避免分析瘫痪现象,以下是一个可借鉴的数据分析方案。

(1) 通过评估数据,判断你所在学校表现最差的方面,设置数量有限的目标来解决这些问题。

(2) 与教师共同寻找培养学生基本能力的最佳策略,并根据基本能力的评价标准和掌握基本能力的学生数量,持续调整培养策略。

(3) 设计一个具体的计划并付诸行动。

以下是上述方案的实践案例。曾经有一所学校,起初只有 4% 的学生在情景描述写作测试中达标。教师详细研究了本州的标准化测试指导说明,以明确有效的情景描述写作特征。在不到 30 分钟的时间里,他们设计开发了解决此方面教学短板的有效课程,并在随后的教学中将其付诸实践,同时,每周都对课程实施情况进行评估。不久,教师惊奇地发现,有 94% 的学生能够写出高质量的情景描述作文。一次半小时的会议和一个月的专项写作技能提升课程就能取得如此显著的成效(Schmoker,2002)。

培养数据友好型的学校氛围并非难事。不妨从鼓励教师分享学生的信息(讨论哪个学生需要帮助,以往对哪些学生采用过哪种策略等)开始。引导教师 80 在分数最低的科目或者课程上设定 3—5 个可测量的成绩目标,针对分数最低的学生,共同设计、修改和评估相关教学策略。

四、高度的责任感

当你与不成功学校的学生交谈时,他们可能会告诉你,学校的基础设施日渐老化,教师教学目标不明确,上课并不在乎是否能吸引学生的注意力,甚至无视学生的生活问题。而当你询问不成功学校的教师为什么社会经济地位低的学生通常难以取得成功,他们通常会归咎于学生的贫困,谴责学生的生活环境中存在暴力行为,指责学生缺乏学习动机或父母不重视。换言之,他们总是有各种理由和借口。对他们而言,这些都是贫困儿童固有的问题。教育工作者总有自己的说辞和借口。未能达成既定目标时,他们总是倾向于埋怨。达成预期结果时,他们则会指着结果说:"不管怎样,我们做到了!"

教师的责任感不是外界强加的。责任感是影响行为的道德和伦理敏感性。处于转变过程中的学生,在教师干预前后的变化能清晰地向教师展示其行为是否有效。一方面,责任感是教师必须具备的人格品质;另一方面,责任感也是教师工作的一部分。每个教师都必须对其行为负责,而且能够通过量化数据对其进行评估。培养教师责任感的最好方法是建立一个有吸引力的共同目标,然后通过形成性评价获取能够体现该目标进展情况的有效数据。

最终,教师必须投入到这个过程中,致力于使教学更加智能化,并学会动态调整自己的教学实践以实现共同目标。只要教师能够坚持到底,学校就一定会取得成功。图 4.3 描述了学校层面的成功因素的实施水平与学生成绩之间的关系。

81

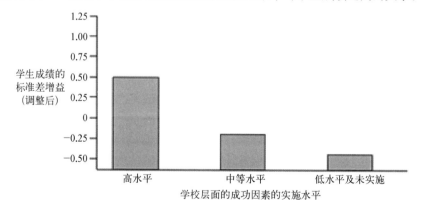

图 4.3   学校层面的成功因素的实施水平与学生成绩的关系

改编自:Kam, Greenberg, & Walls, 2003

1. 理论与研究

上卷内容的一个重要前提是，脑能够因适应生活经历而发生改变（变得更好或更坏）。教师能在多大程度上引发学生的脑的改变与以下因素成正比。

（1）**积极的反差**。学校能在多大程度上改善学生的日常生活体验？如果贫困生的学校生活与家庭生活相差无几，那么学校能够发挥的积极影响就很少。只有在明显改善学生家庭生活的情况下（以直接影响可测量学习结果的方式），改变项目才能发挥作用（Barnett，1995）。

（2）**可持续性**。对许多社会经济地位较低的儿童而言，一所蒙台梭利幼儿园就能解决学生在校期间出现的所有问题，因为蒙台梭利幼儿园提供的课程比许多成绩欠佳学校提供的课程丰富（Miller & Bizzell，1984）。当然，不是成为私立幼儿园才能取得成功，成功的必要前提是能够为学生持续提供丰富的课程。

假设你所在的学校正在积极推行本章介绍的整合学校层面的成功因素的实践策略，然而，只要实施这些成功因素就能保证成功吗？激情源自责任感。这就意味着，你推行的丰富课程的严谨性、强度和持续时间至关重要。让我们来计算一下时间。

（1）学生每周时间为 168 小时（7 天×24 小时）。

（2）除去学生睡觉、吃饭、清洁、生病和交通上花费的时间，以及看护、搬家、处理家里突发事件以及其他干扰性事件花费的时间（每天剩余 12 小时×7 天＝每周剩余学习时间 84 小时）。

（3）每个学生每周剩余学习时间为 84 小时，每年剩余学习时间为 4 368 小时。除去在家学习时间，每周在校时间为 30 小时（6 小时×5 天），每年在校时间为 36—42 周。按照最长在校时间计算，教师能够用来改变学生生活状况的时间为 1 260 小时（每周 30 小时×每年 42 周）。

（4）关键比例：学生每年剩余学习时间为 4 368 小时，而在校学习时间为 1 260 小时，教师能掌控的时间仅占学生全部学习时间的 28.8%（不足三分之一）。

虽然只有 28.8%，但这部分时间至关重要。教师很难干预学生的家庭生活和校外的人际交往对象。所以，在仅能掌控的一小部分时间中，教师不能浪费任何一节课或任何一天。教师不能让任何一个学生感到失望或遭受不公平对待，也不能厌烦任何一个学生或放弃吸引学生投入学习。事实上,学生在校时间越多,教师能够成功干预他们学习的时间就越多。学校要像一个永不停歇的雪橇,充满活力、挑战与变化,不断自我修正,并持续为学生提供支持。教师应在其掌控的范围内,尽其所能保证学生每时每刻都全力以赴。当然,教师能实现这一目标的前提是,学校必须能够日复一日、年复一年地长期坚持。如果学校领导妥协于贫困生的贫困且令人失望的校外生活,那么其所在学校必将走向失败。只有教育工作者严格要求自己,才能期待学生有良好的行为表现。

如果你真的想要帮助贫困生取得成功,请记住,你能掌控的 1 260 个小时是至关重要的,必须保证学生在此期间的改变能够战胜此外 7 476 小时对他们的影响。你的学校是否真能实现这一目标?

2. 高贫困率学校的成功案例

每次阅读转型成功学校的故事时,我们都不难发现,这些学校的全部教职工都深信(并不是表面敷衍)学生真的能成功。得克萨斯州埃尔帕索社区全体成员始终保持着不找借口和充满期望的思维方式。尽管他们所在城市的贫困率非常高,但当地负责教育的领导仍然设定了有高度责任感的基础教育标准。与其他社区不同,他们并没有止步于此。得克萨斯大学埃尔帕索社区的教师同样具有高度责任感。他们改革了职前教师培养方式。改革后,职前教师在数学和科学课程中投入的时间较之前提升了两倍。这些课程的教师均为数学和科学教授,他们本身参与了当地基础教育标准的制订,而且非常了解职前教师需要掌握什么知识。

此外,该社区还组建了埃尔帕索共同体,为在职教师提供支持,帮助他们按照新标准教学。该共同体经常为各学科教师举办密集的夏季工作坊,每月召开例会,在学校开展工作会议帮助教师根据新标准分析学生作业。同时,埃尔帕索社区的三个学区联合选拔了 60 名教师作为教师培训者指导他们的同事。埃尔帕索社区的上述行动取得了显著的效果。该地区不再有成绩欠佳的学校,所有学生的成绩均有所提高(以往落后的学生进步更大),教师对学生的期望亦有所提高(Ferguson & Meyer, 2001)。埃尔帕索社区和相似社区的成功经验为我们提供了提高成绩和缩小差距的方法。

在爱达荷州拉普瓦伊小学,大多数学生都是社会经济地位较低的美国印第安儿童,但其中95%的学生阅读能力并不低于所在年级要求的水平。该学校成功的秘诀是什么? 学校中的每个人都认为自己应该对结果负责。教师会为学生布置有一定难度的任务,并期望学生能高质量地完成这些任务。重要的是,学校持续关注核心学业能力、明确的高质量培养标准以及学生成绩的问责机制。而这些工作都是建立在不断努力帮助教师改进教学实践,为有需要的学生提供额外指导的基础之上。与找借口相比,学校选择了接受挑战,引导学生走向卓越,并为他们提供专业扎实又积极关注学生课堂投入的教师(Parrett, 2005)。

你可以在65所以上"知识就是力量项目"(Knowledge Is Power Program, KIPP)的学校(遍及美国20个州,拥有超过1.6万名学生)中看到与拉普瓦伊小学相同的发展路径。在"知识就是力量项目"学校,90%以上的学生是非裔和拉丁裔,超过80%的学生有资格获得免费或减价午餐。学生的学习基础、行为表现和社会经济背景各异。然而,"知识就是力量项目"学校始终能够保持较高的升学率。它们是如何实现的呢? 制订较高的培养标准,与时俱进的思维方式以及教师给予学生全力支持是它们成功的三大原因。此外,"知识就是力量项目"学校每年从7月起延长学生的在校时间,从而为教师提供更多与学生相处的时间。学生星期一到星期四上午7: 30上学,下午5: 00放学(周五上午7: 30上学,下午2: 30放学),星期六隔周上课。由此可见,"知识就是力量项目"学校保持了高度的责任感。

3. 实践步骤

提高教师的控制力和权威性。通常,当教师对他们参与的事情有一定的决定权时,他们会有更强的责任感。为教师提供如下权限:

- 分组教学。
- 设施管理。
- 教师发展。
- 设计课程和选择课程资源。
- 预算决策。
- 人事变动。
- 学校决策。

- 共同管理学校。

- 行政程序。

重视学校的教师。许多教师都感到薪金过低、被轻视和过度疲劳。不要认为教师是不知疲倦的志愿者,要理解他们每天的工作状态和工作情绪都是不同的。此外,你还可以采取以下措施:

- 分享研究成果,证明每年都有学生因为遇到好老师而提高了成绩。

- 在学校正式会议上,在教室中和走廊上表扬教职工。

- 举办有趣的集中颁奖派对,引导教职工向获奖教师表示祝贺。

- 为教师庆祝,当某位教师出类拔萃时,管理人员能够注意到他,或在地方报纸上报道优秀教师的先进事迹。

- 用发送电子邮件替代召开会议传达管理信息,避免浪费教师的时间。

重新分配教职工角色。常言道,"一旦教室的门关上,教学就是一个人的工作"。然而,事实并非如此。学校可以通过修改课程计划来支持团队教学。教师可以共同管理学生(例如,可以安排 4 个教师分管 120 个学生,并不断调整团队结构),分享教室和资源室。建立扁平化的学校管理结构,使管理者多扮演支持者,少扮监督者。

- 为教师提供支持服务(例如,健康服务、跑腿时间、休息时间)。

- 重新分配支持人员(例如,创建共享服务和新角色)。

- 提供共同规划教学的时间(例如,增加部分教师的工作量,从而为其他人提供上午、中午或下午的共同规划教学的时间)。

- 资助教师进行联合规划教学,确保所有人都能得到充足的时间和薪金。

- 分享教室和实验室,降低成本,增加合作。

86　　　我们知道,学生能够完成最具挑战的学习任务,而这无关种族或社会经济地位。负责任的学校不会因为学生的经济背景和家庭生活就为贫困生和少数民族学生补课,或是降低对他们的要求。教师只有充分享有成功所需的资源,才会更有责任心。如果教师责任心不足,那么他们可能有合理的理由。即使学校已经设计了有挑战性的课程计划,创建了高期望的文化氛围,除非学校能充分地支持与培养教师,否则,改变仍然不会发生。对很多教师而言,改变是非常困难的。有些教师并不愿意改变,有些教师可能需要花费 1—2 年时间才能作出改变。保持耐心,在用尽所有方法之前,不要放弃任何一名教师。

五、建立良好的人际关系

安全的依恋关系和稳定的环境,对幼儿的社会性发展和情感健康发展至关重要。不幸的是,低收入家庭往往缺乏安全的依恋关系和稳定的环境。贫困阻碍了健康关系的形成。过度劳累、压力过大、未受到良好教育的低收入父母通常对子女缺乏兴趣,忽视或消极对待子女。没有机会形成安全的依恋关系会给幼儿带来一系列长期的生理、心理和社会影响。

1. 理论与研究

关系有多种形式,每一种都能对生活产生不同的影响。在某些情况下,关系的力量很微妙,能够随时间的推移发挥神奇的效果。而在其他情况下,关系的力量则更像由钝器造成的创伤。对学校至关重要的关系包括:

- 学生之间的同学关系。
- 照顾者与被照顾者的关系。
- 学校教职工之间的同事关系。
- 教师与学生之间的师生关系。

正如第二章所言,低社会经济地位的儿童在与他人建立关系的过程中经常会遭遇失败。这些失败的体验往往发生在儿童发展早期,对儿童的影响巨大。贫困的父母长期面对贫困带来的压力,为了维持生计而苦苦挣扎,这使他们对成长中的孩子所投入的关注、支持和情感都比较少(Keegan-Eamon & Zuehl,2001)。在家庭之外,贫困儿童更容易经历失去、尴尬、被挑剔和欺凌。这些儿童在幼年时期感到孤独和不被尊重,随着年龄的增长,他们会出现抑郁甚至精神障碍,而且通常会在婚姻和其他关系中出现问题。过早地发现无法信赖最亲近的人或反复遭到孤立、苛责和打击的儿童,更难摆脱他们的生存环境(Mikulincer & Shaver,2001)。这对课堂教学具有重要影响:无论多么高质量的课程、教学或评价,都无法帮助生活在冷漠社会环境中的学生取得成功。

缺乏安全依恋的儿童在课堂上通常会表现出想要引人注意、行为异常和焦虑。一般来说,此类学生会展现出"我不需要任何人帮助"的态度。这种态度能够帮助他们与无法提供可信赖关系的世界保持安全距离。当学生表现出这些行为时,教师不要因此责怪他们。相反,教师应该与他们形成情感共鸣,使自己成为能为他们提供可信赖支持的源泉。儿童混乱的早期生活极具破坏性,缺乏稳定、积极的关系,通常会引发大量的儿童行为问题。幸运的是,学校可以为学生提供资源,帮助他们建立新的关系,扭转已经造成的损害。

贫困的家庭生活限制学生成功的假设并没有得到科学研究的支持。教师有机会为学生提供强大的关系支持。根据李和布尔坎(Lee & Burkam,2003)的研究,当学生感觉与教师和其他学校成员建立了积极的关系时,他们的辍学率会降低,毕业率会提高。在师生比较高的情况下,一对一的关注和培养指导能够帮助学生取得学业成功,并能够帮助学生提高自尊心。

芬恩和阿基利斯(Finn & Achilles,1999)以 1 803 名低社会经济地位的少数民族学生为对象开展了一项研究,结果表明,学生自尊心和学校投入是影响学生辍学的两个重要因素。另一项研究考察了"加速学习:文化反应性教学中心"(Accelerated Learning, Culturally Responsive Teaching Centers)(Kretovics, Farber, & Armaline,2004)。该中心通过建立全面支持型学习社区和提供持续的教师专业发展,来提高学校的成绩。教育工作者可以通过多种途径为学生提供充满希望的、面向未来的求学经历。

建立牢固关系的最简单和最容易成功的方法之一是实施循环策略。具体而言,循环策略就是避免学生因升年级而更换教师。这种做法能够营造更强烈的家庭氛围,促进更连贯一致的师生互动。此种延长的关系对学生的学业也是有益的:在一轮循环的第二年,课堂不必从零开始,这使得教学时间可以额外增加 6 周。循环的师生关系能够帮助教师在不同年级之间建立连续的课程,避免学生感到被忽视或遗弃。在小学阶段,循环的周期超过 3 年效果最佳,但在中学和高中阶段,由于学生的流动率和转学率有所提高,循环的周期最好超过 2 年。师生关系的循环可以:

- 提高阅读和数学成绩(Hampton, Mumford, & Bond,1997)。
- 提高情绪稳定性,解决冲突以及促进团队合作(Checkley,1995)。
- 加强学生、教师和家长之间的联系(Checkley,1995)。
- 提高学生的出勤率,减少留级率和学生转入特殊教育的概率(Hampton et al.,1997)。

即使有理想的亲子关系,学生仍然会寻求和重视与教师、辅导者和指导者的关系。那些对学生体察入微,开诚布公地分享学习经验,信任学生的教师,能够帮助低社会经济地位的学生减少他们在生活中遇到的许多风险和压力(Zhang & Carrasquillo,1995)。研究表明,贫困的小学生如果能与教师建立良好的关系,那么他们的阅读和词汇能力将有所提升(Pianta & Stuhlman,2004)。如果高年级少数民族学生能遇到同种族和同性别的数学教师,那么他们修习高级数学课程的可能性更大,大学毕业的概率也会随之增加(Klopfenstein,2004)。能够与指导教师建立长期稳定关系的青少年,往往自尊心较高,健康情况更好,极少加入青少年团伙或参加暴力活动,接触积极社会规范的机会较多,在学校和工作上都能取得更好的成绩(DuBois & Silverthorn,2005)。教师可以激发学生学习热情,与学生建立稳定的关系,并根据学生的需求提供学习和其他帮助。耶凯尔克、莫尔和海尔(Jekielek,Moore,& Hair,2002)的研究发现,与没有指导教师的对照组相比,有指导教师的学生:

- 对学业更加乐观。
- 更少出现迟到和逃学现象。
- 更少从事反社会活动。
- 滥用药物和酗酒的可能性较小。
- 平均学分绩点更高。
- 攻击他人的可能性较小。
- 对父母说谎的可能性较小。
- 与同伴关系更好。
- 更有可能为同学和朋友提供情感支持。

为学生提供指导的关键因素之一是长期坚持(DuBois & Silverthorn,2004),这一结论在高中运动项目中得到很好的证实。一项关于教练对学生学业表现影响的深度调查表明,大多数教练都会高度卷入所指导的学生运动员的生活(Newman,2005)。三分之二的教练在调查中表示,他们会花时间与指导的学生运动员单独交谈,并与教师和家长一起关注他们的学习成绩。同样,超过80%的学生运动员在调查中表示,教练非常关心他们的成绩。四分之三的学生运动员都将教练视为生活中三位最有影响力的人之一(Newman,2005)。学生很可能会坚持参加自己早期接触的运动项目。在参加运动项目的过程中,他们更有可能获得来自成人榜样的长期情感支持(Herrera et al.,2007)。因此,不难看出,运动项目可以提高学生的学业成绩和毕业率,降低学生在学校出现行为问题的可能性(Ratey & Hagerman,2008;Sallis et al.,1999)。

到目前为止,这部分内容主要强调引导学生通过社会化建立关系,而通过社会化建立关系主要是鼓励学生通过模仿他人寻求接纳。对社会地位的追求给所有学生施加了压力,但从另一个角度来看,它同样创造了有利于群体发展的内部竞争。每个人都在争取获得较高的社会地位,主要是因为这个世界似乎赋予了高社会地位的人更多特权。这种现象在学校中也不例外。学习成绩最好的学生会获得优秀学生奖,运动成绩最好的运动员会被选为最有价值的运动员。成人会努力达到其所在社会阶级的顶端。儿童同样也会通过经验来收集数据,从而更好地了解他们在班级、邻里、舞蹈课或运动队中的排名情况。然而,这种对社会地位的追求究竟意义何在?

当学生发现自己无法达到更高的社会地位时,团体接纳就变得尤为重要。一项设计良好的研究梳理了寻求较高社会地位和寻求团体接纳的学生间的差异(Kirkpatrick & Ellis,2001)。该研究认为,社会地位较高的学生往往更有攻击性(可以看一看著名运动员、政治家或帮派首领),而认为自己被团体接纳的学生则攻击性较低。执迷于追求社会地位的学生可能会与寻求团体(同伴)接纳的学生产生争执。

学校应该注重引导学生适度地追求社会地位和团体接纳。学校领导者和教职工最应该做的,除了接纳还是接纳。通过寻找一些学生擅长的任务或具体的技能、知识,帮助他们接纳自我和获得社会地位。不稳定的关系会产生包括慢性皮质醇水平升高(破坏新生脑细胞,妨碍社交判断,降低记忆和认知能力)等一系列消极影响(Sapolsky,2005)。当学生感到被团体接纳,拥有足够的社会地位,并且能保持积极的关系时,他们的学习成绩就会提高。从长远来看,磨炼学生所谓的软技能与建立学业操作系统同等重要(Hawkins,Guo,Hill,Battin-Pearson,& Abbott,2001;Hawkins,Kosterman,Catalano,Hill,& Abbott,2008)。

91   2. 高贫困率学校的成功案例

健康儿童指导项目将处于风险中的四年级学生与社区中经过特殊训练的指导教师配对。研究发现,开展与学校课程相关的指导课程能够提升学生与学校的连接感和融入感(King，Vidourek，Davis，& McClellan，2002)。经过一学期的指导，近四分之三学生(接受指导前至少有两门课程不及格)的考试成绩和阅读能力都有所提高(King et al.，2002)。接受指导的学生自尊心有所提升，与家人、同伴和学校教职工的关系均有所改善(King et al.，2002)。

路易斯安那州贝尔沙斯小学近四分之三的学生有资格享受免费或减价午餐。然而，贝尔沙斯小学四年级学生的数学成绩排全州第三名，英语语言文学成绩排全州第六名。这所蓝丝带学校的不及格率是全州最低的(4%)。学校将人际关系放在发展首位并非巧合。该校前任校长辛西娅·霍伊尔(Cynthia Hoyle)创造了一种结构化、家庭式的学校氛围。校长知道学校中每个学生的名字，教师会将每个学生的每周记录发给家长。学校领导者为教职工提供支持，教职工为学生提供支持。当灾难或悲剧降临到学校时(2005年，学校遭受了卡特里娜飓风的重创)，教职工立刻进入"我能为学校做什么"的模式。此种连接感使学校具有非凡的反应能力，并且彼此之间产生了责任感。学生因为感受到教师的关心，不忍让他们失望而愿意表现得更好。

3. 实践步骤

建立良好的教职工人际关系。教职工之间的相处方式，是否互相支持，会对学生产生影响。四分五裂的教职工关系会影响学生对人际关系价值的认识，且教职工之间意见不统一会急剧降低成功培养学生的概率。因此，教师之间的协作与交流是学校发挥作用的关键。教师应该在愿景、宏观目标、方法、微观目标甚至评分准则方面达成共识。跨学科的协作团队可以创造出目标导向和数据驱动的教学实践(包括小组教学、学科之间互相匹配的评价标准以及交叉检查各学科学习档案以发现学生的优势和不足)。采取以下措施能够加强教职工之间的关系，从而提高他们的工作效率。

92

- 举行系列非正式活动，如庆功会、全体员工静修、告别派对或假日活动。
- 规划短期教职工团队建设发展项目，或组织教师分享个人背景信息、强项和爱好的活动等。
- 设立委员会(临时委员会)，解决与学校安全、家长关注、学业成绩以及地区授权等相关的问题。
- 鼓励教师与同年级或同学科的其他教师共同备课、共同评分，并开发评价准则。

· 通过鼓励教师收集数据,分享观点,参与教职工发展项目,吸引他们为学校发展作贡献。

教职工之间的互动形式远不如他们对学校变革过程的掌控程度重要。因此,仅靠激励互动的机制并不能保证教职工的投入。但笔者所研究的成功的学校改革,仍然包含了许多在此方面有前景的策略。例如,校外教师社交活动、团队建设活动以及基于年级(或内容)的工作团队。

建立良好的同伴关系。能够与他人相互了解、信任和合作的学生,往往学业成绩更好。合作学习是一种经常被提及但很少真正被使用的教学策略,该策略是促进学生在人际关系中扮演不同角色(如领导者、记录员、演讲者和组织者)的有效策略。利用开学第一周引导学生分享各自的强项("我可以解决技术问题")、爱好("我非常喜欢收集棒球卡")和故事("我在二年级的时候迷恋上了一个自助餐厅的工人"),将班级学生分组,2 人一组,要求他们了解同伴的三件事,然后将同伴介绍给班级的其他同学。

如果学生感受不到安全、欣赏、重视和支持,那么他们很难与同伴建立良好的关系,也不能取得良好的学习成绩。你可以在开学 1 个月后对学生开展以下调查,了解学生的基本情况。

(1)你在学校感觉安全吗?如果答案是肯定的,那么是什么让你感觉安全?如果答案是否定的,那么怎样才能让你感觉安全?

(2)你有归属感吗?如果有,是什么让你有归属感?如果没有,怎样才能让你有归属感?

(3)你在学校是否声誉良好?如果是,什么原因让你觉得自己声誉良好?如果不是,你认为怎样才能提升你的声誉?

(4)你在学校是否得到支持?如果是,是什么让你得到支持?如果不是,怎样才能让你得到更多支持?

建立良好的师生关系。对那些在贫困中长大的学生而言,良好的师生关系是至关重要的因素,这似乎是显而易见的。尊重学生,你也会得到学生的尊重。采取以下措施可以增强师生关系。

· 除非出现紧急情况,否则请避免提高音量。

· 保持诚信。

- 如果需要改变计划，请提前声明。
- 经常使用"请"和"谢谢"等用语，不要使用"要求"的语气。
- 对所犯错误负责任，并及时修正。
- 对所有学生一视同仁，不偏袒任何一个学生。
- 为学生提供支持，帮助他们达到目标。
- 当学生做正确的事情时，要给予积极的强化。
- 关心学生多于向他们传递知识和展示权威。

许多学校是靠权力或权威而不是积极的师生关系来让学生行为表现良好，这种强制方法造成的问题是，师生关系越弱，教师为完成相同任务所需投入的资源和动用的权威就越多。当某个教职工需要帮助时，如果他和学生的关系良好，那么可能会有很多学生愿意为他提供帮助。对于自己尊重和欣赏的身边人，人们往往会心甘情愿为其付出更多。

中西部地区教育改革联盟（midwest educational reform consortium，MERC）建议，无论规模大小，所有学校都应该像小规模的学校一样。因为小规模的学校一般更安全、更有效、更有吸引力，并且成绩更好。小规模学校更多采用分组教学，更少按照能力分组，也更少按照学术部门分组，每组学生的人数也较少。

94

一个运行顺畅而有序的学校和一个严格遵循自上而下集权模式的学校是有很大区别的。前者尊重学生，而后者将学生视为"二等公民"。许多教师总是抱怨"那些学生"什么都不愿意做，但也有很多教师会为学生和学生做的事而感到愉悦。人际关系对一个学校具有决定性作用。不要自欺欺人地认为学生对他们自己、同伴和教师的感觉不重要。相反，大多数学生更在意谁关心他们。与社会经济地位低的学生建立信任和支持的关系，有助于培养这些学生的独立性和自尊心，保护他们免受贫困的不利影响。校长、教师、指导者和教练必须伸出援助之手，帮助学生摆脱贫困的恶性循环。

六、改变思维方式

一遍遍地重复同一件事情，却期望取得不同的结果，这是导致失败的主要原因。只有当你所在学校的所有教职工的思维都从"那些可怜的孩子"转变为"我们的天才孩子"时，这所学校才会取得成功。停止采用补救的思维方式，转而采用改变的思维方式。改变的思维方式意味着培养求知欲、情感投入和社会连接。充实的学习环境能为学生提供具有挑战性的、复杂的课程与教学,为成绩最差的学生配备最优秀的教师,并最大限度地减少学生的压力,推动学生积极参与体育活动和艺术活动,确保学生营养良好,并为学生提供使其达到更高期望所需的支持。从本质上讲,改变的思维方式意味着,无论付出什么样的代价,都要最大限度地发挥学生和教职工的潜力。无论学生是否选择上大学,改变的思维都会使他们成为人生赢家。

1. 理论与研究

95　波普兰和索托欣曼(Poplin & Soto-Hinman,2006)以成绩欠佳的贫困学校的高水平教师为对象开展了一项研究。研究结果表明,这些高水平教师往往会采用引人入胜、节奏良好、尊重学生但严格要求的直接教学策略。教师需要对学生表达高水平的期望,并为学生提供相应的支持,利用评估数据指导专业决策,创设充满关爱的环境。

无论采取何种方法,教师都是保障成功的关键因素。将合适的学生分配给合适的教师是非常重要的。一项为期 3 年追踪学生进步的研究发现,由低效教师教授的成绩较差学生的成绩平均提高了 14%,而由高效教师教授的成绩较差学生的成绩平均提高了 53%(Sanders & Rivers,1996)。在提升教师效率的过程中,首先受益的是成绩最差的学生,其次受益的是普通学生,最后受益的是成绩突出的学生。低效教师无法指导学生取得令人满意的成绩。因此,学校管理人员必须制订和实施能够提高教师效率的策略。学校结合教师专业发展,开展形成性评价。但在此之前,务必确保教师能够使用所有学生学业成长指标,帮助他们发现自己的教学优势与不足。

2. 高贫困率学校的成功案例

在得克萨斯州圣安东尼奥的埃斯帕萨小学,校长梅尔瓦·马特金(Melva Matkin)向家长和教职工们表示,学校的许多学生都缺乏中产阶级家庭能为儿童发展提供的优越条件。然而教职工们并不是一味地抱怨这种现状,而是选择为学生提供多种课后活动,如吉他或小提琴课程、射箭、象棋、芭蕾、技术课程和新闻报道。此外,与学生家境更优越的其他学校相比,该校为学生提供更多的实地考察机会和真实生活体验。学校的宗旨是："因为我们的学生拥有很少,所以我们必须提供更多。"

对学校而言,改变的思维方式能够在践行学校根本使命的过程中体现,并对学生的成绩产生巨大影响。正是对教学工作正确性(甚至紧迫性)有不可动摇的信念,才驱使像埃斯帕萨小学这样致力于为学生提供更多课程与体验的学校不断前行。改变的思维方式渗透到学校的各个层面,影响学校决策、招聘、教职工发展、资金投入和公共关系。校长被视为教学领导者,教职工则用数据驱动教学,重视专业学习并承担个人责任,致力于持续改进教学。 96

3. 实践步骤

创建强有力的环境信息。教室和校园里宜人的风景、绿地和自然环境可以为学生提供一个令人愉快的休息场所,减少精神疲劳。

- 发动学生通过种植树木、花卉或菜园来美化校园环境。
- 鼓励教师将一些合适的课程设在户外(如学校附近的公园或树下)。
- 禁止在学校墙壁、储物柜或其他地方乱涂乱画。
- 尽量保持室内空气流通。
- 张贴能够减缓压力的自然环境海报或壁画。
- 在教室中布置植物和花卉,以缓解沉闷的学习环境,使学生恢复活力。
- 请不同班级承担学校不同区域的环境美化任务(例如,走廊由罗宾斯老师的班级负责)。

培养教师拥有改变的思维方式。许多学生会患有未经确诊的应激障碍(例如反应性依恋障碍、抑郁症、广泛焦虑症、创伤后应激障碍、习得性无助)或学习障碍(例如计算障碍或阅读障碍)。对大多数学生而言,采用个性化教育计划是非常必要的。针对不同学生的个性化教育计划应该由最了解学生的团队制订,该团队至少应包括一名学生家长或监护人、一名学校顾问、一名特殊教育教师和一名与学生接触最多的教师。该计划应概述学生的优势和不足,并制订每周、每月以及每年清晰可量化的行动计划。为了保证学生能够按照上述目标发展,利用各类数据建立基线标准是非常必要的。建立基线标准应该从教职工研讨会开始,直到完成收集分析课堂教学数据为止。总体而言,学校应秉承"像疯了一样改变"的态度,通过采取以下措施,设置更高的学生发展基线标准。 97

- 向每位教师传递如下信息：无论高低，每个学生当前的学业成绩都是他未来发展的最低水平，而非发展的上限。

- 坚持鼓励教师与学生探讨能够激发想象力的职业选择。

- 使教师保持阅读的动力，并鼓励他们将自己的书籍赠送给学生，以充实学生的家庭学习资料。

- 摆脱死读书的思维定势，转为采用生动、投入度高的学习方式。

始终寻找新的突破。许多学校都保证不浪费任何一个改变学生的机会。例如，参与"知识就是力量项目"的学校延长了学生的在校时间。为了避免学生在校外受到伤害，许多学校明智地为社会经济地位低的学生开设暑期培训课程。此外，大量研究表明，学生的营养水平对他们的认知、记忆、情绪和行为具有重要影响。学生的营养状况与包括社会经济地位在内的一系列家庭环境变量相关，可能影响学生的认知神经发展。研究表明，贫困生普遍经历的食品安全问题对他们的阅读能力和数学成绩产生不良影响（Jyoti，Frongillo，& Jones，2005）。值得注意的是，贫困生的食品数量不是问题，食品的质量才是关键。事实上，限制饮食（减量 20%—30%）有利于学生的学习。有研究表明，限制饮食可以促进脑细胞新生（Levenson & Rich，2007）。正如我们所知，慢性压力是低社会经济地位学生面临的主要风险因素，可能会导致他们的饮食不健康，从而带来长期患病的风险（Cartwright et al.，2003）。压力大的学生往往更愿意摄入高脂肪的食物，而不愿意摄入水果和蔬菜，吃零食和不吃早餐的可能性较大。妮古拉·格雷姆斯（Nicola Graimes）所著的《儿童的脑所需的食物》（*Brains Foods for Kids*）和埃里克·布雷弗曼（Eric Braverman）所著的《边缘效应》（*The Edge Effect*）是这方面的权威著作，可让学校教职工学习。此外，学校还需告知学生家长，精心照顾孩子意味着为他们提供高质量的食物，而不是大量不符合食品安全只是让孩子吃饱的食物。同时，学校还可以采取以下措施。

- 食堂订购更健康（对脑有益）的自助食物，减少供应边际价值食物（如高脂肪、高淀粉和高糖食物）。

- 张贴关于不同食物如何影响脑的信息（例如，蛋白质能够帮助脑保持警觉）。

- 让学生多参与研究各类食物营养价值的科学项目。

学校可以通过三种方法推行上述措施：自上而下的方法、自下而上的方法或两者相结合的方法。自上而下的方法意味着由决策者、管理者或行政领导推行官方政策并支持项目实施。自下而上的方法意味着执行者（教师、学生照顾者和家长）在不考虑官方政策的情况下，单方面采取行动。两者相结合的方法意味着，在执行者采取行动，获得最大成功可能性的同时，仍要争取官方政策的支持。一般来说，自上而下的方法与自下而上的方法相结合是最有效的，因为它考虑因素更全面，覆盖面更广。

七、学校成功的七个"杀手"：优质学校从不会犯的错误

本章探讨了学校在成功培养贫困生方面应采取的积极策略。下面，笔者将探讨学校在此方面必须避免的一些因素。尽管每所学校都应该积极探索属于自己的成功之路，但以下是所有学校都必须避免的七个遏制成功的"杀手"。

错误 1：过分鼓舞士气，夸夸其谈。

避免过分夸大学校能为改变贫困生所做的事情和仍需改善之处。要对教师解释贫困生能够发生改变的希望从何而来，而不是一味地用陈词滥调鼓舞士气。向教师清楚说明学生将会发生哪些改变，何时发生改变，怎样发生改变。只有当执行改革计划的教师认可改革的意义时，改革计划才能真正发挥重要作用。如果教师本身不认可或不想作出改变，那么学校和学生都难以发生任何改变。学校管理者可以通过分享可行的预算支持且明确一致的愿景来推动学校的改革。明确告知教职工推行改革计划的关键日期、基线标准、具体措施、时间、金钱和人力资本的具体来源、清晰的目标，并向他们展示充满自信、真诚的改革热情。

错误 2：不停地更改改革计划。

不要认为学校的改革计划越多，形成的文字材料越多，改革计划就越会成功。不要用"修改改革计划的时间越多，犯错误的概率就会越少"的想法来欺骗自己。每个人都会犯错，重要的是改正错误。要避免为错误付出昂贵的代价，要从错误中吸取教训并继续前进。如果你不能在 30 天内形成、分享和最终确定一项改革计划，那么说明此改革计划过于复杂。如果你的改革计划超过 10 页，那么这个改革计划可能需要缩减。你制订的改革计划应该包括学校需要作出改变的领域，例如：

99

- 物理环境。
- 精神面貌和态度。
- 数据收集和管理。
- 政策制订。
- 教职工招聘和培养。
- 促进课堂投入的策略。
- 教学实践和学业提升。
- 学生支持服务。

在你制订的学校改革计划中,应明确划分教职工的责任,且在组建团队时与团队成员详细沟通改革计划的细节,具体说明如何持续收集数据,着重强调学校的精神文明建设。

错误3:将学生置于首位,却将教职工置于最末位。

学校改革成功的一个重要因素是教职工全员参与并认可新的改革计划。鉴于教师的素质对学校改革的重要性,你要将教师置于改革的首位(Jordan, Mendro, & Weerasinghe, 1997)。当然,所有学校都希望找到并留住优秀的教师,但学校也应该不断提升教师的能力,将最优秀的教师分配给最努力奋斗的学生。给予高效教师相应的奖励,避免他们跳槽。

与战争中的士兵一样,教师也需要后勤支持(例如教室用品等)、情感支持(例如,倾听、接纳和适当的情感调节等)和专业发展(例如,最新教学策略的培训等)。

有这样一个难以粉饰的事实:就长远发展而言,任何学校都需要资金来引进优质教师。学校管理者需要不断提高文案撰写能力来获取支持本校教职工专业发展的基金,同时也必须让教师感受到他们得到了管理者的支持。为此,管理者可以采取以下措施。

- 给予教师简短但真诚的赞美。
- 经常参观教室并明确指出其优点。
- 与其他教职工进行头脑风暴,并持续跟进达成共识的方案的落实情况。
- 为教师提供坚实的支持,并成为可信赖的倾听者。
- 关注并逐步解决教师压力过大,备课时间不足,无法参与学校发展等问题。

- 组织教职工形成学习小组，学习本书。
- 接管进修教师的班级。

最后，需要为教师提供他们所需的减压、汇报与合作的时间。达到卓越是需要时间的。正如我们不能要求一名女演员在没有阅读剧本和提前走位的情况下出色表演一样，我们也不能期望教师在没有任何准备和计划的情况下，就在高风险、富有挑战性的教学工作中取得成功。偷工减料永远无法生产出高质量的产品。每所学校都要根据自身情况合理规划教师的发展。例如，可以让教师每周（或每两周）在学生上学前或放学后召开 45 分钟会议，指定每个月的提前放学日，在教师开会时安排轮值代课教师接管班级，或在部分教师开会时指派同组其他教师接管开会教师的学生。

错误 4：营造恐惧失败的氛围。

当教师认为他们可以犯"热情的错误"时，他们的工作效率最高。学校需要为教师留出尝试新事物，与学生一起冒险和打破传统的空间。如果学校的行政氛围刻板陈旧，且令教师恐惧失败，那么这所学校很难取得预期的改革成效。教师可以在保持高专业水平的同时保持幽默，而且非常享受各种形式的庆祝活动。高质量完成教学是一项艰巨的任务，期望教师将全部精力都集中在学生每天的考试成绩上是不合理的。要营造一种引导教师关注教育总体使命的学校氛围，并在需要的时候提醒教师不要懈怠。

马特金是位于得克萨斯州圣安东尼奥的埃斯帕萨小学的校长，她尽己所能避免学校教师产生恐惧的心理，但她承认这很难实现。学校所在地区和州关注考试成绩的传统，给这所小学的教师带来较大的压力。教师有时会选择顺从模式（"你告诉我干什么，我就干什么！"），而不是创新或冒险模式。许多教师害怕创新或冒险会令他们过度偏离常规教学内容，或令他们离教学情境过远而无法从一个更广泛的视角了解学生的需求。作为校长，马特金每年面临的最大挑战就是帮助教师更好地了解他们真正需要做的事情。她鼓励和支持教师做既有趣又有利于学生发展的事情。马特金校长的做法似乎有了回报：埃斯帕萨小学获得州长的卓越教育家奖，被指定为得克萨斯州蓝丝带学校、美国卓越蓝丝带学校，成为最卓越学校之一以及得克萨斯州赫赫有名的学校。马特金校长很好地避免了用恐惧来激励教师的错误，而选择给教师提供工作所需的工具、动因和支持。

错误5：将考试成绩作为衡量改革效果的唯一标准。

由于考试成绩是衡量学校成功的主流评价标准，所以顶级学校总是理解并围绕评价标准开展工作。诚然，当学生考试成绩提升时，学校的整体士气就会随之上升。但当学校只关注诸如考试成绩等可测量的具体数据时，就会错过其他同样重要的数据。学校内部的气氛是无法测量的，却是可以被真实感受到的。不仅要相信"硬"数据，也要相信自己的直觉。成功学校的"软"标志包括：

- 教师和学生互动良好，能够互相帮助。
- 教师和学生能够高度贯彻学校精神。
- 教师和学生之间能够进行情感交流。
- 校园中充满孩子和成人的笑声。
- 举办小型的庆祝活动。
- 很少出现打架和不开心的事情。
- 学生具备很好的社交能力。

如果学校只关注学生的考试成绩，那么就会忽略学生的长期发展。根据菲茨杰拉德（某成绩优异中学的前任校长、现任顾问）的观点，所有学校领导都应该就以下观点达成共识。

（1）学校应设专人负责各类项目、政策和程序的设计、推行和改善。

（2）学校所在地区和该地区其他学校都应起草学校使命声明，并获得董事会的批准。

（3）每所学校和每位教师都在学校使命声明的指导下，利用概念模型指导行动与评价。

（4）每所学校和每位教师都非常关注脑友好型教学的研究。

（5）每所学校每年的专业发展活动都聚焦于改善教职工应用概念模型的情况，以及本州提出的新要求和新出现的健康与安全问题。

（6）每位教师都使用形成性评价数据来提高学生的学习成绩。

错误6：治标不治本。

阿司匹林可能会短暂缓解你的头痛，但是如果你的生活方式或工作场所持续让你产生压力，那么你的头痛还是会复发。面对一个问题时，找到原因远比缓解症状重要。例如，如果学生在阅读流畅性方面有缺陷，那么一个阅读项目就能暂时缓解这个问题，但是提高学生的家庭图书拥有量才能从根本上解决这个问题。同样,增设任何新的纪律项目都有可能有助于改善学生的行为,但真正好的项目(例如,自觉与纪律或爱与逻辑)能够满足学生的需求,从而降低他们行为异常的可能性。因此,只要提高学生的课堂投入,就能永久解决很多纪律问题。事实上,学校执行严格的纪律可能会减慢改革的进程。如果学生因为文化差异而行为异常,那么学校应该考虑实施一项有利于学生参与的多元文化项目。如果学生因为无聊而表现不佳,那么解决该问题的唯一方法就是实施提高学生投入度的相关策略。如果学生感到无法融入校园生活,那么可以通过单独指导,组建俱乐部,开展团队建设活动和社区活动加强他们的人际关系。总之,无论学校做什么,都应避免在只能缓解症状的解决方案上浪费宝贵的时间、金钱、教师的士气和情感能量。

错误 7：期望短时间内取得成功。

有些学校可能会以制订 20 个、30 个甚至 50 个目标开始其改革过程。但是,这些目标不可能在一个学年内全部实现。进步不是比赛,也不是马拉松,它是生命历程。不应将时间浪费在宏大的计划上,相反,应专注于能够立刻发生的微小变化。重大变化需要时间才能发生(Felner et al., 1997)。应该开始寻找并庆祝那些最终将扭转局面的日常实践。你可以在学校采取以下措施:

- 设定并坚持可管理的每日、每周和每月目标。
- 每周作出一个小改变,并坚持实践,直到它成为第二天性。
- 每月作出一个大改变,并坚持实践,直到它成为第二天性。
- 增加减压活动,粉刷并清扫教室,增加可用灯光,并实施一些小的改动,以改善学生的学业表现和精神面貌。
- 为进步庆祝,并设立新的目标。

八、携手并进

假设你是一名管理者,正在接管位于马里兰州巴尔的摩地区的一所学校,该校因表现不佳和毫无纪律而声名狼藉。假设你的改革目标是:(1)增加学生的出勤率;(2)降低学生的辍学率;(3)将九年级到十年级的升学率提升 3 倍;(4)将学生的州数学考试成绩提高 28 分。你会怎么做?

位于巴尔的摩地区的帕特森高中是一所成绩优异且贫困生较多的学校。该校通过减小班级规模（由此能够建立良好的人际关系和问责制），建立职业学会和"九年级成功学会"（由此能够提供改变的思维方式），聚焦于未来（由此能够为学生提供希望），开展单独辅导或傍晚、周末、暑期项目为学生提供额外帮助（由此能够培养学生优化学业操作系统的能力）等方式，实现了上述目标。今天，这所学校的成功仍在继续。

田纳西州政府在年度教育报告中指出，位于哈密尔顿查塔努加地区的9所小学在全州成绩排名中垫底。为解决此问题，哈密尔顿发起了"本伍德倡议"（Benwood Initiative）。该地区的大多数学校聘任了新校长，当地的公共教育基金会成立了校长领导力机构，致力于指导新任校长使用数据指导教师改进教学。此外，该地区还通过改组教师资源分布，解决了高贫困率学校师资力量薄弱的问题。在此基础上，新领导层实施工作嵌入式教师专业发展项目，以改进教师的教学实践。大多数教师都在授课过程中获得了指导，部分教师入选了奥斯本会员（Osborne Fellows），获得了攻读硕士学位（专门为满足地方教育发展改革需要定制）的全额奖学金。此外，该区还设置了特定奖项，为卓越教师提供奖励。在2004—2005学年州综合测评中，53%的"本伍德倡议"项目学校三年级学生的阅读成绩达到了熟练及以上水平。2007年，这一比例提升至80%（Chenoweth，2007）。

本书罗列的成功学校有哪些共同点？它们所做的不仅仅是谈论改革和制订相关计划，而且是通过脚踏实地的实践让改变成为现实。它们并不是等待奇迹发生，而是通过全体教职工的共同努力创造奇迹。

成绩欠佳学校的共同标志之一就是形成了"找借口"的文化氛围。成功学校的教师、管理者和学生往往能够勤力同心。正如上文所述，成功学校通过高标准、严谨的课程，师生之间、学校与社区之间牢固的关系，来培养学生的学业知识、社会能力和性格特征。此外，成功学校还会向学生传递实实在在的希望，培育他们的梦想。

无数学校战胜了所面临的不利发展环境。学校层面的有效改革方法能够产生长远而全面的积极影响。这些方法帮助你将宝贵的时间、金钱和人力资本投入到能够产生最大回报的改革事项上。为了使学校转型成功，你需要选出影响改革的最重要的因素，并持续关注这些因素。第五章将详细探讨课堂层面的成功因素。

第五章 课堂层面的成功因素

霍金斯老师开始看到一线希望,认识到学生的认知能力是可以提高的,并了解了一些在培养贫困生方面具有成功经验的学校。但是现在,他感受到新的压力。他逐渐把关注焦点转向教室——特别是他自己的教室。他问了自己一个从来没有想过的问题:"我有什么办法能成功地帮助这些贫困生呢?"对他而言,提出这样的问题是一个巨大的突破。他开始把"那些学生"看作是"我们的学生",并开始了一个非常重要的旅程——反思。他在反思:"我在退休前是否可以变得足够好? 毕竟距离退休只有不到 6 年的时间了。"

一、影响课堂成功的五类因素

在第四章,我们审视了一些已经发生积极而广泛变化的学校。现在,我们从课堂的角度重新审视贫困生的教育问题。所有的研究者(包括笔者)都具有不同程度的基于自己生活经验的偏见。不同的研究者对教学的认识存在差异。有些研究者认为好的课程是关键,有些研究者(重视预备性课程的研究者)则认为赋予学生发现意义的能力可以更好地促进学生的长远发展。有些研究者认为课堂纪律是良好教学的基础,而有些研究者则认为强烈的情感投入是良好教学的基础。引起课堂差异的因素有很多。本章探讨课堂层面的成功因素时参考的研究如下。

· 《教师成功的秘籍：基于研究的提高课堂教学质量的十四条基本原则》（A "Teacher's Dozen": Fourteen General, Research-Based Principles for Improving Higher Learning in Our Classrooms）（Angelo，1993）。

· 《校长与学生的成绩》（Principals and Student Achievement）（Cotton，2003）。

· 《基于脑的教学法》（Teaching with the Brain in Mind）（Jensen，2005）。

· 《有效的课堂教学》（Classroom Instruction That Works）（Marzano，Pickering，& Pollock，2001）。

· 《教学的艺术与科学》（The Art and Science of Teaching）（Marzano，2007）。

· 《最重要的教学：提高学生成绩的标准和策略》（Teaching What Matters Most: Standards and Strategies for Raising Student Achievement）（Strong，Silver，& Perini，2001）。

· 《基于实证研究的十二条有效教学原则》（Twelve Principles of Effective Teaching and Learning for Which There Is Substantial Empirical Support）（Tiberius & Tipping，1990）。

发起一项改革的最佳方式是解决最关键的问题（例如，学校的教学质量问题），增加成功的概率。本章重点关注"如果学校的教师都经验丰富，那么贫困生会有怎样不同的境遇？"这一问题。而给出的答案很简单——重要的不是做了多少，而是究竟做了什么，坚持了多长时间。这是综合考虑了前文列出的研究以及笔者对贫困的了解后得出的最重要的教学策略。

本书提出了五类影响课堂成功的因素。受第四章所讨论的学校层面成功因素的影响，这五类因素并不能独立存在。尽管如此，课堂仍然应该是学校改革的起点，也是所有改革措施（无论成败）的着力点。这五类因素的具体情况如下（首字母可缩写为 SHARE）。

· 基于培养标准设计课程与教学（standards-based curriculum and instruction）。

· 构筑希望（hope building）。

· 艺术、体育和大学预修课程（arts，athletics，and advanced placement）。

· 重置操作系统（retooling of the operating system）。

· 引人入胜的教学（engaging instruction）。

二、基于培养标准设计课程与教学

正如第四章所言,学校层面的许多因素能够影响低社会经济地位学生的学习成绩。不幸的是,在帮助学生摆脱贫困方面,学校的改革速度总是很慢,而且多数改革仅产生了主观和精神层面的效果。但在最后的评价中,考试成绩仍然是评价教育者最重要的指标。提高学生考试成绩的途径就是将课程和教学与学校所在州的人才培养标准相结合。

1. 理论与研究

对于大多数高贫困率学校而言,达到人才培养标准几乎是不可能完成的事情。虽然学校充分研究了人才培养标准,但缺乏优质教学资源,因此难以达到人才培养标准的要求。评价专家波帕姆(Popham,2004,p. 46)曾说过:"忘了它吧——标准化测试的编制者对于如何制订能够反映教学有效性的测试题目并不感兴趣。"标准化测试必须能够精细地区分学生,因此标准化测试的制订者要采用有限的题目区分学生能力和知识的细微差异。同时,必须保证测试题目难度合理,梯度分明,使学生能够在1—2个小时内完成测试题目,且所得分数能够形成宽泛的统计分布。

哪些测试题目能够产生宽泛的统计分布呢?根据波帕姆的说法,与社会经济地位联系最密切的测试题目能够产生最宽泛的统计分布。波帕姆发现,15%—80%(具体比例取决于测试科目)的常模参照标准化成绩测试题目与社会经济地位相关。由于学生的社会经济地位差异已经超出了学校官方的控制范围,所以测试总是存在缺陷。波帕姆还建议,所有教师都应该更多地学习评价方面的知识,并致力于设计能够真正测量教学效果的评价方法。测试应包含一定比例的一般性题目,并给予教师更多更具体的反馈,帮助他们真正改善教学。

话虽如此,但在可预见的未来,地方人才培养标准仍会保持不变,而且学校仍然需要关注这些标准。实际上,基于人才培养标准的改革也能够对学生的成绩产生一些积极的影响(Gamoran,2007)。此外,严格地遵循人才培养标准能够使教师的注意力更加集中,从而能够提升高贫困率学校教师的整体水平(Desimone,Smith,Hayes,& Frisvold,2005)。人才培养标准有助于:

- 揭露学校成绩中的社会不平等现象——学校必须分别为不同人口亚群的学生报告测试结果。
- 为弱势学生争取更好的机会——没有实现充分发展的学校需要接受转型和补充服务。
- 为弱势学生提供更多的机会——《不让一个孩子落后》(No Child Left Behind)法案要求各地区学校必须为每个班级至少配备一名高素质教师。
- 推广经科学研究验证的有效课程与教学方法。
- 平等地对待所有学生。

虽然仅有人才培养标准是不够的,但它确实是帮助那些成绩欠佳学校扭转局面的一个重要因素。虽然人才培养标准可能不是最准确的长期测量依据,但对许多主要利益相关者(如家长、政策制订者、选民和教师)而言,它依然很重要。卓越学校关注人才培养标准的原因很简单——对很多人来说,这是衡量一所学校成功与否的最显著的指标。人才培养标准的存在就是其产生价值的原因之一——它迫使学校所有人员为实现一个有意义的目标共同努力。学校纵向调整课程设置,使其符合地方人才培养标准和评价方式。尽管有很多评价学生表现的方法,但是请记住,人才培养标准仍然是公众关注的焦点。

2. 高贫困率学校的成功案例

以下将介绍一所通过重视人才培养标准取得显著改善的学校。新泽西州的北极星学院有 384 名学生,其中 99% 是少数民族,90% 的学生有资格享受免费或减价午餐。而该校的毕业率几乎是 100%。北极星学院十二年级接受普通教育的学生在新泽西州高中全州评估测试中的通过率为 100%。而其所在的纽瓦克地区的平均通过率仅为 44.2%,附近社区学校的通过率只有 19.5%。无论招收学生的社会经济水平如何,北极星学院的四年制大学录取率和出勤率总能在新泽西州所有学校中保持最高。

北极星学院成功的秘诀是什么? 提供个性化教学,并确保每名学生都能掌握标准内容,是这所学校最大的特点。学校制订了一套与课程标准和人才培养标准相一致的中期评估方法。每隔 6—8 周开展一次评估,帮助教师了解学生的需要。每次评估后,教师都会收到一张一目了然的结果分析表。此外,学校的助理校长和其他领导每天都在校内巡视,走访 85% 以上的教室,并向教师提供非正式反馈。

教师利用学生评估和领导反馈的相关数据，根据学校提供的教学计划模板，建立教学与学生掌握情况的联系，从而决定如何调整教学以帮助学生达到标准。教师和教学部门也通过分析这些数据，鉴别哪些学生（或学生群体）没有达到标准，需要额外的教学指导（小组教学、单独辅导或跳级），进而制订差异化教学计划，辅之以其他形式的支持，帮助这些学生达到标准。此外，教师还会参加数据管理培训项目。此类项目能够帮助教师更有效地分析数据，确定教学分组。如果一名学生成绩不好，他的老师会立即反思："我应该作出哪些调整才能使他更好地掌握所教内容？"

3. 实践步骤

将标准划分为若干有意义的单元。宏观的人才培养标准需要被分解成若干日常教学目标，从而指导教师设计有意义的教学单元。教师需要制订地方校本课程的主题。具体操作步骤如下。

（1）花时间找出互相联系的核心概念、技能和基本问题。参考威金斯和麦克泰格（Wiggins & McTighe，2005）所著《促进理解的教学设计》（*Understanding by Design*）一书，开展某节课或某个单元的教学，并确定每个教学目标所包含的基本问题。

（2）根据教学目标对每个单元的教学内容进行组块，使其更有意义，且更易于学生理解，甚至可以整合不同教学单元，创造新的教学主题。

（3）帮助学生建立学习内容之间的内在联系。按照不同的主题讲授教学内容能够使学生的脑神经网络更好地连接。因此，教师应避免讲授高度分散且与当前教学单元的主题不相关的教学内容。

（4）根据教学目标和教学内容采用问题导向的教学模式，使学生的脑能够专注于重要内容。其中，教师创设的问题应为开放性的高水平问题。这些问题甚至可以是一般性问题，以至于它们可以成为所有教学单元的核心（即该单元教学的基本问题）。

（5）在编写每个教学单元的详细教学目标时，务必谨记，教学目标必须包括一个特定的内容和一个有挑战性的动词。对于教师而言，教案中出现类似美国印第安人之类的内容并不罕见。但这并不是一个教学目标，而是一个话题。因此,教师在确定教学目标时需要反思如下问题:课程结束后,学生究竟可以知道些什么?能够做些什么?能够建立哪些关联?然后在课程(或教学单元)结束后,评估这些教学目标。

预先评估,了解学生的知识背景。即使教师已经有了良好的课程设计方案,了解学生的知识背景也会帮助教师优化方案,更好地满足学生当前的需要。

(1)创建包含填空、简答及多项选择等多种题型的预测试。

(2)确保问题能够代表即将学习内容的核心概念和技能。

(3)根据每节课的教学目标,编写6道具有明确区分度的题目。通过这种方式,教师能够更好地确定每名学生对每个教学目标的掌握情况。

(4)设置一些有挑战性的题目,激发学生对即将学习的内容的兴趣。

(5)在课前一周进行预测试,保证教师有足够的时间可以根据学生的知识背景调整课程设计。

112　　**调整课程设计**。根据预测试结果调整课程设计。教师需要:

- 根据学生的知识背景,确定某节课或某个单元的教学起点。
- 关注学生在学习本单元之前存在的错误概念。
- 明确讲授每个概念需要花费的时间。
- 知道如何对每个教学单元的目标进行排序。
- 知道如何对学生进行分组。
- 知道如何根据接下来的教学单元让学生的脑做好准备。
- 通过思维导图、概念图或概念网络向学生展示教学单元中的概念组块。
- 知道哪些学生可以免修部分教学单元,转而选修与之相关的高阶课程。
- 能够在课堂上找到"专家"。
- 比较学生在课堂(或教学单元)学习前后的知识差异。

三、构筑希望

虽然教师对所有学生都抱有期望,但有时教师的期望水平太低——特别是对在贫困环境中长大的学生。教师总会假设,低社会经济地位的学生获取资源的机会更少,承受的压力更大,更易生病,从家庭中得到的情感支持和认知刺激也更少。然而,教师不应该自动得出贫困生在学校必然表现不佳的结论。虽然该结论有统计数据的支持,但它不是必然的。为什么?

教师的信念和预设对学生的学习结果影响较大,特别是对那些本就被给予低期望的学生。这些学生在生活中经历了太多挫折,常常感到绝望,看不到自己的未来。他们比其他学生更需要希望。而这种希望会改变脑中影响决策和行动的化学物质。希望必须无处不在,每个学生每天都应该能感觉到希望,看到希望,听到希望。

113

1. 理论与研究

无休止的绝望可能会造成一个可怕的后果——习得性无助。习得性无助不是一种遗传现象,而是对生活环境的适应性反应。从第二章可以看到,作为对慢性压力的适应性反应,习得性无助引起了研究者的广泛关注(Peterson, Maier, & Seligman, 1995)。有习得性无助的学生认为,他们无法控制自己的处境,他们所做的一切都是徒劳的。由于持续感到能力匮乏,即使他们具备改变自己处境的能力,他们仍然会保持被动。这样的信念和行为早在一年级就开始形成。许多有习得性无助的学生会产生宿命感,更可能辍学和在青春期早孕。

抱有希望和学会乐观是将低社会经济地位的学生转变为高成就者的关键因素。与空想不同,希望像其他强大的积极情绪一样,通过加强新陈代谢(类似运动能够加强新陈代谢)和调控改变脑的基因表达等方式,促使学生发生上述转变(Jiaxu & Weiyi, 2000)。充满希望的学生会更加努力,更加坚持,最终取得更优秀的成绩。如果教师相信学生能够胜任,那么学生通常会表现得很好;反之,如果教师认为学生胜任力不足,那么学生通常会表现得很差(Johns, Schmader, & Martens, 2005)。研究发现,49%的受访教师认为,贫困或低成就学生不太可能具备高阶思维(Zohar, Degani, & Vaaknin, 2001)。期望越低,付出越少,收获越少,周而复始,最终完全绝望。

2. 高贫困率学校的成功案例

希望到底能引发何种不同?位于佐治亚州亚特兰大的伯吉斯小学有99%的非裔学生和81%享受免费或减价午餐的学生。伯吉斯小学开展了一个项目,为相关人员讲授地方人才培养标准,提升家长的参与度,建立牢固的社区伙伴关系,以及加强家长、学生和教师之间的情感联系。该项目实施后,伯吉斯小学的

114

阅读成绩和数学成绩分别从高出国家常模 29% 和 34% 提升至高出国家常模 64% 和 72%。期望水平的提高能够引发思维方式的转变,带来更多的支持和更牢固的人际关系,从而使一切变得不同。

在奥克小学(化名)开展的一项实验中,研究者在学年初对所有学生进行了智力测试(Rosenthal & Jacobson,1992)。他们随机抽取了 20% 的学生(与测试结果无关),告诉他们的教师这些学生具有超常的智力和发展潜力,并有望在年底的考试中取得优异成绩。8 个月后,在学年结束之时,研究人员再次返回该校,对所有学生进行测试。与普通学生(未被选中,因此没有得到教师的特殊关注)相比,那些被贴上"聪明"标签的学生,考试成绩显著提高。正如研究者指出的那样,教师对这些"特殊"学生期望水平的改变,导致这些学生的成绩发生了实质性变化。考虑到研究伦理,奥克小学的实验只关注了有利的或积极的期望对学生成绩的影响。但我们不难推断,不利的期望可能会导致相应的成绩下滑。

3. 实践步骤

你所在学校的教职工是否存在期望过低的问题?学生是否会因为教师的偏见而没能学习到更具挑战性的课程?以下措施能够帮助你找到答案。

对学生和教职工展开调查。设计一份含有 25 个题目的调查问卷,并对学生进行调查,了解他们的期望和绝望程度。问卷可以包括以下问题:

(1)你能从学校成功毕业的可能性有多大?

a. 很低

b. 不太好说

c. 很高

(2)教师为你的学业和个人生活提供了多少支持?

a. 并不多

b. 一些

c. 很多

(3)你认为自己在未来 10 年或 20 年的处境如何?

a. 不确定

b. 有好有坏

c. 大部分是好的

然后,设计一份含 25 个题目的调查问卷,调查教职工使用某些策略的频率(不要预设他们的期望水平)。

(1)你通过讲述过去的学生或名人成功的故事来引起学生共鸣的频率是?

a. 那不是我的风格

b. 偶尔

c. 每周几次

(2)你是否会肯定学生在学习中的重大进步并为其庆祝?

a. 那不是我的风格

b. 偶尔

c. 每周几次

(3)你在与学生交流的过程中使用积极、乐观的语言的频率如何?(例如,"你太有天赋了""我喜欢你这样做,你是怎么产生这样想法的?""我知道你做得还不够好,但是我支持你,并能为你提供帮助。")

a. 那不是我的风格

b. 偶尔

c. 每周几次

7 天 24 小时全天候构筑希望。大量研究者探究了希望和乐观的影响力。被誉为"积极心理学之父"的马丁·塞利格曼(Martin Seligman)就是其中之一。塞利格曼的研究结果表明,希望是可以习得的(Seligman & Csikszentmihalyi,2000)。事实上,有一门非常流行的大学课程专门讲授如何保持积极的生活状态(包括什么是积极的生活状态,如何长时间保持积极的生活状态),如何全身心地投入生活(关注参与的价值,不要一直处于被动状态),以及如何让生活变得更有意义(如何关注最重要的事情,如何通过服务工作和志愿工作突破自我)。其他构筑希望的策略还包括:

· 每天都对学生进行肯定(包括口头肯定和张贴海报)。

· 倾听学生的希望并给予强化。

· 明确告诉学生他们成功的原因。

· 为学生提供他们需要的学习资源(例如纸张、铅笔和电脑)。

· 帮助学生设定目标,培养学生达到目标所需的技能。

· 讲述身边人关于希望的真实故事。

116

- 在学生有需要时为他们提供帮助、鼓励和关心。
- 每天开展传授学生生活技能的小型活动。
- 避免抱怨学生的不足，如果他们不会，就教会他们。
- 把班级中所有的学生都当作有天赋的人。
- 培养学生的学业、情感和社交能力。

不要把希望理解为不切实际或盲目乐观的态度。希望能够改变脑中影响行为的化学物质。传播希望并不意味着给学生一些轻率的鼓励性话语，例如"三个简单的步骤就能让你成为一名医生、宇航员或者下一任美国总统!"而应该告诉学生，"你有你的梦想，这是一个好的开始。坚持不懈，努力学习。我们会支持你，并会尽我们所能去帮助你获取成功。放手一搏吧!"将所有构筑希望的策略制作成一张索引卡或者清单张贴在教室后面的墙上。然后，坚持采用一项策略，直到它成为第二天性，你的课堂就会充满希望了。

结果追踪。采用以下策略，你将会了解构筑希望策略在学校的实施情况。

- 利用前文提及的包含 25 个题目的问卷，每年开展两次调查，了解学生的状态。

- 随机走访教室并短暂停留。你应该看到学生微笑着与同学或教师交谈。

117

- 寻找志愿精神。乐观的学生会自愿参加各类志愿项目和服务活动，并积极为有需要的人提供辅导。

- 要求教师持续关注学生不经意间的善举和充满希望的活动。教师每周与学生接触的时间只有 30 个小时，务必保证让他们每天都充满希望。

这是一个展示希望力量的真实故事。蒙蒂(Monty)是一个 16 岁的贫困生，他在加利福尼亚州的萨利纳斯长大。高中时，他曾写过一篇以"畅想毕业后生活"为主题的作文。在作文中，他表达了未来想要经营一个大农场并饲养纯种马的梦想。几天后，蒙蒂的老师发布了本次作文的成绩。蒙蒂吃惊地发现，他的作文得了 F(不及格)。蒙蒂困惑地询问老师："为什么我的梦想只得到 F?"老师告诉他："我要求写出符合实际的梦想，而你的梦想显然不符合实际。"听到老师的回答后，蒙蒂难以置信地睁大双眼。老师似乎意识到了他的情绪变化，于是补充道："但是，如果你愿意把这篇文章重新写一遍，描述更加符合实际的梦想，我愿意重新批改你的文章。"此时，蒙蒂镇定下来，望着老师的眼睛说道："老师，您可以保留对我梦想的评价，但我必须保留我的梦想。"多年后，蒙蒂真的实现了他的梦想,他拥有一个大型的纯种马牧场,为英国女王训练过马匹,写过5本畅销书,并成为一部电影中的重要角色。蒙蒂就是电影《马语者》(*Horse Whisperer*)的原型。

蒙蒂成长于一个世代贫困的家庭,他所拥有的就是他的希望和梦想。梦想是学生成长的最大动力。作为教师,当你对其他事情都无能为力时,就帮助学生燃起对未来的希望吧!对许多生活在贫困中的人而言,希望和信心是他们保持前进的唯一动力。所有教师都必须坚信这样一个事实,如果绝望可以改变学生的脑,那么希望同样可以。希望并不是毫无意义的奢侈品,而是贫困生生活的必需品。

四、艺术、体育和大学预修课程

我们通常认为,知识基础较差的学生需要进度缓慢或相对容易的课程。但是有研究表明,某些特定策略可以帮助学生构建成功所需的知识基础(Marzano,2004)。许多教师曾尝试始终保持较高的期望水平,但最后都以失望告终。当学生没有立刻达到教师期望的水平时,教师就会说:"看,我早就知道,他们根本做不到。"无论是课程、教学还是评价,都不应脱离实施背景。我们不能在没有提高学生学习能力的情况下就提高对他们的期望。成绩优异的高贫困率学校不仅会增加复杂的、具有挑战性的课程(包括艺术、体育和大学预修课程),还会提升每个学生的能力。

118

1. 理论与研究

在来到学校之前,贫困生基本上处于无所事事的状态。正如第二章所述,与家境优越的同伴相比,贫困儿童参观博物馆、剧院或图书馆和参加丰富文化活动的可能性均较低(Bradley & Corwyn,2002)。贫困生在家中玩耍的空间较小,他们会将更多的时间花在看电视而不是锻炼身体上(Evans,2004)。经济上的限制往往会阻碍贫困生参加健康的课余活动(如音乐、体育、舞蹈或戏剧)(Bracey,2006)。具有挑战性的艺术课程能够提高学生必备的学习和认知能力,而运动、休息和体育活动则能促进神经发育和减少学生患抑郁症的可能。因此,高贫困率学校应考虑将艺术、体育和大学预修课程纳入日常教学活动。

丰富而迷人的艺术。艺术课程经常被人们忽略,却能对学生的成绩产生巨大的影响。艺术可以培养专注力,开发加工能力(例如,对进程和数据的排序与处理能力)和强化记忆力(特别是短时记忆),并促进长期可迁移能力(例如阅读)的形成(Posner, Rothbart, Sheese, & Kieras, 2008; Jonides, 2008; Chan et al., 1998; Wandell, Dougherty, Ben-Shachar, & Deutsch, 2008)。舞台表演、戏剧和其他表演艺术不仅能够提高参与者的情绪智力、节奏感、反思能力、记忆与加工能力和对多元文化的尊重,而且能够帮助他们赢得社会地位和结交朋友(Gazzaniga et al., 2008)。此外,艺术学习经历还能显著影响学生的学术能力评估测试(scholastic assessment test, SAT)分数。与那些没有选修艺术课程的学生相比,选修戏剧和舞台表演课程的学生的学术能力评估测试分数更高。

119　　　美国加州大学洛杉矶分校的教育学教授詹姆斯·卡特罗尔(James Catterall)分析了美国国家教育纵向调查相关数据(样本量超过 25 000),揭示了艺术投入与学生的成绩和学习态度之间的关系(Catterall, Chapleau, & Iwanaga, 1999)。研究结果表明,积极参加艺术活动的学生几乎在所有指标上都优于很少参加艺术活动的学生。与高社会经济地位的学生相比,参加艺术活动对低社会经济地位的学生的成绩具有更显著的影响。卡特罗尔还分析了在课程中融入音乐元素对八至十二年级低社会经济地位的学生的影响。结果表明,融入音乐元素不仅显著提高了学生的数学成绩,而且阅读、历史和地理的成绩提高了 40%。同时,融入音乐元素不仅可以提高学生的学习成绩,还可以促进神经系统的发育。首先扫描缺乏音乐体验的学生的脑,然后为他们安排 15 周的钢琴课,并在课程结束后再次扫描他们的脑,就会发现音乐对他们的影响(Stewart et al., 2003)。

　　艺术训练会影响认知,主要因为它会使受训者产生主动、专注且有意识地提升自己某项艺术能力的动机。这种动机通常会引发持续的注意力,导致与注意力相关的神经网络变得更加高效。根据达娜艺术和认知联盟(Dana consortium on arts and cognition)与 5 所大学 10 多位神经科学家历时 3 年的合作研究结果,这种注意力的提升又将导致包括数学和科学在内的多个领域的认知能力的提升(Spelke, 2008; Gazzaniga, 2008)。相关研究表明,教师可以通过传授学生可迁移的能力提高他们的实践智力或流体智力(Jaeggi et al., 2008)。事实上,与其他学科"教科书"式的外显性学习相比,艺术提供的内隐性学习更具转化性。艺术的学习可能比学校提供的任何其他学习都有助于学生建立学业操作系统。坦率地说,卓越的艺术课程具有不可替代性。

体育与学业水平的提升。通常,我们很少将体育教育和体育运动与提高认知能力联系在一起。其实,体育运动不仅能够提高学生的健康水平、心血管能力、肌肉力量、身体协调性和速度,减少反应时间和应激反应,还能提高学生的认知能力(Sibley & Etnier,2003)、学业成绩(Pellegrini & Bohn,2005)和毕业率,同时降低出现异常行为的概率(Newman,2005)。那些为了应付填鸭式考试而缩短体育教学时间的学校,正在错失提升学生学业成绩的机会。

120

运动可以促进脑源性神经营养因子(brain-derived neurotrophic factor,BDNF)的释放。脑源性神经营养因子是一种特殊的蛋白质,能够支持学习和记忆,修复和维护神经通路,促进学习所需脑神经连接中的关键细胞新生,强化细胞功能,防止细胞死亡(Bjørnebekk,Mathé,& Brené,2005)。美国加州大学洛杉矶分校的戈麦斯-皮尼利亚和他的研究团队发现,主动锻炼可以增加海马体(与学习和记忆相关的脑区)中脑源性神经营养因子的含量(Gómez-Pinilla,Dao,& So,1997)。有些研究发现,运动能够增加哺乳动物脑细胞的生成和功能,而这与学习、情绪和记忆高度相关(Fabel et al.,2003;van Praag,Kempermann,& Gage,1999)。还有研究发现,在需要调用前额叶功能的学习和记忆测试中,慢跑者的表现始终好于非慢跑者(Harada et al.,2004)。此外,研究发现,运动能使血液中的钙离子含量增加。血液中的钙离子可以被运送到脑,促进多巴胺的合成,使脑在认知问题解决和工作记忆方面变得更加敏锐(Sutoo & Akiyama,2003)。

上述关于体育运动对脑的改变的研究成果如何转化为实践?当学校为学生安排高质量的体育运动时,学生的成绩会发生怎样的变化?第一,高质量的体育运动将提升学生的自我概念(Tremblay,Vitaro,& Brendgen,2000),缓解学生的压力并减少他们的攻击性(Wagner,1997)。第二,高质量的体育运动能够提升学生的学业成绩(Sallis et al.,1999)。加利福尼亚州教育局的一项调查分析显示,公立学校学生的学业成绩和他们的身体素质之间存在显著的相关(Slater,2003)。这项调查将35.3万名五年级学生、32.2万名七年级学生和27.9万名九年级学生的阅读和数学成绩与他们的身体素质测评成绩进行相关分析。结果发现,三个年级学生的学业成绩均与身体素质之间存在积极的相关。第三,高质量的体育运动还可以缓解压力、残疾和疾病带来的负面影响,增强记忆力、注意力

121   和脑的其他功能，从而使学生具备更好的认知能力，取得更高的个人成就。哈佛大学的瑞提(John Ratey)以某个学区的学生为研究对象，分析了经常参加体育锻炼的学生取得较高学业成绩的原因。结果表明，即使中等程度的运动也能提高脑的认知功能，增强记忆力(Ratey & Hagerman，2008)。

　　此外，也有研究表明，运动优化了脑的部分结构特征，使脑能够更好地学习和适应未来(Bruel-Jungerman，Rampon，& Laroche，2007)，而这正是贫困生需要的。伊利诺伊大学厄巴纳香槟分校(University of Illinois at Urbana-Champaign)运动学副教授查尔斯·H. 希尔曼(Charles H. Hillman)和达拉·M. 卡斯泰利(Darla M. Castelli)评估了伊利诺伊地区 4 所小学的 239 名三年级和五年级学生的身体素质，评估结果发表在《运动与运动心理学》(*Journal of Sport & Exercise Psychology*)期刊上。该结果显示，有氧运动和体质指数(body-mass index)方面良好的学生，在阅读和数学测试中取得了更高的成绩，而且学生的社会经济地位不能调节这种相关关系(Hillman，Castelli，& Buck，2005)。

　　感觉运动训练是一种帮助学生快速进入学习状态的方法。许多学生(特别是那些来自贫困家庭的学生)并不具备取得学业成功所需的脑结构。莱尔·帕尔梅(Lyelle Palmer)在明尼苏达学习资源中心(Minnesota Learning Resource Center)研发了"通过加速准备训练促进成熟度"(stimulating maturity through accelerated readiness training，SMART)项目。该项目能够培养学生的基本感觉运动技能，有利于他们学业能力的发展。北卡罗来纳州的 4 所 I 类资助学校实施了帕尔梅研发的项目，使 80% 以上的贫困儿童具备了早期读写能力所需要的基础能力，并做好了入学准备。帕尔梅的研究表明，与"坐在座位上"这种简单、枯燥、不利于脑发育的学习方式相比，感觉运动训练能提高学生的认知水平。脑认知系统的发育需要强大的感官基础。如果许多学生没能在童年获得充足的感官经验，那么教师可以通过开展感觉运动训练项目帮助他们的脑"赶上来"。

　　在得克萨斯州的一所高贫困率学校——延贝尔维尔德小学，教师设计了一个感觉运动实验室项目，为一所幼儿园的学生提供服务。教师在实验室中有计划地按照发展顺序设立了不同的项目，包括各种横向运动(即手臂和腿从身体的一侧交叉到另一侧)、双侧运动(攀爬)和单侧运动(到达)。实验室项目于 2007
122   年 9 月启动，至 2008 年 5 月结束。得克萨斯大学圣安东尼奥校区从事运动发展研究的学生监控了实验室项目的运行情况。学生一个学年中，每周需要参加 4

天,每天 30 分钟的课程。延贝尔维尔德小学的体育教师约翰斯通(Jill Johnstone)发现,参加实验室项目的学生的学习进度比未参加实验室项目的控制组学生快了整整一个学年!

一项以乔治亚州奥古斯塔地区 163 名超重儿童为对象的研究发现,运动对于认知能力和学业成绩的益处似乎会随运动量的增加而提升。在这项研究中,实验人员将儿童随机分成 3 组。第一组儿童每天放学后进行 40 分钟体育锻炼,第二组儿童每天放学后进行 20 分钟体育锻炼,第三组儿童不参加任何体育锻炼。14 周后,实验人员组织这些儿童参加了标准化学业测试和执行控制功能(包括计划、组织、抽象思维和自我控制在内的思维过程)测试。结果发现,每天运动 40 分钟(玩捉迷藏或其他研究者预设的消耗体力的游戏)的儿童进步最大,而每天运动 20 分钟的儿童,其认知和学业测试成绩的提升只有前者的一半(Viadero,2008)。

大学预修课程——学业快速启动器。大学预修课程应该让学生对未来充满希望,应该为学生带来挑战,而不是让学生感到无聊,应该提示学生需要弥补的学业差距,并且发展他们的自豪感、自我概念和自尊。只要选修一门大学预修课程,学生就能够了解大学的课业要求及其对批判性思维、学习能力和专业知识的强调。事实上,大学预修课程能够预测大学学习的成功率。在美国教育部开展的一项研究中,克利福・阿德尔曼(Clifford Adelman)发现,无论怎样来划分学生,选修高学术强度和高质量的高中课程都是预测学生获得大学学位的一个因素(Adelman,1999,p.21),选修大学预修课程对学生获得学位的影响超过了学生的平均成绩、班级排名和学术能力评估测试分数的影响(Adelman,1999,p.18)。

另一项研究(McCauley,2007)检验了选修大学预修课程和双重注册课程①对学生在 6 年内从大学或四年制学院毕业的可能性的影响。该研究共包括3 781 名选修了大学预修课程或/和双重注册课程的学生,以及 2 760 名未选修大学预修课程和双重注册课程的学生。研究结果表明,选修大学预修课程非常重要,能够帮助高中生了解大学的要求并获得大学的学分。换言之,在严格的高

---

① 双重注册课程(dual enrollment courses):指美国高中学生在高年级修读某大学的课程,获得的学分可同时计入高中和大学。——译者注

中课程背景下,了解大学的要求能够揭开大学学习的神秘面纱。

"个人决定进步"(advancement via individual determination,AVID)是一个面向低收入大学生和第一代大学生的全国性校园项目。该项目组织高中生选修大学预备课程,接受大学生的辅导,参加高校和企业的客座演讲,并到高校进行实地考察。许多著名的教育研究者对该项目进行了研究。他们的研究结论为修订课程和探寻学生成功的途径提供了依据(Datnow,Hubbard,& Mehan,2002;Slavin & Calderon,2001)。

1989 年,休·米恩(Hugh Mehan)和同事开始着手研究圣迭戈联合校区的"个人决定进步"项目。他们研究了大量的学生记录,并近距离研究了 8 所该项目的实验校。米恩了解到,参与该项目的高中毕业生进入大学学习状态的速度是同伴的 2.5 倍,且该项目的合作者重新定义了教师的角色——教师应该为学生指明学校的"隐藏课程"(Mehan,Villanueva,Hubbard,& Lintz,1996)。他指出,学生参与该项目的时间越长,就越成功。"个人决定进步"项目的成功经验具有广泛的借鉴意义。

2. 高贫困率学校的成功案例

艺术能改变学校吗? 芝加哥艺术教育合作机构(Chicago Arts Partnerships in Education,CAPE)开发了一套创新的艺术整合课程。该课程改变了芝加哥公立学校联合校区中 14 所陷入困境的学校的学生成绩。芝加哥有一所小学,其 84% 的学生来自贫困家庭,30% 的学生母语不是英语。在引入艺术整合课程之前,该校只有 38% 的学生可以达到地区平均阅读水平,只有 49% 的学生可以达到地区平均数学水平。一门有效的艺术整合课程改变了这一切!引入艺术整合课程后,该校有 60% 的学生达到地区平均阅读水平,68% 的学生达到甚至高于地区平均数学水平(Leroux & Grossman,1999)。

前文提到的沃森威廉斯中学是另一个成功引入艺术课程的案例。该学校的学生流动率为 22%,96% 的学生有资格享受免费或减价午餐。学校定期组织表演艺术教师与常规教育教师碰面,商讨如何将每个学科的关键概念和词汇整合到表演艺术课程和艺术表演中。

对某些学生而言,学校是他们学习艺术的唯一来源。和许多国家级蓝丝带学校一样,位于纽约弗农山的林肯小学是一所艺术氛围浓厚的学校。艺术除了能够改善学生与学业相关的脑功能外,还能激励学生并增强他们的学习投入。林肯小学利用一切机会通过课程设计帮助学生建立与艺术的联系。校长乔治·阿尔巴诺(George Albano)曾表示:"让学生沉浸到艺术中,他们的学业成绩自然就会有所提高。"阿尔巴诺乐于同教师讨论教学内容,是教师的良师益友,也是熟悉学生优势与困境的管理者。林肯小学是一个很棒的地方,它提供了丰富的跨学科课程,并通过有效方式将读写能力与爵士乐、物理和体育整合起来。

在南卡罗来纳州的格林维尔小学,艺术改变了数学课堂。六年级学生学习负数和正数的方法是沿着数轴跳舞,而不是做书面练习题。在肯尼迪表演艺术中心的资助下,教师放弃了传统的练习题式教学方法,转而采用基于艺术的教学方法。这是一个巨大的突破,它使学生的学习热情和成绩都突飞猛进。

俄亥俄州的托莱多艺术学校是另一个成功采用艺术整合课程的案例。尽管学校采用艺术整合课程的教学方式开设大学预修课程,但仍关注学生的全面发展。学校希望学生成为终身学习者,无论未来他们是进入大学、艺术学校还是成为艺术家。

位于乔治亚州奥古斯塔的戴维森美术特色学校是一所成绩优异的公立中学(包含六至十二年级)。除了大学准备课程和预修学业课程外,戴维森美术特色学校还提供视觉艺术、音乐、合唱、舞蹈和戏剧等课程。

125

在俄克拉何马州的贝尔岛企业中学,所有学生都必须学习外语,参加美术和表演艺术课程,并定期举办展览和演出。贝尔岛企业中学59%的学生有资格享受免费或减价午餐,97%—99%的学生在全州考试中达到了"精通"及以上水平。

活跃的孩子能变成聪明的孩子吗? 内珀维尔203区是一个拥有18 600名学生的芝加哥西部郊区。该区组织学生开展了十几次健心活动。学生带着心脏监测仪运动25分钟,保证每分钟心跳160—190次,每周一次。在2004年秋季实验开始时,实验班有十几名学生因为阅读测试分数低被教师推荐去接受额外辅导。此实验也招募了若干阅读教师,要求他们在实验中融入能够培养读写能力的教学内容。例如,据学校体育与健康教育协调员保罗·津塔拉斯基(Paul Zientarski)介绍,他们的晨练活动要求学生滑着滑板车,将放置在地上的单词卡片与单词释义卡片匹配。在晨练之后,这些学生和未参加晨练且同样存在阅读和写作障碍的学生一起参加课外辅导。

实验结束时,内珀维尔203区的教育者发现,晨练之后立刻参加辅导课程的学生的分数,显著高于晨练后休息两小时才参加辅导课程和只参加辅导课程不参加晨练的学生的分数。在接下来的一个学年,实验者将读写能力课程换成代数入门,重复开展了此项实验。结果发现,既参加体育锻炼又参加课外代数辅导课程的学生,在标准化代数考试中成绩提高了 20.4%,而未参加体育锻炼仅参加代数辅导课程的对照组学生的成绩只提高了 3.87%。此实验的研究结论提示我们,应在体育锻炼之后立刻为学生安排最难的学业任务(Dibble,2008)。

126   **大学预修课程是否真的有效?** 一些贫困生和少数民族学生的支持者认为,教育者应通过提供咨询和其他支持等方式,努力帮助学生通过严格的招生考试(Viadero,2002)。相关研究(Welsh,2006)对比了两所仅相距 3.2 千米的北弗吉尼亚地区的学校——韦克菲尔德高中和威廉姆斯高中。其中,威廉姆斯高中有 42% 的非裔学生、24% 的拉美裔学生和 27% 的白人学生(以及 7% 的其他人种学生)。相比之下,韦克菲尔德高中有 29% 的非裔学生、44% 的拉美裔学生和 17% 的白人学生(以及 10% 的其他人种学生)。同时,威廉姆斯高中 40% 的学生和韦克菲尔德高中 50% 的学生有资格享受免费或减价午餐。截至此项研究发表时,韦克菲尔德高中学生的大学预修课程注册率比威廉姆斯高中高 36%,且韦克菲尔德高中大学预修课程测验的通过率高达 51%,而威廉姆斯高中大学预修课程测验的通过率只有 39%。换言之,严格的高中课程可以很好地降低低社会经济地位对学生发展的影响。

西南高中是一所坐落于圣迭戈南部的卓越综合性高中。该校为所有学生提供严格的大学入学准备课程,并在全校范围内实施了"个人决定进步"项目。该校拥有 2 474 名学生,其中 84% 的学生是西班牙裔,而 32% 的学生被认定为英语水平欠佳。"个人决定进步"项目已成为该校的一部分,超过 40% 的教师接受了"个人决定进步"项目的相关培训。经过 4 年时间,该校参加大学预修测试的学生人数从 290 名提高到 920 名,约有 350 名学生通过了该项测试。西南高中 90% 参加"个人决定进步"项目的学生都顺利升入大学(大多数为四年制大学)。

3. 实践步骤

实施一个大型的艺术项目。艺术有助于构建学生脑中的学业操作系统,这是我们反复强调的事实。艺术可以也应该与各个学科整合。小学应每天开设艺术课程,每次课程至少 30 分钟,每周 3—5 天,并确保授课教师经验丰富。中学应为学生提供接触音乐艺术（学习乐器、唱歌等）、视觉艺术（画画）、运动艺术（跳舞）的机会。

增加体育活动。确保全校学生参加体育活动，每天至少 30 分钟，每周 5 天。127 教师应强制要求学生必须达到此运动量，没有商榷的余地（除非生病、天气恶劣或有严重的残疾）。

- 通过课间休息或体育活动吸引久坐不动和不喜欢运动的学生。
- 引导有阅读和数学学习困难的学生进行感觉运动训练，组织他们完成排序、注意或加工等培养认知能力的任务。
- 强制进行课间休息和开展体育教育，不得将它们列为备选。
- 提供丰富的运动项目供学生选择。

开设大学预修课程。脑一旦适应了当前的体育活动和艺术课程，就能够接受更具挑战性的课程了。我们通常认为，为具有高辍学风险的学生设置难度较大的课程是不明智的。但有研究表明，开设难度较大课程但采取以学生为中心教学方法的学校的学生，比开设简单课程但采用消极无趣教学方法的学校的学生的成绩要好（Lee & Burkam，2003）。难度较大的课程能够激发学生的斗志。事实上，大量学生认为，自己所在学校的课程挑战性不够（Yazzi-Mintz，2007）。在开设大学预修课程的同时，学校也应为学生提供提高学习、记忆和阅读能力的支持课程，使每个有需要的学生都可以接受免费辅导。很多中学都与所在社区和本地大学合作，组织大学生为中学生提供课外辅导。中学生可以从中获得知识并提高学习能力，大学生也可以从中获得学分或社区服务的经历。请注意，你所开设的课程难度越大，对学习者学习能力的要求就越高。

表面上看，为高辍学风险的学生提供更有挑战性的课程可能会产生很多问题，但"个人决定进度"项目在全美的实验结果出人意料，预设的问题并没有发生。我们必须帮助学生建立这样的信念：我可以注册这些课程，老师会帮助我出色地完成课程学习。

五、重置操作系统

128

改变脑的加工过程并不是不可实现的。为了促使学生加工新信息，首先要教他们运用新的方法学习和思考。尽管在学生辍学风险较高的学校开设艺术、体育和大学预修课程可能较为"奢侈",但不可否认,这的确对学生的脑和学习产生了积极的影响。事实上,这些看似"奢侈"的行为对学生的成功(特别是有高辍学风险的学生)至关重要,因为它们能够扩充学生提取和加工复杂信息的记忆容量,保证并行处理多项任务的速度,培养排序能力,延长注意时间并引导积极态度。如果没有这些能力,学生很难获得成功。

第三章探讨了帮助学生建立学业操作系统的重要性。学生学业操作系统的性能越好,他们越有能力应对复杂枯燥的学业和生活挑战。缩写"CHAMPS"代表学业操作系统的关键能力,具体含义如下:

· **必胜的思维方式**(champion's mind-set)。拥有必胜的思维方式的学生往往展现出对成功的追求,并愿意相信自己可以学习与改变。教师可以通过树立榜样,讨论成功人士的传记以及培养乐观主义精神等方式,帮助学生建立必胜的思维方式。

· **充满希望地努力**(hopeful effort)。充满希望的学生通常具有稳定的成就动机和延迟满足的能力。教师可以通过倾听并鼓励学生提高期望,拥有梦想,教学生设定目标,培养学生学习能力,来引导学生充满希望地努力学习。

· **注意力**(attentional skills)。注意力强的学生能够专注细节学习,根据需要切换注意对象并抑制冲动。教师可以通过项目式学习、探究式学习、音乐训练、组织话剧和戏剧表演等方式培养学生的注意力。

· **记忆力**(memory)。短时记忆和工作记忆良好的学生通常具有较好的视听能力。教师可以通过高水平的项目式学习、音乐训练和戏剧表演,提升学生的记忆力。

129 · **加工能力**(processing skills)。加工能力较强的学生能够有效操作和处理多通道(视觉、听觉、触觉等)输入的信息。教师可以通过组织音乐、烹饪、写作、视觉艺术、批判性思维以及体育等活动培养学生的加工能力。

· **排序能力**(sequencing skills)。排序能力较强的学生能够更好地组织和应用认知策略,并根据重要程度确定任务的优先级。教师可以通过组织音乐、烹饪、项目、体育以及数学等活动培养学生的排序能力。

1. 理论与研究

成绩欠佳的学校可能已经意识到学生的成绩不良问题,但是还没能找到帮助学生进步的方法。重置学生的学业操作系统意味着升级学生的记忆力、注意力、加工能力、排序能力（Shaywitz et al.，1998），以及感知运动能力、听觉加工能力、意志力和问题解决能力（Gaab，Gabrieli，Deutsch，Tallal，& Temple，2007）。

尽管《不让一个孩子落后》法案规定，连续几年无法取得预期进步的学生可以接受额外的教育服务，但事实上，只有 20% 符合此项条件的学生真正接受了这项服务。缺乏高质量的教育服务是导致此问题的原因之一（Burch，Steinberg，& Donovan，2007）。比较有效的教育服务是面授辅导（Farkas，1998）和计算机辅助教学（Gaab et al.，2007）。这两种方式都能够根据学生的具体需求制订学习方案。例如基于计算机的阅读能力训练软件，如快记单词（Fast ForWord）仅运行12 周就显示了巨大的效果（Temple et al.，2003）。

学生的在校时间通常是有限的。因此，有必要开发校外能力提升项目，以重置学生的学业操作系统。研究者曾开展了一项旨在提升居住于公屋（政府为低收入者所建的住房）的贫困生学业成绩的项目。该项目鼓励学生加入成人讨论，参加写作和课外阅读活动，主动完成家庭作业，积极帮助他人，以及开动脑筋玩游戏。随访两年半的研究数据显示，参与该项目的学生的阅读能力、口语表达能力、写作能力以及在课外辅导中的表现均有所改善。同时，与未参与该项目的控制组学生相比，参与该项目的实验组学生的阅读、拼写、历史、科学和社会科学的平均成绩更好，学校出勤率更高。研究结果表明，用此类校外能力提升项目补充培养高风险学生的学业能力是非常有价值的（Schinke et al.，2000）。

尽管很多真实的生活情境都能帮助学生建立他们的学业操作系统，但在贫困环境中长大的学生很少有机会接触此类情境，所以其学业操作系统的关键能力（CHAMPS）发展不充分。例如，与家境优越的同伴相比，低社会经济地位的学生很少有机会参加培养注意力的活动（如游戏、运动、艺术和数字化活动等）。然而，注意力是所有高级认知能力的基础（Posner，2008）。贫困生注意力不足会导致其与同伴学业成绩的差距越来越大。快速解决此问题的一种方法是让学生参与高质量的干预项目。通过干预项目培养学生学业操作系统的关键能力，为高级认知能力的发展奠定基础。例如，努力与情绪智力都是后天习得的，且能够帮助智力水平较低的学生取得成功（Mehrabian，2002）。如果你希望学生在短时间内取得明显进步，培养学业操作系统的关键能力就是最好的办法。虽然教育领域的研究者一致肯定了培养学生学业操作系统的关键能力的价值，但如何

130

实践,仍是极具挑战性的问题。

2. 高贫困率学校的成功案例

许多面向贫困生的干预策略的重点都是重建学生的学业操作系统,以取得较好的干预效果。这些干预策略通过开设体育和艺术课程吸引学生,提高他们的阅读和写作,并传授他们重要的生活技能。对有特殊需要的学生来说,采取此类干预策略是学校的标准做法。迈克尔·詹格雷科(Michael Giangreco)开发了一种名为"COACH"(choosing outcomes and accommodations for children)的有效方法。该方法被用于评估学生尚未掌握的能力,征询家长培养意见,制订基于全纳环境的培养方案。此外,个性化教育计划也会设计并开展类似的评估。COACH 方法包括:

- 制订以家庭为中心的能力培养方案。
- 描述附加的学习结果。
- 列出能提供给学生的一般性支持。
- 将需要优先培养的能力转化为个性化教育计划的总目标和具体目标。
- 总结并制订个性化教育方案。
- 组建个性化教育计划团队,实施上述方案。
- 协调个性化教育方案与学校教育方案。
- 制订个性化课程计划。
- 评估效果。

通常情况下,学校会使用 COACH 方法确定个性化教育计划的目标,并记录学生的当前水平。采用此方法组织相关活动的具体情况和数据将记录在个性化教育计划的档案中。教师没有抱怨学生表现不佳,而是诊断其问题所在,定制有针对性的个性化课程,提高学生学业操作系统的关键能力。法卡斯和德拉姆(Farkas & Durham, 2007)研究发现,学业操作系统的关键能力培养项目的执行情况会影响培养效果。此类项目有效运行的条件包括:与学生需求匹配,提供小组(规模较小)指导,对所有学生开放,保证学生的出勤率。

为了解决学生成绩普遍欠佳的问题,一些学校已将培养部分甚至全部学业操作系统的关键能力纳入学校的改革目标中。加利福尼亚州的艾拉哈比森小学是一所离墨西哥边境 19.3 千米的多样化社区小学,在提高学生成绩方面表现突出。该校 60% 的学生是西班牙裔,45% 的学生是非英语母语者(English Language Learner,ELLs),全部学生都有资格享受免费或减价午餐,且学校的学生流动率是 17%。2002 年,28% 的六年级学生在阅读测试中达到"精通"及以上水平(非英语母语学生达到"精通"及以上水平的比例为 4%),40% 的六年级学生在数学测试中达到"精通"及以上水平(非英语母语学生达到"精通"及以上水平的比例为 16%)。4 年后,阅读达到"精通"及以上水平的学生比例增至 45%,非英语母语学生达到"精通"及以上水平的学生比例增至 23%,而数学达到"精通"及以上水平的学生比例增至 49%,非英语母语学生达到"精通"及以上水平的比例增至 38%。产生如此惊人变化的秘诀在于,学校领导专注于学生学业操作系统(尤其是排序能力、加工能力和注意力)的大规模升级。从三年级开始,学生每天接受 3 小时有针对性的识字课程;在四至六年级,这方面课程变为每天 2 小时。此外,学校还会为非英语母语学生提供额外的帮助和指导。

南卡罗来纳州乔治敦的桑皮特小学五年级学生的评估数据显示,2005 年,93% 的该校学生在英语语言文学测试中达到合格及以上水平,88% 的学生在数学测试中达到了相同水平。桑皮特小学非常重视阅读,组织学生参加了"100 本书阅读挑战项目"。该项目由哈考特·特罗菲(Harcourt Trophy)和美国阅读公司共同赞助,每年都会多次向学校提供新书。此外,桑皮特小学还参加了"加速阅读项目",要求教师关注每个学生,确保他们阅读到最合适的材料。

3. 实践步骤

采用 360 度综合评估。第一,通过数据分析学生成绩的优势和不足。第二,基于学业操作系统的关键能力的发展视角,判断学生学业操作系统的关键能力的各项子能力水平,重新审视学生的优势和不足。

开发并实施一个有针对性的培养计划。为了重构学生的学业操作系统,教师可能需要修改现有的培养计划。只有持续为学生提供能力培养项目,才能使学生的学业操作系统升级得更快、更好。此类项目应每周实施 3—5 天,每天实施 30—90 分钟。确保学生能够在项目中有所收获,并能得到及时有效的反馈。

改变学生的学业操作系统。以学业操作系统的关键能力的各项子能力为培养目标,分别采用如下策略。

　　· 必胜的思维方式。肯定学生,帮助学生设定目标,并告诉学生,每天的学习可以改变你的脑。

　　· 充满希望的努力。使用充满希望的表达方式,与学生建立稳固的关系,分享榜样的成功故事,分享能够帮助学生达成目标的学习策略,庆祝每一次小的成功,并为学生提供辅导。

　　· 注意力。关注学生感兴趣的内容,组织学生参加阅读、艺术或游戏活动,教学生下棋,或让他们制作一些微小但细节丰富的东西。

　　· 记忆力。将教学内容分成小的组块,采用思维导图等概念组织教学,为学生提供记忆指导和编码工具,鼓励学生参加体育运动,练习乐器或学习下棋。

　　· 加工能力。使用专门的阅读能力训练软件(如快记单词),组织学生练习乐器或下棋,采用出声思维策略带领学生体验批判性思维过程。

　　· 排序能力。组织学生开展基于项目的学习,要求学生建造或组装东西,引导学生扮演教师,为同伴讲解某一过程,组织学生练习乐器,参加体育游戏(如感觉运动实验中的跳房子游戏)和棋盘游戏(象棋、跳棋)。

　　监控结果并根据需要修改培养活动。仅有好的意图是不够的,教师必须尽最大努力培养学生的学业操作系统的关键能力。确保学生充分了解培养活动的目标和过程,并能全身心投入其中。无论是积极的反馈还是消极的反馈,必须保证给予学生的反馈是建设性的和有帮助的。培养活动的复杂程度和目标决定了结果出现的时间(项目实施后的4—16周内)。

　　只有当你始终关注那些真正重要且能够发挥作用的培养策略时,它们才能够发挥出强大的作用。草率、随意、缺少目标或是规模太大的培养活动无法培养学生的特定能力。想要帮助社会经济地位低的学生取得成功,就必须找到他们学业操作系统的关键能力的薄弱点,升级他们的学业操作系统。只有这样,他们才能从你提供的学习机会中获益。

六、引人入胜的教学

　　贫困儿童往往缺乏来自家庭的关注,这导致他们在社交能力方面存在缺陷。

如何减少多年的忽视对他们造成的影响,并令他们相信学校是可以提升个人价值和意义的? 基于学生的兴趣开展教学,并吸引他们投入其中,似乎是最佳答案。

134

1. 理论与研究

研究者一致认同投入式学习(engaged learning)的重要性。通常情况下,学生在课堂上的投入度并不高。印第安纳大学开展了一项关于学习投入的大型年度调查,收集了8.1万名学生在校体验的相关数据。调查结果令人沮丧:近一半的初中生每天都感到无聊,六分之一的高中生每节课都感到无聊(Yazzie-Mintz,2007)。如果你想改变学生每天的体验,提高学习投入将是一个很好的开始。

许多教师都认为课堂纪律是最大挑战,目前已经有很多能够有效改善课堂纪律的策略供教师选择。在低贫困率学校,有12%的八年级教师需要花费超过五分之一的课堂时间维持纪律;而在贫困生超过40%的高贫困率学校,这一比例急剧增加到了21%(Lippman,Burans,& McArthur,1996)。这意味着在贫困率较高的学校,相当比例的教师将宝贵的时间浪费在控制和管理上。如此算来,如果一个学年有1 000个学时,教师会将200个学时(5个工作周)花费在矫正学生的行为上! 难怪会有这么多贫困生挣扎在学业成绩不佳的苦海中! 因为教师用来维持课堂纪律的时间太多。教师必须改变思维模式,思考如何促进学生的认知和情感投入。高度投入的学生往往不会制造麻烦,只有无聊的学生才会调皮捣蛋。

一般来说,采用任何能够促进学生情感、认知和行为投入的教学策略都能带来引人入胜的教学效果。作为教学上的引领者,只要教师采用激励措施,学生的学习投入就会有所提升。有趣的游戏、智力挑战、社交互动和教师的热情都能让学生投入学习。关于学习投入的研究众多,不同研究者对学习投入的理解、描述和界定都不同(如 Jensen,2003;Marzano,2007;Reeve,2006)。通常,学生在高中阶段最喜欢的活动往往是出现频率较低的、新奇的活动,例如讨论与辩论、艺术与戏剧活动和小组项目(见图 5.1 和图 5.2)。

135

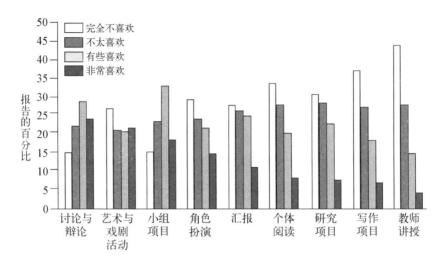

图 5.1   学生在高中阶段最喜欢的活动

改编自：Yazzie-Mintz，2007

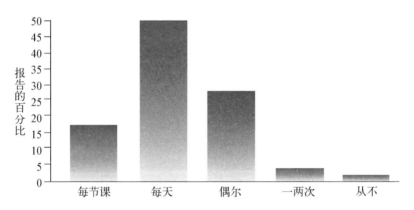

图 5.2   学生在高中阶段感到无聊的频率

注：图 5.2 描绘了学生对"你高中时是否感到过无聊?"问题的回答
改编自：Yazzie-Mintz，2007

136　　　尽管小学生对学校常规活动的投入通常远高于中学生，但是我们仍需关注小学生的学习投入问题。美国儿童健康与人类发展研究所(National Institute of Child Health and Human Development)开展了一项关于早期儿童关爱和青年发展的研究项目。该项目以 2 500 多个一年级、三年级和五年级的班级为对象，进行了为期 3 年的研究，观察了全美 1 000 多名儿童的课堂时间分配情况。研究发现,五年级学生的单独学习时间超过 93%(如图 5.3 所示)(Pianta et al.,2007)!

相关研究(Jones et al.,1994)表明,学生学习投入的主要指标如下:

· 自愿完成课程任务(包括课堂作业等)或回答问题。

· 在教师首次提出要求时就能完成任务,不需要教师反复叮嘱。

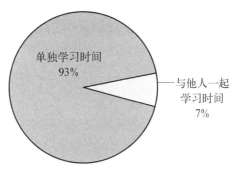

图 5.3　五年级学生课堂时间分配情况

改编自:Pianta,Belsky,Houts,& Morrison,2007

· 愿意参加课外活动,包括俱乐部、体育运动或其他社交活动。

· 在小组合作过程中,能够积极地倾听、提问和作贡献。

· 能够积极投入学习,参与学习过程中的决策,开展一些新奇的研究,为一些项目提供想法,并使用技术获得新的发现。

学生的学习投入反映了教师的教学情况和学校的学术氛围。当学生愿意出席、参与和学习时,学习投入就发生了。本书提及的学校都将提高学生的学习投入作为优先开展的改革项目。下面将详细考察那些最能体现投入式学习原则和优势的案例。

2. 高贫困率学校的成功案例

位于加利福尼亚州圣伯纳迪诺地区的屈尼中学是一所高贫困率学校,该校 97%的学生都有资格享受免费或减价午餐。该校在 2003 年 1 月时还处于被关闭的危险之中,而近期,该校却达到了 25 条年度最大进步评价标准中的 13 条。屈尼中学将这种变化归因于教师成为学校的领导者。教师建立了结构化的专业学习社区,寻找提升学生学习动机和学习投入的途径。他们启动了为期 5 个月的循环研究。在研究期间,教师每周参加 2 个小时的封闭式教师专业发展活动(观察、协作、实施、评估)。在研究启动的第一个月,教师找到了一个策略。在接下来的 1 个月,作为团队领导者的教师将该策略应用于课堂教学,并邀请其他教师观摩。随后,教师组织召开讨论会,探讨他们的理解、现存的问题以及适合自己的实践方法。讨论后,教师开始在课堂中实施这个策略。与此同时,学校管理者开始收集与此相关的非正式数据。最后,教师共同检验学生的学习效果(作业

137

等),进行自我评估,改进方法。这个专业发展活动使教师形成了相互信任与合作的文化氛围,在学校中营造了一种家的氛围(Atkins & Rossi,2007),同时也减少了学生的课堂纪律问题,提高了学生的学习投入。

位于圣迭戈的高科技高中(High Tech High,HTH)是一所独立的公立特许学校。该学校创办的最初目的是为 600 名七至十二年级的学生提供教育服务。

138 高科技高中遵循三个核心原则:个性化、与成人世界建立联系和共同智力使命。当地一群高科技行业的企业家和教育家希望创办一所高科技学校,以培养高质量的技术人才,填补高科技领域日益增长的就业岗位空缺,因此创办了这所学校。在这个案例中,提升学生学习投入的关键策略是使用适当的技术。其创新点包括:基于绩效的评估,教师共同备课,采用最先进的技术设备开展项目式学习,为所有学生提供实习机会以及与高科技工作场所紧密联系。

高科技高中非常重视学生的学习效果。每个学生都拥有一份能够综合反映其工作和学习情况的数字档案。每份数字档案都包括:个人陈述、个人简历、个人作品、参加的实践项目与实习信息。学生的数字档案能够换算成传统的高中成绩单,从而保证能够根据本州或高等院校的成绩评价标准对学生的成绩进行评价。学生参加的实践项目包括:制作机器人、气垫船和潜水艇,制作"二战"期间日本拘留营的视频等。该学校艺术氛围浓厚,艺术教育随处可见。

此外,高科技高中特别注重通过项目式学习帮助学生与其未来工作建立联系。学生依据个人兴趣进行探索学习,并与成人合作完成相关工作。此种教学方式的意义远超传统课程。低年级或高年级的学生至少要完成为期一年的校外实习。高科技高中的学生都能顺利升入大学。学校的学业成绩指数(academic performance index,API)在加利福尼亚州排第十,意味着该校已跻身加利福尼亚州前 10%。同时,该校的拉美裔学生和弱势学生考试成绩在加利福尼亚州排第一。

在加利福尼亚州的长滩市,有一所少数民族学生居多却从未出现过学生无法投入学习问题的学校——史密斯学校。史密斯学校由冠名董事马尔温·史密斯(Marvin Smith)创立,致力于为社会经济地位较低的学生提供更多的机会。像很多成功培养了贫困生的学校一样,这所微型企业特许学校也开设了严格的学术预备和大学预修课程。实际上,史密斯学校的所有学生通过选修此方面的

139 课程,掌握了大学学习和生活所需的学术、社交和经济策略。但该校真正的过人

之处在于实现这一效果的过程。史密斯学校教给学生许多技能,弥补了不同社会经济地位学生之间的鸿沟,确保所有学生都能在学业和真实生活情境中灵活运用这些技能(如多媒体演示、电子表格、网页设计、项目管理工具)。所有学生都有机会参加创业项目,在创业团队中扮演重要角色,并思考未来职业和商业理念。学生还会发挥其团队领导力,设计并运营一些微型企业。通过此种教学方式,该校不但升学率屡创新高,而且受到学生的广泛欢迎。

3. 实践步骤

提高学生学习投入最重要的方法之一是将学习的掌控权交给学生。学生必须知道他们的座位,了解他们的合作伙伴,清楚学习用品所在地。他们能够进行自我调节学习,提出对自己有意义的学习目标和问题,管理自己的时间,并利用评估表或清单监控自己完成作业的质量。能够自主学习的学生更容易感受到学习的激情和快乐。作为辅导者和促进者,教师应帮助学生实现他们期望的目标。学生愿意参加现实活动,并与同伴合作进行探索发现。然而,学生并非生而如此,他们需要鼓励、训练、辅导和支持。

发现、招募、培训最好的教职工。开始此过程之前,最好先讨论吸引最优秀的教师到你学校工作的方法。询问你所在地区最优秀的教师,如何才能让他们到本地区最具挑战性的学校任教。有些教师可能会告诉你他们无法处理上下班的交通问题,有些教师可能会说他们无法与同事相处,有些教师甚至可能会说学校需要装修。而你至少需要决定,能否为吸引他们来你的学校任教而作出一些改变。

收集学生的信息。请务必谨记,尽管我们每周与学生相处的时间只有 30 小时,但我们仍需坚持不懈地改变他们的生活。设计一份含 10 个问题的调查问卷,调查学生在学习过程中感到兴奋、被支持和积极投入的频率。如果学校不能始终保持吸引力,那么它将会失去学生。因此,学校必须掌握学生感到无聊的频率。许多教师只有在看到实质证据后才愿意相信学生是主动投入学习的。

分享数据,制订计划。一旦掌握了与学生学习投入相关的数据,请采用友好的方式将它们分享给教师。不要说"你就是这样无趣",而要说"这就是学生的感受"。调查数据只是反馈,绝非惩罚。然后,寻找有用资源,开展小组头脑风暴或征询学校中教学吸引力最强的教师,开发一系列提高学生学习投入的策略供每位教师使用。

每周增加一项策略,并监测进展。吸引学生不仅仅意味着增加社会性互动和更多地使用技术。事实上,有吸引力的教师倾向于使用一系列策略使学生持续投入学习过程(Jensen,2003)。大多数成功的教师能够做到每周实施一项新策略,通过不断尝试与调整,达到熟练和自动化应用的程度。实施新策略的最终目标是管理学生的情绪,以尽可能延长他们投入学习的时间。采取以下策略能够实现这一目标:

- 重组社交团体。充分利用课堂时间,保证每个学生在一个小组的时间只有 10—20 分钟,并采用学习伙伴、指定分组、全班活动或临时伙伴等策略。

- 通过学习站、交换班级和晨会等策略,将运动融入课堂。交换班级策略能使擅长体育活动的教师短时间接管其他教师的学生,保证他们既能向另一名教师展示在课堂中融入体育活动的方法,也能为学生提供高活力的体育活动。晨会可以融入一些充满活力的仪式,如舞蹈或浪潮组织运动①。

- 提出不易拒绝的问题,避免使用无法回答的反问。面向全班同学提问。例如,教师不该问"上周末谁看了某某电影",而应该问"多少人看过某某电影或经历过与某某电影情节类似的情境"。通过此种方式,教师不会漏掉那些没有看过电影但是经历过与电影情节类似情境的学生。

- 感谢并肯定学生的课堂参与。当教师习惯对学生的课堂参与表示感谢时,学生的课堂参与率会更高。教师无须评价所有学生的发言。不应说"好吧,这不完全正确",而应说"感谢你想到这点。让我们再听取一些新的意见,然后汇总所有的意见,确定问题所在"。

- 运用激励、游戏、戏剧、仿真及其他展示策略。

- 通过内容回顾、举手提问、延伸学习、完成句子和复习提问等策略,帮助学生牢记课程内容。

- 用充满情感和戏剧性的教学内容吸引学生。

尽管找到让处于劣势的学生接纳学校的有效方法是一项具有挑战性的任务。但是,学生仍会对课堂上发生的积极变化感到惊喜。与物理环境和他人互

---

① 浪潮组织运动:源自德国电影《恶魔教室》,该电影中教师将班级组织成一个名为浪潮(The Wave)的集权组织,要求学生穿制服,喊口号,集体行动,守纪律,以教师为唯一领袖,从而让学生体验集权统治的产生过程。——译者注

动,能帮助学生发现新概念并实践所学技能。通过整合所学内容,学生可以成为知识的生产者,能够为人类知识积累作出贡献。学习内容和学习方式不仅有助于学生体验自由,而且有助于学生检验自身价值。

请务必谨记,处于任何社会经济地位的学生在一堂课或一天内能够学习的内容都是有限的。虽然,脑的启动效应是无限的,这似乎意味着我们可以在接触一些名字、人物和事件的短时间内形成基本概念,但是,加工这些概念,建立深层理解是需要时间的。学生脑中的词汇量和先验知识都是有限的,而且脑的工作记忆容量也有限,需要时间回收蛋白质和葡萄糖,也需要时间建立新的突触连接。简言之,引人入胜的课堂是建立在加工时间基础上的。有上百种策略能够帮助学生更好地加工每一项学习内容(Jensen & Nickelsen,2008),但最重要的是加工速度。不要将超过 50% 的教学时间用来讲授新内容。如果教师能够将一半以上的课堂时间留给学生加工所学内容,那么学生的理解程度和记忆时间都会有很大的提高。教师可以教得更快,但学生会忘得更快(Alvarez & Cavanagh,2004;Izawa,2000;Klingberg,2000;Todd & Marois,2004;Wood,2002)。

七、额外的部分

本章提出的实践策略的最大好处是,虽然它们是为社会经济地位较低的学生定制的,但对所有社会经济地位的学生都是有效的。教师没有必要单独针对班级中的某个特定学生群体实施这些策略。它们只是恰好对贫困生更有价值而已。例如,我们可以为 1 000 名学生提供维生素。对于那些营养良好、运动充分并且能够管理压力的学生,维生素可能没什么价值,但对于那些常规健康需求得不到满足的学生,维生素能够带来额外的提升,从而改变一切。同样,课堂上的某些策略可能不是对每个学生都非常重要,但它们能给一些学生带来巨大的改变。永远不要放弃那些额外的部分。

第六章　教学的光与魔法

作为一名经验丰富的教师,霍金斯老师感觉自己身上可能发生了一些变化。他愿意并且已经开始重新审视他的职业、学生和自己。他当前面临的最大挑战是尝试学到诸多新策略,并运用到他的历史课上。他在很长的时间里只是充当了一名站着讲课的教师。但是,霍金斯老师现在明白了,如果他想让情况发生变化,那么他自己必须改变。现在他正寻求一些帮助。他阅读了一些改进教学的书,因此他知道要改变什么,只是不太清楚怎样改变与何时开始改变。这些天,他正在重新思考退休问题。他在思考,"我要尽快落实改进教学这件事,退休的时间真的快要到了"。

一、霍金斯老师课堂生活的一天

数据通常是很有说服力的。不管学校的总体政策如何,教师的日常价值仍是巨大的(Nye, Konestantopoulos, & Hedges, 2004)。即使学校只有一名卓越的教师,这名教师仍然可以作为榜样。在教师观摩卓越教师的课堂实践时,校长可以给他们代课。有时候,教师需要亲眼看到才会选择相信。

本章将通过介绍霍金斯老师的一个典型的星期一,把前五章的核心理念整合起来,帮助你更好地认识本书提出的改革策略的实践操作,从而更好地在课堂上运用这些改革策略。你可能注意到,本章的案例并没有提及全部改革策略。如此安排绝非偶然,罗列课堂中的每一分钟与教师应该做的每一件事情是徒劳无益的,因为教师已经掌握了大部分日常教学的细节。在本章,笔者只关注最重要的因素,突出强调那些能够重塑学生脑与改变学生生活的与众不同的实践策略。

本章标题"教学的光与魔法"是指教师发掘最重要因素的能力。当教师能够发掘课堂教学中最能改变学生的重要因素时,请做好准备,见证奇迹的时刻就要到了。

1. 上课之前

收集数据。历史老师霍金斯的班级共有 32 名学生(17 名女生,15 名男生),其中,2 名学生怀孕,5 名学生正由照顾者而非父母抚养。霍金斯老师在班级中开展了调查,了解到班级中有 8 名学生喜欢 NBA 篮球,22 名学生喜欢音乐,大多数学生都是动觉型学习者①。他还了解到80%的学生在描述性写作与阅读理解方面得分很低。

制订计划。霍金斯老师认真考虑了需要额外帮助的特殊学生。他提前制订了能够保证他们成功的计划。他采用预习、提前指导以及快速同伴评议的策略。他提前浏览课程,并不断问自己,"怎样才能提高学生的学习投入? 怎样才能保证教学内容生动? 怎样才能让我的课程令人难忘?"他在播放器上准备好特定主题的音乐曲目——课前音乐、引发沉思的音乐、焕发活力的音乐、课堂作业的音乐、特效与下课音乐。

做好个人准备。上课前,霍金斯老师充分补充了水和食物,听一些喜欢的音乐,等待学生的到来。他知道,当他状态良好时,学生会有更好的课堂体验。

创造一个积极的物理环境。霍金斯老师的课堂环境有些不足。所以,他开始关注最重要的课堂环境因素,确保充分的通风、良好的音响效果,在墙上挂或贴有用的内容(包括新词汇、写作模板、不同小组表现情况的图或表、即将学习的关键概念以及积极的肯定)。对于那些无法改变的课堂环境因素,他会选择放手。他会在学生到来时播放昂扬、积极的音乐。今天,他播放的是《我们没有放弃》(*Ain't No Stopping Us*)、《 只要努力就可能成功》(*You Can Make It If You*

145

---

① 动觉型学习者(kinesthetic learners):按照接收信息偏好的不同,可以将学习者分为视觉型学习者、听觉型学习者和动觉型学习者。然而,这个观点已经受到教育科学研究者的批判,详见《教育神经科学:学科建制与教育创新》一书。——译者注

Try)、《我喜欢美好事物》(*I'm into Something Good*)、《你是我的第一名》(*You Are My Number One*)。

2. 课堂中的前 10 分钟

霍金斯老师现在比之前任何时候都更了解学生的需要——密切的人际关系、希望、投入、成功以及尊重。他设计了课堂开始的 6 个步骤，以满足学生的上述需要。

建立人际关系。每个星期一早晨，霍金斯老师都会在班级门口用积极的肯定欢迎每个学生的到来（"早上好，贾丝明！很高兴见到你——准备迎接美好的一周吧！"）。他不是每天都做这件事，但每周的星期一会做。星期一的欢迎可以让一周有个好的开端。

预备开始。霍金斯老师首先播放学生从他提供的曲目中选择的上课歌曲。他会计算好歌曲播放的时间，以保证在上课铃响后，学生仍有大约 1 分钟的课前社交时间。这 1 分钟为学生提供了闲聊的机会，也为霍金斯老师提供了一个了解学生生活现状的机会。例如，学生可能被驱逐了，可能生病了，父母可能离开了，甚至邻居有人去世了。霍金斯老师利用学生的课前社交时间来倾听或简单地观察学生的肢体语言。当音乐结束时，才正式开始上课。

提升社会地位。为了体现社会地位，确保每名学生都能感到被接纳，霍金斯老师将全班学生分为若干小组。每名学生必须在上课开始时坐在他们所属的小组中。他们知道，如果上课音乐结束时他们还没有全部坐好，那么他们的小组就要被扣分。小组的得分能令组员有一些自我炫耀的权利，除此之外再无其他。每个小组都有自己的名字、加油口号、一名组长以及一张贴在墙上的每周表现表。小组组长由小组成员轮流担任，以使每名学生在一个学年中都能获得领导本小组的机会。学生每周都会参与团队建设活动和团队合作项目。

关注管理任务。所有班级事务（考勤、通知等）都由各组组长在上课前 30—60 秒处理完毕。每组组长要向霍金斯老师报告出勤人数，当天轮值的组长要向全班同学发布当日通知。霍金斯老师会利用这个时间表扬当天轮值的组长（如"我喜欢你的音量"），同时也会给他提一些建议（如"说话之前要看着全班同学"）。一学期后，学生获得了一定的自信和一些社交技巧。

联系真实生活。每周的星期一，霍金斯老师都会告诉全班同学他的周末经历。这个真实故事可能是有趣的、悲伤的、戏剧性的、琐碎的或者神秘的。在讲故事的1—2分钟里,学生能与霍金斯老师建立个别联系。他知道,一个稳定且充满关爱的成人对许多学生的生活至关重要。有时候,霍金斯老师的故事就是他每天遇到的问题,例如给车注册,与妻子达成的一个愚蠢协议,或者开通在线银行账户。每当提到一个问题时,霍金斯老师都会先向班级中的所有小组寻求答案,诸如:"如果你们是我,你们会怎么做? 如果你在生活中遭遇相同的问题,你会如何摆脱困境?"这类简单的活动能够培养学生的问题解决能力,教会他们如何打好生活发给他们的"牌"。霍金斯老师鼓励学生成为生活的参与者,而非旁观者。

启动脑。每次上课之初,霍金斯老师都会运用他常用的7—8种策略中的一种,快速温习上节课的内容。每次温习不超过5分钟,不需要提前规划,并使用最少的材料。今天的温习策略是小组填空活动。霍金斯老师通过演示文档(PPT)呈现上节课所学关键概念的思维导图。这张包含25—30个单词的思维导图中缺少了12个单词,需要由学生填写。每个小组有3分钟时间找出填空内容。霍金斯老师虽然激发了一些竞争精神,却不失趣味性。3分钟后,霍金斯老师公布填空结果并纠正错误。这项活动帮助学生温习了上节课所学内容,也让霍金斯老师明确了本节课应该关注的教学内容。

3. 核心课堂时间

增进关联性。成功抓住学生的注意力后,吸引学生的兴趣就变成了下一个棘手的问题。增进话题的关联性,用调动状态的特殊方式增加投入,以激活神经集群(也称神经网络)。"你将了解到一些发生在总统大选过程中的舞弊问题。这些问题不仅发生在众目睽睽之下,而且看似合理合法。你认为他们是怎么做到的? 各小组展开讨论并提出你们的最佳猜想。"在各个小组完成讨论后,霍金斯老师会让一名学生把每个小组的猜想写在白板上。

构筑希望。为了保证能将构筑希望作为教学的一部分,霍金斯老师随身带着一摞附有简单使用策略的7.6厘米×12.7厘米的卡片。随着时间推移,这个过程将变得自动化,霍金斯老师毫不犹豫地将这些策略纳入教学中。今天,他就记得至少要问2名学生他们的梦想,并充满信心地给予肯定。他承认,这样做似乎很滑稽,但它是一个开始。他之前从来没做过类似的事情。学生本来就应该

147

始终充满希望,教师通过各种方式帮助他们建立希望似乎有些刻意,但霍金斯老师知道,这是必需的。

建立操作系统。霍金斯老师已经意识到在教学中培养学生关键学习能力的重要性。与开始帮助学生构筑希望一样,霍金斯老师同样将这方面的简单策略制成 7.6 厘米×12.7 厘米的卡片随身带着,直到习惯成自然。现在,他正在努力地交替使用这些策略——例如,"我将向你们展示一个很酷的方法,它能帮你们记住所学的内容,提高你们的学习效率"。然后,他会向学生依次展示怎样使用思维导图更好地做笔记,将学习内容排序,以及加工学习内容,提高记忆效果。

开展身体运动。霍金斯老师知道他的学生还没有意识到自己拥有强大的感觉控制能力。焦虑、分离、悲痛等消极情绪状态都会导致认知表现下降,而积极的情绪状态则会帮助学生获得更好的学习效果。因此,情绪管理已经变成一项有挑战的"副业"。多巴胺能够优化工作记忆的功能,霍金斯老师知道参与有趣的身体运动是提升多巴胺水平的有效途径。此外,提高心率,改善脑循环以及产生脑所需的其他"兴奋剂"(如肾上腺素)是身体运动的额外福利。每隔 12—15 分钟,霍金斯老师会让学生们站起来,离开座位,活动一下身体。他最喜欢组织学生开展如下活动。

• 分散加入其他小组,再回到原小组分享他们在其他小组所学内容,以拼出新的学习内容。

• 站起来,摸三面墙,寻找一个搭档,参加"独立思考—结对合作—相互交流"(think-pair-share)的教学活动。

• 起立,在每个小组中选出一名学生带领其他小组成员在 30 秒内完成一个舞步或其他增加体能的动作。

• 起立,并与非本小组成员组成一个新群体,共同玩动觉数学游戏(kinesthetic math games)①。

• 站在教室的中间,用身体对一些观点进行投票。例如:如果同意一个观点,就走到教室的左边;如果不同意,就走到教室的右边。

• 触摸 12 把椅子,并从中找到搭档。2 名搭档在一场辩论中分别选择正反方,用 30 秒为支持的观点提供论据。然后,交换正反方,再次辩论相同的主题。

① 动觉数学游戏:通过运动学习数学知识的游戏。——译者注

霍金斯老师已经学会了成功组织课堂活动的一些秘诀。例如,他通常一次只给出一个指令,这样能更好地管理行动。他熟知戈贝和克拉克森(Gobet & Clarkson,2004)开展的一项研究。该研究表明,工作记忆最多能同时处理两个单位的项目。尽管很多教师抱怨一旦让学生兴奋起来,就很难让他们恢复平静,但是霍金斯老师明白平静的状态对学生学习的重要价值。他经常引导学生做一些简短的可视化的仪式或进行深呼吸,以使学生重新回到专注的状态。

制订学习框架。霍金斯老师曾经经常抱怨学生对学习内容的接受程度不足。现在,他知道应该使用学习框架策略(在政界通常表示对事物进行引导性陈述)。这个强有力的学习框架策略是指,有意为接下来要学习的内容创设偏差,以使学生能够更好地接受所学内容。你可以为一个词语、一项活动、一项任务或者整堂课制订学习框架。学习框架可以是设定的故事、活动的背景,也可以是在心智上"吸引"学生的其他内容。学习框架向学生发出了学习的邀请。例如,霍金斯老师在课堂上读了一篇引人入胜的自传文章,以便让学生思考本节课的内容。文章讲述了一名非裔美国人在越战期间被要求服兵役,但是被以不合法的选民注册为借口,剥夺了投票权。这篇文章当年引发了一场关于歧视的全国性讨论,今天则成为霍金斯老师课堂中讨论偏见问题的跳板。

教授学习内容。霍金斯老师正在开展合作式(协作式)学习路径。他将"第二次世界大战后的选举"这一单元的学习内容分解为三个重要问题,并安排在本周学习。这三个问题符合学生的达标要求。每个小组负责探究其中一个问题。霍金斯老师给每个小组分配了一个需要探究的问题、需要学习的树状层级信息、关键词汇以及与这个问题相关的个人的问题。在学生开始探究前,霍金斯老师检查了可供学生查找的信息源(书、网络、光盘、论文等),并讲述了关于这段历史的一个感人至深的战争故事,成功吸引了所有学生。霍金斯老师讲完这个故事后,告诉学生这是一个真实的故事,是他在越南的亲身经历。然后,学生开始完成他们的任务。他们有 20 分钟时间开展小组合作,决定组内成员分工并开始收集信息。

阐述与纠正错误。霍金斯老师已经认识到纠正错误的价值。尽管积极强化对鼓舞学生士气非常重要,但犯错与纠正错误的过程对于建立学生的学业操作系统和社交操作系统(如图 6.1 所示)同样必不可少。霍金斯老师打算为学生创建一个安全的环境,帮助他们从错误中学习。因为学生将在几天后进行汇报,所以霍金斯老师能够在课上收集更多的信息,并且有充分的时间挖掘与处理所收集的信息。霍金斯老师还会每周实施两次小测试,如果不出意外,测试通常会安排在周二与周五。据他所知,有一项研究表明,对相同内容反复测试可以带来比背诵、探究或开展新测试更高的分数(Karpicke & Roediger,2008)。

图 6.1　社交操作系统的六个关键区域

注:大多数学生都需要强化图6.1描述的六种社品质。这六种社交品质可以改善课堂氛围,增加学生在学校取得成功的机会

4. 课堂中的最后 10 分钟

强化记忆。每节课临近结束时,霍金斯老师都会明智地预留出一点时间。在这段时间,他会使用诸如首字母缩略词、思维导图、回调和押韵等易于回忆的形式,带领学生温习过去两周所学的内容。他要确保每名学生在结束一天学习时都能感到成功。

布置作业。在每个单元开始时,霍金斯老师都会分发一系列可选择的简答式作业问题,请学生在上课结束前 5 分钟完成作业。这个安排创造了公平的竞争环境,显示了对贫困世界的理解。在此期间,霍金斯老师会为学生提供个别指导,并收走已经完成的作业。学生不会因为没做作业而受惩罚,作业只是用来帮助霍金斯老师更好地理解学生。

完成清扫。霍金斯老师制订了 10 条规矩,使学生能采用多种方式(例如清扫)完成课堂工作。在最后 2 分钟,各小组都知道是时候让课堂重回最佳状态了。所有东西都应该放好、归置好、清理好。霍金斯老师会播放一首名为《坚持你的梦想》的课堂结束歌曲。各小组成员会哼着歌并迅速行动起来。当课堂工作完成时,每个小组成员都精力充沛,并用各自的加油口号进行庆祝。清扫的目标通常是,当最后一个音符结束时,将教室清理扫干净,学生整装待发。在此期间,霍金斯老师再次进行人际关系建设。他知道,他必须通过提升社会地位,培育全纳环境来成为学生的导师,以及扮演他们生活中稳定、可靠和起支持作用的成人角色,以加强人际关系建设。

结束一天的课程。教师通常会利用课堂的最后一分钟组织小组同伴相互肯 151
定,为下次课设置悬念,或者带领学生畅想成功。带领学生畅想在即将学习的能力或知识方面取得成功并不是新策略。如果做得好,心智练习不仅可以导致脑发生物理变化,而且可以改进任务表现(Pascual-Leone,Amedi,Fregni,& Merabet,2005)。霍金斯老师通常会尽可能高调地结束一天的课程。

二、改变思维,改变人生

批评者可能会说,在霍金斯老师的课上,娱乐性活动已经多过实质性的学习活动。这也正是几年前在霍金斯老师还不理解贫困生的真正需求之前,他所持的观点。请注意,在他的课堂结构中,霍金斯老师将部分时间用于管理学生的情绪状态。如果每周只有几个小时能够用于对抗多年贫困对学生的影响,那么真的不能浪费一分一秒。和霍金斯老师一样,许多教师已经学会在为学生提供情感支持的同时,吸引学生的兴趣,培养学生的智能。现在,霍金斯老师的学生已经变得活跃且积极,而且纪律问题也比以前少了很多。霍金斯老师非常乐于见证这些变化,他现在已经能够把学生看作"我的孩子"。而且他的学生也真的喜欢上他的课。

卓越的教学能够削弱家庭社会经济地位与学校资源对学生的影响。教师是学生成功的关键,是时候反思教师的时间分配问题了。在学校,学生接受的教育质量不可能超越其所在学校教学人员的总体质量。每所学校的教师都必须找到自己的方法。没有哪种方法能将所有社会经济地位较低的学生全部转变为高成就者。但是,我们知道学校的成功转型需要通过多种途径来实现。例如,培育充满关爱的人际关系，以帮助学生建立心理弹性与自尊；设定更高的学业标准，并相信所有学生都能达到；动员教师、家长和社区有针对性地协作，以吸引学生学习需要学习的内容。

花一些时间想象一下你的教职工，你可能会发现这是一个有着不同的兴趣、能力、政治观点、背景以及知识领域的群体。现在来想象一下，他们在日初时分开始一天的工作，他们是在想"还有多久退休"，还是在想"今天我能创造什么奇迹"？学校的教师关注的是哪类问题？是否到了该冒险一试的时候？你准备好接受挑战了吗？放松呼吸，你能行。共同努力，传达愿景，制订计划，采取行动，然后你便可以与大家一起庆祝成功了。

152

下　卷
贫困生的有效投入

提升成就的实践策略

致　谢

　　在此特别感谢南妮特·梅茨（Nanette Metz）、露丝·法恩（Ruth Fine）和帕姆·布鲁克斯（Pam Rooks）为下卷的撰写和研究提供支持。感谢琼·布莱兹（Jean Blaydes）、布赖恩·哈里斯（Bryan Harris）、利恩·尼克尔森（LeAnn Nickelsen）和里奇·艾伦（Rich Allen）的专业贡献。同时，感谢美国督导与课程开发协会（Association for Supervision and Curriculum Development，ASCD）的编辑与出版人员对此项课题的支持，尤其是米里厄姆·戈尔茨坦（Miriam Goldstein），她细致地校订了下卷，作出了重要的贡献。

　　最后，感谢我的妻子黛安娜（Diane）一直以来对我写作的支持，这于我而言是永远的福祉。

下卷前言

看着下卷的标题,你也许会对以下两点感到疑惑:我对这个主题有什么了解?是什么给我这样一个中产阶级白人写一本关于贫困的书的权利?事实上,确实有位老师带着疑惑给我发邮件,询问了这些问题。我认为这些问题很合理,我将用一个男孩的真实故事来回答。

这个男孩最初的记忆是,2岁的他泪流满面地站在自己家的客厅中,看着他的母亲窘迫地走出家门。那天,他的父母离异了。经过混乱的四年,他的父亲开始了第二段婚姻。实际上,他的父亲一共结过四次婚。小男孩有三位继母。第一位继母不但酗酒,还虐待他和他的两个姐姐。他的两个姐姐很快搬了出去,一个搬去和邻居住,另一个搬进了车库。

在家里,由于小男孩被锁在房子外面,所以他经常会在两餐中间吃狗粮充饥。从二年级到十年级,他对暴躁的继母充满了恐惧。鲜血和破碎的玻璃,他早已经司空见惯。每当事态发展到不可控的时候,父亲就把小男孩和他的两个姐姐送到亲戚家暂住。然后,他的继母就会发誓自己会善待他们,于是他们姐弟三人再搬回家住。小男孩在祖母、姑姑、叔叔家都住过,后来开始一个人住。这种循环每隔几年就会重复一次。所以,这个小男孩上学也是混乱而且不连贯的。在如此动荡的几年中,他在9所学校上过学,有过153名老师。

小男孩在每所学校上学的时间都很短,以至于他难以与同学建立真正的友谊。他时常旷课,经常因为纪律问题被叫到办公室。上课时,他通常坐在教室的最后面,不是焦虑不安就是走神。大多数时候,他都在想自己回家后会发生什么。对他而言,家就是战场。想要在这种环境中完成作业是不可能的。他从未从父母那里得到过任何支持,身边仅有的朋友也都是捣蛋鬼。他的父亲晚上去夜校,周末通常在国民警卫队工作,因此大多数时间不在家。而他父亲有婚外情的事实,进一步加剧了家中的冲突与摩擦。

为什么我要讲这个小男孩的故事?这个故事与下卷有什么关系?

因为这就是我自己童年的真实经历。我不是在寻求同情,成长环境不是我可以选择的,因此,我既不会赞赏它,也不会责备它。这只是我生活中的一个小片段(现实情况可能更糟糕)。我想表达的观点是:不要根据肤色、种族或者社会阶级来评判一个人。

成长于白人中产阶级家庭并不意味着我不理解这个“现实世界”。我被逮捕过2次,有8次差点死去的经历。在洗衣房住过2年,在4.6米长的拖车里住过5年。我被绑架过,被人用枪指过,被抢劫过。我当过偷渡者,也曾不得不躲在货车车厢,从1 609千米以外的地方回家。我能够理解那些坐在教室后面,无法集中注意力,在课上一直担忧回家会发生什么的孩子。我也知道长期饿肚子的滋味。因为,我曾是他们中的一员。

教授贫困生(尤其在贫困生数较多的学校,例如Ⅰ类资助学校),会暴露教师的所有弱项。如果你不去学习、适应、建立关系,或者每天带一个新游戏到课堂,那么你的课堂就会变成活生生的地狱。但如果你能去学习、适应,理想远大,更在意你的学生,没有在许多不可能的事情面前望而却步,那么你的学生将会感受到这一切,而且尊重你。我怎么会知道这些?因为我的两位中学老师就是这样改变了我的人生。他们让我看到什么是同理心,他们激励我去做得更好,他们让我能够投入到课堂学习中。因为他们,我成为一名教师。我学会了专注、写作与学习,学会了从错误中不断地学习。教师能够真正改变那些持续面临逆境的学生。

有些教师告诉我:“你需要让那些孩子知道谁是掌控者,给他们制订更多的规矩。”然而,事实并非如此。首先,他们不是“那些孩子”,而是“我们的孩子”。国家的未来取决于这些孩子的成功。他们需要充满爱和关怀的榜样,而不是监狱的看守。

其次，如果你想要成绩优异的学生，那么首先你必须成为一名高绩效的教师。停止指责，不找借口。每位学生都需要能够关心和陪伴他们，而不是只会指手画脚的教师。过去的态度和教学策略在今天已经不再适用，是时候升级你的教学策略了。

为什么我会鼓励你制订这么高的目标？如果你与大多数教育者类似，那么你很有可能只是参与你的工作。你会参加会议，关心后勤，打电话，写邮件，规划课程，实施测试，参与许多别的活动。但如果你设立了更高的课堂教学目标呢？当然，更高的课堂教学目标不是"工作更多时间"，而是"让更多的学生积极投入课堂学习"。今天，你的每一位学生的课堂投入又如何呢？

如果你一直原地踏步，那么你不可能在工作中取得更好的成绩。你还是会有表现不佳的学生，而且他们还是会用审视的眼光看待你。教书不难，但想要教得好却很难。如果你只是想增加一些矫揉造作的策略，那么这本书并不适合你。

事实上，教好学生也将改变你。请允许我再次重复：教好学生也将改变你。本书能够让你以新的方式去理解你的学生，这有助于你帮助他们取得成功。如果你已经准备好踏上这次旅程，那么请系好安全带，这将是一次激动人心的旅程。

下卷导言

　　成长于贫困环境中的学生往往学业成绩不佳。在美国，如果你家庭贫困，那么你顺利毕业的概率就会低于那些来自中产阶级家庭的学生。如果你又恰好是西班牙裔美国人或者非裔美国人，那么你毕业的概率会再次降低。有一半来自贫困家庭的有色人种学生会退学（Alliance for Excellent Education，2008）。70%没能从高中毕业的学生有一年以上生活在贫困环境中的经历（Hernandez，2012）。2009年，低收入家庭学生的辍学率（7.4%）约是高收入家庭学生辍学率（1.4%）的5倍（Chapman，Laird，Ifill，& KewalRamani，2011）。

　　这不是学生的失败。世界上没有天生失败的贫困生，只有需要完善的学校。没有天生失败的学生，只有让学生失败的学校。没有毫无学习动力的学生，只有让课堂变得无聊、冷漠、无关紧要的教师。这样的课堂无法让学生全情投入，进而无法满足学生的需求。如果你对这些观点感到惊讶，那么这本书很适合你。我将向你展示证据，并与你分享成功的故事。

一、投入的重要性

　　许多研究表明，投入是影响学业成就的重要因素，尽管它不总是明确地被称作投入。有时，它会被"乔装打扮"成反馈、合作学习、项目学习或者互动教学（Hattie，2008）。学生的学习投入与其学业成就往往呈显著高相关。研究表明,学生的学习投入每降低 2%,他们在高风险测试中的及格率就会降低 1%(Valentine & Collins,2011)。

学生非常喜欢参与其中的感觉,而且他们也非常重视参与(Appleton,Christenson, & Furlong, 2008)。投入对于那些低社会经济地位的学生尤其重要。芬恩和罗克(Finn & Rock, 1997)研究了超过 1 800 名生活在贫困中的学生,发现在学校期间的学习投入是决定学生是否会留在学校的一个重要因素。

不幸的是,学生的学习投入远比我们认为的少(Marks,2000)。一项以 8.1 万名美国高中生为对象的调查发现,只有不足 2%的调查对象表示他们从未在学校感到过无聊,超过 30%的调查对象称,他们并没有每天与教师互动,75%的调查对象表示,他们感到无聊是因为课上教的内容无趣(Yazzie-Mintz,2007)。同时,也有 75%的调查对象表示他们去学校只是为了得到一个学位,然后毕业离开。不出所料,这些学生完成家庭作业的时间很少。

这项调查发现的学习投入不足的问题,其他调查也有发现。谢尔诺夫等人(Shernoff et al.,2003)发现,高中生平均每天有超过 25%的时间瘫在椅子上萎靡不振。皮安塔等人(Pianta et al.,2007)发现,尽管学生对小组学习活动有强烈的偏好,但五年级的学生平均每天有 91%的时间花在独自学习或者听讲上,只有 5%的时间参与小组学习活动。实际上,教师花了超过 20%的教学时间来告诉学生如何管理资料或者时间。更为关键的是,只有 10%来自贫困家庭的学生可能体验高投入、有质量的教学指导。皮安塔等人认为,他们对当今美国小学课堂中学习机会的本质和质量的研究成果是一剂"清醒剂"。

这些数据说明了学校的一个重要问题——为了让学生毕业,我们需要让学生留在学校。为了让学生留在学校,我们需要将课堂变得有意义、引人入胜而且充满确定性关系。如果你的学生无法投入课堂,那么你就要升级你的教学技能,抑或改变你对学生的态度。除非你每年都能变得更好,否则,学生对课堂的兴趣和学习投入不会奇迹般地逐年变好。

二、关于泛化的注意事项

下卷着眼于影响学生有效投入且与社会经济地位紧密相关的 7 个重要因素。上卷中,笔者引用了超过 200 个高质量的同行评审研究。通过这些研究,我们不难发现,低社会经济地位的学生和高社会经济地位的学生之间存在显著差异。笔者详细介绍了这些差异,试图帮助教师理解贫困的深层影响,并支持他们努力去帮助贫困生取得成功。有些人可能认为,强调那些成长于贫困和中、高产阶级家庭的孩子的差异是一种阶级歧视。这明显是一种错误的观点。只有当以牺牲一个阶级的利益为代价来推行对另一个阶级有利的政策时,阶级歧视才会发生。

当然,时刻谨记社会阶级的异质性是十分重要的。就像没有"平均中产的人"一样,世界上也不存在"平均穷的人"。人类脑的一项强大品质就是从经验中学习并加以泛化,从而辅助后续决策。例如,如果你成长于贫困家庭,长大后成功晋级为中产阶级,那么你可能会将自己的成功经验泛化为其他想要提高社会经济地位的人的通用法则。如果你认识的为数不多的低收入的人滥用药物,并且忽视他们的子女,那么你可能会将其泛化为穷人无可救药。但是,请记住,你的世界仅仅是经验沙滩上的一粒沙。不要假设你的个人经历能够代表所有人。世界上有物质环境匮乏却充满爱和快乐的家庭,也有物质环境丰富但家人易怒且心胸狭窄的家庭。

也就是说,泛化只是偶尔有用。当研究结果令人信服时,笔者会进行泛化。笔者试图用这些泛化的研究结论去勾勒生活在贫困中的人们的实际生活情况。尽管承认低社会经济地位的学生和高社会经济地位的学生之间存在差异可能会令人不舒服,但我们必须接受这样一个事实:学生之间的确存在差异。理解此前提以及由此引发的学生行为差异,会帮助教师有效促进低社会经济地位的学生投入课堂。如果教师只采用与引导中高收入家庭的学生同样的方法就可以成功引导贫困生,那么学生之间的成绩差距应该比现在小得多。我们应该专注于帮助学生完成学业并成为有生产力的公民,而非一些政治观点和语义学。

三、改变的时刻

我们必须面对这样一个现实:那些旧的思维方式和策略现在已经不起作用了。我们必须作出改变。多年来,我拜访了无数拥有高度贫困生的学校。很多人在这样的学校工作,在这样困难的环境中教学,我很理解他们。但是,当他们与我分享问题时,我的回答总是:"所以明天你会做哪些不一样的事情呢?"世界上所有就职于贫困学校的教师日复一日地做着相同的事，然后徒劳地期盼着一个永远不会到来的奇迹。我们必须创造自己的奇迹。

　　在最近一封发给我的邮件中，一位校长写道："我们研究了'贫困生的有效教学'，但我们学校的成绩还是没有提升，这是为什么？"如果提升学生的成绩能像读一本书那样简单，那么所有学生的分数早就超标了。确保每名学生都能成功是需要持续努力的。在你能够让校园生活成为学生一天当中最棒的时候之前，你必须面对如何提高学生的出勤率、成绩以及毕业率等问题。学校的成绩斐然绝非机缘巧合，它是有目的且持续不断投入教学所累积的成果。

　　这就是下卷的来源。在下卷中，笔者主张将提高学生的学习投入作为帮助低社会经济地位学生取得成功的核心策略。但是，笔者只有有限的篇幅来深入探究提高学习投入的策略。本书的目标是填补空缺——为读者提供学习投入的基本原理，激发更多的想法，建立能够成功教导贫困生的思维方式。下卷能让你不再为自己找借口，并帮助你走上幸运之路。如果你的学生还没有走到你面前，感谢你上了一堂很精彩的课，那么下卷很适合你。

　　让我们一起来看看下卷将如何帮助改变学校中所有人（包括教职工和学生）的生活。

四、下卷概览

　　下卷的第七章和第八章为后续几章提出的策略奠定了基础。第七章揭示了七个影响学生学习投入，且与社会经济地位紧密相关的要素。这些影响学习投入的要素形成了笔者在下卷倡导和讨论的特定策略的逻辑基础。第八章分享了提高学习投入的五个法则，这些法则通常是教师没有学过，但对于提高学生学习投入至关重要的。

　　第九章到第十三章详细描述了吸引学生的细节。第九章解释了如何营造一个高能量、高吸引力并且积极的课堂氛围以促进成功。第十章专注于通过提高学生学习投入以培养认知能力。第十一章展示了如何通过提高学生学习投入以激发动机和促进努力。第十二章聚焦于如何提高学生学习投入以促进深度理解。第十三章提供了通过提高学习投入来提高活力和注意力的策略。

　　第十四章和第十五章站得更高。第十四章聚焦于促进学生自动投入学习的措施。第十五章帮你回顾下卷提供的所有措施,并指导你开展实践。

　　一个重要的提示:尽管下卷的前两章主要聚焦于影响学习投入的七个要素和提高学习投入的五项法则,以及为什么下卷提高学生学习投入的措施对于贫困生尤其重要,但其他几章都是从更广泛的角度讨论学生学习投入问题,并没有深入解释各项措施是如何帮助贫困生的。这是笔者刻意安排的。尽管下卷的题目是"贫困生的有效投入",但也可以简单地称之为"掌握学习投入的教师指南"。下卷的思维方式和措施能够作用于包括富有、中产和贫困在内的所有学生,也能够为所有年级和所有学科的教师所用。如同我在前言中描述自己的童年经历所表明的,不是所有成长于不利环境或者无法投入学校生活的学生都是贫困生。如果你真的从事教育工作,你将在下卷找到适合你和你工作的内容。下卷会让你在贫困生身上的投入得到更多的回报。

6

　　与很多人一样,我深知童年时期经历不利的成长环境能够改变人的一生。然而,写作下卷的重要原因是,在我看来,投入是战胜这些不利成长环境影响的重要因素,投入能够帮助学生留在学校,并让他们走上通往成功的道路。

　　我在非常愉快的心情中完成了下卷的写作,我希望你会发现,阅读和实践下卷的内容也是一件愉快的事情。让我们一起努力,令你的工作和学校都更具吸引力。当我们这么做的时候,大家都将取得成功。你愿意加入吗?

第七章 影响学习投入的 七个要素

在过去的 75 年中，提高低社会经济地位学生的学习投入，是对公立和私立学校教师的一项挑战。尽管大多数教师在提升来自中高收入家庭的学生学习投入方面获得了传统意义上的成功，但他们面对低收入家庭的学生时，依旧感到力不从心。

由社会阶级差异引发的学习投入差距通常被归咎于地方、州和联邦政府的无效政策。被广泛承认的是，贫困生所就读的学校更有可能是那些缺乏资金支持（Carey，2005），教师薪金更低（Karoly，2001），班级规模更大，课程不够严格，教师缺乏经验（Barton，2005）的学校，并且不太可能是有安全的学习环境的学校。

但是，如果这些不利因素如此有力，那么我们该如何解释那些成功的故事呢？这些不利因素中缺乏了一些关键的证据：超过50%的学龄儿童的学业成果不是源于公共政策，而是源于教师在课堂上做了什么（Hattie，2008）。在学生求学期间，教学比任何其他因素都重要。事实上，研究发现，高质量的教学完全能够抵消贫穷对学生学习成绩的毁灭性影响（Hanushek，2005），原因在于，如果一名教师能让学生的成绩进步率连续 5 年高于地区年平均成绩进步率 1 个标准差，那么他所实现的这种学生成绩的提升，将完全抵消由阶级差异引发的成绩差距。如果教师真心想要帮助学生取得成功，那么就不要只是祈祷奇迹发生了。5 年强有力的教学就是奇迹。

尽管对于体制或者当地政策的抱怨是能够理解的,但是这些抱怨并不能成 8
为借口。大量Ⅰ类资助学校的成功经验告诉我们,埋怨体制是毫无意义的。所
有人都应停止找借口。

是时候终止我们在培养贫困生方面的失败了。但是在我们寻找解决方案之
前,先来理解为什么许多教师在教授贫困生和保证他们顺利毕业方面存在困难
将会非常有益。

一、七个要素

通过广泛的调查研究和多年积累的经验,笔者发现了与学生学习投入相关,
并且与社会经济地位紧密联系的七个要素。

影响学习投入的七个要素

1. 健康与营养。
2. 词汇量。
3. 努力与活力。
4. 思维方式。
5. 认知能力。
6. 关系。
7. 压力水平。

我们如何判断七个要素的重要程度呢? 除了笔者的研究结果,还有一个用
于衡量一项干预策略或者一个影响因素相对效果的标准化指标,即**效应量**
(effect size)。效应量特别适用于根据不同样本的规模量化不同因素的影响效
果,以及理解每个因素的相对影响。在下卷中,笔者偶尔会在探讨影响学习投入
的要素或策略的效果时提到效应量,以显示该要素或策略的影响程度。通常,效
应量分为5个水平:消极影响、边缘影响、积极影响、实质影响和巨大影响(见
表7.1)。

9

表 7.1 理解效应量
低于 0.00，表示消极影响
0.00—0.20，表示边缘影响
0.20—0.40，表示积极影响
0.40—0.60，表示实质影响
0.60—2.00，表示巨大影响

下面我们将共同回顾影响学习投入的七个要素的研究背景，以及它们与社会经济地位和学生学习投入之间的关系。你将会惊讶地看到，成长于贫困环境能够从众多不同的方面对学生产生影响。

二、要素 1：健康与营养

身体健康、精神健康和情绪健康都能为学生的学习和学习投入提供支持。可悲的是，学生的社会经济地位越低，他所面临的健康风险就越大（Sapolsky，2005）。父母的收入越低，孩子早产，出生体重过低或残疾的可能性就越大（Bradley & Corwyn，2002）。相对于拥有更高社会经济地位的人，低社会经济地位的人运动，得到正确的健康问题诊断，接受适当与及时的医疗护理以及获得恰当的药物处方和治疗方案的可能性都较小（Evans，Wells，& Moch，2003）。他们是哮喘（Gottlieb，Beiser，& O'Connot，1995），是耳部感染和听力损失（Menyuk，1980）、肺结核（Rogers & Ginzberg，1993）以及肥胖（Wang & Zhang，2006）的高发人群。另外，低社会经济地位的人更有可能居住在破旧的、缺乏维护的房屋中。这类房屋中脱落的油漆和老旧的水管增加了他们接触铅的可能性（Sargent et al.，1995）。同时，他们所在的社区也不太可能提供高质量的社会、市政以及地方服务（Evans，2004）。一项包含 3 000 名被试的研究发现，低社会经济地位的人更可能出现精神健康问题（Xue，Leventhal，Brooks-Gunn，& Earls，2005）。

10
上述与健康相关的因素都会对认知和行为产生显著影响。例如，接触铅与工作记忆和因果推理能力差相关。这意味着，尽管学生可能知道行为准则的内容，但是他们不能完全理解应在何种情况下如何运用这些行为准则。耳部感染的学生可能还会存在辨别声音的问题，这使他们难以服从指示，进行听觉加工，甚至理解教师所说的内容。

许多低社会经济地位的人所经历的健康问题都与营养匮乏有关。2010 年，

14.5%的美国家庭都存在食品安全问题（Coleman-Jensen，Nord，Andrews，& Carlson，2011）。不吃早饭的问题，在生活于城市的贫困少数民族青年群体中更为普遍。调查指出，不吃早饭会降低学生的认知能力，导致学生旷课，从而对学生的学业成绩产生消极影响（Basch，2011）。

除了食品数量得不到保障外，贫困生的食品质量也存在问题：在贫困家庭长大的学生经常会食用廉价且营养不良的食品，这会对脑产生不利影响（Gómez-Pinilla，2008）。

营养匮乏对学生的学习和学习投入有很大的影响。当学生吃得不好，或者根本没吃东西时，他们的行为就会受到影响，从而引发学习困难。早餐营养匮乏会影响学生脑中的灰质（Taki，2010）。矿物质缺乏与记忆力减弱有关，而某些特定营养物质（如omega-3脂肪酸）缺乏则与抑郁有关。

两种对脑最重要的养料是氧气和葡萄糖。为了给脑稳定地提供葡萄糖，学生的早餐最好是高蛋白（包括如瘦肉、鸡蛋、酸奶等）或富含复合碳水化合物（如燕麦）的食品。这两种早餐都能在几个小时内使体内的葡萄糖水平保持稳定。与之相反，贫困生的早餐通常仅含简单的碳水化合物（例如，含糖谷物、果酱馅饼、薄煎饼或快餐等），这些食品会导致血糖大幅波动。体内的葡萄糖水平不稳定（无论是过高还是过低）与较差的认知和行为结果有关（Wang，Szabo，& Dykman，2004）。尽管饥饿会对学生的学业成绩产生不利影响，但食物质量的影响远比食品数量的影响要重要（Weinreb et al.，2002）。从认知的角度来看，少量食用高质量的食品是最佳饮食方式。与普通饮食相比，限制卡路里的饮食会使脑产生更多新的脑细胞（Kitamura，Mishina，& Sugiyama，2006）。

尽管健康和营养是最不能对学习投入产生直接影响的因素，而且也是不容易由教师"修正"的因素，但笔者还是选择将其作为七要素之一，主要是因为它能对其余六个要素产生强烈的影响。不良的健康和营养状况不能被忽视，更不能被当作任由学生学习不好的借口。在假设营养不良是学生行为不当或成绩不佳不可弥补的原因前，请你想一想，成千上万的教师成功地帮助了那些低社会经济地位的学生，尽管这些学生的饮食仍不理想，但他们行为得当，成绩优异。教师对学生行为表现的影响远比想象的大得多。营造一个引人入胜的课堂，有助于弥补营养不良导致的行为和认知问题。第十三章将讨论可用于调节学生体内葡萄糖和氧气水平的相关策略。

三、要素 2：词汇量

儿童的词汇量是儿童学习、记忆以及认知的脑工具库的一部分。词汇能帮助儿童表征、处理和重构信息。不幸的是，不同社会经济地位儿童的词汇量存在惊人的差距。通过 6 年的研究，哈特和里斯利（Hart & Risley，2003）发现，有工作的父母提升 3 岁子女的词汇量是领取社会福利父母的 2 倍。照顾者给予儿童词汇的数量和质量都与收入水平直接相关。此外，另一项关于词汇量差距的研究惊人地发现，事实上，中高收入家庭的幼儿在与父母交谈时所用的词汇，比低社会经济地位的母亲与孩子交谈时所用的词汇要多（Bracey，2006）。

拥有的词汇量更少将低社会经济地位的学生置于学业失败的高风险中（Gonzalez，2005；Hoff，2003；Walker，Greenwood，Hart，& Carta，1994）。这需要教师努力尝试提升这些学生的词汇量，否则，他们将会学习困难，且无法投入学习。当学生无法理解课堂或阅读材料中出现的许多词汇时，他们就可能走神，或者认为学校不适合他们。通常情况下，他们将不再愿意上学，因为他们不想让自己在同伴面前看起来很笨。

增加词汇量必须成为学校改变学生的重要部分。其中，增加学生的学术词汇量（能够使学生更好地理解不同学科中的概念和学习内容以及在测试中取得更高分数的词汇）尤为重要。教师必须不断运用非语言交流、视觉辅助以及语境来促进学生对词汇的理解，并在适当的时候，将增加词汇量纳入促进学习投入的教学活动中。

四、要素 3：努力与活力

学生懒洋洋地坐在椅子上，对学习内容漫不经心的样子，对很多教师来说并不陌生。但是，不知情的教师通常会将这种学习不投入归因于社会经济地位的差异。他们会将低收入家庭学生的学习不投入归因于他们自身的懒惰，或者将这些学生的不努力归因于他们父母的懒惰。反之，他们会将中等收入家庭的学生学习不投入归因于他们没有发挥自身的潜力。

但是，生活在贫困中的人往往和中等收入的人一样重视教育（Compton-

Lilly，2003），而且他们每周工作的时间至少与比他们社会经济地位高的同行一样多（Bernstein，Mishel，& Boushey，2002）。事实上，将近三分之二的低收入家庭至少有一位全年全职工作的家长（Gorski，2008）。从来不存在由贫困的父母传给子女的"遗传性懒惰"，穷人之所以穷，只是因为他们在做薪水低的工作。

生活在贫困中的学生往往有非常现实的学习动机。他们想要充分了解自己的老师，并且希望所学内容能够与真实生活建立联系。当教师不能或不愿与学生建立个人联系时，学生就很难信任教师。教师必须通过帮助低社会经济地位学生找到学习的理由的方式，与他们所处的文化氛围建立联系。如果教师对学生所处的文化氛围一无所知，那么学生就会感到学校生活与家庭生活脱节，从而失去学习的动力（Lindsey，Karns，& Myatt，2010）。长此以往，他们就会选择放弃。你是谁以及你如何去教，是两个能够影响低社会经济地位学生学习投入的重要因素。

在学习中，努力是至关重要的。如果你在课堂上看到了动机差异，那么请你回想一下你在学校的日子。当你被肯定，受到挑战，得到鼓励时，你会更努力地学习。当学习让你变得兴奋、好奇、着迷时，你也会更努力地学习。我们都看到过学生学习某一门课比学习另一门课更努力，这其中的差别就在于教学。如果你关心你的学生，你的学生也会回应你。当学生喜欢并且尊敬你的时候，他们就会更努力地学习。

学生的学习努力程度不足是对教师教学吸引力不足的提示。如果为一名不努力学习的学生换一名有吸引力的教师，那么他将会变得完全不同。教师有能力创造不同，有能力掌控课堂并成为课堂上的决定性因素。

五、要素 4：思维方式

研究表明，社会经济地位低通常与对未来悲观（Robb，Simon，& Wardle，2009）以及无助感相关。积极的结果期望（"应对"）与主观社会经济地位高相关，而无期望（"无助感"）与主观社会经济地位低相关（Odéen et al.，2013）。简言之，贫困与对未来的结果期望低相关。

当谈及在学校取得的成功时，思维方式对学生和教师而言都是一种至关重要的内在态度。学生的思维方式是其学习成绩的一个中等强度预测因素

（Blackwell，Trzesniewski，& Dweck，2007）。总体而言,学生的思维方式和教师的支持不是共同成为学校的重要财富,就是共同成为学校的严重负累。如果教师和学生都相信学生的智慧是固定的、无法增长的,那么学生就很有可能学习投入不足。相反,如果学生能对自己的学习能力持积极的态度,教师也能专注于学生的成长与改变,而不是放任学生自由发展（该策略使学生更容易收到负面反馈,从而更容易逃避具有挑战性的学习机会）,那么学生的学习投入就会提高（Mangels，Butterfield，Lamb，Good，& Dweck，2006）。

14   教师通常都会低估负面情绪在学生生活中的普遍程度（Jordan et al.，2011）并且对负面情绪有所误解。例如,他们可能将愤怒视作学生不服从或者缺乏自控力的标志,但实际上,它更有可能是抑郁的症状。教师可能会在不知不觉中强化了一个错误假设——某些学生缺乏取得成功的精神力量或持久力,这种信念会使学生的成绩下降,并且会极大地影响他们调用认知资源持续学习的能力。

          因此,教师的支持对于低社会经济地位学生取得学业成功是至关重要的,尽管在这些学生当中,有许多人并不相信自己有能力学习与成长。教师积极的、成长导向的思维方式有助于抵消学生负面的思维方式。在教师的支持下,学生逐渐开始相信自己,相信自己有能力达到预期目标,并将因此收获更多的学业成功。

六、要素 5：认知能力

          认知能力非常复杂,可以通过不同的方法测量,同时显著受社会经济地位的影响。社会经济地位与多个认知能力的测量指标相关,这些测量指标包括智商、学业成就测试、留级率以及读写能力（Baydar，Brooks-Gunn，& Furstenberg，1993；Brooks-Gunn，Guo，& Furstenberg，1993；Liaw & Brooks-Gunn，1994；Smith，Brooks-Gunn，& Klebanov，1997）。研究表明,与高社会经济地位的学生相比,低社会经济地位的学生在智力测试和学业成就测试中均表现更差（Bradley & Corwyn，2002；Duncan，Brooks-Gunn，& Klebanov，1994）,他们更容易挂科,更容易被安排接受特殊教育或者在高中辍学（McLoyd，1998）。

          贫困会从生理上影响脑。贫困生脑中的海马体（学习新知识和记忆的关键脑结构）表面积和体积都更小（Hanson，Chandra，Wolfe，& Pollak，2011）。2008

年的一项研究表明,海马体的体积和一般智力显著相关(Amat et al.，2008)。

不利的环境因素可以人为地抑制学生的智商。例如,贫困生更容易暴露在 15
含铅的环境下,而接触铅与工作记忆差相关。大部分工作记忆差的学生在很多
学习测量指标和语言能力方面也会很差,并表现出诸如注意难持久,注意易分
散,难以监督自己的工作质量以及难以想出解决问题的新方案等认知问题
(Alloway，Gathercole，Kirkwood，& Elliott，2009)。

幸运的是,脑容易受不利环境的影响,同时,也容易受积极的、丰富的环境的
影响。智商并不是固定的,我们可以改变很多影响它的因素。认知能力较弱的
学生急切地等待着愿意传授他们学业成功必备核心认知技能的教师。

七、要素 6：关系

所有儿童在生活中都需要可靠且积极的成人。如果儿童的早期经历混乱或
至少父母一方缺席,那么他处于发育中的脑通常会变得不安和充满压力。这种
不安全感在生活于贫困中的儿童身上会表现得更加明显。低社会经济地位群体
的结婚率在过去的两代中下降了近一半(Fields，2004)。低社会经济地位的父
母在未结婚的情况下生育子女的比例是四分之三,而高社会经济地位的父母同
样情况下的比例是四分之一(Bishaw & Renwick，2009)。

牢固和安全的家庭关系有助于支持和稳定儿童的行为。成长于积极关系中
的儿童能够学会用健康和恰当的情绪应对日常情境。然而,成长于贫困家庭的
儿童通常由于没有照顾者或照顾者压力过大而无法习得正常的情绪反应。儿童
需要在照顾者长时间的积极照顾中习得这些情绪反应(Malatesta & Izard，
1984)。然而,相对于高社会经济地位的同伴,成长于贫困家庭的儿童更难获得
这样的照顾。在贫困家庭中,积极的情绪反应(肯定)与消极的情绪反应(谴责)
出现的比例通常是 1∶2。相反,在高收入家庭中,积极的情绪反应和消极的情
绪反应出现的比例通常是 6∶1(Hart & Risley，1995)。

这些家庭关系方面的缺陷会对学生的学习投入和成绩产生负面影响。学生 16
辍学与学业失败发生的概率会因不利的家庭关系出现的时机和持续的时长的改
变而发生变化(Spilt，Hughes，Wu，& Kwok，2012)。儿童在读幼儿园前表现出
的不良情绪调节能力能够预测他们一年级时的学习困难(Trentacosta & Izard，

2007）。低社会经济地位的青少年更容易抑郁（Tomarken，Dichter，Garber，& Simien，2004）。随着年龄的增长，低社会经济地位会与学生对他人过激的情绪反应相关（Gianaros et al.，2008），而这种过激的情绪反应会导致学生在学校中行为失当。社会功能障碍可能会抑制学生在合作群体中的工作能力，由此导致的同学间的排斥会损害全班同学的合作与和谐，从而引发更多的学习成绩问题和行为问题。

许多贫困生只是不具备校园生活所需要的社交情绪反应。低社会经济地位学生在情绪与社交方面的与众不同很容易被曲解为缺乏尊重、没有礼貌或者懒惰。然而，许多贫困生来到学校时的合理情绪反应范围小于我们的预期。正确理解这一事实对教师是有帮助的。许多贫困生只是不知道应该如何表现。

建立牢固的师生关系有助于对抗这些不恰当的情绪反应所带来的负面影响，并且对提高学生的学习投入至关重要。为了成功建立与学生的关系，你可能需要首先改变你的情绪反应。与其责备学生的不良情绪反应，不如教会他们能够令其远离麻烦的情绪反应方式。重构你的想法，敞开你的心扉，向学生展示正确的行为，而不是变得沮丧。学着转变你的思维：理解学生可能会冲动、言语不当，表现得"不尊重"，直到你教会他们应该怎么做。允许学生"过界"，直到他们习得更强的社交和情绪控制能力。他们可能会行为粗鲁，直到你所建立的师生关系和学校的社交环境能够吸引他们不去表现不恰当的行为。

八、要素 7：压力水平

压力可以被定义为身体由于不利的环境或敌对的人而感到失去控制时所产生的反应。少量的压力是健康的，事实上，偶尔感到压力能够增强心理弹性。然而，与家境优越的儿童相比，成长于贫困中的儿童更容易遭受急性与慢性的压力（Almeida，Neupert，Banks，& Serido，2005；Evans & Schamberg，2009），这对他们的生活有着毁灭性的影响。急性压力是指由于遭受外伤（如虐待或暴力）所产生的严重且强烈的压力，而慢性压力是指长期持续的高水平压力。

17　　　　低社会经济地位的儿童经历应激性生活事件和日常烦恼的频率和强度都更高（Attar，Guerra，& Tolan，1994）。在任何一年中，超过50%的贫困儿童需要面对被驱逐、公共设施断电、过度拥挤或者没有炉灶或冰箱等问题,而家境优越的儿童需要处理这些问题的比例只有 13%(Lichter,1997)。另外,相较于中产阶级的儿童,低社会经济地位的儿童更有可能需要面对家庭暴力、家庭破裂和父母分离等情况(Emery & Laumann-Billings,1998)。虐待往往是主要的压力源。照顾者的收入越低,所采取的管教方式就越严厉(Gershoff,2002;Slack,Holl,McDaniel,Yoo,& Bolger,2004)。低收入的父母对其子女往往更专制,有更严厉的要求,甚至会采取体罚(Bradley,Corwyn,Burchinal,McAdoo,& Coll,2001)。

压力会对儿童的身体、心理、情绪和认知功能造成潜在影响,从而影响他们的脑发育、学业成功,以及社会胜任力(Evans,Kim,Ting,Tesher,& Shannis,2007)。在学校,来自充满压力的家庭环境的儿童,会倾向于把这种压力转化为诸如冲动等破坏性行为(Bradley & Corwyn,2002)。儿童的冲动往往被误诊为注意缺陷多动障碍,但它实际上是对压力的过度反应。而这种过度反应是一种生存机制——有过度压力反应的人是最可能在贫困环境中存活下来的人。学生生活中的每一种风险因素都会增加其冲动,并且削弱其延迟满足的能力(Evans,2003)。

急性压力更容易导致攻击性和胆大妄为的行为。在高压力的生活环境中,攻击性让学生感到自己能够掌控局面。例如,冲动就是一种作为生存策略的过度压力反应——先打架,再问原因。校园攻击行为包括顶撞教师、挑衅教师,或者表现出不恰当的肢体语言或面部反应。

相反,慢性压力可能会导致相反的效果——与日俱增的分离感和绝望感(Bolland,Lian,& Formichella,2005)。低社会经济地位的学生更容易放弃,变得被动或失去兴趣(Johnson,1981)。这个放弃的过程被称为习得性无助(Hiroto & Seligman,1975)。可悲的是,这个情况经常早在一年级就出现了。儿童经历的压力越大,他们就越容易认为事情是不可控制和不可预测的,就越容易对改变生活现状失去希望(Henry,2005)。被动的学校行为包括不愿回答问题或回应要求,被动,颓废的坐姿,不愿与同伴交往以及难以投入学习。

攻击性行为和被动的行为,都常常被解读为态度不端或懒惰,但事实上,它们是压力障碍的症状。总体而言,压力会对学生的学习投入产生潜在的负面影响。压力与超过半数的缺课(Johnston-Brooks,Lewis,Evans,& Whalen,1998)、注意力损伤（Erickson，Drevets，& Schulkin，2003）、动机水平和努力程度下降（Johnson，1981）以及抑郁可能性增加（Hammack，Robinson，Crawford，& Li，2004）相关。

但是，儿童并不是一成不变的。例如，攻击性强的低社会经济地位学生，在学习了教授适当的应对技巧和减压技术的课程后，他们的敌对态度就会有所下降（Wadsworth，Raviv，Compas，& Connor-Smith，2005）。与此类似，适当赋予学生学校日常生活的控制权，有助于减轻慢性压力和急性压力的影响，提高学生的学习投入。具体原因将会在下卷的后续章节深入探讨（Kraus，Piff，& Keltner，2009）。

九、创造不同

在接下来的几章，你将会学到有效提高学习投入的策略。这些策略将帮助你营造一个积极的学校氛围，提升学生的认知能力，激励学生更努力地学习，促进学生对学习内容的理解并使课堂充满活力。从第九章起，下卷在每章内容开始前都增设了"相关要素"部分。该部分会列出与当前章节讨论的措施相关的若干影响学习投入的要素（本章提及的影响学习投入的七个要素）。有些章节涉及的措施会与较多的要素相关，而有些章节的措施涉及的相关要素则较少。但书中包含的全部措施会帮助你改善本章提及的每一个要素。这并不容易，这个过程需要你全面提升自己，拿出干劲，采取非常积极的态度，并且提前作好充分的准备。尽管过程艰难，但你真的能够创造不同。

第八章 提高学习投入的法则

20

一、在课堂中

拉里莎(Larisa)在一所Ⅰ类资助学校任教,目前教四年级和五年级两个年级的学生。今年是她成为教师的第三年,她感到有些气馁。正如她经常做的那样,她在午餐室里发牢骚:"我知道校长想要提高学生的学习投入,但是这些学生只是坐在那里。我也会在班级组织那些有经验的教师所说的好的活动,但是它们对我教的学生似乎不起作用。我所做的事情都是对的,但是学生就是不投入学习。这太糟糕了。"

坐在两张桌子之外的塔米(Tammy)无意间听到了拉里莎的抱怨。多数情况下,对于其他教师的谈话,塔米都会选择左耳进右耳出,但是今天,她认为自己应该做点什么。她走到拉里莎身旁,问道:"我能在这里坐一会儿吗?"得到同意后,她坐到拉里莎对面说道:"我也有过和你一样的遭遇。你听起来就像我刚开始教书的时候。那时,我经常会因为课程、活动和学生的问题感到挫败。"

拉里莎问道:"你的意思是,对于这些问题我们无能力为吗?"

"是,也不是,"塔米回答道,"我发现我能做的远比我想的多。今天,我所教班级的学生已经比几年前更能够投入学习了。但是,学生并没有改变,是我变得不同了。"

"所以你是怎么改变的呢?"拉里莎问道。

21

"好吧,我当时决定弄清楚如何能让学生更加投入地学习。这个问题的答案就是我需要采取的态度和需要学习的规则。坦率地说,我的确需要作出很多改变。"

平时滔滔不绝的拉里莎,此时却异常安静。转变已经开始在她脑中酝酿。她想,也许现在是时候有一个新的开始了。

二、提高学习投入的五个法则

当我还是一名新手教师的时候,我总是致力于寻找下一个能够在课堂上使用的有效策略。不幸的是,我所开展的教学活动,效果时好时坏。有些策略能起作用,但有些策略没有用。将问题归咎于课程(无聊)、活动(有缺陷)或学生(不投入)总是很容易。但随着时间的推移,课程改变了,活动改变了,学生也改变了,唯一不变的是我。现在是时候审视一下我的实践经历了。

你有没有注意到,有一些教师即使运用最可靠的策略还是收效甚微,然而另一些教师却能让不太可靠的策略运作良好? 两者之间的根本差别在于,教师能在多大程度上遵循那些能够提高学习投入的隐含法则。正如士兵在执行任务之前需要了解他们的作战法则一样,教师也需要了解促进学生学习投入的法则,以完成帮助学生取得成功的使命。

有一个常见的场景:一名教师去参加会议,看到了一个提高学习投入的策略模式,他决定运用到自己的课堂中。不幸的是,他并没有收到预期的效果。于是,这名教师认为这个模式对"某些学生"不起作用,或者它是一个无效的模式,便决定放弃,尝试下一个!

在这个场景中,教师寻找有效策略的过程类似于浪漫地寻找理想对象的过程,在整个寻找过程中,他一次又一次地"约会",然后又不断地放弃潜在的理想对象。有一天他突然意识到,"也许我应该为我无法找到理想对象做点什么!"至于这名教师,他每次实践那些策略时,都没有遵循能够使策略发挥作用的法则。

22　　优秀的教师能够内化、提升学生学习投入的法则,它们比课程、行政管理或者早餐吃什么都重要(Hattie, 2008)。诚然,这些因素确实能影响学生的学习投入和成绩,但是它们的影响力远不如一名优秀的教师。

教师能够成功地完成提高学生成绩的使命,但教师的成功绝不能建立在随机犯错的基础上。如果教师在一个高贫困率的学校工作,那么留给教师犯错的空间就更小了。本章揭示了迄今为止不成文的五个提高学习投入的核心法则。这些法则将会帮助教师建立成功的基础。仔细阅读这五个法则,将它们内化,并融入教学实践。这些法则为下卷的其他策略(事实上,可能是任何一项提高学习投入的策略)提供了动力,遵循这些法则将会使教师的教学更流畅,且能够改善学生的行为和学习,甚至使教师的生活变得更加轻松。

提高学习投入的五个法则

1. 改善态度。

2. 建立关系与尊重。

3. 让学生"买账"。

4. 追求清晰。

5. 展现激情。

三、法则1：改善态度

正如帕蒂·拉贝尔(Patti Labelle)的经典歌曲《新态度》(*New Attitude*)所唱的:"既然歌手有了新态度,她终究会知道自己要去哪儿,要做什么。"同样,教师也能够通过拥有积极的新态度来扭转局面。教师有多少次想过"我希望今年能有一批好学生"？将教师的态度和想法改变为"我就知道我教的学生一定会喜欢我将在今年采用的提高学习投入的新策略"。学生能够敏锐地察觉到教师对待他们的态度,所以积极、乐观的态度至关重要。

提高学习投入既需要态度,也需要策略。采用让每个学生每天都积极投入学习的策略。当教师面对班级学生时,不要因为看到一片茫然的表情而灰心丧气。本书将展示如何在最难的日子里持续有效地吸引学生。正如第七章所述,当教师对学生持消极态度时,不仅会降低学生的学习投入,而且会使学生的成绩下降。低社会经济地位的学生特别需要来自教师的信任,这样他们才能够相信自己。教师可以采用以下策略。

运用肯定。写一个简单的肯定句,例如"我要让每名学生在本周的每一天都能投入学习",然后把它贴在你能看到的地方,每天读它。同时,也要肯定学生。学生准时上学,按时就座,以及对课堂有贡献时,要给予肯定。

偶尔开展小型促进学习投入的活动。当学生感到疲惫或精力不足时,他们的态度也会变得沮丧。这时需要开展一些小型的促进学习投入的活动来推进课堂教学。让学生站起来,活动活动身体,然后在墙上的海报中指出刚刚学过的内容。让他们慢慢地深吸一口气,屏住呼吸,保持自信,然后慢慢地呼出所有压力。运用简单的社交活动,让学生两人一组,共同解决一个问题或完成一个测试。

允许失败。做好备选方案,准备好采用的策略无法正常运作时要采取的应对措施。(例如,"哎呀,同学们,我们下次一定能够做对,让我们继续下一个活动。")详细记录(记住)在所采用的策略中,哪些是有效的,哪些是无效的。没有人能在一夜之间变得擅长提高学生的学习投入。原谅自己,记住所犯的错误,然后不断学习。第十五章将深入探讨当采用的策略或方法失败时,教师应该如何应对。

四、法则 2:建立关系与尊重

创造有吸引力的课堂的关键步骤是建立关系与尊重。请记住这句话,学生不会在意你有多少知识,直到他们知道你有多关心他们。那些与教师有积极关系的学生,通常会承受更小的压力,行为更得当,并且更容易对学习感兴趣。学生几乎总是会为了他们喜欢的教师而努力学习(Cornelius-White & Harbaugh,2010)。研究发现,幼儿园时期学生与教师之间牢固的关系,能够对学生的在校成绩产生稳定影响,且影响效果能够持续到八年级(Hamre & Pianta,2001)。如前所述,任何超过 0.40 的效应量都有实质影响。师生关系影响学生成绩的效应量高达 0.72(Hattie,2008)。提高师生关系质量与教师报告的学生学习能力提高以及行为问题减少密切相关,且此种相关关系贯穿整个小学(Maldonado-Carreño & Votruba-Drzal,2011)。

我的童年生活极其不稳定。在与三位不同的继母生活后,我最大的愿望就是有关心自己的稳定的父母。两位关心我的教师影响了我的一生。尽管师生关系对所有学生都很重要,但来自不稳定家庭的学生特别需要在学校建立牢固的关系,并且可能更想要与教师建立关系。这是一种生理需求,不是"非必要的需求"。研究人员发现,爱和支持与海马体(负责学习、记忆和情绪调节的脑区)尺寸的增加有关(Luby et al.,2012)。当教师犹豫是否应该对学生表示关心时,请记住,师生关系会影响学生脑的能力!

学生会带着这样的疑惑来到学校,"有人喜欢我吗? 我能适应吗? 老师会关心我和我的世界吗?"即使教师很关心学生,学生也可能并没有意识到。所以请记住,必须让学生看到、听到并且真的感觉到被关心。一位退休教师曾告诉我,"我希望有人能告诉我,我究竟对我的学生有多重要。我从来都不知道"。为自己写一份备忘录:"我永远不会知道,我的学生会为我而努力学习,直到我让他们知道我有多关心他们的生活。"

教师可以采用如下策略。

每天分享一点你自己。教师分享 60 秒关于自己的小故事,就能够帮助教师与学生建立联系,教师的分享可以是关于家庭的、梦想的和日常生活的。每周至少分享一个生活中的故事。另外,每天都努力发现学生的故事。了解学生的梦想、爱好、家庭、邻居、生活中的问题以及激情。如果教师不能每天都坚持更好地了解学生,那么教师成功的概率就会降低。

有这样一个真实的故事能够充分说明为什么教师分享自己的故事是一项重要的实践策略。在一个学年开始的时候,笔者认识的一位小学教师问她的学生:"你们长大后想想做什么?"一名学生回答:"我想像我的父亲一样,享受福利。"面对这样一名明显自我期望很低的学生,这名教师决定拓宽他的视野,而不是降低对他的要求。一年来,她不断同学生分享自己的冒险故事,描述旅行和远足的经历,并展示鼓舞人心的照片。在这一学年结束时,她再次问这名学生同样的问题。这次,他的答案是:"我想成为一名教师!"

尊重你的学生。即使你的学生不是特别喜欢你,你依然需要他们的尊重。如果尊重你的学生能够让他们意识到,你是一名正在为他们寻找长期最佳利益的专业人士,那么他们自然就会更加投入学习。为了赢得学生的尊重,你首先必须尊重他们。你可以不喜欢学生的世界,但永远不要贬低或批评学生的背景、传统或文化。

你必须将学生的文化和社会资本与你为他们设立的目标或成功标准进行整合(Putnam,2000)。获得高分本身对许多学生来说并不是首要任务,而在有意义的环境中设定学业目标,才会让一切变得不同。例如,如果你在写作课上将学生的目标设定为"听到学生的心声",或者在社会研究课上将学生的目标设定为"参加社区项目",那么学生学习投入的可能性会更高。让取得好成绩成为你课堂成功的副产品,而不是中心目标。

你有能力让每名学生每天都投入学习。但是,首先,你必须让学生相信你是站在他们那边,而不是与他们对立的。当你设计一节课时,问问自己,"这个活动是否有让学生感到不舒服的风险? 活动中的失败是否会让学生感到尴尬?"学生必须坚信,你不会将他们置于不可能的境地或者愚弄他们。尊重学生,尊重自己,保持公平,你将会获得学生的尊重。

升级互动语言。教师每次与学生单独互动时,都有眼神交流并肯定学生的优点。用你希望学生与你交流时使用的语言与学生交流,以显示你对学生的重视。这意味着你要使用敬语,诸如"请""谢谢""在你方便的时候"以及"当你有空的时候"等。永远不要对学生说"敲门""闭嘴"或者"坐下"。你不会用这样的方式虐待自己,那么也不要将它用在课堂上。你的学生不是监狱囚犯,他们是国家的未来,也是你有工作的原因。

当你回应学生的问题或回答时,你是否感谢过他们的贡献? 你的回应会导致他们在同伴眼中"赢"还是"输"? 你是否将每名学生都视作有能力改变未来生活的人? 你是令学生失望,还是尊重了学生的梦想?

五、法则 3:让学生"买账"

推销技巧是教师应该学习的关键技巧之一。可惜的是,从来没有人教过教师。对很多学生来说,上学是义务,而不是快乐和特权。这就意味着教师需要将学习"推销"给学生。当你走进一名优秀教师的课堂时,你会立刻注意到几件事。第一,教师如此坚定地致力于提高学生的学习投入,以至于空气中弥漫着明显的"不惜任何代价"的态度。充满激情又坚定不移的教师不会接受失败。他们会不遗余力地将自己、课程内容和学习过程"推销"给学生。学生的动机影响学习成绩的效应量为 0.48(Hattie,2008)。高效率的教师能够保证学生想要参与、愿意投入和选择学习,以此来提高教学成功的概率。结果是不言自明的。

学校的每一天都是由数以百计的小事件组成的。学生会与他人交谈,参与事态发展,并且也会对他人的谈话和事态发展作出反应。学生每天投入的大部分精力,都只是脑的噪声。如果学生无法发现内容的关联,或者他们不认为自己有必要学习这些内容,那么他们通常会放弃学习。

如果教师认为投入学习是学生的责任,那么请看这样一组数据:在一项针对美国8.1万名高中生的调查中,有三分之二的学生表示,他们上学的唯一理由是他们的朋友在学校,而超过半数学生的回答是"因为法律规定要上学!"对学生而言,教师的管教和在学习中别无选择都是痛苦的。他们中的大多数人需要经历很多困难才能长大。欣赏学生的观点,不要责备他们的自满。许多学生都因受到年复一年的无聊与服从的限制而无法投入学习。你必须找到让学生对你所做之事"买账"的方法,否则他们根本无法投入学习。让学生"买账"与"建立关系与尊重"息息相关。当你尊重学生,并且能够与他们建立积极的关系时,他们会更愿意接受你的"推销"。

让学生"买账"的最好的策略就是创设一个至少足以吸引学生尝试下一步的"圈套"。通常情况下,一项与生活现实相关的有挑战性且节奏良好的任务一旦开始,任务本身就会成为学生参与的动机。以下是你可以考虑用来吸引学生的"圈套"。

教师可以采用如下策略。

发布"高年级学生才有能力完成"的挑战。通过告诉学生"这部分内容通常高年级的学生才会做",或者"我知道你们现在是二年级,但是让我们来挑战一些三年级学生才能完成的任务"来引起学生的好奇心。发起挑战以激发中学生的兴趣,"我不确定你们是否能够做到,但至少让我们试一试"。

提供激励。通过激励让学生"买账"。"嘿,如果我们能按时完成这项任务,那么我们将有足够的时间做自己喜欢的事情。"或者提出一个学生无法拒绝的提议,"你们当中有多少人想要学习新东西,结识新朋友,而且还能尽早完成当前任务?"面对中学生,尝试与他们达成协议:"听着,我或许可以帮些忙,如果你在这项任务中帮助我,那么我就可以免除你的家庭作业。"

激发学生的好奇心。教师可以在上课前举起一个神秘的盒子,对学生说:"你们可以问三个关于这个盒子里装了什么的问题。"你也可以使用一个与课程内容相关的"棱角分明"的道具(不寻常或奇怪的,能滴水的,能发出声音的,甚至是活着的东西)开始一节课。通过问诸如"我能跟你分享一个秘密吗?"等问题来激发小学生的兴趣。而对于中学生,则可以用一些略带风险和尖锐的言语,"我真的不应该告诉你这个",或者"我不知道有没有人在这之前做过这个实验,它可能不会成功,你愿意试试吗?"

28   **开始一场竞赛**。鼓励学生与自己比赛("看看这张图,你就知道自己上周表现如何。我猜你这周会做得更好"),也可以鼓励学生相互竞争("我们将分组完成任务,看看哪组最先找到解决方案")。对于年龄大一点的学生,在竞争中取得成功能够帮助他们建立在班级中的社会地位。用奖励来让竞争变得更有吸引力,"答对所有这些问题的小组,下周可以免去一次家庭作业"。

每次只做一小步。通过发布以下指令,将活动分成若干递进的步骤:"所有人起立,把椅子推进去,然后走 7 步,找到一个搭档,向他介绍你自己,然后分享两个让你讨厌的食物。现在,谁先开始?非常棒!首先提问的人可以开始问下一个贴在你前面的问题。"请注意,你实际上并没有提前告诉学生即将开始的活动是什么,你只是通过设置有趣的下一步来引导他们逐步走进这个活动。另一个小技巧是开展"寻找缺失部分"的活动。让学生找到一个搭档,然后给他们两分钟时间去解决一个缺了一部分的数学问题。当他们无法解决问题时,他们就会明白缺失部分的重要性,并且真的想要找到缺失部分。

降低代价。当你偶尔降低活动需要付出的代价时,你可能会更吸引学生。那些害怕失败或者尴尬的学生,不愿意放下顾忌,全身心地投入课堂。你可以采用如下方式介绍一项活动:"这项任务通常被用来布置家庭作业,今天我们要简单地审视一下它是否能作为明年学生的家庭作业。首先,让我们把它分解成若干部分,然后每个小组完成其中的一部分。"考虑通过将失败变成学习过程的一部分的方式来重新界定犯错。这个对犯错重新界定的过程能够帮助学生修订负面的内心想法。提问回答错误的学生,如果他们能够清楚说明自己错在哪儿,以及下次如何改进,那么就可以赋予他们一个特权,或者免去他们的一项家庭作业。

运用学生的想象力。运用想象的力量来吸引年幼的学生。例如,用一个想象的情境开始一项活动或者一节课。"我们需要 4 个朋友来参加聚会",或者"想象一位名人,如果你是那个人,你会怎么做?"引导中学生作一些预测,"你认为这将会怎么样?把你的猜想告诉你周围的同学。现在把它写下来,我们一会儿再回来看这些猜想是否正确。"

六、法则 4：追求清晰

如果想要在提高学生的学习投入方面表现出众，教师必须掌握这方面的所有细节。切泽布罗（Chesebro，2003）的研究表明，学生学习投入的程度与教师语言和行动的清晰程度的相关性较强。教师使用的语言不仅与学生对学习内容的理解呈正相关（Myers & Knox，2001），而且能够影响学生从教师语言中习得的学习内容（Ginsberg，2007）。一项针对大学生的研究表明，学生学习的持续性与他们所接受的教学的清晰度相关（Pascarella，Salisbury，& Blaich，2009）。教师教学的清晰度对学生学习成绩影响的效应量高达 0.75，它的影响在所有影响学生学习成绩的因素中排名前十（Hattie，2008）。以下几个关键策略能够帮助教师实现清晰教学。

课前准备是绝对必要的。在使用任何一项提高学习投入的策略之前，教师都应该了解它的目的、涉及的内容、所需的技巧以及相关参数（例如，所需时间、社会交互程度、所需材料以及需要向学生发布的指令）。有针对性地计划课程，并要站在学生的角度重新思考课程。一些课程计划网站（如笔者建立的"10 分钟计划课程"）能够帮助教师建立结构化的、有深度的、基于研究的课程计划。同时，教师还可以通过电子邮件、打印或数字保存的方式保存课程计划，以备后续使用。

教师可以采用如下策略。

运用尽可能短的语句。 有目的地表述相对重要的内容，并通过适当的停顿而非增加词来强调其重要性。在表述过程中，采用合适的比喻或类比能够节省约 100 个单词。例如，在一堂生物课介绍海马体时，可以这样描述：海马体的工作方式就像一个电涌保护器。多在课堂中使用肢体语言。例如，当你想让学生举手时，自己先举手。当你发现课堂教学需要新的参考点时，你可以走到教室的另一个区域。考虑用视觉或动手操作的方式代替语言解释课程内容或过程。

在言语中强调你希望学生做的，不要强调你不想学生出现的行为。 告诉学生不应该做什么，不仅会将学生的注意力集中在负面行为上（完全没有建设性），而且教师也无法培养出想要的行为。相反，专注于积极的、教师期望的行为能真正帮助学生取得成功。以下是一些糟糕的命令语句以及可以替代它们的积极语句。

　　·用"请向前面看,你们接下来需要了解这些内容"来替代"我需要你们看前面"。不要乞求或恳求,只需简单陈述你想让学生做的事及原因。

　　·用"集中注意力,接下来要讲的这部分内容很重要"来替代"不要看窗外"。

　　·用"请把注意力集中在这个目标上"来替代"我希望你们能集中注意力"。

　　·用"如果你准备好学习新知识了,就请入座"来替代"你们全给我坐下!"那些依然站着的学生在发现他们的行为并没有激怒你,反而使自己的朋友感到厌恶后便会乖乖入座。耐心等待学生自觉入座。当你与学生的关系有所改善时,学生的行为也会发生相应的改变。

　　·用"是时候做一个快速的伸展运动放松一下了,请大家起立"来替代"蒂姆(Tim),你给我把脚从金(Kim)的椅子上放下来"。避免公开的以牺牲学生的群体地位为代价的权力斗争,且不要将你的威严用在学生所犯的一些微不足道的错误上。学生之所以会把脚跷到别人的椅子上,是因为你的课堂活跃程度不足,让他感到无聊。读懂这个信号,意识到这是学生在提醒你,是时候该做个伸展运动放松一下了。

　　使用简明清晰的指令。教师解释一项活动所用的时间越多,就给学生越多的时间去质疑教师为什么解释它。言简意赅地陈述活动,专注于学生的世界而不是教师的世界。用地标和物体而不是相对方向作为参考点。例如,采用"先看向窗户,然后看向钟",而不是"向左看,向右看"的指令表述方式。以下步骤(笔者建议将其作为概括性框架而不是严格的公式)将会帮助你实现教学语言的连贯性和精确性。这些步骤适用于独立思考—结对合作—相互交流(think-pair-share)的教学活动。

31　　(1) 快速吸引学生的注意力,并让学生"买账"("嘿,我想到一个很好的点子!")。

　　(2) 告诉学生活动开始的时间,但永远不要超过30秒("10秒内……")。

　　(3) 使用一致的触发词("当我说'出发'时,你们需要立刻找一个你从来没组过队的小伙伴作为搭档,然后等待下一个指令")。

　　(4) 每次给出一个指令。如果活动包含多个步骤,那么把它们贴在教室的前方。

（5）通过学生的面部表情和肢体语言判断他们是否已经作好准备。如果学生已经准备好，就开始活动；如果学生看上去充满困惑，就用不同的方式重复一遍指令；如果学生还是不愿意参与活动，就回到第一步，换一种方式引发他们对活动的兴趣。

（6）用触发词宣布活动开始（"出发！"）。

七、法则 5：展现激情

提高学生学习投入的最后一个法则与非言语交流（可能是最强大的沟通形式）相关。相关研究表明，感情是可以传染的（Wild，Erb，& Bartels，2001）。我们的面部肌肉会模仿我们在照片、电影或体育赛事中看到的面部表情，无论这些表情是悲伤、喜悦、厌恶还是快乐（Dimberg & Thunberg，1998）。当学生坐在课堂中时，他们会无意识地感受到教师的感情。教师仅仅是保持积极的状态，就可以对学生的精神状态产生正面影响。如果教师真的乐在其中，那就展现你的激情！

仅仅把教学当作职业是不够的，教师需要展现激情，并且让学生能感受到这种激情。激情是非常强大的课堂动力（Brophy，2004）。教师的激情能够告诉学生，教师非常在意所做之事，而且正在与学生建立联系。激情让学生变得好奇、兴奋，甚至受到启发。同时，激情也是无法伪装的。如果教师对教学没有激情，那么学生很快就会看穿这一点。他们能感觉到教师只是在敷衍了事。

这让你只有一个选择——每天都充满激情地上班。优秀的教师总是能想方设法让自己对所教内容感兴趣，并且让这些内容对学生而言同样有趣。这需要多一点努力，多一点想象，甚至需要一点表演能力。充满激情的教师不仅通过语言传递信息，而且通过肢体语言传递非言语信息。他们散发着原始的能量，他们摇摆身体，双手生动地比画，声音高低起伏，身体总是能朝向学生，以此来表达自己的激情。

对工作充满激情能够保证教师的身体语言和言语信息匹配，这是至关重要的，因为学生能从教师的面部表情中快速获取非言语线索（通常在 50 毫秒内）（Carbon，2011）。请记住，感情是可以传染的。学生对积极的肢体语言反应良好，这种良好的反应即便不是出于对教师激情的尊重，也是对教师的无意识模仿。

32

教师可以采用如下策略。

保持活跃。在教室中来回走动,不要只是站在最前面。参考在墙上张贴海报的方法,使用其他道具,并大幅度地打手势。总之,保持生机勃勃!学生会注意到教师的表情和手势,并因此投入课堂学习。

有意识地改变声音。如果教师通常说话语调单一,那么请改为有趣且变化莫测的语调。为了增加戏剧性效果,帮助学生更好地加工学习内容,要改变你的语气,增加适当的停顿。用你的声音展现你的热情。

保持与学生进行眼神交流。避免总是看向电脑、笔记本、书桌或者其他事物。与学生进行眼神交流能够显示出教师对学生的关心和尊重,并让他们知道教师正在充分地关注他们。看着学生的眼睛,并保持兴奋!

保持积极。专注于你期望发生的事情,而非负面的事情。热爱教学内容和教学方法。与其总是对学生说"我知道你们通常不喜欢做这个,但是……",不如表现出积极的态度,相信你所传递的信息,并且展现你的激情。保证你能够真诚、诚实、坦率地面对学生。学生不喜欢讽刺。随着时间的推移,讽刺往往会引发不信任。最后,请记住,要培养自己的激情。听能让你变得兴奋的音乐,穿舒服的鞋子,保持健康的习惯,并采用积极的自我对话,以使自己保持放松和专注。第十五章将深入介绍如何缓解压力,以及如何在生活中找到更多乐趣。

33   八、让奇迹发生

新教师经常执着于寻找下一个快速简单的策略,但随着时间的推移,这条路会将他们的乐观销毁耗尽。如果教师一成不变,那么什么都不会改变。做一些微小的调整并不会立刻给教师带来更好的结果,然而,当教师能够持续遵守上述五个提高学习投入的法则时,课堂教学策略自然就会运作顺畅。通过理解这些法则,教师将会发现拥有魔法的是自己,而不是某项活动。

在接下来的章节,你将会看到一些高贫困率学校的教师取得优异成绩的真实故事。你在下卷读到的所有策略都已经付诸实践,并且取得了良好的效果。你将会学习一些更智能的、目的性更强的、基于研究的策略,这些策略将帮助你在课堂中创造奇迹。作好准备,接下来的几章将会有一些挑战,也会有相应的解决办法。首先让我们从第九章——提高学习投入,营造积极的课堂氛围开始。

第九章　提高学习投入,营造积极的课堂氛围

相关要素

- 词汇量:在积极的课堂氛围中,学生有足够的安全感去冒险尝试使用新单词,从而提高词汇量。

- 努力与活力:在积极的课堂氛围中,学生会感受到肯定且更有努力学习的动力。

- 思维方式:积极的课堂氛围可以培养学生对学业乐观而自信的思维方式。

- 认知能力:对学业乐观而自信的思维方式使学生更愿意学习,并且提高了学生所有认知能力。

- 关系:在积极且情感安全的课堂氛围中,人与人之间的关系会蓬勃发展。

- 压力水平:在积极的课堂氛围中,学生身心状态更放松,能够形成对学习的掌控感,这使他们的不健康压力减少,健康压力增加。

一、在课堂中

丹(Dan)是美国Ⅰ类资助学校一名经验丰富的三年级教师。

35 上一学年,他班级中有 66% 的学生阅读成绩处于年级平均水平及以上。一年后,他的班级仅有 48% 的学生阅读成绩处于年级平均水平,且没有学生的阅读成绩高于年级平均水平。事实上,丹的学生比其他入学分数相近的大多数三年级学生的成绩差。

在学年结束的教学访谈中,丹把大多数时间都用在抱怨上。他说:"测试、责任,以及与之相关的行为报告和数据方面的工作越来越繁重。现在的任务强度比以前多得多,我们已经没有多余的时间发挥创造力。"他承认自己尝试过多种提高学习投入的策略,但是似乎没有效果。他安静了一会儿,然后耸耸肩说:"你们根本不了解我教的那些学生,他们都有许多家庭工作要做。"

凯瑟琳(Katherine)是另一名三年级教师,她正站在走廊上。她的班级与丹的班级情况截然不同。学习投入是最重要的,学生们四处走动,参与活动并相互交流,教室里放着音乐,学生都满脸笑容。很明显,他们喜欢上凯瑟琳老师的课。最关键的是,他们的阅读成绩非常好。

在同样的学年结束的教学访谈中,凯瑟琳满足地说:"虽然今年遇到了很多挑战,但是我很高兴学生们帮助我战胜了这些挑战,这使我的工作变得更加容易。诚然,如今的教学涉及更多的工作,但是我热爱我的工作,并且我真的感觉这些学生需要我。我感觉我是有所作为的。"她没有提及学生的背景或抱怨学生在课堂上做错了什么。当凯瑟琳的学生进入她的课堂时,他们的问题都被留在了课堂外。

比较丹和凯瑟琳的课堂情况,我们看到了两幅截然不同的画面:学生畏惧上丹的课,却喜欢上凯瑟琳的课。但是导致这种差异的原因并不是学生。学生的情绪还是如过山车般起伏不定且像风一样变幻莫测。而且,学生是每年流动的。

教师才是公分母,也是影响班级氛围的关键因素。教师不仅是简单观察或反映班级氛围的预报者,还是班级氛围的创造者,且对学生的投入、学习和日常生活都有着巨大的影响。如果你的班级氛围不像凯瑟琳班级那样积极,那么是时候开展全面改革了。

36 **二、营造积极课堂氛围的五项措施**

本章将帮助你开启营造有吸引力的课堂氛围之旅。当你进入课堂时,它的能量(无论是积极的还是消极的)几乎立即就会显现出来。积极且高能量的课堂反映了热情的、有技巧的、智慧的教学。许多因素结合起来能够形成一种积极的课堂氛围。教师要知道，积极的课堂氛围不仅仅与教师和学生之间良好的关系有关。虽然人际关系是积极的课堂氛围的重要组成部分，但是仅靠良好的人际关系是无法令奇迹发生的。学生可能在喜欢甚至尊重教师的情况下，仍然像惰性煤块等待火花一样傻坐着。

积极的课堂氛围充斥着所谓的学业乐观(Hoy, Tarter, & Woolfolk-Hoy, 2006)。当课堂中的物理能量和精神能量都很高，且充满希望和乐观时，学生会更加努力且更享受学习。营造高度积极的课堂氛围的教师，能够以身作则地表现出一种学习的热情，使得学生会不自觉地被这种热情感染。

对于大多数生活在贫困中的学生而言，积极且有吸引力的课堂更像是一个梦想而非现实。一项以跨越 400 个学区 2 500 个小学课堂(教师都具有教学资格且素质较高)为调查对象的美国全国性研究发现，仅有不到 10% 的贫困生体验了高度积极的课堂氛围(Pianta et al., 2007)。研究数据表明，问题不在于贫困生不能学习，而是 90% 的教师没有给他们学习的机会。本章列出了教师可以采取的五项措施，运用这些措施，教师不仅可以营造积极的课堂氛围，而且可以给每个学生一个在课堂中学习的机会。

营造积极课堂氛围的五项措施

1. 提高标准。
2. 管理身心状态。
3. 营造"我们是一家人"的班级氛围。
4. 保持情绪的积极性。
5. 传授积极的社交和情绪反应。

三、措施 1：提高标准

正常化偏差(normalcy bias)是在忽略事件正态性的情况下，运用过去来预测未来的心理学原则。随着时间的推移,经验会逐渐形成规范,常见行为和所处氛围会逐渐形成对正常情况的期望。对于土生土长的第三世界儿童而言,没有淡水,没有可靠的食物来源,疾病肆虐,学校勉强达标就是正常的生存环境。对于许多教师而言,正常的课堂氛围就是,有几名学生举手,有几名学生睡觉或行为异常,其他学生保持安静。当下课铃声响起时,学生麻木地走出教室,或许还期望在其他课堂中获得更好的体验。这些教师可能会说:"学生就是这样的,你还期望看到什么呢?"

这些教师认为学生的行为和自己的教学都是一成不变的。这一观点恰恰是个不幸的错误。多年来,教育工作者已经被告知要提高对学生的期望,而且研究结果也支持教师需要提高期望标准。教师期望对学生的成功至关重要。研究发现,教师期望影响学生成绩的效应量高达 1.03(Coe, 2002)。学生通常会按照自己的期望生活,因此优秀的教师会致力于提高学生的自我期望。自我期望偏低的学生往往表现不佳。同时,教师也应不断提高自我期望。教师的目标应该是,成为一名高效的、有吸引力的且能让学生在课程结束时感恩的教师。

作为新奥尔良州低收入公立中学的一名八年级获奖教师,杰米·艾里什(Jamie Irish)能够理解提高期望标准的重要性。他向学生提出挑战,要求他们在地区测试中的成绩超过邻近的勒什特许学校(全州学业排名第四)中家境远比他们优越的学生。他的战斗口号"粉碎勒什",使学生拥有了如对超级碗(Super Bowl)①般狂热的使命感、动机和团队合作精神。学生将上课视为为赢得几乎不可能的胜利,证明自己与高分竞争对手一样优秀所作的准备。你在课堂中是否设定了同样高的期望标准?

38　　教师可以采用如下策略。

务必明确学习目标。教师布置作业时,不要说"如果你完成了……",而要说"当你完成这个时……"。预设学生一定会取得成功,并总是期望着:"一旦实现了这个目标,就可以继续下一个目标了。"保持高度乐观,告诉学生:"坚持计划,我始终陪在你们身边,不会让你们失败。"表达对学习成果的信心能够显示教师

---

① 超级碗(Super Bowl):美国国家美式足球联盟(也称美国国家橄榄球联盟)的年度冠军赛。——译者注

对学生和自己的信任。

不要让成绩不佳的学生为自己设定长期的成就目标。成绩不佳的学生往往难以清楚地认识自己的潜力，他们中的很多人甚至会因为通过一门课程的考试而沾沾自喜。你需要成为为他们制订长期目标的人（见下一个策略）。但在短期内，你的希望最好是看到学生每周都有进步。帮助学生设定小目标，例如，完成一项 30 分钟的团队任务。

开始将"优秀"设置为目标。为了让学生走上成功之路，教师需要定下长期的目标。然后，帮助学生具备实现这一目标的能力和态度。教师为班级学生设定了高成就的长期目标后，需要向学生展示取得成功的途径，以此来帮助学生相信自己具备实现目标的能力。我认识的一名教师告诉学生，他们的目标是为班级赢得 A 或 B，不接受任何低于这个标准的成绩。然后她向学生承诺："坚持下去，我会帮助你们实现这个目标。"

尽早肯定学生的每一个小成功。在检查完学生的任务表现后，肯定他们的成功："多少人的正确率达到 80% 及以上？好的！现在转向你的邻座，对他们说'我做到了！'"随着学生逐渐建立起强大的自信，教师可以逐渐调高给予他们积极肯定的标准。

四、措施 2：管理身心状态

挣扎型教师经常抱怨学生的个性或性格。这些抱怨是源于对儿童发展阶段的错误理解。幼儿通常难以控制自己每分钟的微小行为。他们不擅长持续几个小时管理自己的状态，尤其是在无聊的课堂上。作为补偿，你需要更多地管理他们的状态。

这里所说的"状态"是什么意思呢？学生的思想、情绪、行为和学业表现与他们的身体、情绪和认知状态息息相关（Jensen，2003）。这些身心状态每时每刻都在影响学生的行为和学业表现。"我们的状态如何"中的"状态"包括感觉（饥饿、疲倦、瘙痒）、情绪（愤怒、悲伤、快乐），以及态度和信念（乐观的、轻信的、专心的）（如图 9.1 所示）。

学生在课堂上会展现出各种各样的状态。通常，他们处于原始的吸引子状态。**吸引子状态**（attractor state）是指，物质环境或系统有朝着首选或默认状

39

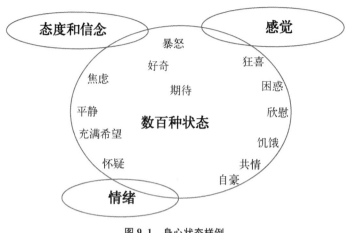

图 9.1   身心状态样例

态发展的趋势,这个首选的或默认的状态即为吸引子状态。换言之,人们能够被频繁出现的状态吸引。正如人脑会随着时间的推移加强重复使用的神经网络一样,这些吸引子状态也会变成习惯。不久后,这些状态就会成为舒适区。

例如,一些学生易怒可能是因为愤怒是他们原始的吸引子状态或默认的状态。当坏事发生时(这是低社会经济地位学生的常态),压力水平升高,希望破灭,感到愤怒是正常的。当你在课堂上看到愤怒或冷漠的学生时,请深吸一口气,然后将压力慢慢呼出来。

40   阻碍学习的其他状态包括沮丧、饥饿、怀疑、恐惧或嗜睡。悲哀的是,冷漠是最常见的阻碍学习的状态。研究发现,每节课都有六分之一的学生感到无聊,每天有近半数的学生感到无聊和无法投入(Shernoff et al.,2003)。根据学生的自我报告,他们每天有超过 25% 的时间处于冷漠状态。

当学生表现出愤怒或冷漠时,要避免对他们作出判断或表现出恼怒、惋惜的反应。学生不能选择自己的父母、他们的家庭环境,或是他们的成长过程。学生不会因为你对他们不当行为的大喊大叫、批评或者贬低而变得行为得当;相反,你的这些行为会令他们憎恨学校、放弃学习,甚至可能退学。

理解学生的身心状态,你能够营造出更理想的班级氛围。教师与其因为学生的消极状态而惩罚学生,或者希望学生能够处于最佳的学习状态,不如负起责任,温和而有目的地改变学生的状态。处于积极状态的学生有更好的思维方式和更集中的注意力(Rowe,Hirsh,& Anderson,2006),并且能够表现出更恰当的行为(Fredrickson & Branigan,2005)。在相对短的上课时间里,教师的影响力是非常大的。强大的教师能够采取必要的措施将学生消极的进入状态转变为积极的目标状态(如图 9.2 所示)。

41

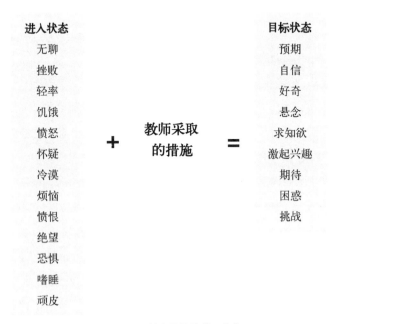

图 9.2 调整成最佳的学习状态

建立牢固的关系是塑造学生状态的最佳启动方式。当我们喜欢和尊重身边的人时,我们自然处于一种更安全、更积极的状态。提供一些多样性也很重要。经常改变你班上的社交条件,慢慢地从大班教学转变为同伴互助学习,再到单独学习,再到小组学习。确保每 10—20 分钟就采取一次激励措施,并注意何种运动速度、社交联系和口头请求能使学生保持积极的学习状态。除了第十章列出的策略之外,还可以使用第八章提及的让学生"买账"的法则,或第十三章提供的激励措施。

许多教师感叹他们没有足够的时间完成规定的教学内容。但是请想一下,学生一天的大部分时间都处于较差的学习状态,教师每天要将大约 20%的学生在校时间用于课堂管理和时间管理(Pianta et al.,2007)。而精明的教师正是充分利用了这 20%的宝贵时间来培养学生积极的状态,从而真正改变了学生的成绩。

教师可以采用如下策略。

减少讲授时间。 不要长篇大论地讲授，把你的讲授时间分成若干小单元：小学课堂以 5—8 分钟为 1 个单元，中学课堂以 8—12 分钟为 1 个单元。然后，要求学生撰写总结，完成测试或教会同伴等，通过这些方式让学生加工所学内容，以加深他们的理解。采用此种教学策略，学生将不会感到无聊或不堪重负，从而处于更好的学习状态。

消除"战斗、逃跑或僵住"的反应。 通过保持安全的课堂情绪氛围，避免触发学生的急性压力反应。你每次的训斥中至少要有三个正面的肯定。如果你必须训斥学生，请私下进行。不要让学生在同伴面前感到难堪，而且永远不要讽刺或贬低学生。被你当着同伴的面贬低的学生可能会怨恨或想要报复。如果你犯了这种错误，请在课后向学生道歉。

给予学生更多的控制感。 让学生自己作某些决定会增加学生对课堂进程的控制感，从而提高学生的学习投入。当学生提出自己的想法并付诸行动时，他们会感到自己被赋予了权力，进而能够非常兴奋地投入学习活动。通过拓展学生的角色和赋予他们更多的责任，鼓励学生从课堂中受益。让他们参与制订决策，生成测验问题，解决纪律问题，选择在班级中播放的音乐，并与伙伴合作提出班级激励措施（更多策略见第七章）。

提更多有吸引力的问题。 避免提封闭式的问题也是吸引学生的办法之一，不要问"我们的国父①设立了多少个政府部门？"而是问"如果由你创立了我们的国家，你将如何治理？你为什么选择这种治理体系？"

让学生保持悬念。 培养学生的好奇心。例如，采用这种方式介绍一个数学问题："想知道如何用常规做题时间的一半就解决这个数学问题吗？我马上就会为你揭晓答案。"或者在一个按照指令操作的激励活动中不断地为学生设置悬念："如果想唤醒你的脑，请站起来。现在，触摸 9 把椅子的椅背。好。接下来，找一个伙伴，然后举起手。一旦你知道他的名字，喊出来。很好！现在，告诉你的伙伴你未来两周期望什么。"

---

① 国父（Founding Fathers）：美国的国父是指参与签署《独立宣言》和《美国宪法》以及部分参加独立战争的开国元勋。——译者注

五、措施 3：营造"我们是一家人"的班级氛围

1979 年，匹兹堡海盗队（Pittsburgh Pirates）①在戏剧性的世界大赛总冠军决赛中击败了巴尔的摩金莺队（Baltimore Orioles）②，成为当年世界大赛（World Series）③的冠军。该队的主题曲是斯莱奇姐妹（Sister Sledge）④的超流行歌曲《我们是一家人》（We Are Family）。获奖队员将其强劲的表现归功于队伍的家庭氛围。你的班级是一个亲密的家庭吗？还是一个自己顾自己的集体？

增强班级的凝聚力不是一项额外的班级管理工作，它能够对学生的学业成绩产生显著影响。师生关系对学生成绩影响的效应量高达 0.72，在所有影响学生成绩的因素中排名前 10，而团队凝聚力和同伴影响对学生成绩影响的效应量同样高达 0.53（Hattie，2008）。相比之下，教师的学科知识水平对学生成绩的影响程度低得惊人，其效应量仅 0.09（Hattie，2008）。

每间教室里都存在多层重要关系。这些不同类型的关系包括：教师如何与学生相处（教师是否关心和尊重每名学生？）；教师如何看待班级（教师是否把班级当作一个亲密的家庭？）；学生如何与教师相处（每名学生是否尊重和喜欢教师？）；学生之间的关系（每名学生是否都感觉到被接纳？）以及教职工之间的关系（学生是否看到成人以一种健康的方式一起工作？）。每一种关系都有其目的和影响，并且每一种关系都受教师的积极影响。

社会经济地位低的学生生活中通常缺少稳定的成人角色，所以教师需要在学校中纳入"家长"（父或母）的角色。将班级视为一个家庭可以减少纪律问题并且改善学生的学习情况。例如，社会联结和信任能够促使脑释放催产素（一种抑制诸如皮质醇等经典应激激素的神经肽），从而缓解慢性压力造成的负面影响（Kosfeld，Heinrichs，Zak，Fischbacher，& Fehr，2005；Leuner，Caponiti，& Gould，2012）。

43

---

① 匹兹堡海盗队（Pittsburgh Pirates）：一支位于美国宾夕法尼亚州匹兹堡市的美国职业棒球大联盟球队。——译者注
② 巴尔的摩金莺队（Baltimore Orioles）：美国职业棒球大联盟元老球队之一。——译者注
③ 世界大赛（World Series）：美国职业棒球大联盟每年 10 月举行的总冠军赛。——译者注
④ 斯莱奇姐妹（Sister Sledge）：美国宾夕法尼亚州费城的声乐团体，成立于 1971 年。——译者注

从发展的角度来看,在 7 岁或 8 岁时,儿童开始对同伴之间的关系(例如,有朋友参加生日聚会)更感兴趣。到 12 岁或 13 岁时,儿童注重社会地位,想要在同伴中感到与众不同。在同伴中丧失社会地位会增加儿童的压力水平(Kozorovitskiy & Gould,2004),并造成真正的身体疼痛(Eisenberger,Jarcho,Lieberman,& Naliboff,2006)。与拥有互惠友谊的中学生相比,没有朋友的中学生亲社会行为水平更低,学业成绩更低,且会经历更多的情感困扰(Wentzel,Barry,& Caldwell,2004)。实际上,脑的社会区域与大多数认知区域都存在重叠(Adolphs,2003),而且合作学习、社会支持和学业成绩之间的相关性很强(Ghaith,2002)。合作学习对学生成绩有显著的积极影响,其效应量为 0.72(Hattie,2008)。然而,许多不知情的教师却选择将课堂时间用于阻止学生互动。

这是目光短浅且不明智的。在当今世界,社交网络、在线游戏和信息共享无处不在,教师要求学生在课堂中单打独斗是不可思议的。不管你是在幼儿园、小学还是中学任教,都应该至少利用一半的课堂时间来开展某些社交互动。这是一种赌注很高的做法。如果你不让学生通过合作小组、社团或团队找到同伴关系,那么他们会通过小团体甚至帮派来寻找同伴关系。如果你不通过给予学生肯定,鼓励学生展示个性,以及鼓励同伴之间相互认可等方式来帮助学生建立其在班级中的社会地位,那么他们就会通过危险行为或犯罪活动在校外寻求社会地位。如果你用健康的方式满足了学生的需求,那么他们就不会通过不健康的方式寻求满足。

当班上所有学生为了一种积极的学习成就共同努力时,他们就建立起了集体的社会力量。这样的班级为学生提供了一个既安全又温馨的港湾供他们冒险,犯错,相互学习,提供反馈,讨论成功的目标和标准,并建立积极的同伴关系与师生关系。人类天生就具有社会性,所以不要反抗人类的本能(Castiello et al.,2010)。数据清楚地显示,良好的人际关系能带来卓越的成就。

教师可以采用如下策略。

"班级即家庭"的模式在提高学生学业成绩方面已经获得广泛认可。以下部分将提供有助于加强两类课堂关系——师生关系和学生之间的同伴关系的解决方案。

在班上采用父母的角色。为了与学生建立积极的关系，尝试每天发现每个班级至少一个学生的一件新鲜事（例如，一项成就或一件家庭中的重要事件）。了解每个学生的优势或独特的才能，然后巧妙地培养学生的优势，并鼓励他们在同伴面前展现自己的才华。承认所有学生在课堂上的贡献，每周举行一次家庭会议式的全班谈话。确保对班级的所有（而不仅仅是你喜欢的）学生都保持微笑，且始终使用"请""谢谢""原谅我"等礼貌用语。

组成合作小组（小学阶段）。在小学阶段，将学生以 4 人为单位组成合作小组，确保每名小组成员的成绩水平是异质的。允许学生选择以下关键角色——领导者、记录员、发起者、鼓励者等，确定分别由哪个小组成员来扮演。确保你设置的这些小组都能取得成功。

45

用合作小组的学习活动替代某些以教师为中心的活动。例如，用合作小组围成一圈轮流朗读的方式来代替教师朗读学生倾听的方式，并保证每个小组成员都有朗读的机会。允许学生在需要的时候暂停阅读。可以要求学生就阅读中遇到的某个问题展开讨论，也可以要求他们以小组为单位对阅读材料进行评论或批判。鼓励学生充分开展小组合作，使得每个小组成员都能够对小组的共同努力作出有价值的贡献。

形成合作团队（中学阶段）。在中学阶段，将学生以 5 人为单位，按照兴趣而非成绩组成团队。让每个团队为自己起名，选择领导者，确定加油口号，以及选择核心目标的一半（教师选择核心目标的另一半）。组织团队合作开展项目，进行头脑风暴，解决问题。例如，在社会研究课程中，团队可以开展诸如为社区制订回收计划等项目。每 4—6 周进行一次团队重组。

通过开始了解你的活动形成班级凝聚力。让学生每周至少回复一个提示或回答一个问题，并与小组或团队成员分享答案，通过这种方式建立信任和友谊。可以使用的提示包括：

- 说出一个对你很重要的物体的名称。
- 说出一个对你很重要的人生价值。
- 描述近期发生的一件好事。
- 说出你梦想自己 25 岁时想要的东西。
- 分享一些大多数人本应该了解的却并不知道的关于你的事情。

你的学生知道班上所有同学的名字吗？偶尔可以让学生在合作小组或团队

46 之外寻找合作伙伴组队，并利用一些时间来认识对方，让每个学生完成以下关于新伙伴的句子：

1. 我的新伙伴喜欢做的一件事是＿＿＿＿＿＿＿＿。
2. 我的新伙伴拥有一个＿＿＿＿＿＿＿＿。
3. 总有一天，我的新伙伴会愿意＿＿＿＿＿＿＿。
4. 我的新伙伴擅长＿＿＿＿＿＿＿。
5. 我的新伙伴会对＿＿＿＿＿＿＿＿感到兴奋。

帮助学生获得社会地位。消除社会地位差距不利影响的一种方法是遵循校服政策。即使你所在的学校没有校服，也仍然可以采取一些措施。有一所在着装规范上出现问题的Ⅰ类资助学校，仅仅通过要求每个学生除了每个月的最后一个星期五可以随意着装外，其余时间必须穿黑色裤子，就解决了这个问题。因为不需要穿校服，这个办法很快就解决了问题的"下半部分"。

还要确保为学生提供获得积极社会地位的机会。例如，邀请学生在同伴面前朗读自己写的一篇有影响的作文。为具有创造力、亲和力和领导力等榜样品质的学生颁发奖状。班级可以通过赢得全校范围的比赛或举办学校活动来提升社会地位。与其说要让所有学生感到平等，不如说要让学生以不同的方式感到特别。

六、措施 4：保持积极的情绪

詹姆斯·布朗(James Brown)①1965 年的流行音乐作品《我抓到你了》(*I Got You*)(又名《我感觉很好》/ *I Feel Good*)是有史以来备受欢迎和广为流传的歌曲之一。它出现在无数电影和电视节目的配乐中，也在全球体育赛事和音乐会上广泛播放。这首歌今天仍然能够引起共鸣的原因之一或许仅仅是人们喜欢感觉很好。这让笔者想到了一个重要的问题，学生在你的课堂上是否也能感觉很好？我是认真的。如果学生感觉不到与同学或教师建立了联系或被肯定，那么他们为什么还要来上学呢？

47 在过去十年间，情绪已经成为炙手可热的研究课题。现在我们已经知道，科

---

① 詹姆斯·布朗(James Brown)，美国非裔美国人歌手，被誉为美国灵魂乐的教父。——译者注

学家不再将情绪视为一种"装饰"。积极的情绪对学习和生产力都至关重要。乐观的状态能够提升整体幸福感（Fredrickson & Joiner，2002），促进学习的心理成长（Fredrickson，Tugade，Waugh，& Larkin，2003），而这两者都是认知和行为成长的基础。此外，积极的情绪还能降低皮质醇水平（Steptoe，Wardle，& Marmot，2005），缓解慢性压力的影响和诸如冲动和短期记忆差等症状，进而减少学生的缺勤情况，增强学生对逆境的抵御能力（Fredrickson et al.，2003；van Wouwe，Band，& Ridderinkhof，2011）。

在一项有趣的研究中，哈特和里斯利（Hart & Risley，1995）在征得主人同意后，在 42 个家庭中放置录音设备，并在两年内记录了数百小时的日常对话。然后，研究人员分析了这些对话，并将它们分为肯定（积极的）、谴责（消极的）或中性三类。在高收入家庭中，积极对话与消极对话的比例为 6∶1；而在中等收入家庭中，这一比例急剧下降为 2∶1；更有甚者，在低收入家庭中，这一比例直接变为 1∶2。在这项研究之后，有研究发现，最有益于人成长的积极对话与消极对话的比例为 3∶1（Catalino & Fredrickson，2011）。

教师经常会抱怨学生易怒、脾气暴躁。如果在成长过程中，你总是在听到 2 次谴责后才会得到 1 次肯定，那么你也会变得脾气暴躁！低社会经济地位的学生最不需要的就是充满批评和敌意的学校经历。如果一个学生与教师在一天中唯一的一次单独互动就是由于违反纪律被谴责，那么这个谴责将会成为这个学生当天的全部记忆。如果这种情况经常发生，那么这个学生将把对教师深深的厌恶不断内化与泛化，进而上升成对学校的厌恶。所以，应避免让学生将今天的"缺点"带回家。没有人能够频繁承受这样糟糕的日子。如果教师希望学生处于良好的学习状态，那么请确保每谴责学生或纠正他们的错误 1 次，就要给他们 3 次积极的肯定。积极的因素不仅可以来自教师，也可以来自同伴。课堂每天都应毫无例外地为每个学生提供积极向上和充满肯定的体验。某天，如果访客进入你的班级，他们会发现积极对话与消极对话的比例是多少？以下策略有助于保证你的教室是一个安全和繁荣的"社区"。

教师可以采用如下策略。

使用有情感的表述方式。无论学生是单独表现良好还是在团队中表现良好，都要确保他们能够因此而获得赞誉。积极的肯定可以包括微笑或手势、口头或书面肯定以及积极的同伴评论。你可以用肯定的话开始一节课，如"如果你按

48

时上课了,那么请举起手并说'是'"。

激发积极的课堂反应。当学生能够参与到课堂中来时,通过说"谢谢你的加入"来肯定他们的努力(和他们承担的风险),或者说"你的答案我之前没有想到——真有创意!"等来肯定学生的答案。

尝试尽可能多地对学生的要求说"是"。如果他们提议"这个周末可以不留作业吗?"你可以回答,"当然——只要我们能够在课堂时间完成相关任务。"如果有学生问"我可以休息一下吗?"你可以说:"当然可以,只要我们完成这项任务,立刻就休息。"

强调积极的方面。通过开展同伴肯定("转向你的邻座,并对他说:'你进步真快!'"),举办任务完成时的团队庆祝活动(班级中的每个团队都可以有自己的庆祝方式)和播放具有肯定色彩的班级音乐(例如,播放科斯塔·克鲁/Costa Crew 的《总是看到光明的一面》/*Always Look on the Bright Side*)等方式,确保班级同学能够认可自己的成功。

永远不要威胁学生,而是要积极地表达对他们的告诫。不要说"如果你再做……"而要说"'安静地坐着,等到休息时间再聊天',这可以帮助你今天远离麻烦,请问你愿意这么做吗?"

使用多样化的鼓掌庆祝方式。改变鼓掌的方式,使学生能够获得新奇感和乐趣。例如,边鼓掌边用双手划圆,以此表示"一轮"热烈的掌声,或者要求学生用手指打三个响指,然后举起手臂,大喊"万岁"。

49　　**提高学生对自己有潜力上大学的期望**。从精神上让低社会经济地位的学生相信,他们的潜力是无限的。向他们灌输这样一种期望:他们和家境优越的同伴一样,也可以上大学。如果没有人对学生做过这件事,那么我们又凭什么期望他们有志向呢?笔者曾参与发起过一个学业改进项目,该项目在大学校园举办活动。其中,那些一直认为"大学不适合我"的学生,在美丽的斯坦福大学校园中待了一个星期后,很快就提升了他们的志向!"选取大学项目"(The Adopt-A-College Program)树立了同样鼓舞人心的榜样。每年,参与此项目的中小学班级分别选取一所大学,穿上这所学校的短袖,给这所学校的笔友写信,并得到这所学校授予其奖学金的承诺。该项目大大降低了学生的退学率,提高了他们的大学入学率。

七、措施 5：传授积极的社交和情绪反应

在世界各地的学校中，教师每天都会因为学生注意力分散而感到挫败。教师总是要求或告诉学生要表现得更好，而学生却总是回以假笑、说俏皮话或用口香糖吹泡泡。这时，教师会说："不要用这种态度对我！"没有人开心，而且情况并不会有所改善，只会越来越差。

在这种情况下会发生什么？为什么在逆境中长大的学生特别容易出现各种各样的纪律问题？一个可能是教师的态度有问题，而不是学生。我们的脑天生具备六种基本情绪——快乐、愤怒、悲伤、惊讶、恐惧和厌恶（Ekman，2004）。而任何其他情绪反应都必须经过后天学习（Sauter，Eisner，Ekman，& Scott，2010），不幸的是，这种学习过程在低社会经济地位家庭中发生的可能性很低。在贫困或其他不利环境中长大的儿童与照顾者高质量相处的时间较短（Fields & Casper，2001），因此很少能听到肯定的话，且他们的照顾者也不太可能让他们感到安全、温暖和体贴，这使儿童焦虑或孤僻的可能性大大提高（Evans，2004）。

理想的课堂情绪包括合作、耐心、谦逊和感激。没有习得如何表达这些情绪的学生，就只能在课堂中展示他们会表达的情绪。假笑的学生可能表达的是厌恶之情，而这恰恰是他当时的感受。这名学生根本不知道教师期望的情绪反应（可能是忏悔或谦卑），这使他认为自己正在因为不是自己的错误而受到惩罚。对双方来说，这都是非常令人沮丧的，但责怪学生是于事无补的。

造成低社会经济地位学生行为异常的许多因素，同样也会令家境优越的学生感到烦恼，例如不相关的内容、粗鲁的教师或缺少学习能力（如阅读流利性、学习技巧、记忆力或背景知识）。然而与家境优越的学生不同的是，贫困儿童更容易在表达恰当的情绪方面遇到困难（Schultz，Izard，Ackerman，& Youngstrom，2001）。

无法在课堂上表现出恰当的社交情绪反应的学生，需要成人为他们提供在社区以外的世界生存和发展的工具。为了学生，也为了你自己，请将教会他们恰当的社交情绪反应作为教师的使命。恰当表达情绪是可传授的技能，有研究表明，儿童的社交情绪表达（甚至早到幼儿园期间的情绪表达）是他们未来社会成就和学业成就的重要预测因素（Izard et al.，2001；Trentacosta & Izard，2007）。

教师可以采用如下策略。

为学生作出恰当反应的示范。在小学阶段，向全班同学展示积极的社交情绪反应，让学生模仿。然后，与学生讨论新学习的情绪反应适用的场景。

在中学阶段，可以要求不能表达与情境相符的社交情绪的学生或似乎有"态度"问题的学生在课后留下来。与学生一起坐下，并对他们说："听着，你是个好孩子。在此之前，我曾期望你表现出'恰当的情绪反应'，但是你并没有这样做。大多数成人都会期望你能'表现出他们渴望的情绪反应'。我知道这不是你通常会做的，但这是大人所期望的，我希望你能够摆脱困境。让我告诉你我正在寻找和聆听的东西。"将这种一对一的时间用于加强你与学生的关系，而不是用来惩罚学生。这样做会让你走上成功之路。

51　　**用有趣的活动教授正确的社交情绪反应**。例如，设置简单的角色扮演活动（或类似的游戏，如通过手势猜字谜的游戏），让学生轮流表达情绪，而他们的合作伙伴或团队成员尝试用相应的词语与之匹配或标记这种情绪。然后，组织团队成员讨论这种情绪的适当表达情境。你还可以播放关于同龄学生行为的各种视频片段，并组织全班学生讨论如何识别和分析这些行为。

八、最伟大的礼物

我们不能为了使学校更好地运作而改变学生的生活。相反，学校应该改变自己的运作方式，以更好地服务于学生。影响学生学习投入和成绩的最重要因素之一就是班级氛围，而这是在教师的掌控范围之内的。请记住，教师不仅仅是天气预报员，教师还是天气的创造者！

持久的积极氛围并非取决于是否拥有"好"学生，而取决于教师是否具备相关知识，满怀关爱并愿意精心策划。教师应引导学生专注于积极的课堂氛围和良好的人际关系。课堂氛围不会在一夜之间改变。但是，如果教师能够认真地执行本章提出的相关措施，课堂氛围自然就会发生改变。积极的课堂氛围是教师可以给学生的最伟大的礼物之一，而且在某种程度上，这个可以改变学生生活的机会也是教师给自己的一份礼物。

第十章 提高学习投入，
培养认知能力

相关要素

- 词汇量：许多活动可以用词汇来训练学生的工作记忆，且工作记忆的增强反过来也能够增加学生的词汇量。

- 思维方式：告诉学生他们的认知能力并不是一成不变的，这将为他们提供动力，并创造了增长的思维模式，从而使他们梦想做得更好。

- 认知能力：培养和强化核心认知能力能够为未来学习奠定基础，并能够提高学生面向不同情境、不同课程的推理能力和问题解决能力。

- 压力水平：自我控制和目标设定等学习能力能够使行为期望和课堂过程更清晰，并令学生认识到他们能够控制自己的行为和某些结果，从而降低压力水平，提高自我效能感。

一、在课堂中

科琳(Colleen)咆哮道："这些学生真是让人毫无头绪，他们记不住我说的话，每天根本不关注我说了什么。即便他们注意到了我的指令，也不按照指令去做。即便遵循了指令行事，也无法完成任务。他们只会坐在那里。有时候我真是厌恶我的工作。"

科琳的同事乔希(Josh)感受到了她的挫败。乔希顿了顿,说出了他的看法:"我认为我们总是有一种错误的理解。作为教师,我们必须保持清醒,明确地向学生传达指令,这似乎是有道理的。我们必须清楚掌握自己下达的指令。"

"是的,当然。所以,有什么问题呢?"科琳回答道。

乔希继续说道:"如果你清晰地告诉学生该做什么,那么他们就会去做。但是,集中注意力和在脑中形成想法都是需要学习的能力。优先处理和加工信息也是需要学习的能力。也许你的学生只是不知道如何去做这些事情。如果你不教他们这些能力,那么你想要他们做的事情很可能不会发生。"

科琳陷入了沉默。她从来没想过学生可能不知道如何完成她要求的任务,她只是假设他们的态度有问题。突然间,她长期秉承的教学理念被颠覆了。"哦,"她喃喃自语道,"我从没这样想过,所以……我该如何去教授这些能力呢?"

二、培养认知能力的五项措施

研究表明,父母的社会经济地位和子女的执行功能相关(Sheridan, Sarsour, Jutte, D'Esposito, & Boyce, 2012)。执行功能是管理其他思维过程的关键思维过程,包括问题解决、批判性思维、加工速度、注意力、自我控制和工作记忆。虽然有些儿童在上学之初就已经习得了这些能力,但在贫困环境中成长的儿童不太可能具备这些必要的学术基础。

幸运的是,高质量的课堂教学可以培养学生的核心认知能力。认知和智力(通过智商测试等方法测出)并不是一成不变的,它们具有可塑性,并且受积极、丰富经历的深刻影响(Buschkuehl & Jaeggi, 2010)。在一项关于收养的研究中,达默、迪马雷和汤姆凯维奇(Duyme, Dumaret, & Tomkiewicz, 1999)筛选出 65 个社会经济地位较低的儿童作为研究对象。这些儿童在 4—6 岁时被收养,平均智商为 77 分(中位数为 100)。经过 8 年持续积极的经历,他们在青春期早期再次参加了智商测试。结果表明,他们的平均智商为 91 分,平均智商提高了 14 分。而某些在 8 年间得到额外强化条件的研究对象,智商提高了近 20 分! 学校可以培养学生长达 13 年,想想在这段时间教师可以引发的改变。

教师可以做的最好的事情之一就是培养学生的**流体智力**(fluid

intelligence)，或培养学生在陌生的环境中使用所学技能和运用思维过程推理和解决问题的能力。流体智力是后天习得的一种高度可迁移的技能，对学生的现实生活有重要影响。研究发现，为期 19 天的工作记忆训练能够增强记忆力和流体智力(Jaeggi，Buschkuehl，Jonides，& Perrig，2008)。学生接受训练的时间越长，效果就越好。

培养思维能力是推动学业成功最有效的途径之一。就学生成绩而言，培养认知能力对学生具有显著的影响，其效应量为 0.69，培养研究能力同样具有显著的影响，其效应量为 0.59(Hattie，2011)。本章列出培养认知能力的五项措施。

培养认知能力的五项措施

1. 培养注意力。
2. 培养问题解决能力和批判性思维。
3. 训练工作记忆。
4. 提高加工速度。
5. 培养自我控制能力。

本章提出的提高学生学习投入的五项措施，将帮助培养学生的思维和学习技能，但是请记住，充分发展这些技能需要的不仅仅是偶尔的娱乐活动。如果你想看到显著的效果，笔者建议你持续 6—10 周，每天至少花 10 分钟时间专注于培养这些技能。你可以轻松地将本章的措施嵌入到现有的课程中，因此你不需要花额外的时间来教授这些技能。

三、措施 1：培养注意力

你是否曾命令你的班级"注意了!"? 当学生能够集中注意力时，他们的学业成绩通常会有所提升(Silverman，Davids，& Andrews，1963)。然而"注意了"这个词是有误导性的。注意主要有两种类型，它们之间的区别很重要(见表 10.1)。

55

表 10.1   注意的两种类型

天生和发散性的注意	后天习得和获得的注意
学生的脑会自动注意安全、新奇、亲和、有差异、运动和高风险高回报的情境。换言之,安静的课堂作业在吸引注意力方面天生就没有优势	这种复杂的注意能力要求学生的脑(1)脱离先前关注的目标;(2)专注于一个新的目标;(3)同时,抑制外界刺激;(4)持续聚焦。此种类型的注意需要长期练习

第一类注意是天生的。本质上,脑天生就会将注意力转向移动的物体、快速变化的环境,以及存在明显差异的或者新奇的事物。第二类注意(教师要求的注意)指的是将注意力转向预期目标,然后在必要时保持长时间专注,同时抑制无关的干扰。第二类注意是一种后天习得的能力。如果学生能够持续将注意力集中于教师所教的内容,那么他们的学习效果将会非常理想。但是,抑制外界刺激的干扰,并持续将注意力集中在适当的内容或任务上,是需要不断练习的。爱读书的人、作家、国际象棋选手、音乐家和艺术家都需要经过数年的练习才能拥有良好的此种类型的注意。

儿童的早期注意力能够长期预测他们的学业成功。然而不幸的是,那些在贫困环境中长大的学生通常注意广度(attention span)①较差(Belsky, Pasco Fearon, & Bell, 2007; Rothbart & Bates, 2006)。幸运的是,持续集中注意是一种可以被教授的能力。本书接下来的部分将为教师提供短期的应变之法和长期的注意力培养策略。

1. 教师可以短期采用的策略

增加认同。创建一个能够推动学生参与任务或内容的锚,以便在生理上引起学生的注意。使用第八章提及的任何一种让学生"买账"的法则,并考虑设置小提示和小难题,引起学生对即将学习内容的兴趣,使他们更有可能投入课程学习。然后,通过让学生达到预期目标的方式,将目标获得融入教学活动。例如,你可以设置一个挑战:"上个班级的学生只能找到 5 处不同,我打赌你们能找到更多。"

使用预测。要求学生预测即将学习的课程(例如,课程涵盖多少内容或涉及

① 注意广度(attention span):也叫注意范围,是指在同一时间能够清楚地觉察或认识客体的数量。——译者注

多少流程）。然后，公开这些预测，让学生认领自己的预测（"如果你认为……请举手"）。教师可以通过激励来增加预测的赌注（"预测最准确的同学可以免除一次家庭作业"）。由于每个人都可能预测准确，所以预测会迫使脑去关心结果。想一想，超级碗之所以成为一年中最受关注的橄榄球比赛，不是因为它的赛事最精彩，而是因为下注的人数最多。预测具有强大的影响力！

暂停和组块。每隔几分钟，就暂停 7—9 秒。这些暂停既能给予学生加工所学内容的时间，又能增加学生对课程的期待和重视。持续 30—90 秒的稍长时间的休息同样有助于学生集中注意力（Ariga & Lleras，2011）。将教学内容分成若干组块也有利于学生的注意和理解。缩短教师的讲授时间。如果在小学任教，可以将讲授时间控制在 5—8 分钟之内；如果在中学任教，可以将讲授时间延长至 8—12 分钟。然后，采用总结的策略、独立思考—结对合作—相互交流的策略或比较和对比的策略，引导学生加工接收到的信息。

开展快速体力活动。在下课前，开展需要学生快速移动身体的活动（类似于西蒙说/Simon Says[①]）。这将提高脑去甲肾上腺素的水平。而去甲肾上腺素正是一种提高注意力的神经递质。本书第七章将提供更多此类活动的例子。

玩"红灯、紫灯"的游戏。此类游戏能够培养小学生的注意力和自我控制能力。在传统的"红灯、绿灯"的游戏中，教师扮演交通信号灯，给出红灯、绿灯或黄灯的指示，学生必须根据指示行动（走、停、减速等）。教师可以在学生掌握了游戏规则后，尝试使用其他颜色或不同形状表征不同的动作（例如，用紫色方块代表"走"）。此外，教师也可以使用鼓声来表征不同的动作：鼓声快示意学生快走，鼓声慢示意学生慢走，鼓声停示意学生停下来。然后，转换规则，鼓声快示意学生慢走，鼓声慢示意学生快走。

57

使用"重新定向"。新奇的事物总是能引人注意。可以要求学生将注意力转向不同寻常的或古怪的学习内容，或是转向另一名有助于开展小组活动的学生。例如，如果教师发出"给你们 9 秒时间，快速找到一个合作伙伴"的指令，那么学生就会立刻停止说话，并迅速进入"搜索模式"以找到合作伙伴。教师还可以用一些课堂仪式来重新定向学生的注意力。教师对全班同学说："如果你们想要做

[①] 西蒙说（Simon Says）：又称"你说我做"，是一种儿童游戏。玩的时候由一个孩子向其他孩子发出指令，让他们坐下或者单腿站立。只有在发出"西蒙说"的指令时，大家才能跟着做，否则要受到惩罚。——译者注

一些我们之前从未做过的事情，请举起手。好！现在转向你的邻座，并对他说
'我准备好了！'"

2. 教师可以长期采用的策略

让学生动起来。研究表明，有氧运动与认知能力之间存在很强的正相关
（Aberg et al.，2009；Hillman，Buck，Themanson，Pontifex，& Castelli，2009；
Niederer et al.，2011）。事实上，体育运动可以促进脑细胞新生，这与学习、情绪
和记忆高度相关（Pereira et al.，2007）。因此，教师应保证学生每天至少能够进
行20分钟的体育锻炼（通过体育课或课间休息），并且永远不要用剥夺学生的休
息时间来惩罚学生的不良行为。在课堂中，开展需要学生爬行、攀登的活动，或
组织"西蒙说"等第十三章所列游戏，充分调动学生的感觉运动能力。如果可能，
开展灵活性挑战项目磨炼学生的运动能力。例如，跨越障碍或在平衡木上保持
平衡。这些项目不仅能够磨炼学生的精细运动能力，而且能够加强学生的注
意力。

提供练习。无论教授什么科目或哪个年级，教师都可以让学生进行详细、持
续的练习。无论是艺术创作、运动、学习乐器、研究科研项目，还是为学校的表演
背诵台词，持续的练习都能够加强学生的注意力，且抑制无关刺激。

培养学生学习能力。通过将目标分解成若干子任务的策略，帮助学生学习
自我管理。告诉学生如何将任务划分为紧急、重要和优先级较低等不同优先级。
教授和强化学生的学习技能，如做笔记、总结和预习。

使用有趣的阅读材料。趣味性较高的文本不仅能提高学生的学习投入，而
且会强迫学生注意。例如，如果一名学生非常喜欢汽车，那么提供一本关于汽车
的书或文章就是吸引他阅读的好方法。教师也可以组织学生阅读一篇简短的文
章或故事，然后在阅读结束时设置悬念，并在下次阅读时揭开谜底，以便让学生
始终保持想要知道更多的状态！

进行快速写作。组织学生在规定时间内进行快速写作的练习，以培养学生
的注意力。在快速写作过程中，学生想到什么就立刻写下来，没有多余的时间进
行（或抑制）自我编辑。这一过程培养了学生在一段时间内专注于一个主题的能
力。如果教师每周都安排2—3次快速写作任务，那么随着时间的推移，学生的
专注力将有所提升。

四、措施 2：培养问题解决能力和批判性思维

培养问题解决能力和批判性思维，能够提升学生的认知能力，并影响学生的成绩，效应量高达 0.61(Hattie, 2008)。问题解决能力较强的学生能够识别问题中的关键部分，划分优先顺序，制订解决方案。具有批判性思维能力的学生能够从多个角度来看待问题，设计可能采取的干预措施，并评估干预效果。然而，尽管这两项能力具有不可思议的价值，但许多教师并没有在解决问题的过程中对学生的这两项能力进行明确的指导。大多数教师根本没有意识到这两项能力是可以教的，而那些意识到的教师也不知道应该如何教。

大多数在贫困环境中长大的儿童，缺乏在课堂上解决各种学术问题的经历。教师必须提供充分的支持和练习机会才能帮助贫困生形成分析问题、解决问题以及批判地看待问题的思维方式。最初，学生解决问题的过程会很慢，但是通过采用以下策略，并提供每周至少 2—3 次的练习机会，教师就可以帮助学生成为熟练的问题解决者。

教师可以采用如下策略。

做示范并搭建支架。教授一个问题解决模型，首先要从引入一个能让学生"买账"的相关问题开始。例如，对高中生来说，这个问题可能是，"当我 18 岁时，我怎样才能买辆车？"然后，实施以下 5 个步骤。

（1）带领全班同学走完解决问题的全过程。

（2）完成后，马上解释你是怎么做到的。

（3）将示范的过程和解释的过程张贴出来。

（4）提出一个新问题，并给学生留出时间，指导学生练习所学模型并纠正错误。

（5）让学生独立练习，持续内化所学模型。

促进合作问题解决。将学生两两配对或分成若干组，然后提出一个问题，并规定提交解决方案的最后期限。问题可以是任何类型的，可以是现实生活中的困境，也可以是数学应用题。每组学生必须详细写下解决问题的步骤，然后报告他们的答案。接下来，再提出一个其他类型的问题（例如，人际关系问题或家庭问题），并告诉学生重复解决第一个问题的过程来解决这个新问题。通过这种方

式,学生会提出自己用来解决不同类型问题的模型。

教授可迁移的问题解决模型。在教授新的问题解决模型时,将模型中的多个解决问题的步骤打乱顺序呈现给学生。然后,将学生两两配对或分成若干小组,要求每个小组在 6 分钟之内排出这些步骤的正确顺序。每次完成排序后,每个小组必须给出使用这个模型解决问题的例子。以下是一个包含 10 个步骤的问题解决模型范例(按照正确顺序列出)。

(1) 保持积极的态度("我们能做到!")。

(2) 鉴别出真正的问题,不要让那些无关的细节使你偏离轨道。

(3) 设定目标。

(4) 确定解决问题所需的资源,包括人员、时间或工具。

(5) 审查问题解决过程的界限或局限性,例如法律、政策或时间限制。

(6) 鉴别潜在的解决路径。例如,最快的路径、最经济的路径、包容性最强的路径和最安全的路径。

(7) 预测每条路径的风险或潜在的障碍。

(8) 选择解决策略,并将它清楚地写出来。

(9) 实施该策略并根据需要进行调整。

(10) 庆祝成功!

创设竞赛。提出一个需要解决的问题,让学生以小组合作的形式解决这个问题。要求每个小组都使用不同的解决策略。在各小组看到问题之前,分配或让他们自己选择策略。例如,对于一个基础代数 I 的数学问题,可供选择的策略包括:画示意图,先解决一个相似但更简单的问题,反向推导,使用学过的公式,使用逻辑推理,找到一个模式并推理出解决方案,做表或图,或者先猜想再检验。

五、措施 3:训练工作记忆

你是否注意到有些学生似乎无法按照指示行事?当他们试图解决数学问题时,那些数字是不是好像根本无法进入他们的脑?他们是不是边读边忘,根本记不住所读内容?

这些都是工作记忆差的常见症状。良好的工作记忆对学业成功至关重要。多项同行评议研究表明,工作记忆能够预测学生在注意(Fukuda & Vogel,

2009)、阅读理解（Daneman & Carpenter，1980）以及推理和问题解决（Barrouillet & Lecas，1999）任务中的表现。同时，工作记忆还能够预测数学成绩（De Smedt et al.，2009）。事实上，学生 5 岁时的工作记忆水平比其 10 岁时的智商更能预测学业成功（Alloway & Alloway，2010）。

　　不幸的是，低社会经济地位学生的工作记忆往往比高社会经济地位的同伴差（Hackman & Farah，2009）。有一些短期的、临时的解决方案，可供教师用来帮助那些工作记忆差的学生。例如，减少教学内容或将它们分成更小的内容组块。研究表明，未经训练的工作记忆的最大容量为 1—2 个项目，所以将加工内容组块能够发挥一定的作用（Gobet & Clarkson，2004）。然而，这种策略并不能长期改善工作记忆（Elliott，Gathercole，Alloway，Holmes，& Kirkwood，2010）。

　　加强工作记忆的最好办法就是训练。幸运的是，尽管这种训练需要坚持练习，但是它实际上并不难。研究表明，建立强大的工作记忆只需持续 8—12 周，每天坚持练习 5—10 分钟（Salminen，Strobach，& Schubert，2012）。重要的是，教师可以利用现有课程内容训练学生的工作记忆，在培养注意力和工作记忆的同时，也强化了学生对课程内容的学习。此外，注意缺陷多动障碍儿童的工作记忆也可以被成功训练（Holmes et al.，2010；Klingberg et al.，2005）。

　　工作记忆中的内容可以用声音（例如，消防车警笛、人的声音、最喜爱的歌曲或狗吠）或图像（例如，图片、电影场景、社交媒体或风景）的形式存储在脑中（如图 10.1 所示）。生活中，这两种模态的内容往往是组合出现的：当一个人与你交谈时，你可以同时看到这个人并听到他的声音。但是，我们的脑在短时间内，通常会倾向于更关注其中一种模态的内容。因此，通常很少出现将一种模态（声音）的工作记忆训练迁移到另一种模态（图像）中。

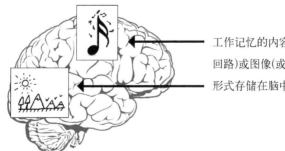

工作记忆的内容可以以声音（称为语音回路）或图像（或视觉—空间"模板"）的形式存储在脑中

图 10.1　脑如何存储工作记忆的内容

　　培养工作记忆,要从简单的训练任务开始,然后在几个星期的课程中逐渐增加难度。工作记忆训练任务越复杂(需要调用的感觉通道越多),学生在训练后的迁移泛化能力就越强,越能更好地应用所学技能完成其他任务(Thorell,Lindqvist, Nutley, Bohlin, & Klingberg, 2009)。请记住,能力迁移受迁移应用情境的影响。

　　以下部分将提供针对这两种模态内容的工作记忆训练策略。除此之外,也可以考虑采用网站,如 www. junglememory. com(面向年龄较小的学生)和

62　www. lumosity. com(面向年龄较大的学生)中的活动,培养学生的注意力和工作记忆。上述两个网站都使用了脑训练软件,这个脑训练软件是基于已经得到证实的研究建模开发的。

　　教师可以采用如下策略。

　　请注意,有一些活动可能适合年龄小一点的学生,而另一些活动可能适合年龄大一点的学生。最重要的是,没有完美的活动。教师可能需要尝试和调整这些活动,让它们最适合学生。

　　练习回忆。每天开展 5 分钟要求学生回忆指令的游戏,提高学生的听力和工作记忆。此类游戏不仅简单而且充满活力。"西蒙说"就是一个最好的例子。教师可以对学生说:"西蒙说,只遵照最近的命令。西蒙说,站起来。西蒙说,把手放在头上。"然后稍作修改:"西蒙说,遵照第一个指令,忽略第二个指令。西蒙说,拍手两次,指出出口标志。"

　　拍手游戏是另一个你可以开展的回忆活动。这个活动最大的好处就是简单。以一个简单的拍手模式开始你的游戏,在全班同学面前示范一种简单的拍手模式(拍手—拍手),并要求学生重复。然后教师重复示范,并再次要求学生重复。接下来,示范一种新的拍手模式(拍手—拍手—暂停—拍手—拍手),同样要求学生重复。请注意,顺序很重要,先从简单的拍手模式开始,然后慢慢增加难度,然后再将难度翻倍,务必确保所有学生都能跟上。你可以在几周的课程中逐

63　渐增加动作的复杂性,每天开展几分钟拍手游戏,每周开展 3—5 次。千万不要着急,在增加难度之前,务必确保每个学生都能跟上。如果教师想提高学生的投入程度,可以偶尔让学生领导拍手游戏,作为一种特权或奖励。

　　使用单词篮、文件夹和数字袋。在小学阶段,教师可以每天开展 5 分钟单词篮活动(注意,在中学阶段,教师也可以开展相同的活动,只需用文件夹替换单词

篮）。单词篮活动可以应用于任何学科，可以作为对先前知识的前测，也可以作为强化所学内容，培养学生注意力和工作记忆的措施。学生 4—6 人一组，要求每组成员围坐成一圈，然后告诉学生单词篮的名称（即学生生成单词的内容类别）。例如，如果学生正在学习地理知识，那么设置的单词篮的名称可以是"国家"。第一个学生说"智利"，第二个学生在重复"智利"的基础上增加一个新的国家"法国"（即下一个学生说"智利、法国"），以此类推。每个学生都在重复前一个学生所说内容的基础上，增加一个新词。游戏以小组为单位，在组内循环进行。也可以先让学生 2 人一组开始游戏，随着他们熟练程度的增加，可以不断增加小组人数（小组成员最多不超过 8 人）。

数字袋是单词篮游戏的另一种形式，同样有益于处于初级阶段的学生。首先，学生 4—6 人一组，每组学生围坐成一圈。第一个学生（数字发起者）从 10 以内的数字中选择一个（如 6），告诉右边的学生。第二个学生在重复这个数字的基础上增加 1 个数字（即第二个学生说 6、4），第三个学生再增加 1 个数字（即第三个学生说 6、4、7），以此类推。一段时间后，教师可以修改游戏规则，要求学生选择更大的数，将运算加入游戏中（"6 加 4 等于 10"或"6 加 4 加 7 等于 17"），或者在达到某个目标后重新开始游戏（例如，总和达到 35 或数字袋的数字达到一定数量，对于年龄较小的学生，数字袋中的数字以 3—4 个为宜，对于年龄大一点的学生，则可以增加到 6—7 个）。随着学生能力水平的提高，教师可以不断增加游戏规则的复杂性。

采用逐渐扩大内容组块的复习法。这种复习方法是指，在复习过程中，逐渐增加复习内容的数量和复杂程度。该方法有助于培养强大的注意力、听力，以及工作记忆。像单词篮和数字袋活动一样，学生也会分组进行活动，轮流参与。在初级阶段，让学生 3—4 人一组。首先，让一个小组成员说出一个关键词或一个与课程内容相关的事实（开始阶段，要求学生说出当前所学单元中的一个关键词即可）。然后，要求这个组员右边的同学重复他说的关键词或事实，并添加新的内容，以此类推。例如，当前学习单元主题为天气。第一个学生说"云"，第二个学生重复"云"，并增加一个新词"湿度"，第三个学生则要说"云、湿度、气压"。向学生发起挑战，看看他们最多能增加到多少个词。通过持续练习，学生可以在活动中实现用单词造句，甚至于用句子组织段落。当他们处于更具挑战性的水平时，让学生 4—5 人一组，每组的第一个学生从一个简短的（少于 6 个单词）与当前学习单元相关的评论句子开始。后面的学生要在重复这个句子的基础上,增加一个新的句子,具体案例如下。

学生 1:人体有很多系统。

学生 2:人体有很多系统。呼吸系统是其中很重要的一个系统。

学生 3:人体有很多系统。呼吸系统是其中很重要的一个系统。循环系统能够保持血液流动。

以此类推。

教师可以在学期初教授新词汇时就使用这种复习方法。例如,一位科学教师可能会在某个学年的第一个月引入 4 个专业词汇(每周引入一个)——生态学、生物多样性、动态平衡和遗传学。在第一周的第一天,他说:"生态学是研究生物体与其生活环境之间关系的科学。"然后,在整个第一周,他都会重复这个定义,学生也会跟着重复这个定义,有时还会和同伴一起练习。在第二周的第一天,他说:"我们先回顾一下上周学的词汇,然后学习本周增加的一个新词汇。生态学是研究生物体与其生活环境之间关系的科学。生物多样性是在任何环境中物种变异的范围。现在开始,我们要重复这两句话。"以此类推。

关注声音。将二年级(K-2)的学生分成 3—4 人一组。首先,在每组中选出 1 个学生,要求他发出一种声音[可以是模仿一种动物的声音,也可以是一个音素(例如,Zoo 中的 /z/),或者是任何与所学内容相关的声音],然后,要求这个学生将手中的球投给另一个同组的学生。接到球的学生要重复之前的声音,并添加一个新的声音,然后把球再扔给下一个学生。这不仅是一个有趣的活动,而且能使学生的身体得到锻炼,从而有助于提高他们的认知能力,迫使他们集中注意力,培养他们的听力和工作记忆。

考虑让年龄较小的学生唱一些有助于增强工作记忆的歌曲。诸如《老麦克唐纳有个农场》(*Old MacDonald Had a Farm*)和《圣诞节的 12 天》(*The 12 Days of Christmas*)等歌词具有高度重复性,能促使学生反复回想前面唱过的内容的歌曲。

使用快速解决办法。当你时间紧迫时,选择短期解决方案,并将其与课程整合。例如,在开始一项活动之前,先说明活动要求,然后让学生向邻座或搭档复述这些要求。这样,你就可以在不占用课堂时间的情况下,完成了对学生工作记忆的强化训练。

六、措施 4：提高加工速度

加工通常指处理或修改某些内容的行为。当学生加工信息时，他们正在进行脑力劳动。心理加工过程需要调用很多心智技能（例如，收集、分类、总结、计算、组织和分析），而这些技能都是可教授的。事实上，这些技能都不是生而有之，而是需要后天习得的。

我们的脑能够在宏观和微观两个层面进行信息加工。宏观层面的加工意味着处理从困难的人际关系到自尊问题的任何事情。在学术语境中，教师可以让学生阅读"一个遇到麻烦的人"的故事，然后让他们分析"如何处理这种情况？"通过这种方式促进学生的宏观加工。在微观层面，学生的脑每时每刻都在进行微量信息的更改。例如，通过听觉加工，学生需要学会区分 watch（看）和 wasp（黄蜂），boy（男孩）和 buoys（浮标）等单词，否则他们会在音素学习方面产生困难，而音素是阅读的基本组成部分。

与高社会经济地位的同伴相比，低社会经济地位的学生更有可能有听觉加工缺陷和语言缺陷（Noble，Norman，& Farah，2005）。教师能为这些存在加工缺陷的学生提供帮助，没有任何理由让学生到了三年级还没有阅读能力。许多干预项目都有助于培养儿童的阅读能力，包括阅读 180（READ 180）、露天阅读（Open Court Reading）、琳达茂德-贝尔阅读（Lindamood-Bell Reading）、莱克西阅读（Lexia Reading）、威尔逊阅读系统（Wilson Reading System）、无障碍阅读（Failure Free Reading）和拼写阅读（SpellRead）。教师还可以尝试一些听觉加工软件程序，例如快记单词或朗读助手（Reading Assistant），这两个程序都有坚实的脑科学研究基础（Temple et al.，2003；Thibodeau，Friel-Patti，& Britt，2001）。如果应用对象恰当，干预过程完善，那么基于计算机的干预项目不仅可以提高加工速度，还可以强化工作记忆和注意力。

阅读、写作和数学计算能力都需要后天习得。即使教师的教学效果良好，学生想要习得这些加工过程仍需经过数月练习。当学生加工一个故事时，他们需要进行一系列包括预测、分析和总结等在内的心理活动。这些心理活动能够极大地提高学习投入。以下将介绍若干快速、有效的加工活动。你还可以在《深度学习》（*Deeper Learning*，Jensen & Nickelsen，2008）一书中找到更详细的培养四至十二年级学生加工能力的有效(促进学生学习投入)策略。

教师可以采用如下策略。

让学生"展示数字,说出结果"。这项活动有助于培养数学加工能力。让3—5名学生面对面站成一圈,教师给出提示(准备,展示数字,计算和说出结果),学生按照教师的提示行动,当教师给出"展示数字"的提示时,学生用手指展示0—5之间任意一个数字。然后,每个学生都会计算他所在小组所有学生展示的数字之和(例如,2+3+1+4+5),并说出总和(15)。每个小组第1个算对结果的人获胜。你可以通过让学生计算乘法、排列顺序或进行其他计算来增加活动的难度。年龄较小的学生可以练习从大到小排列数字的顺序。大一点的学生则可以用两只手展示数字,一只手在上,一只手在下,分别代表分子和分母,练习分数从大到小排序。为了训练工作记忆,可以要求学生在展示数字后,将手藏在背后,然后回想刚才小组其他成员展示的数字。此外,还可以通过限定计算时间或在活动时播放快节奏的背景音乐,提高学生数学问题的加工速度和流畅度。

用身体展示角度。这是另一项可以培养学生数学加工能力的活动。让学生
67 在班级最前面站成一排,教师首先说一个角度(45°),然后等待学生将身体弯成这个角度。接下来,让一个学生走上前,再说一个角度,以此类推。除了角度外,教师还可以让学生用身体展示其他可以用身体表示的形状和对象。

创建一个学习清单。这项活动有助于语文段落的加工。教师可以将学习内容分块,允许学生(与搭档,以小组或团队的形式)从中选取一个段落或一个章节,然后让他们为所选文本开发课程,创建一个清单,包括:

(1)主题思想或关键人物。

(2)提出有助于理解文本的问题。

(3)对于文本内容的评论(例如,文本的主题或其他涉及个人意义的方面)。

(4)容易产生困惑,比较复杂或需要澄清的内容。

学生可以将自己创建的清单分享给搭档、团队成员或队友,如果愿意,也可以分享给全班同学。

混乱的故事。在教室前面张贴(或让学生贴)一个4—5句话的段落,段落中的句子是乱序的,要求学生在5分钟内按照逻辑顺序重写这个段落。然后,让学生与搭档分享他们重写的段落,解释他们调整句子顺序的理由和依据。

张贴加工步骤。张贴加工步骤可以帮助学生练习和内化加工过程。对于语

文方面的问题，教师可以张贴写作步骤；对于数学方面的问题，教师可以张贴问题解决的步骤。教师甚至可以通过张贴加工步骤的方法，引导学生的正确行为，培养学生的社交能力。例如，低社会经济地位的学生比高社会经济地位的学生更有可能遭受慢性压力，考虑采用张贴步骤的方法，代替单独指导某个同学。

如何处理压力

- 在适当的时候采取行动（如和那个让你焦虑的人谈谈，或者组织一些人针对你的问题开展头脑风暴）。
- 写下你的焦虑之源以及你将采取的后续行动。
- 使用精神放松工具，如积极的自我谈话、缓慢的呼吸和冥想。
- 释放压力。奉行一周原则——如果给你造成压力的事情在一周内不会产生重要影响，那就随它去吧。
- 通过运动、做家务或玩来消解压力。

　　在张贴步骤之后，使用措施 2"做示范并搭建支架"的策略，示范并解释各个步骤，留出时间指导学生实践（例如，让学生使用所学步骤解决一个假设场景中的问题），检查学生的实践情况并纠正其中的错误，最后让学生独立实践。每周与学生一起练习这些步骤。这些步骤不仅能使学生更有效地处理压力，而且还能培养学生的认知能力。　　68

七、措施 5：培养自我控制能力

　　著名的"斯坦福棉花糖实验"（Stanford marshmallow experiment）是一个有趣的自我控制的例子。参与实验的年幼被试被告知，如果他们选择立即领取奖励，那么他们可以获得 1 个小奖励，如果他们选择等 15 分钟，等主试回来再领取奖励，那么他们可以得到 2 个小奖励。那些能够成功延迟满足的儿童，在青少年期表现出更强的社会胜任力、更高的学业成就和个人效能（Mischel，Shoda，& Rodriguez，1989）。延迟满足的益处甚至能持续到他们成年后（Casey et al.，2011）。

　　自我控制是一种非常有价值的能力,它能够支持思考、学习和决策制订。但教师很少关注和培养学生的自我控制能力。在贫困环境中长大的儿童更容易冲动,进而出现许多行为问题(Razza, Martin, & Brooks-Gunn, 2012)。学生的自我控制能力是建立在优先排序能力、预测能力和抑制能力基础上的。当学生酝酿一篇文章,选择和评估解决词汇问题的途径,选择是否完成家庭作业,甚至决定是否尝试一项运动时,他们都在进行优先级别排序。有效的优先级排序能够培养预测能力(即见微知著的能力)和抑制能力(即延迟满足的能力),但它需要实践、知识和经验。以下部分将为教师提供一些可以用于培养学生自我控制能力的活动。

　　教师可以采用如下策略。

　　用日历延迟课堂问答的时间。这是一个简单的策略,让日期的最后一位数字决定教师给学生的反应延迟时间。例如,如果这一天是以数字 9 结尾(即如果是 9 日,19 日或 29 日),那么当教师提出一个问题时,就要求学生在举手前必须数 9 个数。这种做法能够教会学生抵制最初的冲动。这个策略几乎可以用于所有活动,学生将会更好地进行自我调节。

　　教授自我控制。在班级中播放"斯坦福棉花糖实验"的视频,从视频中可以看到,即使是 5 岁的儿童,也可以用一些有用的提示来帮助自我控制。播放视频的关键在于,让学生观察那些成功延迟满足的儿童。然后,教授学生在需要自我控制的情况下(如排队等)使用的相关策略。例如,学生可以进行帮助分心的任务,比如拍手、伸展和计数。只要你能教会他们用积极的自我谈话暗示自己,"我有能力选择做正确的事情",或者提醒自己,"成功进行自我控制是有奖励的(如果我能保持冷静,安静地等待而不是搞破坏,那么我就可以早点吃东西)"。

　　使用反向提示。例如,在拍手任务中,要求学生在教师拍 1 次时,他们拍 2 次,而在教师拍 2 次时,他们拍 1 次。经过若干练习后,进行了一系列单双混合的尝试。然后,随着时间的推移,逐渐增加复杂性。例如,当教师拍 3 次时,要求学生拍 2 次。这项任务能够训练学生抑制他们的即时冲动或欲望,并用工作记忆中新的反应取而代之。

　　教授微观目标的力量。首先,告诉学生他们将要参与的任务。例如,选择活动中的搭档或在教室内散步。然后,要求学生设定一个心理目标,等待 10 秒钟才能开始任务。大多数学生可以轻松做到这点。到 10 秒钟时,要求学生再等待

10 秒钟。传授学生等待的策略，例如闭眼，重新分配能量或自娱自乐。这个微观目标策略有助于学生学习如何将个人目标划分为若干小的组块，然后逐一实现。同时，有助于学生认识到，生命中任何一天的任何一个时刻，他们都有能力为了值得的事情等待。

八、"打开"你的思想

70

　　尽管学生不一定被他们的认知能力所困，但有些教师陷入了自己思维的困境。所以当一名教师感叹"这些学生似乎根本无法学习"时，我的回答是："你是怎么培养他们的能力的？"如果学生的表现不佳，你是打算对此抱怨，然后降低你的期望，还是打算给学生一个真正成功的机会？

　　不要告诉学生该做什么，而是要教他们如何去做。然后，让他们反复练习。普通教师会教授一项技能，直到学生做对为止；而高效的教师会和学生一起实践，直到他们不再出错为止。不要再纠结于学生未能达到"上学准备状态"的问题。所有人生来都只具备基本的认知能力。如果你的学生落后了，那么教授他们这些基本的认知能力，并帮他们持续磨炼这些能力。这样，他们才更有可能在学校和生活中取得成功。

第十一章　提高学习投入，激发动机，促进努力

相关要素

- 努力与活力：激发动机和促进努力的策略让学习与学生的生活更相关，唤起学生的好奇心和热情，肯定学生的能力，鼓励学生参与和积极承担风险，提升学生的学习努力和活力。

- 思维方式：激发动机和促进努力的策略能够塑造积极的学习态度，培养成长型思维，并使学生的身心状态更易于接受反馈和深入学习。

- 认知能力：激发动机和促进努力的策略能够使学生更加相信自己的能力是可以提高的，并能够培养学生深入学习的能力。

- 关系：激发动机和促进努力的策略有助于营造包容且积极的班级氛围，并加强班级的凝聚力。

- 压力水平：激发动机和促进努力的策略有助于加强学生的风险管理能力和掌控力，进而提升学生的自我效能感和身体的应激能力，增加心理弹性，并引导他们付出长期努力。

一、在课堂中

布里塔妮（Brittany）任教于一所Ⅰ类资助学校。尽管她教五年

级学生已经 2 年,但是,当她在课堂上提出问题或建议时,学生仍表现得非常被动。通常只有 1—2 个学生举手,大部分学生保持沉默。此外,原本她的学生在数学和语文方面每年都会取得一些进步,但现在进步的趋势已经有所下降。在她看来,学生普遍出现了动机问题,他们只是坐在那里,不记笔记,也不积极进行互动。她开展的合作学习方面的尝试简直成为一场灾难。最近她发现,这些学生根本就不想学习。她甚至不确定自己是否愿意继续留在这所学校任教,就业市场低迷似乎是她留下的最大原因,一旦她找到其他工作,她会毫不犹豫地离开。

在同一所学校,罗恩(Ron)已经在四年级任教近 20 年。如果你去他的课堂参观,可以发现他仍然对教学充满激情。罗恩特别爱他的学生,他总是称他们为"我的孩子们",他不会让任何一名学生在任何一件事情上失败。他的学生也每天都渴望上课!罗恩似乎能够非常轻松地让学生动机十足,并愿意努力学习。

罗恩成功的秘诀并非他"天生如此",当然,也不是因为他运气好到能够拥有一群"模范学生"。通过观察罗恩的行为,我们不难发现,学生之所以能够积极参与课堂(高高地举起手,希望被老师提问),是因为罗恩将他的全部关注给予了每一个被点到的学生。他会对学生微笑并点头表示认可,他也会对学生作出的贡献给予口头肯定。简言之,罗恩重视学生的学习投入,并掌握了肯定学生学习投入的技能。

二、激发动机促进努力的五项措施

当你被问及班级中的某个学生是积极努力还是懒惰时,你可能会有一个现成的答案,但这个答案真的能够做到公平准确吗? 在根据假定的努力程度判断学生的特点和个性之前,请以身作则,反思过去一年自己在提升知识、能力和激情方面付出了多少努力? 阅读了多少关于促进学生学习投入的资料? 用了多少促进学习投入的资源? 努力与学生建立稳固关系的频率如何? 尝试采用了哪些促进学习投入的策略? 或是调整了哪些策略以促进学习投入? 如果你发现难以回答上述问题,那么本章将非常适合你阅读。

抛开那些"有些学生没有学习动机"的说辞吧。我们的身心状态每天都在不断变化,有些时候,我们会感到充满动力,并愿意积极投入,有些时候则不然。我们间歇性表现出的毫无动力,并不意味着我们是完全没有动力的人。既然如此,

73   我们为什么要将这样一个非黑即白的判断标签贴在学生身上呢？世界上并不存在完全没有动力的学生，只有处于没有动力状态的学生坐在无法激发他们学习动机的课堂中。为什么有些高中生能够积极投入某些课程，而对另一些课程却漠不关心。学生是一样的学生，不同的是教师。成功的教师能够使学习变得有趣，能够影响学生的学习状态，使他们为学习作好准备。当谈及学生的动机和行为问题时，教学质量比所谓的学生性格更具影响力。

尽管，寻求奖励行为的动机与遗传有一些关联，但大量努力和动力的驱动因素（如家庭、朋友、工作、文化、学校和生活环境）都是后天习得的或受环境影响的（Persson et al.，2000）。如果学习情景无聊且与现实生活完全脱节，那么学生就会没有任何努力的理由。如果学生生活在贫困或其他恶劣的环境中，那么他们也更有可能动机不足。尽管任何社会经济地位的学生都有可能处于动机不足的状态，但受急性压力或慢性压力等相关因素的影响，低社会经济地位的学生更有可能表现出多动或出现与课堂脱节的状态。他们这些应激障碍症状很容易被教师误解为行为异常或无精打采。教师不应把这种行为当作学生有意冒犯，而应花时间了解行为背后的原因。如果教师不愿意在此方面投入时间，那么学生投入学习的概率就会急剧下降。

本章将介绍促进学习投入的策略，以帮助教师持续且有意义地激发学生的学习动机。随着学习动机的增加，学生的好奇心和学习能力也会越来越强。通过阅读本章内容，你将学会如何使学生更愿意投入课堂学习。只要你掌握了影响学生学习努力的相关因素，那么激发学习动机和促进学习努力就不再是什么深奥难懂的问题。本章列出五项有助于激发学生学习动机和促进学习努力的有力措施。

提高学习动机和促进学习努力的五项措施

1. 使学习成为学生自己的想法。

2. 管理风险。

3. 培养学习型思维方式。

4. 提供反馈。

5. 从"尝试"努力开始。

三、措施 1：使学习成为学生自己的想法

许多学生认为,世界上不好的事情总是"发生"在自己身上。心理学通常将这种思维方式称为低控制点。当控制点较低时,人会感觉控制力有限,在面对逆境时,脑就会感到压力。因此,习惯于贫困或其他逆境的学生,已经形成了一定的应对能力以加强他们的控制感——如果他们感觉自己对所处环境失去控制,那么他们可能会表现出愤怒、无助或两者兼而有之。

相反,当控制点提高时,压力就会下降,从而有助于学生更好地学习。布莱克和德西(Black & Deci,2000)发现,教师对学生自治的支持与自我调节能力较差学生的学业成绩积极相关。控制感影响学生学习成绩的平均效应量约为0.30(Patall, Cooper, & Robinson, 2008; Patall, Cooper, & Wynn, 2010),并且此种影响的效应量会随学生生活贫困程度的增加而提高,因为他们的基础压力水平往往很高(Evans & Kim, 2012)。

因此,教师应增加学生对学习的控制感,同时提高他们的学习与投入,更多地让他们自己作选择。当教师给学生选择权时,学生更有可能愿意去尝试。教师不需要放弃对班级的控制权,或是让学生作特别重要的选择。事实上,"感到"自己能够控制事情与真正控制事情同样重要。因此,最为关键的是"转让"选择权,让学生意识到教师正在赋予他们权力。例如,如果教师说:"你们可以单独完成或是与同伴合作共同完成下一项任务,开始吧!"为了表现教师将选择权交给学生,教师可以这样说:"我相信你们能够自己决定是单独完成下一项任务,还是与同伴合作共同完成,选择权交给你们,你们自己决定吧!"

如果你在犹豫是否应该让学生拥有更多的控制权,请记住,你并不会因为将控制权交给学生而失去权力,"权力的蛋糕"不会因为分享而变小,反而会因分享而变大。事实上,教师在课堂上分享的权力越多,"权力的蛋糕"就会变得越大,学生也会更快乐且能力更强。每次笔者拜访高效教师或阅读关于他们的作品时,都会发现他们拥有共同的模式:他们非常重视所有权、目的和协作。以下部分提供了有助于给予学生控制感的具体策略。

教师可以采用如下策略。

75

让学生选择学习内容。如果条件允许,让学生选择学习内容(你们想学此话

题的哪一方面?),选择社交环境(谁愿意和同伴一起完成这项任务?),选择学习过程(你可以通过以下三种方式收集这项任务的信息——检索网络资源,观看和查阅数字化光盘,亲自访谈)。将这些选择"转让"给学生,供他们选择!

中学教师惠特尼·亨德森(Whitney Henderson)在新奥尔良州一个你能想象到的最贫困的社区教英语。然而,她却能使她的学生持续保持每学年都能取得其他学生2—3年才能取得的学业成绩。她之所以能取得如此令人震惊的成绩,是通过给予学生选择的权利,并有意识地将她所教的内容与学生生活联系起来。她经常帮助学生发现他们的梦想,并让他们记录下这些梦想,然后帮助他们实现梦想。在亨德森的课堂中,学生不只是在完成学习任务,他们是在解决真实的社区生活问题,并在表达自己想法的同时,了解他人的观点。

组织学生开展课堂城市项目。课堂城市项目(classroom city program)是一款帮助学生发展责任心、思维能力和主动性的教育产品。该项目要求学生在30节课中设计、经营和维持一个模拟城市。所有班级成员在模拟城市中都有一份工作(例如市长、消防员、教师),这些工作与现代城市中的真实工作相对应。学生需要规划城市的地理和政治结构,选举官员,任命彼此担任城市管理和运行中的不同职务,学习赚钱和管理钱。因为每名学生都有自己需要扮演的角色,所以他们每天都能投入其中。

定期举办击鼓图活动。有时,简单的小活动可以成为非常有吸引力的课堂仪式,击鼓图活动(drumroll drawings)就是其中之一。将所有学生的名字写在卡片上或纸上,然后将卡片放在碗或其他容器中。在课堂中,让一个学生在碗中抽出两个写有其他学生名字的卡片(抽取者不能抽写有自己名字的卡片)。同时,全班学生在书桌上击鼓以增加悬念。全班学生会为其中一个被抽中的学生起立鼓掌(仅为娱乐),而另一个被抽中的学生要回答由学生提出的与当前所学单元相关的问题。学生需要提前将他们准备提出的问题交给教师,教师检查过问题后,方可在课堂中使用这些问题。

将课堂管理工作分配给学生。这可能是吸引学生并赋予他们课堂进程控制权的最简单的方式。在小学阶段,教师可以"聘请":一名材料接收人员,负责传递和收集所需材料;一名环境负责人,负责管理班级的照明、温度、窗户和植物;一名安全员,作为小队长或是队伍的负责人。在中学阶段,教师需要:一名插画师,记录学生的建议,并为课堂创建视觉辅助、组织图形和海报;一名特效管理员，作为课堂的调音师，负责在桌子上敲击鼓点，或者负责像铃鼓或鼓之类的打击乐器；一名"能量指挥员"，负责带领全班同学练习简单的舞蹈动作或伸展休息，或者在学生精力跟不上时用简单的方式示意教师。教师需要分享权力，使学生感受到自己拥有课堂及其进程的控制权。第十四章将深入讨论课堂管理工作问题。

由学生制订规则。要求学生通过讨论为制订课堂规则提供意见，并让他们通过在建议箱中投票或提交建议来提交讨论结果。每周留出几分钟时间供学生向建议箱中提交建议或投票，并选择几个学生轮流阅读和整理意见箱中的建议，并对投票情况进行统计。此种方式同样需要教师秉承分享权力的理念。你不妨问问自己："如果我不让学生参与其中，又怎么能期望他们投入其中呢？"

鼓励学生成为他人的导师。指导他人能够帮助学生提高对生活的控制感，建立可靠的关系。这一过程对指导者和被指导者的学业都有所帮助。一些非常成功的高年级学生辅导低年级学生的项目，通常会安排高年级学生与比他们低一或两个年级的具有学业困难的学生在放学后一起学习半小时。教师也可以在班级内开展学生之间的辅导项目。

莱斯莉·罗斯(Leslie Ross)在北卡罗来纳州格林斯伯勒的一所低收入高中教生物学。在开学的第一天，她就问学生："谁认为自己可以在我的课程中获得A或B?"看到有些学生举手后，她接着说："太好了，你们能帮助班上的其他人也获得A吗?"她要求每个学生提交两个希望成为自己学习伙伴的同学的名字，然后将他们分到一个学习小组。每个学习小组成员互相交换电话号码，分享学习资料，互相鼓励，竞争班级中的奖项，并且经常坐在一起。罗斯告诉她的学生："如果你在考试中取得了优异的成绩，但你的同伴没有通过考试，那么你们就都失败了。"在她的高效课堂中，成绩好的学生会辅导有学习困难的同伴，为他们提供支持，甚至给他们施加压力，迫使他们完成任务。学生的成绩证明了此项举措的效果——平均而言，罗斯生物课上的学生在该地区测试中的成绩高出其他学生25个百分点。

鼓励学生参与项目学习。项目学习是一个历史悠久的教学方法，能使学生通过应对现实世界的项目和挑战，实现真正的学习。项目学习要求学生具备计划、划分优先等级、风险管理和制订决策等能力。学生需要在管理资源、时间和人力时始终牢记项目的最终目标。例如,在小学高年级学习天气这一单元内容时,让学生 4 人一组,要求他们小组合作开展研究,写脚本并制作天气预报视频。在中学阶段,项目可以包括设立全校回收计划,举办"尊重同学"的反欺凌活动,或为自己的决定筹集资金。学生必须自主创建这些项目,并在项目实施过程中作出重要决策,以产生控制感,从而愿意持续努力并保持高度投入。

引导学生开展自我评估。自我评估是帮助学生反思和改进学习的强有力策略。促进努力的方法之一是邀请学生参与开发评价量规,并授权他们使用这些量规来评价自己的学习和进步。自我评价的过程能够建立学生对学习的掌握感和控制权。

杰米·艾里什是一名八年级的教师,他为学生设置了一个挑战——超过附近学校学生的成绩。他将竞争对手学校的成绩张贴在教室前面,并将其划分为四个熟练程度:精通、掌握、合格和不合格。同时,他将自己所教班级每次考试的成绩划分为同样的水平,并展示给学生。在此基础上,杰米教学生如何分析数据,评估自己的分数,并为下一次测试设定可操作的目标。他用这种方式将学习的主动权转移给学生,促使学生能够利用关于他们进步程度的批判性反馈来制订新的目标,并充满责任感。

四、措施 2:管理风险

当风险水平较低时,学生会更加努力地学习(Treadway et al.,2012)。学生想要避免被同伴嘲笑或感到尴尬,是一件再自然不过的事情了。所以,学生在举手之前必须充分相信,教师永远不会在同学面前讽刺和羞辱他,或者在群体环境中批评他。无论是哪个年级,当学生信任教师时,他们都愿意承担更大的风险。

刻板印象威胁(强化对一个群体的消极刻板印象)是许多学生不愿意承担风险并付出努力的主要原因。研究发现,如果在标准化测试前强调种族问题,那么非裔美国学生会比白人学生成绩差;如果在考试前不强调种族问题,那么非裔美国学生与白人学生的成绩就会相同(Steele & Aronson,1995)。这些研究结果告诉我们,当学生认为自己的行为会被我们经过刻板印象的滤镜观察和判断时,他们的表现可能会受到影响。当然，刻板印象威胁可能会伤害任何容易受刻板印象影响的学生群体的努力和表现，包括西班牙裔学生（Schmader & Johns，2003）和低社会经济地位的学生（Croizet & Claire，1998）。以下策略有助于教师创造一个使所有学生都可以轻松承担学业风险的环境。

教师可以采用如下策略。

首先是安全。对学生而言，规则很简单——尊重你的同学。向学生明确指出，挪揄和嘲笑其他同学的观点或贡献的行为是不能被接受的。通过给予学生肯定、张贴海报以及教师以身作则（这一点尤为重要）反复提醒学生，课堂是一个他们可以贡献思想、分享观点和提出问题的安全场所。当然，教师还可以组织学生对种族、宗教或性取向等常见的、有害的刻板印象和偏见进行讨论。

对教师而言，规则同样很简单——教师必须以身作则，创造一个安全的环境。教师与学生保持眼神交流和微笑，认可每名学生的思想贡献，并感谢学生的参与。教师应尽量减少对学生思想贡献的批评或评判，这样学生才能积极踊跃地举手发言。许多学生长期处于被贬低、被边缘化或尴尬的状态。为了激发学生的努力，教师要像耀眼的灯塔一样点亮学生的积极性。当他们举手时，请让他们为自己愿意承担风险而感到高兴。

示范期望学生作出的反应。我经常看到优秀的教师在课堂提问时会摆出举手的姿势。这一重要的行为不仅为学生提供了明确的行为指导，而且还通过非语言线索告诉学生，教师需要他们做什么以及期望他们怎样回应。如果教师希望学生举手回答问题，但一个学生没举手就直接说出了答案，那么他可能会感到尴尬，以后积极参与的可能性就会减少。教师可以通过示范自己期望学生表现的行为来降低学生承担的风险。例如，当教师希望学生举手时，就举起自己的手。语言与手势相结合的教学方式能够激活学生脑中的注意系统，使他们的运动系统与负责语言理解的脑区共同决定这些手势的意义（Skipper，Goldin-Meadow，Nusbaum，& Small，2009）。

发布和实施参与规则。建立课堂规则以明确阐述教师的期望，并为学生做好风险管理，从而提高他们的学习投入。例如，告诉学生，日常课堂参与不仅是成绩的一部分，更是他们学习和成长的一种方式。为了确保所有学生都能积极参与，教师可以发布以下课堂规则。

79

课堂规则

1. 每天自愿提出一个问题或意见。

2. 被提问时,积极作出响应。

3. 在纸上写下问题,把它交给教师作为放学回家的"通行证"。

使用"两轮"提问。提问策略有助于提高学生的课堂参与度,使学生在发表意见时感到更安全且更有信心。同时,提问策略也可以作为一种形成性评价方式,帮助教师了解大多数学生对当前所学内容的掌握程度。使用提问策略的第一步是告知学生,你会进行两轮提问,第一轮提问多为快速调查,第二轮提问是需要他们深思熟虑的。

80　　　**第一轮提问**。第一轮提问是快速调查,要求学生马上给出答案。这一轮提问能够帮助教师了解学生的学习现状。首先,指派一名学生回答一个问题。无论他的回答正确与否,教师都应该与他进行眼神交流,向他展现真诚的微笑,并感谢他的努力和参与,但不要评价答案的正确性,只需给出口头肯定,如"感谢你的回答""太爱你的努力了""真是太热情了还有谁想回答"或"非常感谢你的想法"。

请注意,教师的所有回应都应针对学生为回答问题作出的努力,而不是答案本身。在第一轮提问中,所有的赞美之词都要与"努力"连在一起使用。例如,这是一次非常有意义的努力!否则,学生就会感到困惑,老师说的"好"是指我的答案,还是我作出的努力?学生可能会为了打乱你的提问节奏而故意给出不恰当的答案。此时,要保持轻松,回忆你使用过的回应方式(我大约有5种常用的回应方式,不会有例外或特殊变化),以避免被打乱节奏,并提醒自己,第一轮提问是用来肯定学生的努力和降低他们所承担的风险的。在这种情况下,所有无伤伦理和审美的答案都是可以被接受的。学生通常应该只采用两种回答方式,教师可以向学生这样解释这两种回答方式。

(1)当你准备好时,只要你回答问题,不管答案是对还是错,我都会非常感激你所付出的努力。

(2)当你没有头绪时,就说:"我虽然不知道,但我非常想要知道。"

当学生不知道答案时,教师可以说:"谢谢你,谁愿意再来回答这个问题?"然后指定另一个学生回答这个问题。在第一轮提问中,教师提问的学生越多,越有助于他了解班级学生的学习情况。至少要保证提问到全班50%—70%的学生,并在提问结束时感谢所有回答问题的学生作出的努力。不要评价、判断或称赞学生的答案。第一轮提问的关键之处在于帮助教师了解学生对当前所学内容的掌握程度。如果学生本轮的回答偏离了预期的知识基础,那么教师需要重新教授相关知识。在进入第二轮提问之前获取此方面信息至关重要。

第二轮提问。第二轮提问需要学生经过深思熟虑才能作出回答,这就要求他们必须开展深入讨论。学生必须清楚自己如何找到答案,如何判断答案的正确性,并为扩展自己的答案作好准备。在第二轮提问开始时,要求学生反思迄今为止所有的答案,并与搭档或队友商讨答案的正确性及原因。他们需要为下一轮的提问作准备,这将促使他们作出更深入、更详细的回答。例如,教师可以说:"请更详细地阐述你对这个问题的看法",或者说:"让我们再深入一点,你为什么会这样回答? 你是如何得出这个答案的? 请分享一下你当前的看法。"

当问到后续问题时,教师需要让全班学生参与思考,并至少指定3—5个具有差异性的学生回答问题。教师可以采用措施1中介绍的击鼓图活动确定回答问题的学生。与第一轮提问相同,本轮学生应该只采用以下两种回答方式。

(1)学生准备好回答问题。当学生回答时,教师会感谢学生提供答案及作出的努力。

(2)学生还没准备好或是需要寻求帮助。学生可能需要更多时间来思考或求助伙伴,教师会在一段时间后检查学生的答案。

给学生与同学一起准备的机会,能够使第二轮提问看起来不那么令人生畏,因为这使学生有时间思考,并得到来自同伴的鼓励。因此,他们也就不太可能会犹豫,或感到自己会为回答问题承担风险。

与方言同行。对英语学习者和少数民族学生而言,发表观点,寻求帮助,以及回答教师的问题都是很大的冒险。因为,虽然他们日常交流的词汇很丰富,但学术词汇匮乏。此外,许多班级都存在同学之间的文化差异问题(例如,他们的英语表述不清或难以理解,造成同学之间的尴尬),这阻碍了学生的课堂参与和学习投入(Vandrick,2000)。当学生在课堂上说方言时,不要孤立他们,或挑他们的错,而要继续肯定他们为参与课堂作出的努力("非常感谢你能够参与进

82　来")。如果学生因为他们的方言或语言问题感到尴尬,那么他们会避免在课堂上冒险发言。

在课堂上讨论方言有助于接纳多样性,消除尴尬和偏见,同时强化标准学术语言。首先,向学生解释,每个人都有自己的方言。方言是个体感到熟悉和舒适表达方式,一般包括卡津(Cajun)方言、阿巴拉契亚山区(rural Appalachian)方言和市中心方言。无论是城市、乡村还是介于两者之间的任何地方,学生成长的地点总是会影响他们的方言。然后,向学生解释学校语言。教师可以告诉学生,方言没有好坏之分,它只是一种习惯。在学校中,你的语言要么帮助你提升毕业的机会,要么降低你毕业的机会。请尽量使用教师示范的学校语言,这能帮你取得成功。

更多地采用全纳性问题。教师管理学生承担风险并鼓励学生举手发言的方法非常简单,就是在提出问题之前先问问自己:"我的问题是全纳性问题还是排他性问题?"排他性问题通过提高学生的风险感和疏离感自动排除了一部分学生。经常提出这种类型的问题,会使得学生最终与课堂脱节。

教师必须确保至少 80% 的问题是几乎每个学生都能回答的全纳性问题。在提出可能会自动排除半数学生的问题之前,先停下来想一想。表 11.1 说明了这两种类型问题之间的区别。

表 11.1　排他性问题与全纳性问题

排他性问题	全纳性问题
谁去过国外旅游?	有多少人愿意去其他州或国外旅游?
谁上周末看了电影?	我正在回想刚刚看过的电影中的一个动人场景,你曾有过这样的经历吗?
昨晚多少人完成了作业?	有多少人还记得我们昨晚布置了家庭作业? 有多少人打算完成作业,但最终没能完成?
如果你去过本地的科学博物馆,请举手	如果你脑中闪现出一些事物,请举手

五、措施 3:培养学习型思维方式

有些学生总是认为,他们只能停留在自己现有的认知水平。这种想法在成长于诸如贫困等逆境的学生中尤为常见。这些学生生活控制感较低,导致他们出现绝望感且自我效能感较低(Ackerman & Brown，2006)。学生的这种固定型思维方式是致命的，因为这会使他们的表现水平与自我判定水平而不是客观真实水平相同。学生对自己成绩的期望(Hattie，2008)和对学习的态度或思维方式(Blackwell et al.，2007)，都是预测成绩的有利因素。对学生成绩而言，这两类因素要么协同带来有价值的优势，要么协同带来严重的不利影响。教学工作中最容易的部分是传授知识，最难的部分是培养或改变每一个学生的观念。你对学生表现的影响远比你想象的大。

根据《思维方式》(*Mindset*)一书作者卡罗尔·德韦克(Carol Dweck)的观点，教师与学生的交谈方式能在很大程度上影响学生构建关于自己能力的心智模式。德韦克指出，微妙的对话可以改变学生的努力程度。有些好心的教师往往会通过被研究人员称为"安慰性的谈话"(comfort talk)，无意间降低了学生的学习投入，进而导致学生成绩下降。这些教师认为，他们这种表达方式能够为学习困难的学生提供帮助。

- "没关系，也许你就是那种不擅长学习数学的学生。"
- "不要这么想，你真的已经很好了。"
- "没关系，你可能更擅长其他事情。"

事实上，这些出于好意的评论往往会对学生的表现产生不利影响(Rattan，Good，& Dweck，2012)。它们会使学生降低期望，失去动机，不愿努力。为了让所有学生(特别是那些生活在贫困或其他逆境中的学生)都能取得成功，教师必须把帮助学生树立良好的学习态度，促进学生努力，提高学生的能力和塑造良好的行为作为自己的使命。不要找借口或在学生表现不好的时候人为地使他感觉更好。相反，教师应注重学生成长和改变的潜力，并关注那些能由学生自己掌控的学习内容。教师每天都在影响着学生的信念。那些能够引导学生形成学习型思维方式的简单的肯定，将会带来持久的回报。

教师可以采用如下策略。

肯定学生的学习能力。使学生认识到自己的认知能力不是一成不变的，学习能够改变脑，这是非常重要的。简单明了地告诉学生："你的脑是可以改变的！"避免使用诸如"天赋""才能"之类的词语，因为这类词语往往会暗示学生他们的认知能力是无法发展且不受他们控制的。同时请记住，坦白直率的谈话方式比安慰性话语更有效："我很抱歉这些概念对你来说很难，你可能还没有准备好学习这个难度的数学知识,这确实很糟糕,但是,你是可以学会这些概念并熟练掌握它们的,我会尽我所能地帮你学会它们。"

肯定学生对你的信任。当你有理由使学生信任你时,他们就会变得更加努力。一位屡获殊荣的教师曾在开学初直言不讳地对她的学生说:"站在你们面前的我是一位非常棒的教师,我的能力和专业知识足以帮助你们取得成功。我会指导你们走向成功,只要跟着我的要求做,你们就会取得'B'以上的好成绩。"在第一周中,有一名学生坦白地问这位教师:"如果我按你说的做了,但还是失败了,怎么办?"这位教师回答说:"这种情况绝不会发生! 如果你能够满足我提出的所有的要求,那么你是绝不可能失败的。"(Wu, 2012,p. 17)

成功的教师往往会散发出极具感染力的信心。扪心自问,你是否也有这样自信? 如果有,请将这种自信分享给你的学生,让他们知道,只要他们愿意来到学校,听从你的指导,付出极大的努力,他们就一定会成功。学生需要你能够永远保持对他们的热情,你能每天都热情洋溢吗?

肯定学生的选择、态度和努力。学生能够掌控的三类影响学习的因素分别是:(1) 学习或问题解决的策略;(2) 学习态度;(3) 努力程度。教师可以在教学中通过数十种日常师生互动的方式肯定学生的这三个方面。

85
- 肯定学生的选择:"我很欣赏你通过尝试多种策略的方式解决了这个数学问题。"

- 肯定学生的学习态度:"你在开始之前就相信自己会成功,我很欣赏你这种乐观积极的学习态度。""我们都会遇到挫折,不要畏惧失败。虽然失败在所难免,但处理失败的方式决定了我们是否能够成功。你是否能够做到在失败之后重新站起来,从错误中吸取教训并继续向前进? 从长远来看,这种处理失败的方式将有助于你获得成功。"

- 肯定学生的努力:"当你接受这个具有挑战性的项目时,你就已经知道这将是一项繁重的任务。所以,你提前规划了项目的实施步骤,组织资源,获得帮助,并最终创造出高品质的产品。你成功地完成了这些工作,我相信你会从中收获很多。"

肯定学生的能力。与那些认为自己的认知资源有限的学生相比,相信自己拥有无限专注力、努力和意志力的学生更愿意长期努力(Job, Dweck, & Walton, 2010)。避免向学生传达诸如"你们的学习能力是有限的"等方面的信息,避免采用此类陈述方式向学生传递消极思想，如"我知道现在已经是傍晚了，你可能已经无法思考了，但还是让我们试着去完成最后一项活动吧"。不要强化学生的疲劳程度或环境的炎热程度，又或是他们努力的下降程度。如果教师告诉学生，他们的注意力只能持续 5 分钟，那么许多学生就会在 4—5 分钟后精神不济。努力的消耗与课堂动机和认知之间具有较强的关系(Job et al.，2010)。为了培养学生的适应力，教师应肯定学生具备维持长期努力的能力。

- "我知道这是一项艰巨的任务，但你选择了留下来并坚持完成任务，你表现出了令人惊叹的专注力和努力！"
- "即使完成任务的时间比预期的要长得多，但你不放弃的精神，令我非常欣赏。请记住，失败只是让我们绕行的一段弯路，绝非我们的目的地。你额外付出的努力终将带领你一次又一次走向成功。"
- "听着，虽然你已经付出了令人惊叹的努力，但是这还不够。让我们评估一下你的工作计划，看看是否能够调整你所使用的策略。我有信心你一定会取得成功，我们只需要在完全做对之前坚持进行一些微小的调整。"

六、措施 4：提供反馈

在贫困环境中长大的孩子很少能够在家中得到积极的反馈(Hart & Risley，1995)。事实上，他们得到的负面反馈是高收入家庭孩子的 12 倍。无论是来自教师的反馈，还是来自学习任务的反馈，抑或是来自同伴的反馈，都能使学生更加努力。反馈和持续的形成性评价是影响学生成绩的前十类因素之一(Hattie & Timperley，2007)。然而，尽管反馈是提升学生动机的一个重要措施，但它无法单独发挥作用。为了充分激发学生的学习投入和努力，教师还必须设置具有挑战性的学习目标，引导学生接受挑战，给学生一种掌控自己学习的感觉，并创造积极的班级氛围。

经典的反馈方式是教师对学生的表现进行评论或补充，但研究表明，表扬、惩罚和其他外在奖励是效果最小的反馈方式(Deci, Koestner, & Ryan, 1999)。其中，只有表扬能够积极地影响学生的学习态度和师生关系，从而对他们的努力程度产生间接影响。到目前为止，最有效的反馈方式是教师向学生直接提供关于他们学习的以下三方面具体信息：(1) 学习目标；(2) 目标达成进度；(3) 如何继续。反馈可以是简单地帮助学生确认他们正确与否,可以是让学生了解自己目前掌握的信息情况或还需要掌握哪些信息,也可以是提供新的学习策略或开启对学习内容的新理解。就本书的撰写目的而言,反馈可以提升学生的努力程度,因为好的反馈可以使学生更接近目标,从而激发他们的学习动机。

教师可以采用如下策略。

使用有情感的表达方式。教师要对学生做的每件小事给予肯定。对学生说:"谢谢你能考虑到这点,我非常欣赏你能深入思考",或者对学生说:"同学们,如果你能和你的搭档准时完成任务,就请跟你的搭档击掌庆祝,'我们做到了!'"使用有情感的表达方式虽然是一种最简单的反馈方式,但它能使学生意识到自己的成长,让他们感到自信,并接受更深层次的反馈和学习。

帮助学生开发并使用评价量规。在制订评价量规之前,教师必须清楚地阐述学习目标。学生必须能够非常准确地界定和识别目标达成的具体依据。此外,评价量规的评价结果应能够帮助学生认识自己目前的学习程度以及接下来该如何学习。评价量规可以很简单。例如,学生可以使用评价量规来检验目标达成的五个方面。

（1）清楚地说明目标可测量的所有指标。

（2）实现目标的实际过程。

（3）实现目标的进度。

（4）实现目标的潜在障碍。

（5）实现目标的潜在途径或策略。

当学生具备并能够使用评价量规来评估自己的学习过程时,他们的努力水平就会有所提高。毕竟自主掌控学习和见证学习目标的达成过程,是非常激动人心且能够给人以力量的。

表达明确且具有建设性。为了激发学生的学习动机并提高他们的努力水平,教师必须强化对学生的积极反馈,坚持纠正具体学习任务的错误,并保证在提出探究性问题时不带任何批评色彩。

• "我非常喜欢你作文中描写的那些细节,以后,请在描写这些细节时加入一些你的个人感受,让读者知道什么令你感到兴奋、害怕、压力、希望或者困惑,这可以给读者一种他们更了解你的感觉。在你的故事中补充 5—6 句话能够使它更加精彩。"

•"你的学习态度一直非常好,这点我很欣赏。我知道你现在被这道题难住了,让我们尝试将 A/B 函数放在方程的左边,并用这种方式解决这道题,看看接下来会发生什么。"

•"你的评价量规包含了很多重要的细节,这很棒,但评价结果也表明你还有进步的空间,能跟我谈谈这个问题吗?"

七、措施 5:从"尝试"努力开始

88

试用装使消费者在购买产品之前能以较低的风险先进行相关的尝试。教师可以在课堂中复制这种模式。正如我们所知,学生(尤其是社会经济地位较低的学生)在课堂上总是倾向于避免冒险。正如那些不愿意直接购买产品的消费者可能愿意拿出较少的钱买样品一样,那些不愿意付出较大努力的学生也可能愿意付出微小的努力。尽管这些微小的努力可能只能使他们朝着目标前进5%,但这足以成为他们付出更大努力的开始。简言之,当学生学习动力不足时,缓慢地开始提升他们的学习动力要比期望他们马上动力十足简单得多。

如果学生昏昏欲睡、脾气暴躁或反应迟钝,那么他们就不太可能举手发言,积极地进行团体合作或投入学习。此时,最好的解决方案是采用逐步递进的方式,让他们投入有趣的或快节奏的课程。从比较简单的、低风险的活动开始,将学生萎靡不振的身心状态调整到更有利于学习的状态,并将他们的思维从"我不喜欢这个"转变成"这也许是值得的"。

教师可以采用如下策略。

组织一些"小活动"吸引学生。如果课堂上近半数的学生都昏昏欲睡,那么教师可以说:"在我们继续讲课之前,请跺两下脚,敲两下桌子。"学生通常会执行这个指令(男孩往往特别喜欢这个任务)。一旦他们完成跺脚和敲桌子的任务,他们的好奇心本能就被唤醒了,他们会好奇:"我们为什么要这样做?"这时,教师可以继续对学生说:"请大家站起来,走五大步。现在,请找一个合作伙伴。"这项任务通常不会遇到任何阻力,学生会在接到教师的指令后走到课桌旁,找到一个同学,并与他组成合作伙伴。此时,他们已经睡意全无,并准备好执行下一个指令。

此外,教师还可以带领学生开展以下活动:伸展双腿,举起双手,伸出双臂,然后,身体后倾,身体前倾。当学生身体向前倾时,要求他们尽最大努力触摸自己的膝盖。完成这样的一组动作后,教师对学生说:"请在站起来后摸一下七把椅子的椅背,并找到一个合作伙伴。"

89 **鼓励学生自愿举手**。要让学生养成举手的习惯,教师首先需要给学生一个"想"举手的理由。将举手作为一种积极的认可方式是一种很好的策略。例如,教师可以对学生说:"如果你的同桌今天准时上课了,请举手。"教师越频繁地要求学生为有意义的、低风险的以及感觉良好的事情举手,学生就越容易养成举手的习惯。

要求学生分享想法。这项策略可以有效地引导学生参与和课程相关的合作活动。教师可以对学生说:"在我们继续之前,请转过身,告诉你同桌一种令你无法忍受的食物(为学生留出一段交流的时间)。现在,告诉他你下周最期望做的事(再次为学生留出一段交流的时间)。现在,花点时间对比一下你们的课堂笔记,至少找出一项你笔记上没有的内容,我会在两分钟后进行提问。"

将学习内容分成小模块。当促进学生努力存在一定困难时,教师可以将一个教学活动或一份阅读材料划分为学生力所能及的小模块,使学生能够立刻采取行动。首先,将全班学生划分为若干合作小组,每组 4—5 个学生,并要求他们报数,通过这种方式使每个学生获得一个介于 1—5 之间的号码。然后,为每组分配一小段文本或故事材料,要求该小组合作完成阅读,并从号码为 1 的学生开始,要求他朗读阅读材料的第一句话,号码为 2 的学生接着朗读下一句,依此类推。如果学生的阅读能力较差,教师只需要求他们说出每个句子的主题或句中的动词。如果教学对象为中学生,教师则可以将全班学生两两配对,并为每对学生分配一个段落的阅读材料。然后,要求他们阅读这段材料,讨论其含义,并为其他同学准备一个阅读总结。如果一个班有 30 个学生,通过此种方式,他们每次都可以分析和总结一篇包含 15 个段落的文章。将学习内容分成小模块的要点在于,采用各种方式,尽可能多地促进学生投入学习。随着学生的学习动机和努力水平逐渐提升,教师可以逐渐增加文本或活动的长度。

调动学生的肢体反应。有时候,仅采用举手的方式可能会令学生感到厌倦,为了让学生能够再次充满激情地投入学习,教师应尝试调动学生更多的肢体反应,作为他们参与课堂学习的信号。引导学生使用以下肢体反应。

- "如果你已经准备好开始做一些不一样的事情,请起立。"
- "在快速问答活动中,请重复我说的话。"
- "如果同意,请向上竖大拇指;如果不同意,请向下竖大拇指。"
- "如果感到困惑,请跺跺脚。"
- "当你了解这些内容,并准备继续下一步时,请敲敲桌子。"
- "当你感到迷茫时,请耸肩示意我,如果没有,请挥一挥你手中的纸。"

90

当教师用上述方式开始一节课或一项活动时,学生在接下来的学习任务中投入学习的可能性就会提高。即使那些不愿意参与活动的学生,通常也会随着时间的推移而愿意作出回应。让学生感觉到你对他们参与课堂活动的热切期望和诚挚邀请。

如果教师希望学生更多地掌控课堂,那么就需要教会学生使用不同的线索为自己提供反馈。例如,告诉学生当他们需要休息、学习内容太难或是课堂偏离课程教学时,给你一些提示或是让你知道你在提问环节中对他们的肯定是多么成功。这有助于使学生感到自己拥有对一些重要课程的课堂控制权。在小学课堂中,这项工作通常由助理教师完成,将它交由学生完成,的确是授予学生课堂掌控权。

八、用你的付出赢得学生的努力

当你认为你的学生并没有在课堂上真正努力学习时,不妨试着改变你的观点。实际上,学生每时每刻都在进行选择,他们每天都在问自己,"积极参与课堂是个好选择吗?这项活动值得我付出努力吗?我为之困扰吗?"与大众普遍认可的观点不同,学生并不是对教师有所亏欠。大多数学生来到学校是因为法律规定他们必须来上学,同时也是因为他们的朋友都在上学。

但是,当你选择将教师作为自己的职业时,这就意味你需要通过尽最大努力改变学生的生活以使自己获得金钱回报和一定程度的情感或职业满足。教师必须谨记,你需要通过与学生建立良好的关系,向学生展示激情,并以让学生"买账"的方式,为持续激发学生的学习动机和提高学生的努力水平奠定基础。只有这样,你才能成功地实践本章提及的五项措施(如图 11.1 所示)。

91

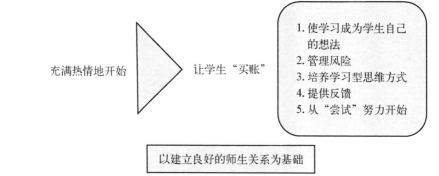

图 11.1　如何保持学习动机和努力

　　每天开始上课之前,教师务必保证自己的课程值得学生付出努力。问问自己是否已经完成了自己应该做的工作,是否已经尽力采取了本章列出的五项措施。同时,还需谨记,你对学生的关心比你的知识水平对学生的学习动机影响更大。只有当教师以饱满的热情投入教学时,学生才会对学习更加兴奋,并更愿意付出努力。

第十二章　提高学习投入，
　　　促进深度理解

相关要素

- 词汇量：建立知识的深层表征有助于增加学生的学术词汇，学术词汇有助于深入理解学习内容，提高学生整合学习的能力。
- 努力与活力：深入理解学习内容能使学习变得更加丰富多彩，更难忘，激发学生的创造力，从而提高他们的学习热情和努力程度。
- 认知能力：建立学习内容的深层表征有助于学生的知识保持与迁移，从而为学生更深入地理解奠定基础。
- 压力水平：加深学生对知识的理解有利于他们建立学习与真实世界之间的联系，使他们能够自主完成知识的意义构建，从而提高他们对学习的控制感，降低压力水平。

一、在课堂中

　　米歇尔（Michelle）已经连续 12 年教三年级的学生了。她非常热爱自己的工作，从未想过除了教师以外的任何其他职业选择。她的抱怨很简单："考试已经多到占用了我讲授教学内容的时间。这令我失去了对教学的掌控。"频繁的考试让米歇尔感到不知所措,以至于她不得不经常采取死记硬背的教学方法来确保学生能够在考试中达标。她失望地表示,考试已经使她的工作乐趣消失殆尽了。

93　　　米歇尔最好的朋友卡米拉(Camilla)也在教三年级学生。她同样感到每天时间不够用,但却是因为完全不同的原因。在她的课堂中,学生们的学习投入程度已经高到足以令他们忘却时间。卡米拉将每周使用活页练习题的时间严格限制在10—15分钟。为了避免学生觉得无聊,她总是不断地改变不同活动的学习路径,并定期调整学习情境:有时采用个体学习,有时采用同伴合作学习,有时则会组织团队合作学习。此外,她设置的学习活动的复杂程度和挑战性各不相同,少数活动,学生只需要花几分钟就能完成,而大多数需要更多投入的活动则可能需要学生花费几周时间才能完成。

　　　经过艰难的一天,米歇尔失望透顶,她向卡米拉抱怨:"我的班级就像一个考试工厂,我已经完全失去了教学的乐趣!"卡米拉以前也听过这样的抱怨,她拉开椅子靠在上面,问道:"米歇尔,你期望在这学期结束时收获什么? 只是一些抱怨吗? 还是学生都能在开心快乐中取得较好的考试成绩? 你是想一直为自己的失败找借口,还是想要取得成功? 我是认真的。长久以来,我听到的都是你的抱怨,你从未向我寻求能够帮助你解决困境的办法。"

　　　米歇尔猝不及防地问道:"你是什么意思?"卡米拉回答道:"米歇尔,为什么你从不好奇我是怎么做到的? 我能够帮助学生建立对学习内容的深度理解,保证他们有较高程度的学习投入,我乐在其中,同时,我还能保证学生的成绩进步超过联邦政府规定的公立学校学生应达到的适当年度成绩进步(adequate yearly progress,AYP)①。你不想知道我是怎么做到的吗?"

　　　米歇尔思考了一段时间后回答道:"我不确定自己能否像你一样。因为我并不是一个充满创造力的人。"卡米拉继续鼓励她道:"创造力也不是我的强项,但是我愿意每天花几分钟时间思考还有哪些学生是我没能照顾到的,并基于此规划第二天的教学策略。我真的很在乎我的学生,我知道你也同样在乎你的学生。所以,我非常愿意带你实践我走过的路,并告诉你究竟应该如何做。"

　　　经过这番对话,米歇尔已经整装待发,她对卡米拉说道:"这真的是个好主

---

① 适当年度成绩进步(adequate yearly progress,AYP):指特定学校、地区或联邦政府下设各州的学生每年成绩预期提升量。——译者注

意，明天放学后，我们可以约定在你的教室见面吗？"

二、促进深度理解的五项措施

通过米歇尔和卡米拉的对话可以看出，当存在许多诸如考试和班级管理等更加紧迫的需求时，教师可能很难持续关注促进学生投入学习的问题。同时也可以看出，既掌握教学内容又了解教学过程的教师，在引导学生持续投入学习方面更有优势。幸运的是，促进学习投入的教学策略不仅能让学生感受到学习的乐趣，而且有助于他们建立与自己紧密相关的对学习内容的深层表征，这令他们能够同时为考试和进一步学习作好准备。

有些教师经常误以为，在低社会经济地位学生的脑中建立对知识的深层表征是不可能的。当这些教师看到低社会经济地位学生拥有较少的学术词汇量时，就会误以为他们需要更"低级的"学习，从而选择只讲授教学内容的表面含义，不要求他们开展深入学习。有此类错误认识的教师的教学，往往建立在一个错误的假设基础上，即贫困的学生不能或不愿意进行更深入、更复杂的学习。然而，大量卓越教师的案例表明，低社会经济地位的学生不仅能够投入复杂的学习，而且他们也非常喜欢此类学习。

学习是一个复杂的过程。有些情况下，学习是有清晰顺序的，但有些情况下是没有的。众所周知，除非简单的关联学习（例如，苹果是水果），否则人脑很难在首次接触新知识时就完成学习。通常，我们会对新接触到的内容形成粗略的认识，然后通过后续学习更新或删除这些认识（Eichen-Baum，2004）。为了促进知识的保持与迁移，建立知识之间的联系以形成更宽泛的理解，教师需要帮助学生建立对所学内容的深层表征，而不是仅教授一些浅层的概念。能否令学生在脑中形成对所学内容的深层表征，是影响学业成就的重要因素（Hattie，2003）。

深层表征会随着学习时间的推移不断发展，需要建立在理解所学内容，了解它们的意义以及与实际生活关联的基础上。深入理解的具体过程包括：理解标签，发现属性，建立情境和意义，纠正错误和学会迁移（Jensen & Nickelsen，2008）。第一，需要为所学内容建立标签，这有助于脑创建标记并明确信息的存储位置。第二，发现标记内容的性质或属性（例如，独有的特征、必要的元素或引人注目的价值等），帮助脑构建更深层次的表征。第三，将所学内容放入某种情

95   境,并赋予它们适当的意义,完成意义建构过程。第四,通过评估和纠正错误来
保证理解的准确性。第五,将对内容的理解与个人生活、现实世界或事件建立联
系,学会迁移,这能够反映知识的掌握情况。图12.1展示了一个通过上述五个
步骤帮助小学生建立对袋鼠的深层表征的案例。

> **1. 理解标签**
> 引入话题:"这只动物是袋鼠。"
>
> **2. 发现属性**
> 帮助学生识别袋鼠的属性:"袋鼠拥有强壮的腿和尾巴,
> 它们能够跳跃。它们会在前面的口袋中养育袋鼠宝宝。
>
> **3. 建立情境和意义**
> 带学生去动物园,或观看电影《袋鼠宝宝》(*Joey*)。要
> 求学生描述对袋鼠的印象或真实体验。
>
> **4. 纠正错误**
> 要求学生编制关于袋鼠的测试,交换完成答题,讨论结果。
>
> **5. 学会迁移**
> 讨论:"你认为免提婴儿背带、腰包或弹簧高跷的发明是
> 受袋鼠特征的启发吗?"

图 12.1   建立对袋鼠的深层表征的五个步骤

96   本章列出了促进深度理解的五项措施,帮助学生深入持续地理解学习内容。

促进深度理解的五项措施

1. 理解标签。
2. 发现属性。
3. 建立情境和意义。
4. 建立正确的理解。
5. 学会迁移。

三、措施 1:理解标签

标签能够告诉脑正在学习的内容是"什么"。人脑需要为所学内容命名,以

便存储和后续提取。学习这些标签看似浅显,实则非常重要,它能够开启理解的过程。即使是 2 岁的儿童,似乎也能快速为所学内容登记和映射标签,由此可见,登记和映射标签是一项核心语言能力(Spiegel & Halberda,2011)。有研究者认为,由于名词标签更易想象,所以我们先学习名词标签(McDonough,Song,Hirsh-Pasek,Golinkoff,& Lannon,2011)。例如,与天气有关的名词标签包括:龙卷风、云、雨、飓风和雪,这些标签都很容易可视化。然而,由于成长于贫困环境的儿童词汇量较小,掌握标签的情况往往不佳,这使他们在入学阶段就落后于同伴(Hart & Risley,1995)。以下策略有助于教师培养学生学习登记和映射标签的能力。

教师可以采用如下策略。

通过非正式评估了解学生在所学内容方面的先验知识。学生的先验知识既可能对其学习过程有益,也可能有害。评估学生在所学内容方面的先验知识,能够帮助教师了解他们目前的知识基础、差距以及错误概念。有效的评估方法之一,是让学生与同伴合作,开展头脑风暴,想出他们知道的关于当前学习话题的词语(比如天气)。然后,要求他们用想出的词语造句(例如,龙卷风常发生在温暖的气候中)。另外,让学生完成一个简短的词语关联测试也不失为一种有效的评估方法。教师制作一份包含 10—20 个与所学内容相关的标签列表,要求学生说明哪些是他们已经知道的标签。

无论是造句还是非正式测试,其评估结果都能够为教师开展教学提供必要的指导。最常见的评估结果可能提示教师,首先需要提高学生的词汇量。教师应在日常教学中优先完成词汇量的教学任务,相关教学策略与资源可以参考由卡尔顿和马尔扎诺开发的"课堂词汇游戏"(*Vocabulary Games for the Classroom*,Carleton & Marzano,2010)。

建立标签之间的联系。学生需要学习与他们已知标签相关的新标签,来"固定"新的学习内容。教师可以用 5 分钟时间向学生介绍教学内容的一个组块,并说明该组块的核心观点和标签。然后,将学生分成若干小组,要求每个小组通过词语关联为每一个标签创建一个他们能想到的关联标签列表。

以龙卷风、云、雨、飓风和雪等与天气相关的标签为例。在活动中,首先要求学生从列表中选出一个标签(如龙卷风),并尽可能多地想出与其相关的关联标签,例如风、破坏、建筑物、灾难、伤害和恐惧。学生可以通过讨论相互启发,想出

97

更多的关联标签——"这让我想起了……"或"我想出这个词语是因为……"。

　　然后，整合各小组创建的标签列表，形成一个由全班学生共同生成的关联标签列表，并由此开启后续学习。这项活动能够帮助学生扩大构成专门知识的标签量。

　　抓住要点。与其抱怨学生的记忆力差，不如教给他们一些能够切实帮助他们记住所学内容的工具。教师可以教学生包括联想法、限定词法①或首字连词法②在内的一些记忆方法。学生在学习新知识时，采用首字连词法能够帮助他们巩固所学的知识标签，从而提升他们的信心。例如，在科学课上，教师可以使用诸如"与新鲜的菠菜相比，孩子更喜欢奶酪"等语句，帮助学生记住生物分类的分类顺序（界、门、纲、目、科、属、种）。在地理或经济课上，教师可以告诉学生经济学家用来指代欧洲经济最不稳定国家的首字连词为 PIGS（P 代表葡萄牙/Portugal，I 代表意大利/Italy，G 代表希腊/Greece，S 代表西班牙/Spain；教师可能会发现有些同学认为这个简称很粗俗），用来指代新兴经济发展中国家的首字连词为 BRIC（B 代表巴西/Brazil，R 代表俄罗斯/Russia，I 代表印度/India，C 代表中国/China）。

四、措施 2：发现属性

　　属性能够界定所学内容的特征，它建立在标签的基础上，且有助于学习者形成更深层的理解。例如，当学生学习天气时，他们必须了解与天气相关的标签的属性。例如，雪的属性是冰冷、潮湿，颜色为白色，它可以是颗粒状、片状、块状或粉状。雪只有在温度不高于零度时才能形成，一旦温度高于零度，它就会融化成水。雪有时会轻轻飘落，有时会伴有强风，形成暴风雪。仅理解"雪"这个标签并不能够使学生掌握雪的本质，而发现雪的属性才有助于学生理解"雪"这个标签，并能够将其与其他标签进行区分。以下策略将帮助教师带领学生掌握发现标签属性的过程。

---

① 限定词法（peg word）：指学习者在学习新知识时，基于视觉或语义展开联想，从而实现更好的记忆效果，该方法是一种精加工策略。——译者注
② 首字连词法（acronyms）：指将每个单词的第一字母连接起来形成缩写，该方法是一种精加工策略。——译者注

教师可以采用如下策略。

引导学生将已经掌握的内容标签分组。要求学生分析已经掌握的标签，然后采用列表或组织图(例如气泡图)的形式对标签进行分组。这个分组过程能够使学生反思一些重要的分析性问题，例如，为什么这两个标签被分在同一组？

同样以天气的学习为例。学生可能会将龙卷风、洪水和暴风雪等标签分入"事件"组，将卷云、雾和中云等标签分入"云"组，将信风、盛行风、圣安娜风①和东北风暴②等标签分入"风"组，将冰冻、降水、白色和雪花等标签分入"雪"组。这个过程能使学生发现不同标签的共同特征，即它们的属性。

完成对标签的分组后，学生可以通过提问和回答有关标签的一系列问题，梳理出这个标签的特征。下面以"雪"这个标签为例，列举一些问题。

(1) 哪些是对雪的正确描述？

(2) 雪对人的身体健康、出行和工作有哪些影响？

(3) 雪有哪些优点和缺点？

(4) 雪与其他天气现象有何不同？

这些问题能帮助学生将标签与标签的属性建立起联系，从而加深学生对所学内容的理解。例如，问题(3)的答案可能是：雪冻起来可以滑雪橇、滑雪或溜冰，如果雪非常大，还可以滚雪球或堆雪人。教师务必关注这些问题，帮助学生从"雪"这个标签中提取一些典型特征或属性。问题的质量越高，学生能够发现的特征或属性也就越多。

99

开展"找出奇怪的词"活动。当学生完成了对标签和属性的分组时，教师就可以组织开展"找出奇怪的词"活动。首先，要求每个学生在每个标签中加入一个不属于这个标签的词。然后，将学生分组，要求他们找出同伴放入每个标签的"奇怪的词"。如果学生掌握了这个标签，那么他们就能够发现哪些词属于这个标签，哪些词不属于这个标签。

复习和强化属性。这项活动能够强化学生对标签与其属性之间联系的理解，教师可以在任何学科的教学中开展此项活动。在语文课上，标签可能是词

---

① 圣安娜风(Santa Ana)：秋冬季节出现在美国加利福尼亚州南部的一种季风，由于容易引发山火，也被当地人称为魔鬼风。——译者注

② 东北风暴(nor'easter)：北大西洋西部的大规模温带气旋，由于会给北半球东海岸带来强风而得名。——译者注

性,甚至是标点符号。例如,学生可以通过又蹦又跳的肢体语言表达感叹号的属性(强调或兴奋)。在化学课上,教师可以将化学元素的名称作为标签。要求学生听到名称和原子序数时,说出对应的元素名称,并用肢体语言表达此种元素的形态属性。例如,当教师给出原子序数"1"时,学生应说出"氢",并挥舞双手表明氢是一种气体。学生可以做出波浪的手势表示液体元素,用一只手握拳敲击另一只手的掌心的动作表示固体元素。

分析每个标签的独特属性。这项活动有助于学生在课程中完成对不同标签或概念之间差异的加工。教师可以首先要求每个学生在一张纸上画出两列,在左侧一列创建一个当前学习单元的新词汇(标签)列表,在右侧一列创建这些标签属性的列表。然后,学生分组合作将列表顺序打乱,创建一个测试,要求受试者将左侧列表中的标签与右侧列表中的属性逐一匹配。最后,要求组与组之间交换测试并完成测试。此项活动的目的在于训练学生精准且快速地作出反应,从而为后续进行更复杂的理解建立基础。

接下来,教师可以让学生将他们对不同概念的理解写成一份书面总结。例如,如果当前所学课程内容为"美国政府的三个分支机构",那么学生首先需要鉴别出能够区分三个分支机构的属性(例如,"由总统领导"的是行政机构,"通过法律"的是立法机构,"由最高法院领导"的是司法机构),然后,用一段文字描述三个分支机构并解释其独特属性。

引导学生互相指导。同伴教学是一种促进学习投入的核心策略,常用于加强学生对所学内容的理解。改变同伴教学的组织形式有助于使学生保持新鲜感,从而提高他们的活动投入度。教师可以要求学生开展下列活动中的任何一项。

• 将一节课总结成五个要点。每个总结要点都包括一些能够提示学生回想相关属性的标签。利用几分钟时间修改或检查总结要点的准确性,然后,与其他同学结伴,用总结要点向另一组同学讲授这节课的内容。

• 列出每个关键术语或概念的三个属性,然后说服你的同伴为什么这些术语或概念是学习重点,但只能运用所列出的三个属性来增强说服力。这项活动能够强化学生的认识:概念的标签并不能使它变得重要,概念的属性才是真正能够解释它的因素。例如,有些学生可能会说:"最高法院(关键概念)有权推翻法律,并影响许多涉及你关心问题的公共政策,例如,枪支管制、堕胎、同性恋结婚和移民。"此项活动的最终目标是让学生能在 20 秒内综合并分享术语最重要的属性。

　　• 针对有争议的问题表达立场(例如，被定罪的重罪犯是否有投票权问题)，并与同伴进行辩论。赞成的学生认为他们应该有投票权，反对的学生则认为他们不应该有投票权。辩论必须集中在重罪犯的属性(例如，重罪犯与国家利益相关程度如何，他们是否可以算作公民，有哪些公民权利保障)和投票的属性(在哪里投票，具备哪些资质的个体拥有投票权，是否每个人在每次选举中都应具有投票权)上。当学生专注于核心概念的属性时，辩论就会始终围绕着核心问题，而不是谁语速更快，声音更大或讲的故事更有趣。

　　• 选出两个标签(如飓风和龙卷风，双足哺乳动物和四足哺乳动物)，并整理出每个标签的属性。然后，与同伴共同比较每个标签的属性，并将结果与其他组同学分享。

101

五、措施 3：建立情境和意义

　　标签能够告诉我们所学内容的名称，属性能够告诉我们所学内容的独特特征，而情境和意义则构成了所学内容的核心。学习内容的这些性质使其能够进入学习者的心理环境(认知、空间、时间或情感)。情境为学习内容提供了框架，从而令其变得比标签更加丰富。教师可以选择为学生讲授天气现象，也可以让学生讲述自己遭遇可怕天气的真实故事，从而使学习更相关，更令人难忘。情境和意义共同赋予了学习内容能够令学生长期接受、记忆和与现实建立联系的价值。以下策略将帮助教师使学习内容变得更加生动且更能吸引学生。

　　教师可以采用如下策略。

　　使学习个性化。教师可以给学生一个机会，分享与当前所学主题相关的个人故事。具体形式包括，要求学生将他们的故事写成短文，或口头讲给自己的搭档、小组成员和全班同学听。这项策略可能会带来意想不到的强化学习内容的效果。请想象一个学生讲述关于幸存于恶劣天气的生动故事的效果——全班同学都被其吸引，学习变得无比令人难忘。

　　许多来自低收入家庭的学生没有接触过或体验过能够帮助他们与文本建立联系的书籍、博物馆或旅行。许多中高收入家庭的学生也没有体验过低收入家庭学生的生活经历。学生的生活经历是教师可以在课堂中利用的背景知识的丰富来源和潜在的叙事策略。让学生以恰当的方式讲述自己的故事,既有利于产生精彩的戏剧性效果,又能使学生感到他们并不孤单。

提出并检验假设。学生通常会有与所学内容相关的直觉、信念和经验。教师在尊重学生观点的同时,可以让学生通过团队合作的形式提出"为什么"或"如何实现"等假设来建构意义。首先,每个小组从列表中选出最可能在教室中进行检验的假设,并提出关于假设的批判性问题。然后,要求学生通过设计验证实验,创建问题解决情境,开发评价标准或进行历史与事实分析研究,探究并解决这些问题。

例如,一个简单却与生活息息相关的实验,就能检验出学生常用的手部消毒液的效果。许多父母担心自己的孩子会被细菌感染,因此他们告诉孩子要经常使用手部消毒液。针对这个问题,学生可以提出假设:洗手与使用手部消毒液的效果相同。然后,设计一个简单的科学实验进行假设检验。

每天讲授一个新词汇。每天讲授一个新词汇的活动是一种讲授和强化新词汇的有趣方式。教师可以让学生从规定的词汇列表中选出要学习的词汇,以加强学生对学习的控制感。在此基础上,为了强化该词汇的使用情境和意义,教师可以要求学生:

- 在与同学谈话时使用该词汇。
- 两人一组,一人提出一个关于该词汇的问题,另一人必须回答此问题。
- 独立找出该词汇的同义词和反义词,然后相互交流,从而得出最佳答案。
- 分别采用明喻和暗喻的修辞手法,用该词汇造句。
- 利用图画或拼画阐释该词汇。
- 在某个故事背景下解释该词汇的含义。
- 将该词汇与学生的生活或真实世界建立联系。

教师需要轮流开展上述活动,以使学生能够保持新鲜感。同时,也可以在学生正确使用新学词汇时给予一定的激励。例如,允许正确使用新学词汇的学生在课程结束时第一个离开,或者邀请他们与你共进午餐。

布置简短的写作任务以深化学生的意义理解。这项活动有助于强化学生对所学内容意义的理解。首先,让学生 4—6 人一组,要求每个小组成员都针对前半小时所学内容写一份 4—8 句的总结。5 分钟后,通知学生停止写作,将写完的总结传给自己右边的同学。然后，要求这个同学在 90 秒内，阅读左边同学的总结，并以同行评审的形式写出一个简短的评论。该评论可以聚焦于教师强调的任何方面（例如，内容的准确性，句子的结构，思路或观点的清晰度或语法）。完成初次同行评审后，要求学生将带有评论的总结继续传给右边的同学，然后要求这个同学阅读并评论下一份总结。以此类推，持续上述过程约 10 分钟后，要求学生将总结归还给原作者。每个学生均需要根据得到的多个评论重新撰写总结，并将重写后的总结交给教师。

利用视觉材料。视觉材料能够令学生从不同的角度看待所学内容，从而帮助学生建构更多的意义，深化脑对所学内容的表征。使用图像引入教学内容是在教学中利用视觉材料的一种方法，简单的符号和简笔画就能实现这种功能。例如，教师可以将词性用它的功能表征：在名词前画出空白括号以表征形容词，画出具有一定动作角度的图形，并在其后加上速度线条以表征动词。接下来，要求学生与同伴讨论所学内容中需要重点掌握的部分。然后，要求学生画出他们学到的内容。理想情况下，应限定学生在 1—2 分钟内画完，否则他们就会过多地关注自己的绘画水平而不是学习内容。

在开始教学前，先向学生展示组织学习内容的范例，是另一种利用视觉材料教学的方法。教师可以在讲授教学内容之前引入组织图。此类组织图通常使用单词和一些简单的图画勾勒出学习内容的关键部分，同时，留出 25% 的空白由学生完成，以引发他们的好奇心。在讲授完课程内容后，教师便可要求学生两人一组，找出前面引入的组织图中缺失的部分，并创建一个完全由图像组成的组织图，以帮助他们实现对学习内容的可视化与组织。然后，组织学生对他们创建的组织图进行同行评审，以获得更广泛的理解视角。最后，要求学生组成小组，分享他们在同行评审中的收获。

必要时，教师也可以让学生建立时间线，使他们能够结合整个学习背景理解当前学习内容。例如，在历史课中，教师可以引导学生将当前所学历史事件作为重要历史时刻的一部分来审视，或者通过综合考量某一历史时期世界各地发生的事情来想象该历史时期。

通过比喻建立语义。比喻能够使学生借助已有知识学习新知识，而建立新旧知识之间的联系有助于学生构建更丰富的情境和意义。鼓励学生采用简单的比喻或类比来描述自己对新学习内容的理解。例如，小学生可能会说："袋鼠妈

104

妈有一个可以随身携带袋鼠宝宝的小袋子,就像我妈妈有一个可以随身携带我妹妹的婴儿背巾一样。"学习过生物学的中学生可能会说:"在脑中,海马体像一个电涌保护器一样,能够防止过多的新信息进入脑。"如果学生年龄更小,那么教师可以让学生从他提供的列表中选择一个比喻来描述他们对新知识的理解,当然,前提是教师必须清楚地向学生解释这些比喻与概念或术语之间的关系。

标记文本。标记文本是一个投入学习的过程,它能够促使学生分析自己对学习内容及其深层意义的理解。教师可以让学生重温以前阅读过或学习过的内容,并分别用对号、叹号和问号标出已经理解的部分、感兴趣的部分和感到困惑需要更多解释或研究的部分。大多数数字版的学习内容都可以采用此种标记方式。而对于纸质版的学习内容,则可以使用彩色便利贴来标记文本中的特殊内容,并区分自己对不同内容的不同感受(例如,蓝色 = "重要",绿色 = "想要进一步了解",红色 = "令我感到困惑")。然后,要求学生组成团队,分享标记结果。无论是指导同伴,还是接受同伴的指导,都能够强化学生的学习。

在模型中学习。与视觉材料一样,模型也能帮助学生深入全面地理解新知识。在课堂教学中,建模可以用于任何教学内容,如构建太阳系模型,测量水从水龙头中流出的速率以证明伯努利原理,通过挥动鞭子打破声音屏障,以及制作太阳能炉子等。模型不一定是高科技产品,教师可以利用纸、箔纸、黏土、木材、塑料或者其他任何可以在教室、厨房或办公室中找到的材料制作教学所需模型。此外,学生的身体也可以用来建立学习模型,例如,移动双手来展示物体之间的关系。

充分发挥角色扮演的优势。将学习内容或某个过程表演出来,能够强化学生的理解,同时,也能够像视觉材料和模型一样,为学生提供新的学习视角,使学生建立更深层次的知识表征。例如,在科学课上,教师可以让学生们扮演原子并彼此互动,以模拟一些原子结合形成分子,而另一些原子互相排斥的过程。在社会科学课上,教师可以组织学生重现历史上许多政治人物之间的辩论。例如,让学生重演 1962 年古巴导弹危机中的激烈决策过程。安排学生分别扮演总统约翰·F. 肯尼迪(John F. Kennedy)、国防部长罗伯特·麦克纳马拉(Robert McNamara)、司法部长罗伯特·F. 肯尼迪(Robert F. Kennedy),以及其他参与这场使美国免受核毁灭的存亡攸关讨论的政治人物。

让学生成为专家。给学生成为专家的机会，不仅能够令他们对自己的学习负责，而且能够提高他们对学习内容的记忆效果。一种专家策略是，教师通过为学生设定新的身份来使学生成为专家：班级中的一半学生扮演当前学习内容的专家，另一半学生扮演访问专家的记者。将一名专家和一名记者组成一组，给记者两分钟时间问出专家的故事，然后互换角色，重复上述过程。最后，要求学生与同伴交流经验。

另一种专家策略是，要求学生利用道具和视觉辅助工具，将他们在课堂上学到的内容转化成一节 5 岁孩子可以理解的课程。

组织学生参与有深度的、真实的项目。要求学生将学习内容应用到现实生活问题或项目中，是实现在情境中学习的最佳策略。几何教师可以选取学期中间的某一星期，要求学生根据其提供的规格，利用所学几何原理设计一个体育场、一个高尔夫球场或一个跑道。科学教师可以要求学生为诸如水污染或能源匮乏等日常问题设计解决方案。政治教师可以要求学生成立一个模拟的政府，选举市长和议会，建立学校、公共设施、园艺部门、图书馆、公安部门、消防部门和流浪汉收容所等。

最能成功吸引学生的教师通常能够创建学生关心的、规模较大且引人注目的项目，并使学生在项目中有发言权，且能够进行关键决策。创造高效而真实的项目还需要在项目中融入一些真正的利益。项目必须具有特定的、明确的评价标准，由同行进行评审，并需要向相关校外观众汇报（如在当地科技博览会、社区活动或市议会会议上汇报）。

六、措施 4：建立正确的理解

在从教的几十年中，最令笔者感到羞愧的是，学生没能接受教师讲授内容的原因不是他们能力不足，而是教师无法成功地帮助他们建立正确的理解。在本章开始部分，笔者曾提及"人脑很难在首次接触新知识时就完成学习"。导致该问题的原因众多，可能是教师一次讲授内容过多，教学不连贯或是无法建立教学内容或教学风格与学生现实生活之间的联系，也可能是学生的工作记忆较差或缺少学习当前内容的背景知识。

然而，无论原因为何，重要的是，教师不应假设学生能够马上理解教师所讲授的内容。相反,教师要务必保证学生不仅学会了知识,而且能够准确地记住它们。同时,要通过培养学生的能力和建立他们的信心,以及设计重要且与现实生活相关的学习任务,让学生准确认识到所学内容的重要性。以下策略有助于教师引导学生建立更准确的知识表征。

教师可以采用如下策略。

为学生提供清晰、有吸引力且有助于准确理解学习内容的示例。学生需要清楚地知道如何在不同情境和不同任务中准确地理解所学内容。因此,教师应向学生展示准确完成的任务、核对清单、模型或举例说明的示例。示例可以以任何形式出现:一张 5 页纸的论文,一个网站,一篇多媒体演示文稿或一个三维立体模型。在此基础上,教师还需向学生清楚说明示例准确的原因,然后将其张贴在学生可以看见的地方供学生参考。接下来,将学生分组,并让他们参考上述示例来评价或测试一项案例任务或测试的准确性。在学生完成准确性评价后,教师应提问,确保所有学生都理解了准确完成此案例任务的标准。

支持学生创建评价量规。支持学生创建能够清晰描述学习任务完成质量和准确性的评价量规,是帮助学生掌握学习主动权,提高理解准确性的有效途径。首先,教师应向学生演示评价量规的创建过程,展示如何开发并应用高质量的评价标准。其次,检验学生的理解情况,并为他们提供自主创建评价量规的指导或模板。再次,在学生独立完成评价量规的开发后,将学生分成若干小组,对评价量规进行同行评审和进一步完善。最后,指导学生应用完善后的评价量规。上述过程的最终目标是实现学生独立创建并使用评价量规。

让学生 2 人一组合作编制包含 3—5 个问题的迷你测试,这能够引导学生对所学知识开展自我评价。在具体实施过程中,教师可以要求学生先组成测试编制小组,合作编制迷你测试。编制完成后,重新组成测试填答小组,合作完成其他同学编制的测试。

教会学生利用"他人的认知资源"。教师应教会学生利用"他人的认知资源"或其他外部资源来检查自己理解的准确性,并及时纠正错误理解。学生可以通过检索网络学习资源,邀请同伴对其作业进行评价并提供反馈,以及询问领域专家或查询权威资料等方式来实现这一目标。此外,教师还应鼓励学生将利用外部资源检查自己理解的准确性作为学习过程的一个重要步骤,养成检查的好习惯。

安排学生在教室的不同区域投票。将教室按照某个选择题的不同选项或某个争论的不同立场，划分为若干角落或区域。然后，提出需要学生表明观点或立场的问题，例如，"你认为导致 2010 年和 2011 年发生的'阿拉伯之春'（Arab Spring）事件的主要原因，是阿拉伯国家内部紧张的局势，还是国际政治局势？"并要求学生走到最符合他们观点的区域。在学生完成选择后，要求聚集在每个区域的学生共同讨论他们的观点，随后组织全班讨论。在此过程中，教师必须持续提出更深入的问题供学生讨论，如"你为什么持此观点""你的答案基于哪些事实"等。教师提出的问题或争论不一定都有"正确"答案，此活动的重点在于引导学生在正确理解问题本质的基础上表达观点，并使教师能够评估学生对学习内容的掌握情况。

七、措施 5：学会迁移

促进学生深入理解学习内容的最后一步是帮助学生将所学知识进行迁移，应用于实际生活。学习迁移能够加深脑对学习内容的表征，并能够展现学生将对知识的理解与生活或现实世界中的事件建立联系的能力。将知识与其应用情境联系起来，能够使脑建立更强的表征，从而产生比死记硬背更好的记忆效果。

有时，专家不能将自己对某一领域知识的深入理解与其他领域知识联系起来。当这种情况发生在课堂中时，就会导致一些可怕的后果。如果教师无法促进学生的学习迁移，那么学生对知识的表征就会停留在较浅的层面，同时也容易与课堂脱节，且态度冷漠。与家境优越的学生相比，社会经济地位较低的学生通常缺乏背景知识与学术思维。因此，促进学习迁移对于低社会经济地位的学生而言尤为重要。教师可以向学生展示如何将自己的爱好变成未来职业，例如，告诉撰写有关公平问题文章的学生，他们未来可能会进入执法部门或法律行业。将学习与包括现实世界在内的其他情境建立联系，不仅能够加深学生对知识的理解，而且能够强化学生的掌控感和参与感。

教师可以采用如下策略。

使学习变得生动有趣。促进学习迁移的最好方法是基于学生的世界开展教学。例如，教师可以在代数课上提问："霸王龙是否高到能够站在我们学校旁边

109

就把头伸进二楼的教室中?"在物理课上提问:"人真的能像电视上演的一样,比毒蛇跑得快吗? 我们怎样才能安全地解决这个问题。"在历史课上提问:"今天的哪些事件会在未来50年中被持续研究? 为什么?"或是"50年后还会有学校吗? 如果没有,为什么? 如果有,那时的学校会与现在的学校有何差别?"这些与众不同的问题能够激发学生的创造力,使其产生新的想法。同时,这些问题也能够促使学生将其掌握的问题解决知识进行迁移,用于解决手边的新问题。

用现实生活中的细节充实问题。教师应创设一些能够促进学生将所学内容迁移到不同情境的问题和任务。例如,将一个简单的数学问题转化为财务问题:"如果你想在20年内把1万美元变成100万美元,那么你需要的投资回报率应是多少?"或者将数学问题转化为购物问题:"10美元买3个,买3赠1,与2.55美元买1个,哪个更合算?"学生可以通过演示文稿、挂图或平板电脑将想法可视化。

在科学和社会科学相关课上,教师可以提出一些严谨且具有探索性的问题,以检验学生基于对学习内容的理解提出想法和观点的能力。例如:

· "我们应该从历史中吸取经验教训。你认为现任总统最应该从前任总统身上吸取哪些经验教训? 他应该做哪些与前任总统不一样的事情? 请给总统写一封信,列举他应该从前任总统身上吸取的五条教训。"

· "我们都知道浪费资源对我们赖以生存的星球——地球不利,你愿意再利用、节约和回收资源吗? 你家中的物品回收再利用吗? 你会把罐头、瓶子和报纸与其他垃圾分开吗? 你会把垃圾制成混合肥料吗? 你知道节约用水的方法吗? 你会在购物时使用可回收的袋子或其他容器吗? 你会与邻居谈论节约资源的话题吗? 你会加入社区环保组织吗? 你选择参与上述环保活动的理由是什么?"

八、组装"学习的拼图"

与本章介绍的促进深度理解的措施类似,我们要像组装拼图那样,将学习"拼图"逐渐拼接起来。下卷的前几章分别介绍了学生学习"拼图"的几个核心部分:建立较高的期望,营造积极的课堂氛围,传授解决问题的能力,以及给予学生控制权等。本章介绍了学习"拼图"最重要的组成部分之一——提高学习投入,促进深度理解。

如果在阅读本章内容前,你并没有准备好通过采用促进学生学习投入的措施来提高他们的学业成就,那么我希望阅读至此时,你已经作好准备。本章进一步表明了学习投入并不是一种"软"策略,它有助于学生吸收并记住知识,而这对学生在学校的成功和毕业后的成功都至关重要。

111

第十三章　提高学习投入,增强活力和注意力

相关要素

- 努力与活力:增强活力有助于产生脑所需的两种"燃料"——氧气和葡萄糖,且能够促进循环,由此引发能量增长,带来积极的身心状态,并提高动机与努力的程度。

- 思维方式:增强活力和注意力的相关活动能够培养积极的身心状态,从而使学生形成乐观的思维方式,并且愿意学习。

- 认知能力:增强活力和注意力的相关策略能够提升葡萄糖、多巴胺、去甲肾上腺素和 5-羟色胺的水平,从而改善学生的学习习惯、学习行为和执行功能。

- 关系:增强活力和注意力的相关策略能够创造积极的、有趣的课堂氛围,并在班级成员之间建立牢固的关系。

- 压力水平:增强活力的相关策略能够使学生处于积极的身心状态,降低压力水平;增强注意力的相关策略能够帮助学生调解或减少压力的影响,并感到自己被赋予了权力,能够自治。

一、在课堂中

马克(Mark)是一名资深的九年级教师。他非常热爱教代数,

甚至还被学校中的一些人称为"数学组的怪人"。当你走进他的课堂时，首先吸引你的一定是他的激情：他兴奋地讲授着代数知识，并在学生需要时及时给予他们鼓励。接下来引起你注意的是，他的学生从不会离开自己的座位。也许这就是马克最不喜欢下午上课的原因。他认为，"上午的学习已经消耗了学生大量的活力，到了下午，他们的活力所剩无几，这加大了我教学的难度"。

112

卡拉(Carla)是一名刚入职两年的新教师，也教代数。卡拉能够认识到所有关于数学无聊的消极刻板印象。所以，在职业生涯的早期，她就下定决心："也许我可能有其他缺点，但我绝不会让数学课变得枯燥乏味，我一定让我的学生积极投入数学学习。"卡拉如饥似渴地阅读有关"使数学课堂变得生动活泼"的书和论文，参加关于提升学生学习投入的职业发展工作坊。她的课堂变得不可思议地活跃。令其他教师更加惊讶的是，她的学生非常喜欢代数。

卡拉表示："对我而言，这些改变都始于我认为我能够把任何事情都变得生动活泼。那些教师普遍认为的学生精力枯竭的下午上课时间，正是我的课堂比任何时间都更活跃的时候！"

二、增强活力和注意力的四项措施

为什么有些课堂令人充满活力，每个学生都兴奋并有目的地从事学习活动，而有些课堂却令人感到气氛沉闷、枯燥乏味？对那些枯燥乏味的课堂，教师通常会归因于学生的学习动机不足且很难教。事实上，导致此问题的真正原因是教师的课堂既缺乏活力，又无法让学生集中注意力。

课堂既充满活力又能让学生集中注意力，似乎是一件稀有的事，但不可否认的是，两者对学生的学习都至关重要。充满活力的学生通常动力十足，头脑清醒，且处于学习的最佳状态。注意力集中的学生则能够专注地完成学习任务，并及时调整自己的学习习惯和行为。活力和注意力是学生在严谨的学术环境中产生学习投入的两个相伴而生的支柱。

许多教师可能会发现，社会经济地位低的学生特别容易与课堂脱节或产生学习"困难"。正如前文所言，急性或慢性压力及与之相伴的无力感通常会导致学生无法投入学习或出现不恰当的行为，而减轻这些不利因素影响的最佳方法之一就是调整学生的身心状态。教师无法决定学生的早餐是否有营养，却可以

113

影响学生对学习的接受情况。任何社会经济地位的学生都可能会在管理自己的身心状态方面存在困难，因此他们可能都需要教师的帮助才能度过高效学习的一天。

这正是本章讨论的问题。本章提出四项有助于教师增强学生在课堂上的活力和注意力的措施。通过阅读本章，你会发现组织学生进行肢体活动和伸展运动，改变课堂环境甚至播放音乐，都能影响学生的学习和行为。

增强学生活力和注意力的四项措施

1. 让学生动起来。
2. 让学生在座位上活跃起来。
3. 降低活跃程度，集中注意力。
4. 通过播放音乐调整学生的活跃程度。

三、措施 1：让学生动起来

相关研究已经很好地证明，运动能对人脑产生积极的影响。肢体活动能够提高脑中葡萄糖和包括多巴胺、去甲肾上腺素和 5 - 羟色胺在内的重要神经递质的分泌水平，而这些重要的神经递质能够影响人的认知和行为加工过程。例如，提高多巴胺水平能够促进工作记忆（Söderqvist et al.，2012），提高去甲肾上腺素水平能够提升注意力和记忆力（Gillerg，Anderzen，Akerstedt，& Sigurdson，1986），而葡萄糖和 5 - 羟色胺与情绪、认知和行为灵活性以及注意力积极相关（Bequet，Gomez-Merino，Berthelot，& Guezennec，2001）。运动还能增强执行功能（O'Malley，2011）和语义记忆（Argyropoulos & Muggleton，2013），甚至有助于改善阅读障碍学生的学业表现（Reynolds，Nicolson，& Hambly，2003）。此外，一项包含 158 个研究的元分析结果表明，轻快的有氧运动能够带来积极的情绪状态，且这种积极的情绪状态能够持续至运动结束后 30 分钟（Reed & Ones，2006）。

有些中学削减甚至取消了体育课。哈佛大学约翰·瑞奇（John Ratey）教授认为，削减体育课是一个巨大的错误。身体素质与学业成绩之间存在强相关。事实上，他的研究已经证明，在上课之前参加体育活动能够显著提高学生的学习成绩（Ratey，2008）。同理，对小学生而言，课间休息带来的某些积极效应能够一直延续到后续的学习中（Castelli，Hillman，Buck，& Erwin，2007）。

114

学生整天无精打采地坐在课桌前是无法体会到身体运动带来的益处的。课堂上一些简单的肢体活动就能起到增强认知、提高成绩的作用（Donnelly & Lambourne，2011）。教师每天的大部分时间都处于站立或运动状态，但学生的椅子却像混凝土做的公交站牌一样固定在那儿，限制了学生的运动，不利于学生投入学习。因此，教师应让学生离开椅子，以促进血液循环，增加脑的供血量，缓解错误坐姿引发的压力。即使让学生原地伸展肢体或小范围走动，也能够使学生保持活跃的新陈代谢状态，更好地投入认知活动。

大量研究表明，许多儿童游戏和活动实际上都能够提升加工速度、工作记忆和注意技能。基于游戏的学习作为一种有趣且有效的教学方法，在改善学习效果和提高学习持续性方面具有较高的可信度（Kapp，2012）。相关研究表明，在教育中融入充满活力的游戏，能够对学生的学业成绩产生积极的影响，且效应量为 0.46—0.50（Hattie，2008；Haystead & Marzano，2009）。

万利斯等人（Wanless et al.，2011）开展了一项有趣的研究，证明了游戏的效果。该研究以 4 个国家和地区的儿童为研究对象，采用头-脚趾-膝盖-肩膀任务①测量 3—6 岁儿童的自我调节能力。研究者首先要求被试学习原始任务（即听到指令做出与之对应的动作），然后教被试新任务。在新任务中，研究者要求被试在听到指令后做出与之相反的动作。例如，当听到触摸脚趾的指令时，触摸自己的头，反之亦然。通过这项看似简单的任务，研究者发现在任务中表现良好的儿童，其读写能力、数学成绩和词汇量均显著高于在任务中表现欠佳的儿童。基于此，研究者得出结论，儿童早期自我调节能力有可能对其学业成绩具有重要影响。

幸运的是，几乎所有的活动通过调整，都能对学生自我调节能力相关成分的发展发挥作用。本章后续部分提及的增强活力的措施，并不仅仅是有趣而已，它

---

① 头-脚趾-膝盖-肩膀（head-toes-knees-shoulders）是美国一首帮助儿童认识身体部位的儿歌，这里指要求学生听到指令触摸与指令对应的身体部位的任务。——译者注

们还能强化学生的脑力。例如,下文提到的冰冻活动就能强化学生的注意力和
合作能力。如果学生毫无反应,精神萎靡或昏昏欲睡,那么教师就需要彻底改变
自己的教学实践,使学生活跃起来。以下策略均易于付诸实践,能帮助教师令课
堂重新焕发生机。

　　最基本的原则是,教师应保证至少每 5 分钟开展一次增强学生活力的小型
活动,至少每半小时左右开展一次耗时更长且更活跃的此类活动。学生很难长
时间坐在椅子上,如果教师不让他们定期四处走动,他们就会变得沮丧、无聊、烦
躁,甚至出现异常行为。每一项耗时较长的增强学生活力的活动都应该有明确
的目的,且持续时间应控制在 2—10 分钟。此类活动结束后,教师应开展一项平
静的且能够重新吸引学生注意力的活动,以使他们重新聚焦于学习。以下活动
最好安排在下午第一节课,既可以作为午饭和上课之间的过渡,也可以使学生的
脑得到休息。

1. 小学阶段教师可以采用的策略

　　沿线行走活动。此项简单的活动能够培养学生的想象力和注意力。首先,
借助地板或地毯上已有的线条或采用遮蔽胶带,创建一条长曲线。然后,要求学
生沿着曲线走,同时播放轻音乐。此项活动可以有多种变化形式。例如,教师可
以将曲线换成若干可供学生跳跃的五颜六色的大箱子,也可以用不同形状的纸
做成地板图案,或想象地板上有不同的障碍物(如水、草地、碎玻璃或蛇等)。

　　冰冻活动。此项活动能够培养学生的自我调节能力、注意力,以及合作能
力。首先,播放音乐,并要求学生绕着教室走。当音乐停止时,要求学生必须停
下,并迅速到达附近的安全区。安全区是一块用地毯、垫子或者遮蔽胶带标记出
来的方形区域。教师可以通过将安全区数目减半来增加活动难度,同时也使学
生必须相互合作才能找到安全区。此外,教师也可以使用不同颜色标记不同的
安全区,当音乐停止时,举起一种颜色,并要求学生到达此种颜色标记的安全区。

　　击掌活动。此项活动能够培养学生的注意力、专注力、自我调节能力(例如
话轮转换),以及粗大运动能力。首先,让学生 2 人一组,每组成员保持 60—90
厘米距离相向而立。然后,要求每组成员指尖向上,举起双手击掌,指尖向下,放
下双手再次击掌。与此同时,播放快节奏音乐,使学生加快速度。为了增加活动
的多样性和复杂程度,教师还可以要求学生在向上和向下击掌之间增加快速旋

转、拍腿或握手等动作。此外,教师也可以将两组学生合并,组成 4 人方队,使每组成员在选择击掌模式时,必须观察另一组成员的动作,以避免动作发生冲突。

遵从指令活动。将遵从指令①活动作为基础,开发多种衍生活动来锻炼学生的注意力、听力和粗大运动能力。例如,对小学低年级学生,教师可以开展农场动物记忆(barnyard memory)活动,即当教师说出一种常见的农场动物(如猪、奶牛、公鸡、马或绵羊)时,学生需要模仿该动物的声音或动作。教师也可以根据需要改变活动形式。例如,教师可以让学生说出动物的名称,或者让他们在重复模仿前面提及的所有动物基础上增加一个新的动物。

此项活动的另一种变化形式是,教师说出不同的交通工具名称(如自行车、摩托车或皮划艇),然后,学生需要做出与之相应的骑自行车、驾驶摩托车或划船的动作。教师也可以让学生标出各种交通工具或者改变一些肢体活动,例如,用跳跃、转体、开合跳或者表演空气吉他②等动作代替骑自行车。

跟随领导者活动。这项活动与遵从指令活动类似,但能够给学生更多的自主权和冒险感,并创设出积极的社交氛围。首先,教师可以将学生分成 3—5 人一组,并在每组中选一名组长。然后,要求每组学生在组长的带领下完成一次旅行,旅行的方式由组长决定,可以是绕教室行走、跳跃或击掌等。学生掌握基本的规则后,教师可以引入更复杂且有创造性的导游角色。每组的导游需要带领组员通过想象的场景(如丛林、循环系统、太阳系或动物园等)。学生需要采取合适的行动来应对在此期间遇到的挑战(如闪避、攀爬、匍匐前进或踮起脚尖走路)。

医生—医生活动。这项活动能够培养学生的共情能力、合作能力、听力以及粗大运动能力。首先,教师可以让学生从座位上站起来,跟随音乐行走 10 秒,以使他们能够分布在教室的不同位置。然后,当教师给出信号("夏天!""冬天!""春天!""秋天!")时,出生在相应季节的所有学生需要立刻举起手并保持不动,以暗示他们已经受伤,需要医生治疗。此时,教室中的其他学生必须迅速赶到"受伤"学生的身边,并将他们转移到最近的椅子上。当然,教师并非必须采用学生出生的季节作为启动信号,也可以选用任何能够将班级学生分成若干小组的

117

---

① 遵从指令(follow the directions):指由活动组织者发出指令,活动参与者跟随指令完成相应任务的活动。——译者注
② 空气吉他表演(play air guitar):一种模仿演奏电吉他的活动。——译者注

信息作为启动信号。这项活动的一种变化形式是让举手的学生假装瞬间失忆，其他学生必须在 5 分钟内将今天课堂所学内容讲给失忆的学生听。

2. 中学阶段教师可以采用的策略

起立寻找学习伙伴。如果教师初次接触增强学生活力的活动，可以选择这项简单且安全的活动作为开始。此项活动能够促进学生的血液循环，提高去甲肾上腺素和多巴胺分泌水平，从而增强他们的注意力和记忆力。教师可以要求学生起立，寻找一个同伴，共同回顾前 5—10 分钟所学内容。同时，教师也可以要求每组学生就当前所学单元的内容进行独立思考—结对合作—相互交流（think-pair-share）或选取 2 个问题互相提问。活动应持续儿分钟。活动结束后，教师要求学生回到自己的座位。

边走边谈。与起立寻找学习伙伴活动类似，此项活动也能促进学生的血液循环，并提高去甲肾上腺素和多巴胺分泌水平。教师可以让学生 2 人一组，要求他们在教室内或户外散步 4 分钟，并根据具体情况安排学生在散步期间讨论一个与当前学习任务相关的话题。如果在教室内活动，那么教师可以播放一些欢快的轻音乐让学生行动起来，并在活动进行 2 分钟时提醒每组学生应在讨论中交替发言。此外，讨论话题可以是一些基本问题，如"为什么学校要教数学？数学对现实生活有用吗？"，也可以是一些培养学习态度的问题，如 GLP（感谢/grateful，学到/learned，目标/promise）问题（我应该感谢谁？我今天学到了什么？我今天的目标是什么？），或是关于梦想和未来计划的问题（我未来最想做什么？我今天为实现这一目标做了什么？），或是关于宣泄情绪的问题（哪些事情会令你沮丧？你如何宣泄负面情绪？宣泄过后你会怎样？）。

参观展览。此项活动不仅能使学生行动起来并产生互动，还能提升他们的分析和观察能力。首先，教师可以要求学生将他们未被评分的作业（如诗歌、组织图、大纲或进度表）张贴在墙上。然后，将全班学生平均分成两组，其中一组学生站在作业旁，另一组学生边走边参观张贴在墙上的作业。参观完成后，两组学生交换角色。所有学生均完成参观后，要求每个学生必须就每项作业提出一个问题，说出一个优点，并给出一个改进建议。教师同样可以改变此项活动的形式。例如，将学生分成若干组，安排每组学生围坐在一张桌旁，在桌上展示他们的作业。让每组一半的组员坐在原地，另一半的组员边走边参观坐在原地的同学的作业,参观持续 6 分钟后,互换角色。

模拟交叉训练。此项活动也能够促进血液循环,提升去甲肾上腺素和多巴胺分泌水平,并提高学生的运动能力。首先,教师应要求全体学生起立。学生起立后,立刻要求他们做出挥棒击打棒球的动作。然后,再变换成另一项体育运动中的动作,例如踢足球、投篮或划船等。在不同运动项目之间持续切换,能够令学生得到与交叉训练类似的锻炼。最后,教师也可以尝试让学生轮流提出需要其他同学模仿的体育运动中的动作。

由学生组织提高活力的相关活动。下卷始终都在强调组织学生进行小组(小学阶段)或团队(中学阶段)学习的重要性。合作学习能够培养学生乐于助人的精神、社交能力和责任感,让学生相互支持,形成团队依赖感,产生转败为胜的神奇效果。教师可以安排每个团队每周负责组织一次增强活力的班级活动,从而进一步强化班级的凝聚力,创设充满活力与合作的班级氛围。开始推行此项活动时,学生可能会有所犹豫,但很快,良性竞争的氛围会促使他们积极寻找效果更好的活动。

寻宝游戏。寻宝游戏是一项很好的增强学生活力的活动,教师可以根据所教学科制订不同的游戏规则。首先,教师可以安排学生起立,依次找出并触摸教室中的 5 种物品,并要求连续两个物品之间的距离必须超过 3 米。如果是在数学课上,教师可以要求学生找到 5 个直角、5 个圆柱体或 4 个立方体。如果是在英语课上,教师可以要求学生找到 5 个专有名词或普通名词的物品。如果是在经济学课上,则可以要求学生按照价值或成本的高低顺序找到 5 个物品。

此外,教师还可以让此游戏变得更具普适性。例如,要求学生寻找由字母 B 开头的 5 个物品,或者找出在同一个月出生的 3 个同学,也可以让学生把自己的想法放入班级的建议箱中,鼓励学生自主制订每组每周的活动形式。

开车啦! 此项活动不仅有助于培养学生的注意力和自我调节能力,而且非常有趣。首先,教师应挑选一个学生坐在最前面,扮演驾驶员的角色,并安排其他同学坐在他后面扮演乘客的角色。当教师下达汽车发动的命令后,扮演乘客的学生必须立刻根据扮演驾驶员学生的行为作出反应。例如,当驾驶员向左侧倾斜时,所有乘客都要向左侧倾斜。当驾驶员突然刹车时,所有乘客都要从座位上跳起或举起手尖叫。

西蒙说。西蒙说是一款经典游戏,非常有助于发展学生的自我调节能力。

教师可以根据所教学科内容或某节课的教学内容对该游戏进行二次开发。例如,在科学课上,教师可以发出指令:"西蒙说,指出教室中的钢制品、烧杯。哎哟,西蒙没有说要那样做! 西蒙说,指出显微镜。"在西班牙语课上,此项游戏则可以变成练习语言的有趣途径。教师可以用西班牙语发出指令:"西蒙说,摸嘴巴。"在游戏中,教师应始终保持宽容友好并时刻谨记,此游戏的目的是使学生感到有趣并充满活力,并非要刁难学生或使他们感到尴尬。此外,为了丰富游戏的形式,教师还可以请学生主持游戏、发布指令或让学生做出与西蒙说指令相反的动作。

四、措施 2：让学生在座位上活跃起来

在课堂上,学生通常是久坐不动的。许多教师认为,学生在教室中四处走动会令教师感到不安。他们更喜欢学生规规矩矩地坐在自己的座位上。即使是在那些最具活力的课堂中,想要学生总是能够四处走动也是不切实际的。尽管在一段时间内将学生"拴"在课桌上的做法并不理想,但即使学生坐在座位上,仍有许多方法能够令他们活跃起来。简单的拍手或触摸穴位等动作都能够促进血液循环并提升活力。当教师需要提高学生的活跃程度,但又不得不将他们"拴"在课桌上时,以下策略将为教师提供最佳选择。

120 　　教师可以采用如下策略。

西蒙说。让学生 2 人一组,每组成员面对面站着或坐着,其中一个人扮演西蒙,发布指令,另一个人遵从指令。几分钟后,要求 2 名小组成员互换角色,以保证每个学生都有机会扮演西蒙。教师也可以通过增加西蒙发布的前一个指令来将此活动变为更具挑战性的记忆训练活动。例如,扮演西蒙的学生发布一个指令:"西蒙说,拍你的头",他的搭档需要先执行前一个指令的动作(例如,指向门),然后再拍自己的头。

对侧肢体交叉运动。对侧肢体交叉运动需要脑的左右半球协同工作,能够有效提升脑的整合能力,进而增强认知能力和神经可塑性。此项活动最基础的动作是将一侧肢体交叉到另一侧。例如,要求学生先用左手触摸右膝,再用右手触摸左膝,然后,再用右手拍打左肩,用左手拍打右肩等。此项活动还可以由 2 人一组互动完成。教师可以让学生 2 人一组,让每组成员相对站立,然后,要求

他们先伸出右手交握在一起，再伸出左手交握在一起。教师可以将肢体交叉运动改变成脸和耳朵交叉运动。首先，要求学生用任意一只手摸自己的鼻子。然后，保持该姿势不动，用另一只手从鼻子前方穿过触摸对侧耳朵。完成一次动作后，要求他们再做一次相反的动作。

将数学与运动结合起来。在小学阶段，教师可以将简单的数学练习题与运动结合起来。首先，让学生 2 人一组，要求每组成员相对而坐，然后开始活动。如果学生正在练习间隔计数，教师可以要求他们先用右手触摸地板，同时数"2"，然后，再用左手触摸地板，同时数"4"，以此类推，直到数到教师规定的数字（例如，20）。如果所教对象为高年级学生，教师可以将此游戏变得更加复杂，让学生在进行身体运动的同时数素数，重复之前所有的数字或完成计算。例如，要求学生在完成交叉触摸肩膀动作的同时说出一个数字，然后，在完成交叉触摸双膝的动作时，将这个数字与一个新的数字做乘法运算。此类动觉数学活动的一个优质活动是"苏济·孔茨的数学与运动"（Suzy Koontz's math & movement，网址：www. mathandmovement. com）项目。

追踪无穷符号。此项活动能够强化学生的注意和眼动追踪技能，有助于提升学生的阅读能力和集中注意力。教师可以要求学生面向讲台，伸出一侧手臂，单手握拳，拇指向上，从中心开始画出无穷符号（∞）的右半部分（即将单侧手臂从中心开始依次向上、向右、向下画弧线，最终回到中心）。然后，穿过中心，向另一侧重复同样动作，完成无穷符号的左半部分。在此过程中，始终保持头部不动，眼睛追踪手臂的运动轨迹。教师也可以要求学生改变手臂的运动方向或两侧手臂交替运动，然后，双手交握成拳，继续重复此过程。

在空气中游泳。此项活动有助于培养学生的注意力。教师可以要求学生面向讲台站立，引导他们在空气中游泳。学生可以从自由泳开始，两只手臂交替向前滑动。当他们适应了一个泳姿后，教师可以加入诸如蛙泳或仰泳等其他泳姿来提高难度，甚至可以要求学生一只手臂做自由泳的动作，另一只手臂做仰泳的动作。当学生能够两只手臂同时做出不同泳姿的动作时，教师还可以要求他们交换两只手臂的泳姿。

创意握手。此项活动能够培养学生的创造力并加强班级的凝聚力。教师可以让学生 2 人一组，要求每组成员面向彼此，自我介绍，互相握手并进行眼神交流。然后，要求他们用一种全新的方式再次介绍自己，并再次握手。学生也可以将头和脚等其他身体部位加入其中。

用身体书写。此项活动能够培养学生对核心学习内容的注意力和记忆力。首先，教师应要求学生面向讲台。然后，从当天所学课程中选出一组关键词，要求学生用手指在空中"写出"这些词。为了丰富活动形式，教师可以要求学生用不同字体进行书写，例如打印字体或草书等，也可以让学生 2 人一组，一个学生负责在空中"写出"关键词，另一个学生负责读出同伴所写的关键词。教师还可以邀请学生用头、手肘、膝盖或者脚"书写"关键词，又或者要求学生在"书写"的同时，大声说出这个词的定义。为了增加活动的难度，教师也可以让学生站起来，用一只脚持续画圈，并用手握住椅背以保持平衡。然后，要求他们在保持一只脚持续画圈的同时，用一根手指依次指向墙壁、窗户、桌子，以及同桌，最后，在空气中"写出"自己的名字。

团队之间相互问候。将全班同学分成若干小组，并组织小组之间相互问候，能够培养学生的控制感、归属感、身份意识和认同感。教师可以要求每个团队制订自己团队的名称和庆祝方式，在每节课开始时，组织一项能够令学生充满活力的唤醒活动。具体过程为：每组学生用本组独特的庆祝方式问候全班同学，并指定下一个小组开始问候，以此类推，直到所有小组完成问候为止。典型的问候方式为，小组成员跺两下脚，拍两下手，大声说"一组在此，快乐学习"。教师也可以改变此项活动的形式，要求每组的组长喊出小组名称，集合全组成员，统计出勤情况并将结果反馈给教师。

波涛轮转。此项活动能够唤醒那些无精打采的学生，并提升他们的多巴胺分泌水平。首先，教师可以将教室分成 5 个不同的区域，并用不同的标签标注这些区域。例如，将教室中的某个角落标注为蓝色，坐在此角落的学生即为蓝区学生。然后，教师应向学生解释游戏规则：当教师说出一种颜色时，位于该颜色区域的学生必须起立，并举起手臂从一侧缓慢挥向另一侧做出波浪的形状。当教师说出另一种颜色时，处于前一颜色区域的学生需立刻坐下，处于另一种颜色区域的学生需起立，重复前一颜色区域学生的行为。以此类推，当所有颜色区域都完成后，教师应从最后一个颜色区域开始，向前重复直到回到第一个颜色区域。此外，教师也可以安排学生主持活动，也可改变游戏规则，比如，将要求学生挥动手臂做出波浪的形状改为喊出本组组名等。

有节奏地击掌。此项活动有助于培养学生的听力和注意力。教师首先演示

122

一组节奏简单的击掌，并要求学生重复。然后，可以增加 1—2 个节奏以增加击掌节奏的复杂性。以此类推，教师可以不断变化节奏的多样性，增加节奏的难度，但务必保证始终处于学生可完成的范围内。此外，教师也可以在击掌的基础上，加入踩脚和拍桌子，或由学生主持活动。

五、措施 3：降低活跃程度，集中注意力

此部分主要关注如何引导学生更加专注当前的任务或思考。注意力是一项对学生的学习和生活至关重要的技能。注意力能使学生调整自己的行为，增强决策制订等认知功能。此外，增加学生的注意力能够缓解压力，带来控制感和自治感，这对于生活在贫困或逆境中的学生尤其重要。

提高注意力的有效方法包括：简单慢速的肢体伸展或运动、自我对话、正念和自我反省。诸如保持平衡、肢体伸展以及瑜伽动作等身体活动，都能为学生带来身体和精神上的双重挑战，从而促使学生们专注于运动。缓慢移动手臂能够提高创造力，并促进新想法的生成（Slepian & Ambady，2012），而简单的保持平衡动作则能够促进脑的发育（Taubert，Lohmann，Margulines，Villringer，& Ragert，2011）。当上述活动发生在一个有意义的学习情境中时，学生的脑就会迅速建立连接（Driemeyer，Boyke，Gaser，Büchel，& May，2008）。

显然，教会学生进行自我反省式对话是非常困难的。然而，研究结果表明，积极的和消极的自我对话都会对学生的行为和学业成绩产生较强的影响。因此，引导学生将消极的自我对话转化为积极的自我对话非常重要。语言在提升学生学习控制感和学习投入方面的作用惊人。

研究表明，即使是在小学阶段，教会学生调整注意力和正念，也能带来长期益处（Oberle，Schonert-Reichl，Lawlor，& Thomson，2012）。帮助学生习得正念、自我调节以及其他认知能力的方法，可以参见思维提升项目（MindUP program，网址：www. the hwanfoundation. org/mindup）。深呼吸和冥想是帮助学生调节和减轻压力的有效方法（Paul，Elam，& Verhulst，2007）。反思练习亦有同样效果。研究表明，在重大的考试之前，要求学生简要写出自己的想法和担忧，能够显著提升他们的考试成绩（Ramirez & Beilock，2007）。

以下提供一些简单且安静的注意力训练任务与活动。恰当且持续地开展这

些活动,能够有效地提升学生的注意力。

124   教师可以采用如下策略。

过渡活动。此项活动能够帮助学生在不同活动之间顺利过渡。当学生离开座位完成一项任务或一项提高活跃程度的活动时,教师可以让他们回到自己的位置,站在椅子后面。然后,要求他们从身体两侧缓缓举起双臂,同时,用鼻子慢慢深吸一口气,当双手完全举过头顶时,屏住呼吸 2—5 秒,继而将双手缓缓放下,同时用嘴呼出这口气。

接下来,让学生与同桌组成小组,轮流简短地回答以下问题:"我们接下来要做什么? 我的目标是什么? 我要如何达到目标?"双方均回答完上述问题后,教师可以让学生回到自己的座位上。此项简短的活动能够调整学生的身心状态以适应下一项活动。开始时,年龄较小的学生可能会认为此项活动有一定的难度,但通过不断练习,他们会表现得越来越好。

移动之镜。此项活动不仅能够唤醒学生,而且能够培养学生的共情能力和注意力。首先,教师让学生 2 人一组,播放舒缓的背景音乐,要求每个学生面向自己的搭档 20 秒,尝试以慢动作相互模仿。然后,教师给出重新分组的信号,学生重新寻找搭档后,重复上述过程。为了提高活动的挑战性,教师可以逐渐增加每轮模仿的时长,但每轮时长最长不能超过 2 分钟,并要求学生在模仿过程中必须始终保持眼神接触,不能互相取笑!

伸展运动。教师要求全班学生面向讲台站立,带领他们进行缓慢的上肢伸展运动,同时,慢慢地呼吸。教师可以逐渐加入慢蹲、踮脚、抬手、转动上体、转动肩膀和抬腿等动作。此外,也可以将活动的领导权交给学生,先让学生带领自己的同桌一起进行伸展运动,然后,再将学生分成小组,每个小组选取一个学生带领其他学生运动。在充分练习之后,可以选出一个学生带领全班同学进行此项活动。

平衡游戏。此项活动能够培养学生的平衡能力和注意力。首先,教师可以让所有学生起立,并抬起一条腿,用另一条腿保持平衡。当他们能够保持身体平衡时,布置一项任务,例如,指向教室的不同位置。然后,要求他们交换双腿。教师也可以先要求学生闭上一只眼睛并保持身体平衡,进而要求学生闭上双眼,并

125   保持身体平衡。又或者让学生想象自己在一根平衡木上前后走。为了增加活动的挑战性,教师也可以在活动中增加回忆任务。例如,要求学生在保持单腿平衡的同时,回想上周发生的某些事情(例如,周二晚饭吃了什么? 周六下午四点半

在哪里?)

考前放松。在重大考试之前，教师可以给学生几分钟时间进行肢体伸展运动，深呼吸，并要求学生写下对即将到来的考试的感受。如果教师愿意，教师也可以在此过程中为学生提供一些提示，例如，让学生写出"我是否能在本次考试中发挥良好? 我为什么这么认为?"等问题的答案。研究表明，此种方法能够平息习惯性焦虑障碍学生的紧张情绪，从而提高他们的考试成绩（Ramirez & Beilock，2011）。

促进积极的自我对话。建构性自我对话在激励目标导向行为方面具有特殊价值（Senay，Albarracín，& Noguchi，2010）。教师可以通过告诉学生任务是什么和如何完成任务，来为学生演示完成任务的过程。在此过程中，教师应向学生解释什么是积极的自我对话，为什么保持积极的自我对话非常重要，如何开展积极的自我对话，例如，"当你作出合理、详尽的计划并能始终朝着目标执行计划时，你就可以期望收获好的结果"。教师务必确保教会学生使用正确的措辞，因为这将是影响此项措施效果的关键因素。例如，当学生进行自我对话时，采用提示的而不是强迫自己作决定的表述方式，会有更好的表现。此外，教师还应为学生提供一个自我对话的问题清单——我是否拥有取得成功所必需的资源? 我是否完全理解了我的个人目标和团队目标? 提问式表达方式（我是否能坚持不懈地达成我的目标）比陈述式表达方式（我能坚持不懈地完成我的目标）更有力量，且更有可能带来成功。控制点是学生动机和决策能力的重要组成因素。对学生而言，最关键的是要清楚地知道自己的当前状态、目标状态，以及如何缩小两者之间的差距。教师可以让学生在进行自我对话之前，通过与搭档分享对话内容预先进行练习。

由学生组织提高注意力的相关活动。与前面提出的活动相似，此项活动同样能够提升学生的团队合作能力，并创设积极的班级氛围。教师可以将学生分成若干小组或团队，要求每个小组或团队每周组织一次诸如伸展运动、放松或冥想等提高注意力的活动。

六、措施4：通过播放音乐调整学生的活跃程度

126

许多教师已经开始在课堂上播放音乐。这犹如为教师提供了一个助手，能帮助教师更顺利地完成教学任务，并对学生产生积极的影响。教师播放的音乐

能够对学生的身心状态和行为产生强烈的影响。音乐有如下作用：能够提高去甲肾上腺素的分泌水平,进而增强注意力和记忆力(Jiang, Scolaro, Bailey, & Chen, 2011);增强血液循环,使脑的血流更大(Trappe, 2016);释放增强记忆力和注意力的 5-羟色胺以及能够促进工作记忆的多巴胺(Feduccia & Duvauchelle, 2008)。音乐还能够缓解药物的副作用(Tasset et al., 2012),有助于释放和缓解压力(Jing & Xudong, 2008)。以下策略将帮助教师在课堂中有效地应用音乐。

教师可以采用如下策略。

正确选择音乐。只有在课堂上合理恰当地播放音乐,才能保证音乐发挥最佳效果,切忌仅将音乐播放出来就放置不管。当教师计划在某节课播放音乐时,请认真思考以下的问题。

(1)本节课预计完成哪些任务或组织开展哪些活动?

(2)学生参与课堂活动需要的最佳身心状态是怎么样的? 务必谨慎思考,是沉静,是活跃,是懵懂,还是专注?

(3)学生在完成任务过程中是否需要对话? 如果需要对话,请不要播放有歌词的音乐。在学生对话时播放有歌词的音乐,会增加占用学生认知资源的词语数量,从而引发混乱。有歌词的音乐适于在进行活跃度较高的活动时播放,轻音乐则适于在完成需要专注力和安静的任务时播放。图 13.1 详细描述了能够增强学生活力和注意力的音乐应具备的特征。

127

提高学生活力的音乐应具备以下特征:
· 每分钟80—120拍;
· 传唱度较高且容易记住;
· 以强劲的打击乐器或主音吉他为主;
[例如,格洛里亚·埃斯特凡(Gloria Estefan)的《康茄舞》(*Conga*)]

提高学生注意力的音乐应具备以下特征:
· 每分钟50—60拍;
· 是轻音乐;
· 以钢琴、低音吉他或键盘式电子乐器为主;
[例如,马克·安托万(Marc Antoine)的《城市吉普赛》(*Urban Gypsy*)]

图 13.1 通过播放音乐影响学生的行为

（4）学生想要听何种音乐？尊重班级中存在的多元文化，尽量想办法将学生的喜好融入课堂。如果教师不了解学生喜欢的音乐风格，可以征询学生的建议。当所选歌曲包含少儿不宜的歌词时，请务必选择修订后的版本。

（5）哪种音乐能够满足教师的需求？当教师无从开始时，不妨参考"音乐绿皮书"（Green Book of Songs，网址：http://greenbookofsongs.com），该网站按照贫困、低自尊、儿童和暴力（欺凌）、偏见、离异等分类组织歌曲，能够指引教师根据不同的内容或主题选择相应的歌曲。此外，教师也可选择表达不同情感（例如愤怒、乐观、动力、信仰以及希望）的歌曲。

起初，教师可能需要一些练习才能回答这些问题，但这个过程会随着时间的推移而自动化。教师会在一分钟之内迅速思考这些问题，分析课程需求，选出最合适的歌曲。教师需要通过持续的学习才能在课堂中最大限度地发挥音乐的作用。只要教师愿意花一些时间认真准备，就非常有助于创建积极的课堂氛围。

以下列出了各类不同的课堂活动和任务所需要的不同类型的音乐。

· 课堂作业或小组讨论：巴洛克音乐（例如，巴赫或维瓦尔第）、舒缓的爵士乐、新世纪音乐或环境音乐（例如，瀑布或者大海的声音）。

· 活跃程度较高的任务：经典节奏的布鲁斯，欢快的流行音乐，快节奏的轻音乐，欢快的拉丁音乐（有无歌词均可），经典的摇滚，时代老歌（malt-shop oldies）①或朋克摇滚。

· 提高注意力的慢速活动（例如，伸展运动）：轻音乐。

· 引导学生回到自己的座位（召回）：以"归来"为主题的歌曲。例如，格伦·弗雷（Glenn Frey）的歌曲《忙碌的生活即将开始》（*The Heat Is On*）、玛克辛·南丁格尔（Maxine Nightingale）的歌曲《回到出发之地》（*Right Back Where We Started From*）或四季乐队（The Four Seasons）的歌曲《回到你身边》（*Working My Way Back to You*）。

· 引导学生到户外活动：以鼓舞人心或告别为主题的歌曲。例如，双人房间组合（Room For Two）的歌曲《奇迹》（*Be the Miracle*）、艾丽斯·库珀（Alice

128

---

① 时代老歌（malt-shop oldies）：美国 20 世纪 50 年代兴起了一种跳舞人脱掉鞋穿着袜子跳舞时播放的音乐的统称。——译者注

Cooper)的歌曲《毕业》(*School's Out*)、杰克逊(Jacksons)的歌曲《尽情享受》(*Enjoy Yourself*)或半音速乐队(Semisonic)的歌曲《打烊了》(*Closing Time*)。

- 强调某个特定主题、话题、情境或情绪：乡村音乐、民谣音乐、雷盖音乐(Reggae)、当代节奏布鲁斯或嘻哈音乐。
- 小组(团队)展示、全班同学娱乐或建立互信关系：电视节目和音乐剧中的主题合唱歌曲。
- 班级主题曲：电视节目主题歌曲。

以下歌曲能够增强学生的活力。

- 迪士尼系列 CD 集中的歌曲《美丽的一天》(*Zip-a-Dee-Doo-Dah*)。
- 索卡男孩(Soca Boys)的歌曲《追随领袖》(*Follow the Leader*)。
- 索卡男孩的歌曲《准备好开始即兴索卡乐表演了吗?》(*Are You Ready to Soca Jam*)。
- 科斯塔·克鲁(Costa Crew)的歌曲《永远看到生活的美好》(*Always Look on the Bright Side of Life*)。
- 肯尼·切斯尼(Kenny Chesney)的歌曲《美好人生》(*Life Is Good*)。
- 蒂姆布克 3 乐队(Timbuk 3)的歌曲《明亮的未来让我戴上了墨镜》(*The Future's So Bright，I Gotta Wear Shades*)。
- 鲍勃·马莉(Bob Marley)和哭泣者乐队(the Wailers)的歌曲《来自灵魂的共鸣》(*Positive Vibration*)。
- R.凯利(R. Kelly)的歌曲《振作》(*Rise Up*)。
- 伊斯雷尔·卡马卡威沃尔(Israel Kamakawiwo'ole)的歌曲《绿野仙踪》(*Over the Rainbow*)。
- 艾伦·杰克逊(Alan Jackson)的歌曲《那太好了》(*That'd Be Alright*)。
- 卡特里娜(Katrina)与波浪乐团(the Waves)的歌曲《漫步阳光下》(*Walking on Sunshine*)。
- 乔·迪伊·梅西纳(Jo Dee Messina)的歌曲《美好人生》(*Life Is Good*)。
- 鲍勃·马莉和哭泣者乐队的歌曲《三只小鸟》(*Three Little Birds*)。

以下平静、专注的歌曲能够降低学生的活跃程度以提高注意力。

- 声音魔力吉他组合（Acoustic Alchemy）的专辑《积极的思考》（*Positive Thinking*）。 129

- 凯沃兹（Kevoz）的歌曲《日落》（*Sunset*）。

- 梅森·威廉斯（Mason Williams）的歌曲《田园牧歌》（*Country Idyll*）。

- 约翰·塞里耶（Jonn Serrie）的歌曲《在旁观者眼中》（*Eye of the Beholder*）。

- 声音精灵组合（Acoustic Eidolon）的歌曲《晚安月亮》（*Goodnight Moon*）。

- 大卫·达林（David Darling）的歌曲《印度之夏》（*Indian Summer*）。

- 鲍勃·詹姆斯（Bob James）的歌曲《卡丽》（*Kari*）。

- 丹尼尔·科比卡（Daniel Kobialka）的歌曲《丝带摇篮曲》（*Lullaby of the Ribbons*）。

学会如何获取和使用音乐。教师可以从付费平台购买 MP3 格式的音乐。首先，查找一些提供合法免费下载音乐或流媒体音乐的网站，教师可以根据不同的课堂需要或用途，创建不同的播放列表，并保持持续更新。此外，教师也可以在一些音乐网站上根据情绪查找音乐，只需点击列表中的某种情绪（例如，安静/平和或生机勃勃），网站就会自动生成与此种情绪相关的代表性专辑和歌曲列表。

笔者在亚马逊网站上放置了两张开放获取的 CD：一张名为《音乐合集终极版 CD》（*Ultimate Music Variety CD*），包括大量增强学生活力、注意力和使他们安静下来的歌曲；另一张名为《史上最强劲的音乐》（*Greatest Energizer Tunes Ever*），包括了一些快节奏且充满活力的歌曲。如果你在寻找恰当的音乐方面需要帮助，可以在亚马逊网站上寻找这两张 CD。

以下建议将帮助教师在课堂上最大限度地发挥音乐的作用。首先，聊胜于无。不要因为没有找到最完美的音乐就放弃在课堂上播放音乐。教师所选的歌曲并不一定必须完美地契合学生正在完成的任务，所以，教师要不断尝试并探索新的选择。在课堂上播放音乐时，请记住，教师永远比所播放的歌曲更重要。务必保证学生能够尽情享受这一过程！并时刻谨记，教师的热情才是最重要的。

最后，如果教师在实际制订计划、准备资源和在课堂播放音乐的过程中感到过于繁忙和充满压力，这说明教师已经过多地主导课堂了。此时，应组织一些学生能够单独完成或以小组（团队）形式共同完成的活动，并利用学生活动的时间 130 找到适用于活动过渡或下一项活动的歌曲。请记住，课堂上永远不会没有播放音乐的时间。

七、完善教师的工作

也许教师并没有意识到，教师每天都会影响学生的身心状态。教师的言行影响着学生的思考、感觉和表现。教师所讲授的内容并不如所创设的环境对学生的影响大。本章介绍的增强学生活力和注意力的相关措施并不只是为了让学生获得乐趣，而是为了教师开展课堂教学活动，它们能使学生处于积极的身心状态，进而促进学生投入学习，并真正享受课堂时光。

当教师不喜欢学生表现出的精神状态时，请调整教师的教学方式。不要将学生的精神状态不佳归结为诸如"下午上课学生们昏昏欲睡是很正常的"或"这些学生吃的都是垃圾食品，怪不得他们有气无力"等借口。本章提供的相关措施是笔者基于多年辛苦实践总结得出的。笔者能够使儿童和成人整天都保持活力，有时候甚至能够让他们在晚上也精力充沛，教师也同样可以做到。所以，接受挑战吧！相信自己，并从现在就开始行动。

最初，读懂并有效地调整学生的身心状态可能会较多地占用教师的注意资源，但这一过程会随着时间推移而自动化。很快教师就能够在无意识的状态下读懂并及时调整学生的状态，而这一过程的自动化能够节省出更多的注意资源分配给其他需要注意的事项。所以，请教师坚持下去。尽管此项工作起初看似工作量较大，但长期而言，它会使教师的工作更加轻松和愉悦，且能够带来不可估量的回报。

第十四章　如何促进学生自动投入学习

相关要素

- 词汇量：促使学生自动投入学习的相关活动能够很好地与提高学生学业词汇量的活动相结合。

- 努力与活力：促使学生自动投入学习的相关活动能够提高学生的学习活力和效率,其中包含的合作学习和课堂仪式能够带给学生集体感,从而提高学生的学习动机和努力程度。

- 思维方式：将提高学生的学习投入变成常规教学的一部分,能够强化学生的积极信念,调整学生的身心状态,并增强学生对学业的乐观。

- 关系：通过开展合作学习促使学生自动投入学习,能够增强班级的凝聚力,从而使全班学生紧密联系在一起,令他们产生积极的相互依赖感。

- 压力水平：合作学习和课堂仪式能够带给学生稳定感、掌控感和集体感,从而减轻急性压力和慢性压力。

一、在课堂中

戴维(David)的高中几何课堂如同被冻结一般,五十年如一日。在他的课堂上,学生大部分时间都能保持安静,少部分学生能够做到认真听课,而大部分学生只是在神游太虚。戴维主要通过提问那些经常举手的学生来提高学生的学习投入。这使那些经常被提问的学生每天能在课堂上发言 4—5 次,而其他学生在课堂上几乎从不发言。

132

而位于走廊另一侧的朱迪(Judy)的课堂,表面上看似乎一片混乱,但实际上,朱迪精心设计并持续营造出一种互动、探寻和投入的课堂氛围。上课几分钟后,学生就从座位上站起来,2 人一组结伴学习。然后,他们又回到自己的座位上,重新加入原来的学习团队,共同完成团队任务。在团队任务结束后,朱迪又组织了一项全班分组活动,最后,要求学生总结他们在单独写作任务中的收获。有些教师可能认为,这样的课堂氛围有些混乱,但朱迪更倾向于关注学生在课堂上的学习情况,而非课堂管理与纪律。

午饭时,朱迪在餐厅遇到了戴维,并向他询问课堂情况。戴维满不在乎地答道:"还行,老样子而已。"尽管两人之前也有过同样的对话,但是这次,朱迪决定换一种回答方式。他说:"我在想,你是否愿意看看我的课堂,我当然不会一直是老样子,或许我可以跟校长商量一下,让你参观一下我的课堂,然后,我们再进行讨论。"

戴维有一些犹豫。他对朱迪的课堂情况早有所耳闻,但比起嘈杂的课堂氛围,他更喜欢井然有序的课堂。他对朱迪说:"我认为我们的教学风格不同,我更喜欢课堂上每时每刻发生的事情都在我的计划中。"朱迪向他保证:"参观我的课堂不仅能令你提高学生的学习投入,而且能保证学生的行为都在你的计划中,同时,还能够减少你的工作量。"听到朱迪的回答,戴维似乎被说动了。

二、促进学生自动投入学习的五项措施

上文中,朱迪向戴维承诺,能让他的课堂上同时拥有世界上最美好的两种状态:学生积极投入学习,且井然有序。无论你相信与否,这的确是可能的。自动投入学习意味着学习投入已经成为常规生活的一部分。本章提供的实践措施能够帮助教师将促进学生自动投入学习融入课堂教学,一段时间后,教师不再需要付出额外的努力。

掌握一项新的教学模式,并找到有效的实践措施,将其应用于课堂教学中,

需要教师具有较高的积极性和动力,并付出一定的努力。而坚持使用这些措施,评估效果并作出必要的调整,则需要教师付出更多的努力,且这一过程似乎永无止境。这就是为什么我们很容易看到,教师的所有激情被新的教学模式燃尽后,又选择采用旧的教学模式了。

促进学生自动投入学习能使教师的工作变得轻松。它能帮教师充分利用有限的教学时间,在促进学生持续投入学习的同时,减轻学生的压力,使学生拥有更多的自主权。所有学生(尤其是成长于贫困或其他不利环境中的学生)都渴望获得合适的学习任务和对学习过程的控制感。当学生拥有对自己学习的掌控权时,他们便开始投入学习。一旦他们投入学习,他们的成绩就会有大幅度的提高。

促进学生自动投入学习的需求是显而易见的。然而,在具体实施过程中仍然存在其他问题。教师需要在自动化学习投入的初始阶段付出较多的努力,并需要坚持一段时间,之后才能取得相应的效果。因此,教师可以将其视为一项提高生活质量的投资。本章介绍的五项措施能够帮助教师在课堂或学校中促进学生自动投入学习。

促进学生自动投入学习的五项措施

1. 创建仪式活动。
2. 培养领导力和团队合作。
3. 施展课程的魅力。
4. 整合技术。
5. 建立学校层面的社会支持。

三、措施 1:创建仪式活动

生活中,我们通常会通过婚礼和葬礼等仪式来纪念一些具有里程碑意义的重要事件。在此过程中,我们也会遵循仪式中的文化规则。文化规则具有重要价值,不仅能够强化社会组织关系,而且能够实现价值观和秩序感的代际传递

（Krause，2011）。儿童在参加婚礼过程中，尽管有时会行为失当，但他们仍能有所收获。他们能够看到两个人建立终身夫妻关系的开始，并了解社会赋予夫妻关系的价值。

134　　　　仪式在课堂中同样具有重要作用。教师在课堂上组织简单的仪式活动能够满足常规教学和管理的需求，同时增强课堂活力。更为关键的是，教师不应该将组织仪式活动视为例行公事，有效的仪式活动不仅能带来预期的效果，而且能减轻教师的工作负担。仪式活动能使全班同学参与到常规的课堂活动中，这些常规的课堂活动包括：准时上课，统计出勤情况，发布通知公告，引起学生注意，处理突发事件，分发课堂材料，收取学生的作业或材料，组织肢体伸展运动或其他增强课堂活力的活动，庆祝学生的成功或生日，打扫教室卫生，结束本节课。仪式活动本身就能够提高学生的投入程度，从而使教师无须采用其他提高学生学习投入的策略，减轻了教师的工作负担。

在课堂上组织仪式活动对于社会经济地位较低或生活在其他逆境中的学生尤为重要。首先，仪式活动能为此类学生提供集体感和稳定感，有助于降低他们的压力水平，令课堂教学高效且以学生为中心。其次，仪式活动有助于教师管理学生的身心状态，提高学生的学习投入和学习效率，从而对学生的行为产生积极的影响。再次，仪式活动能够增强学生的幸福感，并提高班级中不同社会经济地位学生之间的凝聚力。

将仪式活动与常规课堂活动和程序性活动区分开是非常有必要的。程序性活动是可预测的行为（例如，统计出勤情况），一系列程序性活动连接在一起就形成了常规课堂活动（例如，教师每天开始上课的步骤），而仪式活动是为了满足某项特定需求（例如，庆祝成功）而精心策划且具有可重复性的活动。尽管程序性活动和常规课堂活动都是教师组织课堂教学的有用工具，但仪式活动具有更好的效果（见图 14.1）。

图 14.1 列出了 5 项标准，强调了教师在组织仪式活动时不能以自我为中心。仪式活动需要群体成员共同努力，以满足群体的需求。当教师选择用吹口哨的方式引起学生的注意时，教师并不能成功将学生的注意力引导至合适的问题上。事实上，这种方式仅对教师有效。吹口哨是教师的仪式，不是学生的仪式，它忽略了仪式活动最关键的部分——在情感上引起学生的共鸣。因此，即使开始时学生确实对吹口哨有所反应，很快他们就会失去兴趣，致使此类仪式活动

高效的课堂仪式活动应：

1. 满足一项真实的、特定的需求。

（学生必须能够建立此项需求与真实生活之间的联系。）

2. 调动所有学生每时每刻以相同的节奏参与活动（为了保证全班参与，务必让每个同学都感到被纳入仪式中）。

3. 简单易行（学生能够自主完成仪式活动）。

4. 可预测（学生应时刻作好准备）。

5. 保证结束时，学生处于积极的情绪状态中（学生需要情绪激励，以保证仪式活动可以重复进行）。

仪式活动可以作为课堂活动的"启动"按钮

图 14.1　如何将仪式活动变得更高效

最终无法获得理想的效果。

　　为了将吹口哨这一程序性活动变成仪式活动，教师可以告诉学生："同学们，在我要讲非常重要的内容时，我必须知道你们是否已经准备好学习这些内容了。所以，当我吹口哨的时候，你们可以回复我'我已经准备好了！'现在，让我们来试一下。"此时，吹口哨变成了仪式，它满足了一项特定的需要，简单易行，保证所有人都能参与其中且状态相同。同时，它要求所有学生同时回答的方式也增强了学生的集体感。通过这种方式，教师不仅可以获得学生的帮助，而且可以令学生产生对学习的掌控感，同时也令课堂活动进行得更加顺畅。

　　在课堂上组织开展仪式活动的具体步骤如下。

　　（1）选取一个待解决的问题或需求。

　　（2）设计一个满足上述五项标准的仪式活动（或选取下文提供的仪式活动），并选择一个具体的时间实践此项活动仪式。

　　（3）汇报仪式活动的具体实施过程，并根据需要进行调整。

　　教师的热情和坚持对于开始一项新的仪式活动至关重要。开始阶段，教师不需要事事完美，只需要愿意勇敢尝试，并对所尝试的活动有信心，坚定地相信此项仪式活动能够发挥预期的效果。只有这样，学生才有可能接受此项仪式活动。教师应根据需要不断重复并完善新的仪式活动，直到学生能够自动参与此项仪式活动。然后，学生才可以加入满足另一需求的新的仪式活动，重复上述过程，直到学生也能够自动参与新的仪式活动为止。以此类推，教师可以通过上述

135

过程不断在课堂教学中加入新的仪式活动。

一项仪式活动自动化后,即使教师忘记在课堂中开展此项仪式活动,学生也
会记得。通常,学生会在课堂中提醒教师开始或完成一项仪式活动。当此种情
况发生时,教师便可认为仪式活动真正发挥了其应有的效果！此时,教师需要注
意的是,随着时间的推移,学生会对仪式活动感到厌倦,新鲜感的褪去也会使学
生对重复参与仪式活动不再敏感。因此,中学教师应保证至少每隔 1 个月左右
变化仪式活动形式,小学教师应保证至少 6—8 周左右变化仪式活动形式。此
外,任何时候,只要教师发现学生的参与度有所下降,就应该变化仪式活动形
式了。

在变化仪式活动形式方面,教师可以选择对现有仪式活动进行调整,也可以
选择引入新的仪式活动。此项工作并不像听起来那样可怕,教师无须针对每项
课堂需求创建 10 项仪式活动以供一学年使用,可以仅创建 3—4 项仪式活动,然
后每个月轮流开展。只要间隔几个月,学生就会对已经熟悉的仪式活动重新敏
感。此外,教师也可以让学生提供仪式活动。例如,举办一个班级竞赛,邀请学
生以个人或小组的方式提交新的仪式活动。在此过程中,教师应保证学生提交
的仪式活动满足图 14.1 所列的高效的课堂仪式活动应具备的五项标准。

以下策略将为教师建立不同仪式活动和满足不同课堂教学需求提供指导。

教师可以采用如下策略。

上课仪式。有效地开始一节课可能是仪式活动需要解决的最重要的课堂问
题。学校里的每一节课都需要以一种积极的方式准时开始。以下将为教师提供
一个高效的上课仪式活动。

仪式名称:欢迎回来。

使用时间:每节课开始,学生进入教室时。

仪式程序:播放特定歌曲,引导学生回到自己的座位,并提示他们准备开始
学习。此类歌曲应积极且充满活力。小学阶段,可以播放的歌曲包括单向组合
乐队(One Direction)的《一件事》(*One Thing*)、西蒙·韦布(Simon Webbe)的《别
担心》(*No Worries*)和卡特里娜与波浪乐团(Katrina and the Waves)的《漫步阳光
下》(*Walking on Sunshine*)。中学阶段,可以播放的歌曲包括索卡男孩组合(Soca
Boys)的《准备好开始即兴索卡乐表演了吗?》(*Are You Ready to Soca Jam*),卡利
(Cali)的《保持积极》(*Stay Positive*)或马丁·里基(Martin Ricky)的《疯狂人生》

（*Livin' la Vida Loca*）。

　　学生需要知道他们必须在歌曲结束之前回到自己的座位上。所以，当歌曲 137
播放完时，教师可以告知学生："如果你按时回到自己的座位上，请举起手，并大
声说'到'"。同时，应做出行为示范，举起自己的手，大声说"到"。然后，教师需
要指导学生用合适的方式与同桌打招呼。如果教师是在周一组织此项活动，那
么可以告诉学生："现在面向你的同桌，并对他说'周一快乐'。"如果教师是在学
生休息或午饭过后组织此项活动，可以告诉学生："现在面向你的同桌，并对他说
'欢迎回来'。"教师应要求学生按指令行事。仪式活动结束后，教室中会出现片
刻安静，而此时学生具有很高的学习参与度。

　　产生效果：课堂会以有组织且积极的方式开始，所有学生都已经做好开始
学习的准备。学生完成仪式活动后的那个短暂的安静时刻，是他们学习参与度
最佳的时间。此时，教师可以开始正式的课堂教学了。

　　值得注意的是，对于那些在仪式活动结束后仍与同学继续聊天的学生，教师
不应警告他们保持安静，而应要求他们大声说"到"。这是非常聪明的做法，因为
要求正在聊天的学生说"到"，远比让他们保持安静更容易。在学生说"到"后，教
师应引导他们识别自己所处的社交环境，并对同桌表示肯定。

　　以下是另一个上课仪式活动，此项活动仅包含若干简单的师生问答程序，可
以用于任何科目。

　　教师："谁在这？"

　　学生："我们在。"（此时，要求学生们指向自己的同桌）

　　教师："我们在这里做什么？"

　　学生："我们要学习和成长。"（此时，要求学生指向自己的头部）

　　教师："我们应如何做？"

　　学生："努力学习，做到最好。"（此时，要求学生伸出手臂）

　　教师："我们何时开始？"

　　学生："从现在开始，满怀热情地开始。"（此时，要求学生拍打自己的书桌）

　　同样，仪式活动结束后，教室会出现片刻安静，此时，教师应立刻开始正式的
课堂教学。如果教师等待时间过长，课堂就会再次变得喧闹。这两个上课仪式 138
活动都符合图14.1所列的5项标准。它们最大的魅力在于，以一种优雅的方式
满足课堂教学的常规需求。这些仪式活动简短、精巧且有趣，教师无须通过手势、

斥责的语言、严厉的眼神或提高音量,就可以令学生保持安静并进入学习状态。

吸引学生注意力仪式。与上课仪式类似,此项仪式也能满足课堂教学的常规需求——吸引学生的注意力。教师可以选择在每天的任何时刻或每节课的任何阶段开展此项活动,但需要注意的是,此项活动只能作为上课仪式的补充,不能替代上课仪式。教师不能混淆这两类仪式。

仪式名称:嗖!

使用时间:在任何一项需要所有学生集中注意力的活动开始时。

仪式程序:首先,教师应起立,与各小组成员进行眼神接触,并连续快速击掌三次。如果当前正在进行的活动是由学生领导的,也可以让这个学生完成上述动作。当学生听到来自教师或某位同学的连续击掌声时,他们就会意识到接下来需要集中注意力和认真聆听了。此时,学生也应连续击掌三次,以表示他们已经准备好。然后,学生用双手模拟投球状,投向教师,同时,模拟球在空中运动的声音"嗖!"仿佛将活力之球传递给教师。此时,教师便可开始讲解活动要求了。

产生效果:所有学生均处于注意力高度集中和认真聆听的状态。

与此项高活力仪式活动相比,要求学生通过举手示意自己已经准备好集中注意力,是一项低活力的程序性活动。低活力的程序性活动难以提高学生的活力或令学生集中注意力,也无法给学生控制感,建立集体感。长此以往,学生就会变得漫不经心,活动过程也会变得无聊且痛苦。

下课仪式。此项仪式能够保证学生以积极的状态、满满的成就感和对明天的期望结束每天的学习。

仪式名称:太棒了!

使用时间:放学时,庆祝学生当天的学习收获(如果某节课是学生当天最后一节课,那么也可以在下课时开展此项仪式活动)。

仪式程序:教师要求学生面向教师或同组同学站立,并向两侧伸出双手,掌心向上。教师指引学生:"用想象力将今天用到的知识置于左手,将今天新习得的知识置于右手。跟随我的指令,用力击掌,并大声喊出英语中最有力量的词语'太棒了'。"在同步击掌后,学生会感到充满活力,并准备在这种积极活跃的氛围中离开学校。此时,教师应播放积极且有趣的音乐(适合此氛围的流行音乐和欢快的音乐)。

产生效果：学生在积极活跃的氛围中离开教室，对明天的学习充满期望，并已为明天的学习作好准备。

庆祝重要事件。通过某项仪式活动为学生庆祝生日等重要事件是非常重要的。为学生庆祝生日能够让学生感到，教师不仅关心他们在学校中的生活，还认可和关心他们在学校之外的生活。

仪式名称：生日派对。

使用时间：每周一张贴海报，并为本周过生日的学生庆生。

仪式程序：教师可以在上课仪式结束，且学生保持站立状态时，请本周过生日的学生及其同组同学共同主持此项仪式活动。首先，教师可以告诉学生："同学们，本周我们要为埃里克和黛安娜两位同学庆祝生日！请这两位同学所在小组的所有成员到前面来，主持庆祝活动。"然后，由每个过生日同学所在小组的成员带领全班同学进行庆祝。最后，全班同学以热烈的掌声结束此项仪式活动。

产生效果：过生日的学生感到被认可和尊重，而其他学生也感到自己是班集体的一员。此外，学生还通过带领庆祝活动感到被授予了权力。

处理突发事件。每个教师都要处理一些课堂中突发的干扰事件或意外到访的来访者。以下仪式活动为解决此类问题提供了有效方法。

仪式名称：向领导致敬。

使用时间：上课过程中，有人突然到访，或发生了其他突发的干扰事件。

140

仪式程序：在学生保持站立状态，等待教师指令时，教师应走到来访者旁边，询问来访者的意图。如果来访者只需要很短的时间，那么举起一根手指，示意学生保持站立状态，随意伸展肢体或与同桌聊天，等待教师的下一个指令。如果来访者需要较长的时间，那么举起两根手指，示意学生坐下，完成先前在黑板上布置的任务。当来访者离开时，要求学生鼓掌或起立欢送。

产生效果：此项仪式活动利用课堂中突发事件占用的时间，让学生伸展肢体，开展社交和重新聚焦于当前学习任务。通过公开承认来访者，而不是要求学生忽略课堂的中断，教师仍可以使学生保持注意力和活力。

四、措施 2：培养领导力和团队合作

领导力和团队合作是影响学生自动投入学习的重要因素。让学生扮演领导

角色和在团队中合作,能够提高学生的责任感,并且帮助学生建立自信。随着学生自立的程度不断提高,他们对学习的控制感就会逐渐增强,从而更有可能形成积极投入学习的习惯。

为了培养学生的领导力,教师应在逐渐提高学生责任感的同时,提供成功所需技巧的指导与鼓励,并要求学生必须承担起应负的责任。在此基础上,教师需要以一种有意义且切合实际的方式,向学生展示如何确定学习目标与问题,并告知学生测量和评价成功的标准,以使学生能够及时评估当前进展,进而作出后续行动决策。此外,教师还需引导学生认识到,对自己高标准、严要求才是获得真正领导力的唯一途径。

尽管需要付出一定的时间和精力,但是从长远意义来看,教会学生团队合作有助于他们自动投入学习。但是,教师在开始这项工作之前,应首先掌握成功组织小组学习的五项关键标准。以下五项标准适用于小学阶段的小组学习和中学阶段的团队学习。

（1）**积极地相互依赖**。促进学生之间产生高度的相互依赖感,通常是教师能够成功培养贫困生的关键因素。许多在逆境中成长的儿童都是作为"幸存者"才能来到学校求学,他们遇事往往先想到自己。所以,教师与其抱怨学生"漠不关心",不如向学生表示关心,并向学生展示应该如何关心他人。在小组或团队学习过程中,教师应鼓励学生对个人和团队的努力负责。促使学生之间建立相互依赖关系是班级常规学习和社交自动化的关键步骤之一。

（2）**个人和集体责任感**。小组或团队中的每个成员都要为自己承担的任务负责,所有成员要为共同的目标负责。

（3）**面对面互动**。团队成员之间的眼神接触能够促进他们相互支持和交流,并形成责任感。

（4）**小组合作过程**。学生能够理解、分析并询问自己和小组成功所需要的能力。

（5）**小组合作行为表现**。学生能够获得对成功合作所需社交能力的清晰指导,并在小组合作中有效应用这些技能(Johnson & Johnson,1999)。

教师在分配小组成员角色时,应在某种程度上满足上述五项标准。

在小学阶段,合作小组中的角色可包括以下几种。

（1）**组长**。组长是小组活动的组织者,负责与小组成员沟通合作项目的整

体框架;组长也是发言人,负责向全班同学展示小组合作学习的成果。组长最终
应对整个小组合作学习的成功与否负责。

(2) **秘书**。秘书负责记录重要信息。例如,每个组员的要求或期望。

(3) **助教**。助教应确保所有小组成员都能理解所学概念和小组得出的最终
结论,并能协调讨论过程,确保每个成员都能履行自己的职责。扮演助教角色的
学生还需总结小组的结论,评估每个合作环节的进展情况。

(4) **激励者**。激励者负责为小组成员提供情绪支持,扮演啦啦队队长的角
色,并为小组成员示范,以强化恰当的社交能力和行为。

(5) **后勤管理员**。后勤管理员负责小组的物资和时间管理,保证小组成员
能专注于完成当前任务,并拥有完成任务所需的充足物资。此外,后勤管理员还
应负责小组成员与教师之间的联络工作。

在中学阶段,合作团队中的角色可包括以下几种。

(1) **首席执行官**。团队的首席执行官需要负责团队的整体运行,保证所有
人都能专注于当前任务,并负责团队的时间管理工作。

(2) **人力资源部长**。人力资源部长负责促进团队成员之间积极高效的社交
互动、监督团队成员的道德规范和工作表现。

(3) **公关部长**。公关部长负责与其他团队成员的互动并管理公共舆论工
作,例如,发布研究成果,更新小组推特(Twitter)①信息。

(4) **技术与后勤部长**。技术与后勤部长负责对每次团队会议进行录音,利
用恰当的软件创建并更新团队的文本资料,同时负责团队的物资供给。

(5) **机动人员**。机动人员在团队中没有固定的角色任务,他们需要长期保
持"学习状态",学习其他成员的角色任务,以保证在他人缺席时能够及时接替他
们的工作。

无论是在小学阶段还是在中学阶段,教师都应通过引导学生选定组长,选择
特定座席,确定团队名称、口号和标志等方式,使学生能够积极投入团队建设。
教师也可以要求每个团队建立完成任务或发生重要事件时独特的庆祝方式,以
及针对某个项目或学习单元的评价量规。此外,小组或团队中的角色应定期轮

---

① 推特(Twitter):国外常用社交媒体之一,与中国的微博类似,学生可以在此社交媒体上建立个人
　账号,发布信息,并与同学交流。——译者注

换,以保证每个成员都有机会尝试所有角色。

143　　　教师可以采用如下策略。

教会学生一个简单的提高领导力的模式。以下模式将有助于学生内化领导力技能,保证学生能为个人的进步负责,并能根据需要随时调整合作学习策略。

(1)教学生如何进行自我评估。为学生列出一些有助于更好地认识自己的问题。具体问题包括:

· 我最强的学业能力是什么(例如,注意力、研究能力或记忆力)?

· 我最优秀的品质或人格特点是什么(例如,诚实、乐于助人、公平或积极)?

· 为了提高成绩,我还需要在哪些方面做得更好(例如,学习能力、阅读或数学)?

· 为了在上述领域做得更好,我应该采取哪些措施(例如,向教师、团队成员或家长求助)?

· 我下个月的目标是什么(例如,提高考试成绩或获得更牢固的友谊)?

(2)教会学生确定目标并制订计划。许多教师都假设学生已经通过先前的学习掌握了学习技巧,将学生出现的任何学习失败都归因于努力或态度问题。事实上,学生学习失败往往是策略选择问题。教师应引导学生在常规学习中养成良好的学习习惯,并设置真实的学习目标。

(3)帮助学生有效应用合作学习策略。教师应帮助学生选择恰当的学习、研究以及项目实施策略,并进行优先级划分。同时,为防止所选策略失效,教师还应帮助学生制订紧急预案。

(4)帮助学生监控学习结果并修正所选策略。教师应教会学生排除障碍的方法。首先,通过头脑风暴确定当前所选策略可能出现的障碍类型,并列出多个可供替换的新策略。然后,教学生评估列出的新策略,并建立策略评价标准。最后,选定新策略,修正原策略。

144　　　**在小学阶段培养学生的领导力**。从小学五年级起,教师就可以通过将学生分成包含一个组长和三个其他角色成员的合作小组,来培养学生的领导力。为小组的每个成员安排一个角色能够开启学生对领导力的理解。

鼓励学生参与控制课堂进程是提高学生领导力,令学生感到自己是班集体一员的一种途径。例如,教师可以挑选部分学生在恰当的时间点举起"需要伸展肢体"或"需要换歌"等标语。但教师并不需要完全遵从学生提出的所有建议,只需要适当考虑这些建议,并感谢学生的参与。此外,教师还可以考虑在教室中放置建议箱,每周在全班同学面前宣读一些建议,并定期采纳部分建议。

在帮助学生形成对领导力的看法和愿望之初,教师务必保证学生能够认真对待课堂中的工作,但在要求学生更加严肃认真之前,教师必须首先严肃起来。在小学阶段,班级中的许多角色分工(例如,削铅笔委员、开关灯总管、殿后大员①)即使不能算是毫无意义的,也并没有实际价值。没有哪个学生会渴望在成长过程中仅扮演"龙头大哥"②的角色。所以,教师应将现有"职位"更新为现实生活中存在的工作。例如,将"龙头大哥"更新为"导游",将"开关灯总管"更新为"电力工程师",将"殿后大员"更新为"安保人员",将"信息员"更新为"快递代理",将"运动领队"更新为"健身教练"。尽管每个职位承担的具体工作并没有发生变化,但是学生看待这些职位的方式却发生了巨大变化。基于现实生活情境设定目标和理想对于贫困生尤为重要。

在中学阶段培养学生的领导力。在中学阶段,教师可以将班级工作职位划分为两个等级:正职工作和副职工作,并规定每个学生都需要从副职做起。副职工作包括:负责跟踪统计班级物资供给的后勤部长,负责示意教师需要休息或提高活力的气氛管理员。正职工作包括:负责选择和播放歌曲的班级调音师,负责带领全班同学开展伸展运动或其他活跃气氛游戏的健身(舞蹈)教练。

为了获得一份副职工作,学生需要制作一份个人简历并参加面试。制作简历有助于学生学习简洁的写作技巧,而参加面试则有助于锻炼学生的表达能力。申请副职工作的全过程则有助于发展学生的批判性思维。从事副职工作满30天后,学生便可以申请从事正职工作。他们同样需要再次提交简历并参加面试。在获得正职工作后,他们还必须接受工作进度审查,以保证能对所从事的工作负责。

引导学生参与社区活动。引导学生参与社区活动是培养领导力和团队合作能力的有效途径之一。教师应鼓励学生参加学校的志愿项目,例如,美化建筑墙体或地板,担任导师,提供课外辅导等,鼓励学生访问志愿者竞赛网(www.

145

---

① 殿后大员(caboose):美国小学中常见的一种"职位",指排队时站在最后一位的学生。——译者注
② 龙头大哥(line leader):美国小学中常见的一种"职位",指排队时站在第一位的学生。——译者注

volunteermatch. org)或美国青少年服务网(www. ysa. org),寻找参加校外志愿活动的机会。

此外,教师还可以培养学生对经商和创业的兴趣。例如,"生意世界"(www. bizworld. org)项目就提供了许多允许中等程度的学生在虚拟行业中运营公司的子项目。

最后,教师可以鼓励学生加入青年领袖项目塑造领导力。一方面,教师可以在"美国国家高中荣誉生协会"(National Honor Society)网站(www. nhs. us/ Content. aspx? topic=28339)查找青年领袖组织列表,并鼓励学生联系本地组织;另一方面,教师也可以将"全球青年领袖峰会"(Global Youth Leadership Summit)作为培养学生领导力的重要途径。即使教师无法带领学生参加此会议的年会,也可以通过为学生展示会议代表的精彩发言视频片段来激励学生。

将班级常规工作交由各团队负责。学生小组或团队应能自动开展班级常规工作。团队是提高学生学习投入,促使学生学习投入自动化的有力工具,教师应充分利用团队的功能。例如,教师可以将考勤工作交由团队内部完成,要求各团队上交结果报告。如果某个团队全员出勤,那么他们就可以开展庆祝活动。此外,学生团队还可以在领导一项活动或完成一项任务后开展庆祝活动。这些对团队进行授权的任务和庆祝活动有助于建立集体感,并鼓励学生积极参与其中。

教师还可以利用团队帮助调整学生在课堂上的身心状态。为了使所有学生都进入积极且充满活力的学习状态,教师可以要求:"所有同学指向自己的队长。"然后继续提出要求:"队长们,现在你们有 60 秒的时间决定下周你的团队将带领全班同学开展何种放松活动或增强活力的活动。队员们,请转向你们的队长,并告诉他们'开始行动吧'。"教师务必确保每个团队轮流组织一周全班的平静放松活动或高活力的活动。此外,如果某个团队能够预演即将学习的内容或学校活动,或能够复习上周所学的内容,教师应给这个团队一定的奖励积分,但也应要求预演活动和复习活动的持续时间均不能超过 1 分钟。

五、措施 3:施展课程的魅力

在课堂环境中,促使学生自动投入学习的最佳途径之一是将课堂变得足够有趣,吸引学生投入其中。这就要求教师将此种理念根植于课程定位与开发中,通过课程设计来促使学生自动投入学习。

　　传统课程设计在教学内容方面主要以教科书为主,多采用讲授式教学模式,且课程进度遵循学校所在地区统一要求。这种课程设计方式往往会令学生感到厌烦。引导学生积极投入课堂的关键在于建立课程与现实生活的联系。教师务必谨记建立此种联系的重要价值。笔者研究过的所有高水平教师无一例外,均会将其所教课程内容与学生的生活建立深刻而真实的联系。

　　学生(特别是社会经济地位较低的学生)需要充分认识到所学内容与真实生活的关联,才能投入学习。教师应更多地依托学生团队合作的长期项目进行教学,指导学生探究真实生活中的问题,撰写研究报告并展示研究成果,甚至可以指导学生将他们的研究成果付诸实践以扩展学生的学习。此外,教师还应为学生提供他们期望的多样化的学习机会。其中,项目式学习能够提高学生的学习投入,而高质量的职业和技术教育能够提高学生的学习兴趣,进而大幅度提高高中毕业率(Kulik,1998)。

　　教师可以采用如下策略。

　　将与课程内容相关的现实问题融入教学。项目式学习是教师将现实问题和真实任务融入课程的最佳方式之一。安排学生完成与现实问题相关的项目,能够为学生提供一种真实的情境,促使他们应用所学技能,并了解学校和当前环境之外的生活宏图。由此,学生会感到自己正在为更宏大的事情努力,从而获得真正的自我效能感和更强的学习动机。

　　屡获殊荣的凯蒂·莱昂斯(Katie Lyons)是芝加哥一所低收入学校的社会科学教师。她通过将历史知识与学生的生活建立联系,在丰富多彩的社区环境中开展教学的方式,吸引学生投入学习。例如,在开展一项基于探究的历史研究项目时,莱昂斯带领学生参观芝加哥历史博物馆,在此期间,她引导学生寻找能引起自己共鸣的和感兴趣的研究选题。此外,莱昂斯规定学生可以用网站、展览、论文、纪录片或表演中的任何一种形式,展示和交流项目的最终研究成果。她设置了较高的成果评价标准,并制订了一个现实目标:在学校组织的历史博览会上,学生必须向所有同伴和评委展示他们的研究成果。同时,所有学生制作的网站和纪录片等均在网上公开发表。

　　如果你对项目式学习了解尚浅,请参考《教育领导力》(*Educational Leadership*)杂志发表的论文《项目式学习的七要素》(*Seven Essentials for Project-*

147

Based Learning，Larmer & Mergendoller，2010），或访问 www. edutopia. org/ project-based-learning 网站，寻找项目式学习在一线教学中的应用案例与建议。

建立课程教学与真实职业的联系。在满足课程标准要求的前提下，对现有课程设计稍作修改以教授学生现实问题和行业问题，是建立课程与现实相关性的一种有效途径。只要保持创造性，教师就会惊奇地发现，许多学科都能与某些特定的领域或行业建立联系。教师可以采用包括（但不限于）传统课程在内的更广泛的与真实职业相关的课程来吸引学生投入学习。例如，通过开设一个单元的创业课程帮助中学生为胜任未来工作作准备。学生一定会对学习如何创业非常感兴趣。在英语语言文学课上，可以教授学生如何撰写提案或商业计划，并培养他们在公共关系和市场营销方面的写作技巧。在数学课上，可以教授学生如何提高销售量，预测和管理供给链，制作和分析电子数据表，撰写收支情况说明。教师可以基于商人的视角来设计和组织整学期的数学课程。

以下提供了一些基于现实生活中的职业（行业）组织教学内容的方案和相关学科的教学案例。正如上文所示，无论教师教授哪个学科的内容，都可以找到将其与真实职业建立联系的方式。

- 有关动物和食品科学的课程单元可以与农业、营养学、环境研究、牲畜饲养业或兽医学等行业结合。相关主题领域包括生态学、环境科学、健康学、经济学、政治学和农业研究。

- 有关文学与艺术的课程单元可以与舞蹈、书法、表演、音乐、动画、绘画、文学创作或戏剧营销等行业相结合。相关主题领域包括艺术学、音乐学、戏剧与影视、英语语言文学、市场营销和计算机科学。

- 有关汽车的课程单元可以与车身维修、汽车机械、小型发动机维修、驾驶员教育或绿色交通工具与能源等行业相结合。相关主题领域包括汽车研究、物理学、工程学、环境科学和政治学。

- 有关建筑的课程单元可以与工业艺术、技术绘图、建筑设计、木工、建筑工程、电力线路设计、管道设计或室内设计等行业相结合。相关主题领域包括木工课程、数学、科学、工程学、职业教育和艺术。

- 有关工商管理和创业的课程单元可以与金融、会计、市场营销、图文传播、多媒体制作、商业运作、社交媒体或网页设计等行业相结合。相关主题领域包括英语语言文学、数学、会计学、工商管理、市场营销、艺术和计算机科学。

- 有关计算机的课程单元可以与软件设计、图形设计、信息素养、编程、游戏设计或机器人等行业相结合。相关主题领域包括英语语言文学、艺术、数学、物理学和计算机科学。

- 有关影视的课程单元可以与影视制作、音效制作、场景设计、场景构造、电影史、音乐或动画等行业相结合。相关主题领域包括英语语言文学、艺术、历史、音乐、木工课程、计算机科学和职业教育课程。

- 有关服务的课程单元可以与烹饪艺术、酒店管理、园艺、活动设计或市场营销等行业相结合。相关主题领域包括职业教育课程、家庭与消费者科学、英语语言文学和市场营销。

149

由学生经营一个迷你城市。与第十一章所介绍的课堂城市项目类似，此种策略也是通过让学生扮演一个小规模城市中的所有角色，建立课程学习与真实生活的相关性和学生群体的归属感，从而培养学生的责任感和主动性。教师可以引导学生体验工作申请的全过程，教授学生诸如时间管理、职业行为和面试技巧等重要的工作技能。学生每天都要努力工作以保证虚拟城市正常运行。

六、措施4：整合技术

整合技术能够将快速发展的现实世界融入课程，并促进甚至迫使学生积极投入学习。在日常生活中，技术已经能够极大地吸引学生的兴趣和引发学生的关注了，所以不难想象整合技术会在课堂教学中吸引学生自动投入学习。同时，整合技术能够培养学生在高等教育或工作场所中需要的且有价值的21世纪能力素养。此外，与高社会经济地位的同伴相比，低社会经济地位学生的家中不太可能有计算机，在家中上网的可能性也较小，因此，整合技术可以为低社会经济地位的学生提供公平的竞争环境。

然而，请务必谨记，为每个学生购置一台平板电脑并不能保证学生的学业成绩一定能成比例地提升。学业成绩水平低是人的问题，需要以人为本的解决方案。因此，无论是作为提高学生学习投入的工具，还是作为优化学习的工具，在教学中有策略且有目的地使用整合技术都是至关重要的。但只是随机玩电脑游戏并不能对任何学生的学习产生帮助。教师必须结合学生的特点，谨慎设计整合技术模式，并时刻提醒自己，整合技术只是达成目标的手段，并非目标本身。

以下内容将提供利用整合技术促进学生获取知识,保证学生能够分享并展示学习结果与过程,评价学生学习的具体实践策略。

150　　教师可以采用如下策略。

利用技术促进学生获取知识和技能。技术在帮助学生获取并保持知识和技能方面能够发挥较大的作用。在课堂教学中,台式电脑、笔记本电脑、平板电脑以及互联网接入能够为学生开启习得知识之门,学生的研究能力也会随之提升。而对于那些无法购买足够的设备供所有学生日常使用的学校而言,教师和相关管理人员可以申请政府拨款以提高学生的技术能力。

多里斯·托普西·埃尔福德学院(Doris Topsy Elvord Academic,DTEA)是加利福尼亚州北长滩的一所从来没有出现过学生学习投入不足问题的高贫困率学校。马尔温·史密斯(Marvin Smith)——DTEA 的联合创始人之一,出于为低收入学生提供重要机会的目的创办了这所学校。DTEA 有着严格的学术准备课程和大学预修课程,十分重视通过整合技术提高学生的学习投入。学生会在解决学术和现实问题中应用诸如多媒体展示软件、电子数据表、网页设计工具、项目管理工具和计算机辅助设计工具等技术。他们充分运用技术和习得的领导力技巧参加创业项目,设计和运营微小企业。通过整合技术,这所学校不但保证了毕业率持续提高,而且使学生爱上了上学。

此外,许多探究式软件可以作为多个学科领域教学的有效补充。例如,科学学习(scientific learning)软件提供包括快记单词和朗读助手在内的多种辅助学生阅读理解的软件。这些软件通常用游戏的形式吸引学生,任务设计非常具有挑战性和有效性,通过策略性地使用具有新奇和挑战的活动,增加学生的神经可塑性,并为学生提供个性化支持与反馈。正如第十章所提到的,诸如 www.junglememory.com 和 www.lumosity.com 等网站,能够培养学生的注意力和工作记忆。

利用技术展示和分享学习过程与结果。与几年前相比,现有的许多软件和硬件都能帮助学生更加简便和高效地分享他们的学习过程与成果。例如,教师

151　可以让学生通过云端而不是硬盘保存与分享文件,这为同伴合作和师生互动提供了更多可能。教师也可以让学生利用手持微型投影仪进行小组或班级的展示汇报。这些仅有卡片大小的投影仪不再是体积笨重、价格昂贵的视听设备。它们不仅能够存储内容,而且内置了使用者能在任何地方(墙壁、桌子甚至写字板)

进行图像展示的投影装置。越来越多有潜力展示与分享学习过程的设备正在不断发展：你所在的学校可能很快就会拥有自己的 3D 打印机和显示设备。这些设备除了本身具有令人惊叹的功能外，它们还能培养学生的合作学习能力，激发学生的创造力和想象力，使学生熟悉他们在大学或未来工作中需要使用的技术。

利用技术评价学生的学习。以课堂反应系统（classroom response systems，CRS，也称学生或受众反应系统）为代表的技术工具在学生评价方面取得了重大进展。课堂反应系统是一个强大的形成性评价工具，能够提高课堂交互和学习投入。它的具体使用方式如下：教师通过交互式电子白板或投影仪向学生展示判断题或多选题，学生通过手持选择器回答问题并将自己的答案传送到教师机中。教师机中的软件能对所有学生的答案进行分类和分析，并生成图表或报告，显示所有学生对此项教学内容的掌握程度。基于此，教师可以实时调整教学进度。例如，带领学生逐一讨论每个选项或要求学生以小组为单位进行讨论，如有需要，可以带领学生复习此项教学内容。如果学校设备购置预算不足以负担购买课堂反应系统，那么教师可以考虑将学生的手机作为反应设备（只要所有学生都有手机或可以与搭档共享手机即可），将答案编辑成信息发送到能够进行统计分析的教师机中。

此外，技术还能够助力教师评估学生在表演艺术或演讲等领域的表现。例如，教师可以用数码相机（如果此设备超出学校预算，那么也可以用手机）记录并即时观看学生的舞蹈、戏剧、音乐表演或口头汇报的影像资料，供后续回顾与评价。

七、措施 5：建立学校层面的社会支持

152

到目前为止，下卷探讨了促进学生自动投入学习的理论基础和有效措施，然而，同样重要的是，如何让学校的教职工也能自动投入工作。投入是非常具有感染力的：如果学生能够感受到教师对教学工作投入了极大的热情，那么学生也会更加投入学习。因此，此项措施的关注焦点从课堂层面转变为学校层面，介绍了学校领导者（包括教师主管和行政主管）在促进学生和教师自动投入方面可以采取的具体措施。

　　"**泵水政策**"(priming the pump)是经济学术语,一般指政府为刺激经济增长而采取的一系列注资政策。该术语最早用于描述从干涸的井中泵水的过程:泵水人想要从即将干涸的井中泵出水,就必须首先将已经泵出的水冲回泵中,以提供足够的吸力和压力将井中的水重新泵上来。这一术语所蕴含的理念具有广阔的应用范围,不仅可以用来泵水,还可以用来刺激经济增长或获取学校层面的积极投入。

　　在促进学校层面的积极投入方面,泵水政策意味着创造能够令积极投入得以蓬勃发展的条件。这些条件包括一个能够促进想法、反馈和支持持续生成的社会系统。在这样一个强大的社会系统中,学生的学习投入能在不同课堂之间相互传递,教师则更乐于分享个人想法,从而实现更好的协作,并提高所有人的胜任力。形成上述社会系统的三个关键因素包括:教职工之间的相互信任、可操作的合作模式以及适时形成的合作文化。

　　教职工之间的相互信任是这一强大社会系统的基石,也是提高学生学业成绩的第一个关键因素。布雷克(Bryk, 2010)研究发现,信任氛围不佳的学校在提高学生阅读和数学成绩方面的成功率仅有七分之一,而信任氛围较好的学校成功率可达二分之一。与许多更明显且压迫性更强的问题相比,建立充满信任的校园文化经常被忽视,但学校出现的信任危机问题会引起广泛关注。缺乏信任的学校总是会在改革中遭遇困难。《激情澎湃还是萎靡不振》(*Fired Up or Burned Out*)一书探究了影响一个组织是否内部涣散或缺乏激情的决定性因素。研究结果表明,在提高员工工作投入和努力方面,"情绪"因素的影响效果是"理性"因素影响效果的 4 倍(Stallard, 2011)。此书提出了"情绪传染"的概念,指出从那些充满活力且联系紧密的成员中传播出的情绪可以传染整个机构,使机构内部成员建立持久紧密的联系并持续努力工作。只有当教职工能够相互信任时,他们才更有可能在政策、措施以及实施方面合作。

　　作为这一强大社会系统的第二个关键因素,可操作的合作模式是指系统中的成员不仅要相互分享观点,而且要提出所分享观点的具体实施步骤。对于改革,教师的典型思维方式是寻找新的课堂改革策略,领导者的典型思维方式是寻找新的改革策略及实施办法。然而,成功的改革推动者往往寻找那些在高度互信和合作环境中能够得以有效执行、质询和改进的数据驱动策略。

　　高水平学校的教职工总是会自我反思:"我们当前程度如何? 我们的目标是

什么？我们怎样才能实现目标？"反思上述问题会令学校的教职工无暇抱怨或寻找借口。此类学校的教职工会议通常聚焦于应采取何种策略，何时以及如何实施这些策略。在实施此类策略后，教职工会就实施过程以及如何针对特定需求改造策略展开讨论。讨论会的主持人应积极分享个人成功经验，并敞开心扉听取他人观点。建立愿意尝试新事物且期望成功的教职工文化氛围至关重要。即使在高度贫困的学校，教职工对于他们能够影响教学改革和积极改善学生学习的信念也与学生的成绩显著相关(Hoy，Sweetland，& Smith，2002)。

当教职工具有合作意愿时，适时的合作就变得可能。适时形成的合作文化是强大社会系统的第三个关键因素。用高频率短暂的会议替代低频率冗长的会议是促进教职工自动投入教学工作的有效策略。总之，应使教职工积极起来，行动起来，情绪高涨起来。以下策略有助于教职工自动投入教学工作。

管理者可以采用如下策略。

更有效地组织教职工会议。每两周召开一次 20—25 分钟的教职工会议，并预留出 5—7 分钟让教职工开展合作，分享知识，进而建立共享知识流，以增强教职工之间的联系并提高决策效率。教职工在会议上分享自己最好的想法，并期望与会人员均能如此。坚决抵制私藏知识不愿分享的行为！每个教师都可能在此会议上提出其他教师没有提出的想法。确保在每次会议上，都至少有一个与前次会议分享人不同的教师分享某项措施成功应用的案例。无论是会议主持人还是会议参与者，在分享进步或成就时，都应使用集体性的词语来表述他们的努力。例如，"我们团队上周共实施了 36 项提高投入的措施"。

通过鼓励教职工专于重要而非琐碎的问题，充分利用合作时间，有些讨论与对话可以在会议之外发生，甚至可以通过邮件开展。作为管理者，如果你能够让教师感到你非常珍惜他们的时间，那么他们就能更好地利用会议时间。培养教职工就像培植花园，你不仅需要播下种子(例如培养积极的工作氛围)，还要去除杂草(例如消除消极的工作氛围)。

分享并强化新的教职工守则。管理者在教职工会议上所说的话、所采取的行动以及所作出的决策，能够反映很多管理者的观点和取向。管理者是一直在为自己辩护，还是在认真聆听反馈？是在为公共知识基础作贡献，还是只为自己积累好的想法？促进全体教职工自动投入工作的最佳途径是清楚地陈述并示范教职工守则，使所有人都肩负为建立高质量且认真的合作文化作出贡献的责任。

154

确保所有人都熟知此方面的教职工规范。以下五项措施将是好的开始。

（1）知行合一。用实际行动诠释管理者的承诺，按时开始和结束会议。

（2）培养管理者和教师的积极意图。确保管理者的所有措施都是为了提升学生的成绩和引导学校走向成功，而非狭隘地保护个人利益。

（3）学会倾听。管理者要给自己足够的安全感，不要一直为自己的选择辩护。不要将宝贵的时间浪费在防卫他人可能对你造成的威胁上，放下架子，认真聆听他人的发言。管理者可能会在这些发言中发现有价值的观点。

（4）建立良好的人际关系。培养热情友好、合作共赢的文化氛围，抵制责备、控诉、辱骂、怀疑等充满敌意的行为。引导教职工养成在适当的时候说"请""谢谢"和"对不起"的习惯。此类方式能够使教职工之间的交流更加顺畅，从而更快速地找到解决问题的方法。

（5）原谅无心之失。管理者要原谅自己和同事们偶尔为之的无心之失。从错误中吸取教训，不断反思，考虑"如何避免重蹈覆辙"，并继续前进。

为了保证学校能够蓬勃发展，管理者必须营造一种信任、合作和真诚的校园文化。缺少任何一个要素，学生的成绩都会受到影响。全体教职工精诚合作，不仅能促进信息流通，加快发展进度，而且能令整个学校形成自动投入的氛围。

八、奠定基础

本章提及的各项措施能够帮助教师在无须开展额外工作的情况下，保证学生每天都能自动投入学习。措施实施的初始阶段，教师可能需要投入较多的精力。随着时间的推移，教师在此方面投入的精力会越来越少，学生逐渐能够自动投入学习。更重要的是，在此过程中，教师和学生都能更轻松且更投入。

与以往章节不同，本章提及的最后一项实践措施主要面向学校管理者。此项措施具有重要价值，因为建立学校层面的社会支持是下卷其他措施得以顺利实施的前提条件。管理者应从简单地倡导小型合作开始，切忌妄图通过一己之力完成改革重任，集众人之力才能真正获得成功，并在形成方案、执行方案、分析结果和解决问题的过程中，充分听取众人意见。当校园中充满信任与合作的氛围时，所有教职工和学生的压力与负担必将随之减轻。

第十五章 "怎么办?": 遭遇实践带来的挑战

一、在课堂中

新学期伊始,安杰拉(Angela)参加了美国Ⅰ类资助学校教育大会,激动的心情无以言表。特别是当她得知她所在的学校正致力于开展促进学生学习投入的读书会后,她更是热情倍增。安杰拉脑中充满想法,却无从下手。她在第一周的课程计划中纳入了15项提高学生学习投入的新策略。对她而言,最棒的一年即将开启!

同一所学校的教师马特(Matt)没有参加此次会议。他意识到自己在提高学生学习投入方面还需进一步提高。当马特得知学校即将举办这方面的读书会时,他认为自己能在此项活动中有所收获,因此也受到了鼓舞。但与安杰拉不同,马特的行事风格更加谨慎,每次只愿意尝试一项新措施。在尝试新措施前,马特必须了解此项措施的基本原理,并确保此项措施具有坚实的研究基础。

安杰拉已经整装待发,就像一列即将从站台出发的火车,正准备高速驶向目的地。虽然马特已经认识到自己在提高学生学习投入方面存在问题和困难,但他更倾向于经过深思熟虑后再作出决策。

在实践过程中,管理者既不能只考虑像安杰拉一样具有高能型人格的教师,也不能只考虑像马特一样具有反思型人格的教师。

管理者需要找到恰当的平衡点。因此,本章讨论的关键问题为:如何在实践中成功地应用上述章节提出的相关措施。

157　二、保证成功实践的四项措施

　　与本书之前章节有所不同,本章提出的实践措施不再基于相关数据和研究,而是基于笔者在过去35年所犯的错误。是的,我承认,在担任未成年的学生和成人教育工作者教师的过程中,我实际犯的错误远多于我承认自己犯过的错误。但是,我从这些错误中吸取了教训,本章将分享这些教训。

　　在下卷的序言中,我曾提及收到过一封来自一所高贫困率学校校长的邮件。这所学校的教职工刚刚结束了上卷的读书会,校长在邮件中抱怨道:"学生的成绩并没有提高",并提出疑问:"现要应该做什么?"经过深思熟虑,我回复了她的邮件,建议她制订一个实施卜卷所提供的策略的长期计划。诚然,书籍能够分享观点、结论、策略或反思,但并不能体现它的内在价值。一本书的价值源于读者与内容的互动以及读者间的互动(分享观点,制订决策,规划新步骤,最终采取行动)。

　　每天都能创造奇迹是我的工作目标。这个目标听起来好像很疯狂,实则不然。每天我都会问自己:"哪些事情我可以在下一次做得更好?"有些教师告诉我:"我不知道自己能否每天都应用所有提高学生学习投入的措施,我从未做过此类承诺。"我通常会建议他们找准方向,从迈出一小步开始。如果教师真的想要提高学生的学业成绩,那么教师首先必须改善自己的教学表现,并且不能为自己的失败找任何借口。如果教师认为自己的工作应该很容易,那么我将感到非常遗憾。让所有学生都能顺利毕业并有机会取得成功,从来都不是一件容易的事情,却是教师的职责所在。

　　教师是否愿意为提高教学水平而行动起来?教师是否愿意接受在此过程中不可避免的失败与伤痛?教师是否愿意用有效的学习和积极的投入来丰富每节课?如果愿意,教师将改变自己和学生的生活。

　　本章提及的四项实践措施将帮助教师制订令人兴奋并切合实际的实践计划。

保证实践成功的四项措施

1. 有序组织实践措施。

2. 差异化运用实践措施。

3. 预判实践的过程与结果。

4. 排除障碍。

三、措施1:有序组织实践措施

如果教师只是在课堂中随机组织和使用本书提出的各类实践措施,那么这些措施的效果会大打折扣。教师应按照有意义的方式对书中的各类实践措施进行认知组织,形成便于提取的认知结构。就像每个人都有自己独特的音乐播放列表一样,没有一个适合所有教师的措施组织方式。教师应该采用对自己最有意义的方式进行措施的认知组织。我比较喜欢用俄罗斯套娃来比喻措施组合方式:教师按照类似俄罗斯套娃的嵌套方式对促进学习投入的措施进行认知组织,将每个具体措施嵌套在更高级别的策略或目标中。以下方法将有助于教师找到提取迅速且可靠性强的措施组织方式。

教师可以采用如下策略。

根据领域组织措施。首先,教师应根据领域,对本书提出的所有促进学生学习投入的实践措施进行分类。例如,可以根据本书的章节将其中的实践措施分为:营造积极氛围的相关措施、增强活力与注意力的相关措施以及加深理解的相关措施等。然后,教师应反问自己:"哪种分类方式能让我更快速便捷地提取措施?"或从另一个角度反问自己:"哪类策略能够满足我在课堂教学中最迫切的需求?"通常情况下,教师在课堂教学中可能遇到如下问题:

- 学生的学习动机和努力程度不足。
- 学生的学习进展缓慢,感到挫败。
- 学生存在纪律或行为异常的问题。
- 学生没能取得学业成功。

将提高学习投入的实践措施按照努力、态度、行为和认知能力 4 大领域进行

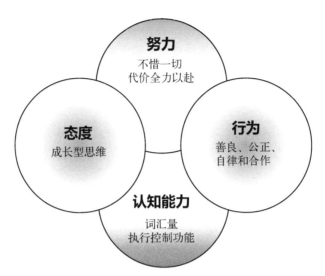

图 15.1 四类促进学习投入的实践措施

组织,能够有效解决教师在教学中普遍遇到的问题(见图 15.1)。

每个领域都指向教师每天需要处理的校园生活的不同侧面,需要采用不同的方法。

· 努力:创造一种能够令学生持续努力的气氛。

· 态度:培养学生积极的态度和成长型思维方式。

· 行为:教授学生能够帮助他们认识到善良、公正、自律和合作的重要性的行为能力。

160 · 认知能力:培养学生的认知技能,以强化执行控制功能,并促进学生的学业成功。

教师在进行实践措施的认知组织时,可以在每个大的目标领域下建立不同的子领域,并为每个子领域匹配最恰当的实践措施。以下是一个按照四大目标领域及其子领域对下卷的实践措施进行组织的案例。

提高努力

· 强化/反馈:使用有情感的表述方式;帮助学生开发并使用量规;表达明确且具有建设性。

· 学生参与:激发学生的好奇心;采用全纳性问题;组织一些"小活动"吸引学生;鼓励学生自愿举手;要求学生分享想法;让学生选择学习内容;将课堂管理

工作分配给学生。

- 课堂氛围:设置"啦啦队队长"的职位;保证地位平等;激发积极的课堂反应;使用多样化的鼓掌庆祝方式。

培养态度

- 积极向上且终身学习的思维方式:肯定学生的学习能力;肯定学生的选择、态度和努力;肯定学生的能力;务必明确学习目标;提高学生对自己有潜力上大学的期望。

- 学生活力:遵从指令活动;参观展览;由学生组织提高活力的相关活动;寻宝游戏;对侧肢体交叉运动。

- 情绪积极:尽早肯定学生的每个小成功;尊重学生;升级互动语言,强调积极的方面。

引导行为

161

- 恰当的社交情绪反应:为学生示范恰当反应;用有趣的活动传授正确的社交情绪反应方式;发布和实施参与规则。

- 身心状态/课堂仪式:减少讲授时间;消除"战斗、逃跑或僵住"的反应;给予学生更多的控制感;上课仪式;吸引学生注意力仪式;下课仪式;庆祝重要事件;处理突发事件。

- 协作/合作:组成合作小组(小学阶段);形成合作团队(中学阶段);通过"开始了解你"活动创建"班级凝聚力";团队之间相互问候;将班级常规工作交由各团队负责。

培养认知能力

- 工作记忆:开展回忆游戏;使用单词篮和数字袋;采用逐渐扩大内容组块复习法。

- 注意广度:增加认同;使用预测;暂停和组块;开展快速体力活动;让学生动起来;有节奏地击掌;平衡游戏。

- 自控能力:在课堂问答时间使用"日历延迟";使用混合节奏的鼓掌任务;教授目标的力量;遵从指令活动;西蒙说。

划分优先顺序。当教师确定课堂教学中的问题或需求所属领域,并决定实践相应措施时,请记住,措施的组织方式并不唯一。你所设计的措施组织方式不需要是完美的。如图 15.1 所示,笔者对领域和措施的划分本就存在一定的重叠与交叉。问题的关键在于,教师必须清楚地知道自己在教学中要解决的问题和努力的方向。只有清楚地知道要解决的问题和努力的方向,教师才能拥有很强的目的感和自我效能感。同时尝试实践过多的措施是非常糟糕的选择,它会令教师不堪重负,最终彻底放弃努力。

162　　　在确定了教学问题或需求所属领域,并选择了相应的实践措施后,教师应选择其中的一个领域开始尝试。每学年尝试解决一个领域的问题,并与选择尝试同一领域相关措施的教师组成专业发展共同体(professional learning community,PLC)或团队合作探讨措施的应用、结果评价、调整与修正实施方式等问题,在合作中互相帮助,为彼此提供支持。将"从小目标开始,坚持不懈地努力"作为这一专业发展共同体的使命。

每天遵循保持简单的原则。时刻谨记保持简单(keep it simple,sweetie,简称 KISS)的重要性。在改善教学实践的语境下,保持简单意味着每次实现一个小想法或实施一个步骤。

还记得学习驾驶汽车的经历吗？初学时,驾驶汽车的任务似乎令人难以应付,不仅需要在观察路况的同时操纵车辆,而且需要预测其他驾驶员接下来的行动,并持续留意后视镜和侧视镜。然而,无论初始学习过程如何困难,随着不断实践和练习,驾驶员最终都能非常顺畅地驾驶车辆,甚至还能在开车的同时,与他人交谈或听收音机。

因此,教师应将目标的实现过程划分为可管理的小而简单的若干步骤。针对每个步骤不断实践和改进,直到达到自动化操作水平后,方可实践下一个步骤。当教师逐渐将每个步骤都自动化时,他便掌握了某个措施的实施过程;当教师逐渐掌握了某个领域的所有措施时,他便能够像驾驶汽车一样,轻松解决该领域的教学问题。此时,教师方可开始实践下一个领域的相关措施。

假定教师所在的专业发展共同体的目标是提高学生的努力程度,那么根据前文"提高努力"的内容可知,此目标领域包含三个子领域,每个子领域均包含若干可操作的实践措施。教师可以将每类实践措施细分为多个促进学生学习投入的活动,然后,选取其中某个特定且符合现实情景的活动,在当天的课堂教学中进行尝试。具体案例如下。

·强化/反馈。在课堂教学中尝试的策略：采用诸如"非常感谢"或"感谢你付出的努力"等话语对学生作出的贡献表示感激。

• 学生参与。在课堂教学中尝试的策略：向学生展示如何通过积极观察肯定彼此的参与和努力。例如，"我真的感受到了你的积极态度，而且它正在获得回报"。

• 课堂氛围。在课堂教学中尝试的策略：每个团队轮流欢呼，或者给每个团队 3 分钟时间庆祝他们完成的工作。

组织这些实践措施，并从诸多可能性中选定初始实施方向，似乎容易令人不知所措，却是教师力所能及之事。教师可以通过学习来掌握此项技能。但是，想要立刻收获惊人的效果是不切实际的。事实上，教师必须放弃通过一周或一个月的实践就能获得完美结果的幻想。成为一名非常有吸引力的教育者绝不是写在周一待办事项列表中需要勾选的一项工作，它需要教师经历主动尝试、不断犯错、持续调整的过程，直到能够熟练应用相关措施。此外，每个学生有其独特的个性，每个班级也有其独特之处。以下内容有助于教师根据不同学生的不同需求，调整促进学习投入的实践策略。

四、措施 2：差异化运用实践措施

人类 99% 的 DNA 都是相同的，仅存的 1% 的差异不足以造成人与人之间的差异。人生经历将每个人的脑雕刻成了独一无二的杰作。

正如每个人都是不同的，每个学生以及他们各自的需求也是不尽相同的。因此，采用差异化教学和促进投入的实践措施对于教师成功实现预期目标至关重要。促进学生学习投入的实践措施的基本结构都是相同的。差异化使用这些实践措施的秘诀是，在学习每一项实践措施基本框架的基础上，理解如何根据每个学生的特点作出改变。当教师掌握了此项规律时，他们就具备了为每个学生订制适当活动的能力。以下策略展示了如何通过改变态度、改变应用方式、改变应用范畴或改变应用情境，差异化地开展促进学习投入的相关活动。

教师可以采用如下策略。

改变态度。教师必须拓宽自己对开展某项活动目的的认识。不要将某项活动定义为仅适用于"注意缺陷多动障碍儿童""小学三年级学生"或仅适用于"化学课"等。去掉标签，忘记完美，投入其中，进行一些不一样的尝试。只要能够从错误中学习，尝试和犯错将永远是我们的朋友。教师在尝试采用一项新的措施或开展一项新的活动时，首先应思考自己是否能够在下一次教职工大会上展示此项活动，应该如何重新设计此项活动来保证在展示中吸引同事的注意力。例如，教师可能会在教职工大会上带领全体与会人员进行简单的"站立和伸展"活动或第十三章介绍的模拟交叉训练。当教师热情洋溢地展示这些活动，并将它们"推销"给其他教职工时，就已经开始了差异化使用策略或活动的过程，并且尝试令他人"买账"。坚持如此，这位教师必将成为根据不同情境重新设计活动的专业人士。

教师的态度和思维方式是影响措施实施的最关键因素。具有固定思维方式的教师很自然会将促进学习投入的活动判定为一成不变的。具有成长型思维方式的教师则会认为，所有活动的基本变量是相同的，都包括应用方式、应用范畴和应用情境。只要拥有一点想象力，教师就可以通过改变这三个差异化变量中的某一个或某几个，来使某项活动能够满足特定的需要。世界上根本不存在所谓的"特殊教育活动"或"天才教育活动"。任何活动都适用于任何年龄和任何能力水平的学生。通过调整三个基本变量，笔者曾将面向幼儿园儿童的活动转化为面向成年人的活动，实施过程中没有遇到任何阻碍（有时甚至会受到热烈欢迎）。教师应时刻谨记：我是教学活动的设计者，应由我而非某项特定活动的执行者来确定活动的实施方向，根据既定方向执行某项活动。

改变应用方式。改变某项活动或措施的应用方式，本质上就是改变教师使用这一活动或策略的方式。例如，教师可以通过中断一个数学运算活动，并要求学生回忆此前在活动中提及的片段（数字、关键概念或句子）的方式，将数学运算活动变成训练工作记忆的活动。教师也可以尝试如下活动：首先，秘密地为每个学生分配一个 0—10 之间的数字。然后，将全班学生分成 4—6 个小组，要求每组学生双手放在背后，面向圆心，站成一个圆。当教师给出"扔"的指令时，学生应用手比出其被分配的数字，并将手置于面前。当教师给出"喊"的指令时，学生必须大声喊出本组所有同学比出的数字之和。这是一个适用于三年级学生的运算活动，教师可以要求学生在短时间内将比好数字的手放回背后，然后回忆本组每个学生比出的数字。通过这种方式，教师将活动变成了更复杂的工作记忆训练。

165　　　教师也可以通过其他方式改变活动的应用方式。例如，对于需要使用音乐的活动，教师可以尝试采用不同节奏的音乐：通过播放节奏较慢的音乐使活动更具思想性,或通过播放节奏较快的音乐加快活动的速度。提高活动的速度,会使活动变得具有激励性(例如,播放快节奏的音乐并给出指令"触摸4张桌子,4面墙和4把椅子,准备!开始!")。与之相反,减慢活动的速度,会提高学生的注意力(例如,播放节奏较慢的音乐并给出指令"触摸4张桌子,并在摸到每张桌子后,从1数到10,然后才能触摸下一张桌子,当触摸到第4张桌子并完成数数后,请等待进一步指令")。在一项活动结束后,教师可以要求学生简单地总结一下活动,并想出此项活动的其他变式,这样会使活动变得更有意义,并且会扩展学生的学习。此外,教师还可以引导学生讨论学习内容或加工过程的迁移,并进行自我反思(例如,"在记忆力方面,这项活动令我如何受益")。

改变应用范畴。教师可以改变每项活动的规则,使其可以满足不同的需求。例如,教师可以延长学生活动前的准备时间或活动后的总结时间,更改合作小组的人数,允许学生查找信息或求助同桌,将多人参加的团队活动变成两人合作的小组活动,为学生设置最后期限(或取消最后期限),也可以决定学生达到某个目标时给予何种奖励。教师可以改变活动的规则。当一项活动变得缺少新意时,教师便可以停止活动,组织学生开展头脑风暴,集思广益,调整活动的方案。开始采用此种方法时,教师需要给予学生一些指导。很快,教师便会得到许多新的活动方案,学生学习投入也将随之提高。

改变应用情境。教师可以改变活动的整体环境设置,使其满足不同的需求。教师可以将通常用于开启一天学习的清晨仪式,变为提前放学的奖励或庆祝。当教师在某项活动中使用先前学习用过的材料时,此项活动被称为复习活动,而教师在某项活动中使用即将学习的新材料时,此项活动就被称为预习活动了。同样,教师可以在某一学年开始前,使用某项特定的活动来促进学生的合作,随后再次使用此项活动引发学生之间的竞争。教师从不缺少策略,教师缺少的只是创造力。下卷提及的所有措施在实践过程中都需要根据实际情况进行修改、微调和自动化。保持过程简单,有效的差异化就会在课堂中实现。

五、措施3:预判实践的过程与结果

166

笔者更倾向于将这部分内容命名为"你是否已经为提高学习投入作好准备?"这部分内容的写作灵感来自海蒂·穆尔科夫(Heidi Murkoff)的畅销书《你

是否已经为孕育作好准备?》(*What to Expect When You're Expecting*)。与妊娠类似,提高学生学习投入的过程同样荆棘密布又似乎永无止境,同样会在最后有所收获!此部分内容介绍了教师在采用下卷提供的实践措施初期可能遇到的问题,可能遇到的一些阻力,诸如缺乏同事的支持,学生行为异常,教师感到孤独和沮丧。尽管实践过程可能会遇到困难,但一定会有所收获,包括分享、好奇和满足。实践之路也许并不平坦,但坚持一定会带来收获。

教师可以采用如下策略。

预判学生可能出现的反应。如果教师在某一学年开始时执行了新的教学方案,那么学生也许不会意识到教师正在作出改变。但是如果教师在某一学年期间改变了教学和促进投入的策略,那么就必须预料到学生会有所反应。学生可能对此好奇或有疑问,也可能会就此开玩笑。此时,教师不应慌乱,而应准备好如何回应。如果学生冷嘲热讽:"某人看起来又去参加了新的教师工作坊呀!"不要被激怒,平静地告诉学生:"是的,我承认我始终在学习和成长,并希望自己变得更好。"如果学生对教师的尝试感到好奇,那么教师应肯定学生的好奇,并告诉学生:"我确实尝试作出改变。你们将会感到一些变化,我坚信你们一定会喜欢这些变化。"教师应尽力回答学生的所有疑问。下文的措施4将深入介绍当教师实践的措施没有达到预期效果或学生对教师产生怀疑时,教师应采取的应对方式。

预判同事可能出现的反应。如果教师在尝试一个新的提高学习投入的方法时没有选择与同事合作,那么他的同事可能质疑甚至批判这位教师付出的努力。其中,相当一部分同事可能会感受到威胁——如果他成为极具魅力的教师,那么我就无法再将"这些促进学习投入的策略不适用于我所教的学生"作为自己不改变的借口。此时,不必与同事争论,努力的结果自会说明一切。

167　当然,在合作的学校氛围中实践新策略固然是最好的选择。教师可以与其所参加的专业发展共同体、所在年级教研组或所在学科教研组共同应用下卷提供的实践措施,针对四大目标领域中的一个,合作选择或开发一系列促进学习投入的策略,将其整合并应用于教学。同时,教师也可以为自己设定每周尝试两个新策略,每个策略至少应用两次的目标。在一周结束时,教师将尝试结果与同事分享,并为下一周制订新的目标。此外,教师还可以将策略实践结果制成有密码保护的网页,在本地或学校网站上发布。教师发布成果后,其他教师应浏览其成果,并进行留言,这名教师需要回复至少两个留言。通过这种互动方式,保证团队中的所有人都能了解其他同事的进度。上述过程看起来似乎工作量很大,但请想一想,不断地学习与合作并成为学校改革的推动者是一件多么令人兴奋的事!

教师应时刻谨记,少说多做并保持符合现实的期望永远好于贪多嚼不烂。你可能会在实践下卷措施的道路上遭遇障碍,因粗心而犯错误,甚至会面临各种嘲讽,请将其视为正常现象。如果教师因疏忽而犯错,请原谅自己,并保持蹒跚学步之姿,不断纠正错误,远离那些不利于前行的因素,继续前行。提高学生的学习投入是一场马拉松而非短跑,教师可能多次被绊倒,但依然能成为改变学生生活的冠军。

预判自己的反应并管理压力。托尼·本内特(Tony Bennett)曾演奏了最经典一版的《好事在后面》(*The Best Is Yet to Come*)。这首歌曲传递出的乐观精神对于进行任何一次新的冒险都是至关重要的。积极思维方式为何如此重要?有研究表明,与对个人生活和职业生涯满意度较低的教师相比,对个人生活和职业生涯满意度较高的教师在课堂中取得显著成就的可能性高出 43%(Duckworth & Quinn, 2009)。研究者发现,教师总是能够利用他们的激情与热情感染学生。

许多教师都表示,他们在暑假中积累的生活和职业满足感会被繁忙的教学工作消磨殆尽。这给了我们一个警示:如果教师年复一年地重复那些令他们感到压力的工作,那么他们每年都会在开学几个月后完全丧失动力。所以,教师必须能够进行压力应对的自我评估。如果发现自己不能以一种健康的方式应对压力,那么必须进行反思,并学习新的有效应对压力的方法。

一个人的生活方式决定了他带给自己和身边人是痛苦还是愉悦。没有制造压力的学校,只有苦苦挣扎于应对自己制造的压力的教师。教师的压力并不来自学生,而是来自教师本身。教师必须勇于承担责任,不要再归咎于管理者、同事、学生、课程或是评价标准。毋庸置疑,教学是一项艰苦的工作,它需要坚韧不拔,也需要随机应变。但这种压力并不像灰尘一样时刻弥漫在空气中,而是身体和思想对失去控制感所作出的反应。因此,教师的压力水平很大程度上取决于其对失控感的处理能力。第十章列出的五种缓解学生压力的策略,经过少许调整,同样可用于缓解教师的压力。使用这些策略会令教师压力骤减,生活轻松。

- 在适当的时候采取行动,解决令你感到有压力的事。如果无法立刻解决,那么专注于力所能及的事。

- 写下你即将采取的解决压力源的行动步骤。

- 使用精神放松的工具,如积极的自我谈话,重新思考令你感到压力的事,缓慢的呼吸,冥想和瑜伽。

- 释放压力,奉行"一周原则",即如果给你造成压力的事在一周内不会产生重要影响,那么就随它去吧。

- 通过运动或娱乐消除压力,重新分配精力。

当你感到沮丧或失去活力之时,积极的思维方式将带你重回正轨。找到令你保持积极和充满活力,助你渡过难关和失望的动力,并将它们作为对自我的奖励。自我奖励可能是由帮助他人带来的舒适感,也可能是由实现了不可能的事带来的自豪感。寻找能够动态衡量自己专业发展的方法。例如,自我反思"本月我尝试应用或调整应用了几项措施? 我是否通过不断阅读并应用书中研究成果实现自我提升?"将设定的目标和取得的进展放置在目力所及之处(如贴在冰箱上或写在手机的电子便签中),时刻提醒自己。

169　　　向朋友或同事详细叙述你的措施实践计划,直到他们认为真实可行为止。这一叙述过程非常重要,因为你的预期将是影响措施实践效果最重要的因素。预判你想要取得的效果,创造并不断强化它。将每天的实践过程记录下来,并在教学中进行回顾。以下是一个详细叙述措施实践计划的案例。

　　　　首先,我会重新阅读第十一章关于提高动机和努力的具体措施,并参考第十五章关于措施实施的相关建议,制订各类提高学生努力策略的组织顺序和执行方案。然后,我将与我所在的专业发展共同体成员探讨所制订的方案。当每个成员都形成了个人实践方案时,我便可以开始执行我的方案。我将从实施一项新的措施开始,在两周内根据需要不断调整实施措施,直到我能熟练驾驭此项措施为止。成功实践第一项措施后,我将每两周尝试应用一项新的措施,直到我的课堂变得完美为止。此时,我的学生应该有较高的学习投入度,并且能够学到更多的知识。我预计他们今年的成绩至少能够提高5%。

应采用程序控制结构(如果—那么)来描述你所制订的措施实践方案,保证在出现挑战和困难时有备用方案可供选择,以提高成功的可能性。为了提高方案的可行性,务必写明关键步骤或编写实施的脚本。针对以下可能出现的意外情况,制订备选方案。

- 如果实施过程中我突然忘了下个步骤,我该……
- 如果学生逐渐失去激情和活力,我该……
- 如果某个学生冷嘲热讽或观点犀利,我该……

当教师能够预判提高学习投入的相关措施的实践过程与结果,并能作好危机应对准备时,课堂纪律问题和学生无法投入学习问题出现的可能性将显著降低。高度投入地学习知识和提高能力的学生很少表现出不恰当的行为。此种情况下,教师遇到的困难会随之减少,教师的满意度和愉悦感则会不断提高。

六、措施4:排除障碍

教师在熟练掌握下卷实践措施的过程中难免会遭遇挫折和失败。有时,教师选择的措施根本不起作用,反而会令学生感到困惑。这会让教师感到无比沮丧。然而,幸运的是,从长远来看,成功并不取决于你跌倒多少次,而取决于你采用其他方法站起来多少次。教师的持续学习会让自己有卓越的教学表现,这是影响学生学业成功的最重要因素之一。

在歌曲《抛锚》(*Breakdown*)中,音乐人杰克·约翰逊(Jack Johnson)表达了对自我反思的渴望。他希望自己所乘的列车能够抛锚,自己能停下脚步,欣赏沿途的风景。当所尝试的措施未能如愿发挥作用时,教师应停止实践,重新组织实践过程,找到产生障碍之处并进行修正。适应能力和恢复能力均是影响教师成功的重要因素。没有人能通过回避犯错而让自己变得擅长教学。

教授贫困生会将教师在教学中的弱点暴露无遗。贫困生会改变教师对他们所能完成之事的预判,如果教师的教学无法与现实建立关联,或吸引力不足,那么学生会通过行为暗示这一点。事实上,教师可以将其视作好事情,毕竟学生是教师获得教学反馈的最重要来源。无论是白眼、冷漠,还是兴奋、笑容,学生的行为都可以被视为对教师行为的反馈。与其为消极反馈而悲伤,不如在下次教学中作出改变。

当一项活动没能正常开展时,教师无须紧张。相比这些暂时的困难,教师的力量显然更强大。在尝试使用新的措施之前,先开展提高活力的相关活动,或提高行动速度,并表现出更大的激情。教师必须坚信,通过精心策划、热情投入和承担可能引发学业和行为奇迹的风险,问题一定能得到解决。当然,在此之前,教师应掌握排除障碍的方法。教师可以采用如下策略。

分析实际情况。在出现障碍时,教师可以采用以下 7 个步骤,分析与措施实施相关的变量,从而找出障碍之处。

(1)计划:是否将所尝试的活动或策略写出,并已经在头脑中进行了预演?是否提前安排好座位,准备好学习材料或所需的音乐?是否已经为潜在的突发状况或混乱的场面作好应急预案?有时,措施没能发挥预期的作用主要是因为教师只是摸索行事,并没有深思熟虑。

(2)证据:教师是否在开始时就设置了目标以及可以评价目标是否实现的清晰的过程?教师开展活动的真实目标是什么?教师是否遵循第八章提及的法则,给出了简单清晰的指令?教师是否与学生沟通并强化了活动目标?

(3)接受度:教师是否能使学生在意此项活动?教师是否令活动具有较高的相关性?是否提供了足够的挑战性?是否激发学生的好奇心和参与感?如果教师不能让学生"买账",那么学生就会经常表示不满,行动迟缓或拒绝学习教师讲授的内容。此时,请记住,学生的反馈将帮助教师优化教学。教师不要责备学生,而要反思"下次我该如何使学生'买账'"。

(4)难度:活动是否易于理解并且能够令所有学生参与其中?教师是否用循序渐进的方式增加任务难度,并为学生提供选择?教师是否为学生提供了自我评价和改正错误的途径?

(5)时长:活动的时长是否足以完成教学目标,但又不会令学生感到厌倦?教师是否预留了足够的时间让学生在有需要时能够重复活动步骤,以巩固自己的学习?

(6)全纳性:教师是否找到了使全班学生都能参与其中的办法?教师是否知道如何解决学生兴趣不足的问题?教师是否制订差异化的实施模式,以确保所有学业和行为水平的学生都能在活动中取得成功?

(7)坚持时间/频率:对于培养能力的活动而言,教师是否能够保证每天至少开展此项活动 10 分钟,每周至少开展 3—5 次,并坚持 1—3 个月?在实施活动的过程中,教师是否坚持到学生不再犯错为止,而不是在学生第一次做对时就终止了活动?

计划周详。低效教师往往会在毫无准备或准备极不充分的情况下实践某个想法,而高效教师通常会在深思熟虑和精心策划之后才进行实践。当教师分析出所采用的策略或活动存在问题时,应以满足学生需求和帮助学生取得学业成功为目标,重新组织策略,重新开展实践。

精心策划实践过程的第一步应是制订目标计划和实施计划。目标计划规定了某个确定的结束点,这个结束点可能是某种行为表现,也可能是某个具体结果。例如,我的目标是达到结果 X。教师读完本章内容后,应为课堂设置一个具有如下特征的目标计划:

- 与强烈且有目的性的学习投入直接相关。
- 包括可测量的指标(例如,"我每周尝试采用两项提高学习投入的策略")。
- 足够清晰(例如,"我会在每周选 3 天,基于当天教学内容,实施 8—10 分钟培养工作记忆的学习投入策略")。
- 涵盖责任与反思(例如,"我会将实践结果发布在学校的教职工网站上,认真阅读他人的评论,并在每周五的教职工例会上进行汇报")。

与目标计划规定了具体结果("我计划收获 X")不同,实施计划需要规定时间、地点和方式(例如,"当预期的结果 X 出现时,我将作出 Y 反应")。实施计划应在充分考虑实现现实目标和极大提高成功概率的同时,整合个人意愿(目标)和环境因素(情况 X,Y,Z)(Adriaanse, Gollwitzer, De Ridder, de Wit, & Kroese, 2011)。当所选策略或活动在实施过程中出现障碍时,实施计划能够保证教师可以毫无障碍地进入下一个环节。当意外情况出现时,实施计划能够令教师迅速将活动 X 切换为需要更少时间的活动 Y,或是将无法达到预期效果的活动 Y 切换为活动 Z,从而避免了教师因无法立刻想出解决方案而浪费宝贵的课堂时间的情况。

七、勇于承担并不断提高自我要求

在一项研究中,研究者评估了教师从教第一年前后的变化(Duckworth & Quinn, 2009)。研究结果表明,在促进学生的学业成长方面,毅力测试中得分较高(坚忍不拔、坚持不懈、目光远大)的教师,比得分较低的同龄教师高出 31%。

努力工作、充满激情和甘于奉献是教师的关键特征。这三项品质对教授生活在贫困或逆境中的学生的教师而言,更是异常重要。当所行之事遭遇阻碍时,最重要的应是鼓起勇气、拒绝沮丧和继续前行。

173　　　　如果你已经做到这一点,那么是时候作出决定了。无论是你自己选择阅读本书,还是因为参加专业发展读书会而阅读本书,你现在都必须回答这样一个简单的问题:你是否愿意加入其中,与我们一起,共同致力于提高学生的学习投入? 你是否有勇气承担带领学生走向成功之责且不找任何借口? 你是否会选择放下本书,并告诉自己"以后再说吧"? 我希望你能从今天开始接受此项挑战,并对自己高标准、严要求。

　　　　总是能够尝试新的想法并不断提高个人能力,是我从事的工作最令我满意之处。即使步履蹒跚,我也依然热爱这份工作。但这种感情并非与生俱来。离开教学岗位几年后,我开始从事教师专业发展工作。起初,我对自己的要求很低,目标仅仅是不要收到大量的负面反馈。经过几年的尝试、犯错与改正,我开始享受那些能够得到积极反馈的日子。然而,我从未想过自己能做得多好,直到我体验到完美的那一天。那天,我与 200 名教育工作者共同工作,我的报告内容清晰、节奏明快,我始终专注并满怀热情。上午 11 时 30 分,我通知大家可以结束工作,午餐时间开始了。就在那个不太可能的时刻,他们停下手头的工作,自发地起立为我鼓掌喝彩。那时,我的眼中充满了谦卑之泪。我为自己制订了新的工作目标。自此开始,我每天都为达到这个目标而不断努力。

　　　　讲这个故事并不是为了自我炫耀。这个片段深深地留在我的记忆中,自此之后,我坚持学习并努力做得更好。每年,我阅读约 200—300 篇同行评审的研究论文。不久前,我整理曾阅读过的研究,发现许多令人信服的教师发展的相关研究介绍了某项策略和技能在学校得以实施的影响因素。这些发人深省的内容令我深刻地意识到,在教师专业发展方面,我还只是一名初学者。我再一次开阔了眼界,并提高了对自己的要求。如果我放任自己骄傲自满,那么下一次鼓掌喝彩将离我越来越远。

174　　　　教师应提高自我要求,热情迎接本书提出的挑战,选择一个教学中亟待解决的问题,尝试运用本书提供的相关措施,与团队成员一起寻求改变。每个教师都可能遇到家庭问题或与同事相处的问题,但任何生活或工作中的问题都不能成为教师影响学生毕业的借口。不要让学生成为教师不愿作出改变的受害者。

有时人们出于对风险或损失的恐惧而拒绝作出改变。请记住,尽管承担风险可能会导致失败,但不愿承担风险而故步自封一定会导致失败。如果教师拒绝作出新的尝试,那么他不仅剥夺了学生成长的可能性,也扼杀了自己的发展潜力。恐惧风险和损失是正常的,但我们必须合理控制这种恐惧。心灵导师玛丽安娜·威廉森(Marianne Williamson,1996,p191)非常好地诠释了人类的恐惧。

我们最深的恐惧,并非我们无能为力。

我们最深的恐惧,是我们能力无限。

内心深处的光明,而非黑暗,令我们惊恐不已。

扪心自问,

天资聪颖,容貌惊人,才华横溢,出类拔萃。

难道我们不能成为这样的人吗?

你是上帝之子。

你碌碌无为,掩盖光芒,并不会点亮大千世界。

你为了消除周围人的不安而退缩不前,也无裨益。

我们带着上帝之光降生于世。

这种荣耀的光芒根植于每个人的内心。

我们在让自己闪耀这种光芒的同时,

也给了他人光芒万丈的机会。

此时,我们从恐惧中救赎了自己,也解放了他人。

是否相信上帝的存在,并不比威廉森提出的问题更重要。如何才能在教学中做到不以"爱"的名义对学生施加更多的压力?

八、千里之行,始于足下

学生都期盼能拥有一名充满活力与关爱的魅力四射的老师,他们绝不希望自己的老师每天敷衍了事。学生在学校的每一天都应精彩无比。学生需要可供模仿的榜样和来自成人的关爱。他们需要学习建立远见卓识、敢于承担、不惧失败的品质。如果教师不能成为学生的榜样,那么学生将从何处习得这些优秀品质? 如果教师认为这听起来不可思议,那么实践会逐渐扩大教师对"可能"这一概念的认识。此时,《爱丽丝漫游仙境》(*Alice's Adventures in Wonderland*)中爱丽丝(Alice)和白皇后(White Queen)之间的一段对话涌入我的脑海:

> 爱丽丝笑道:"不要做无用的尝试,没人会相信根本不可能发生的事情。"

> 白皇后说道:"我敢断言那是因为你还不够努力。我像你这么大的时候,每天都花半个小时来相信不可能发生的事情,有时早餐前我就相信了6件看似不可能的事情。"(Carroll,1993,p.37)

教师的期望是将不可能变为可能的第一步。当教师的梦想大过教师为自己设定的挑战时,奇迹便会发生在课堂中。如果学生不够努力,请重新阅读第十一章,采用激发动机与促进努力的相关措施。如果学生思维迟缓,请重新阅读第十三章,采用增强活力和注意力的相关措施。只有追求奇迹,奇迹才有可能发生。

"不找借口"的思维方式意味着,即使教师知道投入学习应该是学生的任务,但是仍然将促使学生投入学习当作自己的工作。促进学生投入学习不仅仅是卓越教师的历史使命,而且关乎国家的经济、社会与文化的繁荣。毕业率提高一个百分点就会带来很多意想不到的效果。随着毕业率的提高,失业率、犯罪率和离婚率都将有所下降,接受政府救济的人数将不断减少,纳税人数则不断提高,国家将变得更加繁荣富强(Heckman,Humphries,& Mader,2011)。

176 命运从来不是一成不变的,改变可以从今天开始。只要学生愿意相信自己具有学习能力,他们未来就有可能成为医生、政治家、工程师、诺贝尔奖获得者、教师,甚至是总统。在未来一个学年,部分学生可能需要决定是继续留在学校,还是辍学成为社会闲散人员。他们值得教师作出最大的努力。

下卷开篇讲述了一名无法投入学习且成绩很差的学生的故事。这个学生就是我。幸运的是,我在中学期间遇到了一个教师,这个教师给予我无限的关爱,不断督促我努力,纠正我的行为,帮助我端正学习态度,培养我的认知能力,令我能够投入学校生活。这个教师改变了我的人生轨迹。你是否愿意试着成为这样一个能够创造奇迹的教师?学生期待着你的答案。

内容索引*

---

* 本索引中，索引主题之后的数字为英文版页码，现为中文版页边码，提示可在该页边码中检索相关内容，检查时注意要在所在的上、下卷页边码中检索。——译者注

参考文献

上卷

Adelman, C. (1999). *Answers in the tool box: Academic intensity, attendance patterns, and bachelor's degree attainment*. Washington, DC: U. S. Department of Education, Office of Educational Research and Improvement.

Ahnert, L., Pinquart, M., & Lamb, M. (2006). Security of children's relationships with nonparental care provider. *Child Development*, 77(3), 664 - 679.

Almeida, D. M., Neupert, S. D., Banks, S. R., & Serido, J. (2005). Do daily stress processes account for socioeconomic health disparities? *Journal of Gerontology Series B: Psychological Sciences and Social Sciences*, 60(2), 34 - 39.

Alvarez, G. A., & Cavanagh, P. (2004). The capacity of visual short-term memory is set both by visual information load and by number of objects. *Psychological Science*, 15(2), 106 - 111.

Angelo, T. A. (1993). A "teacher's dozen": Fourteen general, research-based principles for improving higher learning in our classrooms. *AAHE Bulletin*, 45(8), 3 - 7, 13.

Astone, N. M., Misra, D., & Lynch, C. (2007). The effect of maternal socio-economic status throughout the lifespan on infant birth weight. *Paediatric and Perinatal Epidemiology*, 21(4), 310 - 318.

Atkins, K., & Rossi, M. (2007). Change from within. *Educational Leadership*, 65(1), 1 - 5.

Attar, B. K., Guerra, N. G., & Tolan, P. H. (1994). Neighborhood disadvantage, stressful life events, and adjustment in urban elementary-school children. *Journal of Clinical Child Psychology*, 23, 391 - 400.

Atzaba-Poria, N., Pike, A., & Deater-Deckard, K. (2004). Do risk factors for problem behaviour act in a cumulative manner? An examination of ethnic minority and majority children through an ecological perspective. *Journal of Child Psychology and Psychiatry*, *45*(4), 707 – 718.

Barnett, W. S. (1995). Long-term effects of early childhood care and education on disadvantaged children's cognitive development and school success. *The Future of Children*, *5*(3), 25 – 50.

Barnett, W. S. (1998). Long-term cognitive and academic effects of early childhood education on children in poverty. *Preventive Medicine*, *27*(2), 204 – 207.

Baydar, N., Brooks-Gunn, J., & Furstenberg, F. (1993). Early warning signs of functional illiteracy: Predictors in childhood and adolescence. *Child Development*, *64*(3), 815 – 829.

Bjørnebekk, A., Mathé, A. A., & Brené, S. (2005). The antidepressant effect of running is associated with increased hippocampal cell proliferation. *The International Journal of Neuropsychopharmacology*, *8*(3), 357 – 368.

Blair, C., Granger, D. A., Kivlighan, K. T., Mills-Koonce, R., Willoughby, M., Greenberg, M. T., et al. (2008). Maternal and child contributions to cortisol response to emotional arousal in young children from low-income, rural communities. *Developmental Psychology*, *44*(4), 1095 – 1109.

Bolland, L., Lian, B. E., & Formichella, C. M. (2005). The origins of hopelessness among inner-city African-American adolescents. *American Journal of Community Psychology*, *36*(3/4), 293 – 305.

Bornstein, M. H., Haynes, M. O., & Painter, K. M. (1998). Sources of child vocabulary competence: A multivariate model. *Journal of Child Language*, *25*(2), 367 – 393.

Boston Public Schools. (1998). *High school restructuring*. Boston: Author.

Bracey, G. W. (2006). Poverty's infernal mechanism. *Principal Leadership*, *6*(6), 60.

Bradley, R. H., & Corwyn, R. F. (2002). Socioeconomic status and child development. *Annual Review of Psychology*, *53*, 371 – 399.

Bradley, R. H., Corwyn, R. F., Burchinal, M., McAdoo, H. P., & Coll, C. G. (2001). The home environments of children in the United States, Part II: Relations with behavioral development through age thirteen. *Child Development*, *72*(6), 1868 – 1886.

Bradley, R. H., Corwyn, R. F., McAdoo, H. P., & Coll, C. G. (2001). The home environments of children in the United States, Part I: Variations by age, ethnicity, and poverty status. *Child Development*, *72*(6), 1844 – 1867.

Bradley, R. H., Whiteside-Mansell, L., Mundfrom, D. J., Casey, P. H., Kelleher, K. J., & Pope, S. K. (1994). Early indications of resilience and their relation to experiences in the home environments of low birthweight, premature children living in poverty. *Child Development*, *65*(2), 346 – 360.

Bradmetz, J., & Mathy, F. (2006). An estimate of the Flynn effect: Changes in IQ and subtest gains of 10 – year – old French children between 1965 and 1988. *Psychological Reports*, *99*(3), 743 – 746.

Bridgman, A., & Phillips, D. (1998). *New findings on poverty and child health and nutrition: Summary of a research briefing*. Washington, DC: National Academy Press.

Broadman, J. D. (2004). Stress and physical health: The role of neighborhoods as mediating and moderating mechanisms. *Social Science and Medicine*, *58*(12), 2473 – 2483.

Brooks-Gunn, J., Guo, G., & Furstenberg, F. (1993). Who drops out of and who continues beyond high school? *Journal of Research on Adolescence*, *3*(3), 271 – 294.

Brooks-Gunn, J., McCarton, C., Casey, P., McCormick, M., Bauer, C., Bernbaum, J., et al. (1994). Early intervention in low birthweight, premature infants. *Journal of the American Medical Association*, *272*, 1257 – 1262.

Bruel-Jungerman, E., Rampon, C., & Laroche, S. (2007). Adult hippocampal neurogenesis, synaptic plasticity and memory: Facts and hypotheses. *Reviews in the Neurosciences*, *18*(2), 93 – 114.

Burch, P., Steinberg, M., & Donovan, J. (2007). Supplemental educational services and NCLB: Policy assumptions, market practices, emerging issues. *Educational Evaluation and Policy Analysis*, *29*(2), 115 – 133.

Cage, B., & Smith, J. (2000). The effects of chess instruction on mathematics achievement of southern, rural, black, secondary students. *Research in the Schools*, *7*(1), 9 – 26.

Campbell, F. A., Pungello, E. P., Miller-Johnson, S., Burchinal, M., & Ramey, C. T. (2001). The development of cognitive and academic abilities: Growth curves from an early childhood educational experiment. *Developmental Psychology*, *37*(2), 231 – 242.

Campbell, F. A., & Ramey, C. T. (1994). Effects of early intervention on intellectual and academic achievement: A follow-up study of children from low-income families. *Child Development*, *65*, 684 – 698.

Capron, C., & Duyme, M. (1989). Assessment of effects of socio-economic status on IQ in a full cross-fostering study. *Nature*, *340*, 552 – 554.

Carraher, T. N., Carraher, D., & Schliemann, A. D. (1985). Mathematics in the streets and in schools. *British Journal of Developmental Psychology*, *3*, 21 – 29.

Carter, S. C. (2000). *No excuses: 21 lessons from high-performing, high-poverty schools*. Washington, DC: Heritage Foundation.

Cartwright, M., Wardle, J., Steggles, N., Simon, A. E., Croker, H., & Jarvis, M. J. (2003). Stress and dietary practices in adolescents. *Health Psychology*, *22*(4), 362 –

369.

Catterall, J. S., Chapleau, R., & Iwanaga, J. (1999). Involvement in the arts and human development: General involvement and intensive involvement in music and theatre arts. In E. B. Fiske (Ed.), *Champions of change: The impact of the arts on learning* (pp. 48 – 62). Washington, DC: Arts Education Partnership.

Ceci, S. J. (1991). How much does schooling influence general intelligence and its cognitive components? A reassessment of the evidence. *Developmental Psychology*, *27*(5), 703 – 722.

Ceci, S. (2001, July 1). IQ to the test. *Psychology Today*. Retrieved March 17, 2007, from http://psychologytoday.com/articles/pto-20010701 – 000024.html

Ceci, S. J., & Liker, J. (1986). A day at the races: A study of IQ, expertise, and cognitive complexity. *Journal of Experimental Psychology: General*, *115*, 255 – 266.

Chan, A. S., Ho, Y. C., & Cheung, M. C. (1998). Music training improves verbal memory. *Nature*, *396*, 128.

Chasnoff, I. J., Anson, A., Hatcher, R., Stenson, H., Iaukea, K., & Randolph, L. (1998). Prenatal exposure to cocaine and other drugs: Outcome at four to six years. *Annals of the New York Academy of Sciences*, *846*, 314 – 328.

Chaudhari, S., Otiv, M., Chitale, A., Hoge, M., Pandit, A., & Mote, A. (2005). Biology versus environment in low birth weight children. *Indian Pediatrics*, *42*(8), 763 – 770.

Checkley, K. (1995). Multiyear education: Reaping the benefits of "looping". *ASCD Education Update*, *37*(8), 13, 6.

Chenoweth, K. (2007). *"It's being done": Academic success in unexpected schools*. Cambridge, MA: Harvard Education Press.

Coley, R. (2002). *An uneven start: Indicators of inequality in school readiness*. Princeton, NJ: Educational Testing Service.

Conrad, C. D. (2006). What is the functional significance of chronic stress-induced CA3 dendritic retraction within the hippocampus? *Behavioral and Cognitive Neuroscience Reviews*, *5*(1), 41 – 60.

Constantino, R. (2005). Print environments between high and low socioeconomic status (SES) communities. *Teacher Librarian*, *32*(3), 22 – 25.

Cook, S. C., & Wellman, C. L. (2004). Chronic stress alters dendritic morphology in rat medial prefrontal cortex. *Neurobiology*, *60*(2), 236 – 248.

. Cooper, H., Nye, B., Charlton, K., Lindsay, J., & Greathouse, S. (1996). The effects of summer vacation on achievement test scores: A narrative and meta-analytic review. *Review of Educational Research*, *66*(3), 227 – 268.

Coplan, J. D., Andrews, M. W., Rosenblum, L. A., Owens, M. J., Friedman, S., Gorman, J. M., et al. (1996). Persistent elevations of cerebrospinal fluid concentrations of corticotropinreleasing factor in adult nonhuman primates exposed to early-life stressors: Implications for the pathophysiology of mood and anxiety disorders. *Proceedings of the National Academy of Sciences of the United States of America*, *93*, 1619 – 1623.

Cotton, K. (2003). *Principals and student achievement*. Alexandria, VA: ASCD.

Datnow, A., Hubbard, L., & Mehan, H. (2002). *Extending educational reform: From one school to many*. New York: Routledge Falmer.

Davis, O. S., Kovas, Y., Harlaar, N., Busfield, P., McMillan, A., Frances, J., et al. (2008). Generalist genes and the Internet generation: Etiology of learning abilities by web testing at age 10. *Genes, Brain, and Behavior*, *7*(4), 455 – 462.

De Bellis, M. D. (2005). The psychobiology of neglect. *Child Maltreatment*, *10*(2), 150 – 172.

De Bellis, M. D., Keshavan, M. S., Beers, S. R., Hall, J., Frustaci, K., Masalehdan, A., et al. (2001). Sex differences in brain maturation during childhood and adolescence. *Cerebral Cortex*, *11*(6), 552 – 557.

DeGarmo, D. S., Forgatch, M. S., & Martinez, C. R. (1999). Parenting of divorced mothers as a link between social status and boys' academic outcomes: Unpacking the effects of socioeconomic status. *Child Development*, *70*, 1231 – 1245.

Denny, S., Clark, T., Fleming, T., & Wall, M. (2004). Emotional resilience: Risk and protective factors for depression among alternative education students in New Zealand. *American Journal of Orthopsychiatry*, *74*(2), 137 – 149.

Desimone, L. M., Smith, T. M., Hayes, S. A., & Frisvold, D. (2005). Beyond accountability and average mathematics scores: Relating state education policy attributes to cognitive achievement domains. *Educational Measurement: Issues and Practice*, *24*(4), 5 – 18.

Devlin, B., Daniels, M., & Roeder, K. (1997). The heritability of IQ. *Nature*, *388*(6641), 468 – 471.

Dibble, S. (2008, January 22). District 203 provided spark for book: Psychiatrist draws connection between physical activity and learning. *Daily Herald* (Illinois). Retrieved May 3, 2008, from www. johnratey. com/Articles/District203providedspark%20. pdf

Dobrossy, M. D., & Dunnett, S. B. (2004). Environmental enrichment affects striatal graft morphology and functional recovery. *European Journal of Neuroscience*, *19*(1), 159 – 168.

Dodge, K. A., Pettit, G. S., & Bates, J. E. (1994). Socialization mediators of the relation between socioeconomic status and child conduct problems. *Child Development*, *65*

(2), 649 – 665.

Draganski, B., Gaser, C., Kempermann, G., Kuhn, H. G., Winkler, J., Büchel, C., et al. (2006). Temporal and spatial dynamics of brain structure changes during extensive learning. *The Journal of Neuroscience*, *26*(23), 6314 – 6317.

Driemeyer, J., Boyke, J., Gaser, C., Büchel, C., & May, A. (2008). Changes in gray matter induced by learning — Revisited. *PLoS ONE*, *3*(7), e2669.

DuBois, D. L., & Silverthorn, N. (2004). Do deviant peer associations mediate the contributions of self-esteem to problem behavior during early adolescence? A 2 – year longitudinal study. *Journal of Clinical Child and Adolescent Psychology*, *33*(2), 382 – 388.

DuBois, D. L., & Silverthorn, N. (2005). Natural mentoring relationships and adolescent health: Evidence from a national study. *American Journal of Public Health*, *95*(3), 518 – 524.

Duckworth, A. L., & Seligman, M. P. (2005). Self-discipline outdoes IQ in predicting academic performance of adolescents. *Psychological Science*, *16*(12), 939 – 944.

Duckworth, A. L., & Seligman, M. E. P. (2006). Self-discipline gives girls the edge: Gender in self-discipline, grades, and achievement test scores. *Journal of Educational Psychology*, *98*(1), 198 – 208.

Duyme, M., Dumaret, A.-C., & Tomkiewicz, S. (1999). How can we boost IQs of "dull children"? A late adoption study. *Proceedings of the National Academy of Sciences of the United States of America*, *96*(15), 8790 – 8794.

Dye, M. W., Green, C. S., & Bavelier, D. (2009). The development of attention skills in action video game players. *Neuropsychologia*, *47*(8 – 9), 1780 – 1789.

Dye, M. W., Hauser, P. C., & Bavelier, D. (2008). Visual skills and cross-modal plasticity in deaf readers: Possible implications for acquiring meaning from print. *Annals of the New York Academy of Sciences*, *1145*, 71 – 82.

Ekman, P. (2003). *Emotions revealed: Recognizing faces and feelings to improve communication and personal life*. New York: Henry Holt.

Emery, R. E., & Laumann-Billings, L. (1998). An overview of the nature, causes, and consequences of abusive family relationships: Toward differentiating maltreatment and violence. *American Psychologist*, *53*, 121 – 135.

Erickson, K., Drevets, W., & Schulkin, J. (2003). Glucocorticoid regulation of diverse cognitive functions in normal and pathological emotional states. *Neuroscience and Biobehavioral Reviews*, *27*, 233 – 246.

Evans, G. W. (2003). A multimethodological analysis of cumulative risk and allostatic load among rural children. *Developmental Psychology*, *39*(5), 924 – 933.

Evans, G. W. (2004). The environment of childhood poverty. *American Psychologist*,

59(2)，77 - 92.

Evans，G. W.，& English，K. （2002）. The environment of poverty：Multiple stressor exposure，psychophysiological stress，and socioemotional adjustment. *Child Development*，73(4)，1238 - 1248.

Evans，G. W.，Gonnella，C.，Marcynyszyn，L. A.，Gentile，L.，& Salpekar，N. （2005）. The role of chaos in poverty and children's socioemotional adjustment. *Psychological Science*，16(7)，560 - 565.

Evans，G. W.，& Kantrowitz，E. （2002）. Socioeconomic status and health：The potential role of environmental risk exposure. *Annual Review of Public Health*，23，303 - 331.

Evans，G. W.，Kim，P.，Ting，A. H.，Tesher，H. B.，& Shannis，D. （2007）. Cumulative risk，maternal responsiveness，and allostatic load among young adolescents. *Developmental Psychology*，43(2)，341 - 351.

Evans，G. W.，Wells，N. M.，& Moch，A. （2003）. Housing and mental health：A review of the evidence and a methodological and conceptual critique. *Journal of Social Issues*，59(3)，475 - 500.

Fabel，K.，Fabel，K.，Tam，B.，Kaufer，D.，Baiker，A.，Simmons，N.，et al. （2003）. VEGF is necessary for exercise-induced adult hippocampal neurogenesis. *European Journal of Neuroscience*，18(10)，2803 - 2812.

Farah，M. J.，Shera，D. M.，Savage，J. H.，Betancourt，L.，Giannetta，J. M.，Brodsky，N. L.，et al. （2006）. Childhood poverty：Specific associations with neurocognitive development. *Brain Research*，1110(1)，166 - 174.

Farkas，G. （1998）. Reading one-to-one：An intensive program serving a great many students while still achieving large effects. In J. Crane（Ed.），*Social programs that work* （pp. 75 - 109）. New York：Russell Sage Foundation Press.

Farkas，G.，& Durham，R. （2007）. The role of tutoring in standards-based reform. In A. Gamoran（Ed.），*Standards-based reform and the poverty gap：Lessons for "No Child Left Behind"*（pp. 201 - 228）. Washington，DC：Brookings Institution Press.

Feldman，R.，& Eidelman，A. I. （2009）. Biological and environmental initial conditions shape the trajectories of cognitive and social-emotional development across the first years of life. *Developmental Science*，12(1)，194 - 200.

Felitti，V J.，Anda，R. F.，Nordenberg，D.，Williamson，D. F.，Spitz，A. M.，Edwards，V.，et al. （1998）. Relationship of childhood abuse and household dysfunction to many of the leading causes of death in adults：The Adverse Childhood Experiences（ACE）Study. *American Journal of Preventive Medicine*，14(4)，245 - 258.

Felner，R.，Jackson，A.，Kasak，D.，Mulhall，P.，Brand，S.，& Flowers，N.

(1997). The impact of school reform for the middle years: Longitudinal study of a network engaged in Turning Points-based comprehensive school transformation. *Phi Delta Kappan*, *78*(7), 528 – 550.

Ferguson, D. L., & Meyer, G. (2001). *Benito Martinez Elementary*, *El Paso*, *TX*. *Schools on the move: Stories of urban schools engaged in inclusive journeys of change*. Newton, MA: National Institute for Urban School Improvement, Education Development Center Inc.

Finn, J. D., & Achilles, C. M. (1999). Tennessee's class size study: Findings, implications, misconceptions. *Educational Evaluation and Policy Analysis*, *21*(2), 97 – 109.

Fishbein, D. H., Herman-Stahl, M., Eldreth, D., Paschall, M. J., Hyde, C., Hubal, R., et al. (2006). Mediators of the stress-substance-use relationship in urban male adolescents. *Prevention Science*, *7*(2), 113 – 126.

Flynn, J. R. (1984). The mean IQ of Americans: Massive gains 1932 to 1978. *Psychological Bulletin*, *95*, 29 – 51.

Ford, S., Farah, M. S., Shera, D. M., & Hurt, H. (2007). Neurocognitive correlates of problem behavior in environmentally at-risk adolescents. *Journal of Developmental and Behavioral Pediatrics*, *28*(5), 376 – 385.

Freiberg, H. (1993). A school that fosters resilience in inner-city youth. *The Journal of Negro Education*, *62*(3), 364.

Gaab, N., Gabrieli, J. D., Deutsch, G. K., Tallal, P., & Temple E. (2007). Neural correlates of rapid auditory processing are disrupted in children with developmental dyslexia and ameliorated with training: An fMRI study. *Neurological Neuroscience*, *25*(3 – 4), 295 – 310.

Gamoran, A. (Ed.). (2007). *Standards-based reform and the poverty gap: Lessons for "No Child Left Behind"*. Washington, DC: Brookings Institution Press.

Gardini, S., Cornoldi, C., De Beni, R., & Venneri, A. (2008). Cognitive and neuronal processes involved in sequential generation of general and specific mental images. *Psychological Research*, *73*(5), 645 – 655.

Gazzaniga, M. (Organizer), Asbury, C., & Rich, B. (Eds.). (2008). *Learning*, *arts*, *and the brain: The Dana Consortium report on arts and cognition*. New York & Washington, DC: Dana Press.

Geronimus, A. T., Hicken, M., Keene, D., & Bound, J. (2006). Weathering and age patterns of allostatic load scores among blacks and whites in the United States. *American Journal of Public Health*, *96*, 826 – 833.

Gershoff, E. T. (2002). Corporal punishment by parents and associated child behaviors and experiences: A meta-analytic and theoretical review. *Psychological Bulletin*, *128*(4), 539 – 579.

Giangreco, M. F., Cloninger, C. J., & Iverson, V. S. (1998). *Choosing outcomes and accommodations for children (COACH): A guide to educational planning for students with disabilities* (2nd ed.). Baltimore: Brookes Publishing.

Gobet, F., & Clarkson, G. (2004). Chunks in expert memory: Evidence for the magical number four ... or is it two? *Memory*, *12*(6), 732–747.

Gómez-Pinilla, F., Dao, L., & So, V. (1997). Physical exercise induces FGF–2 and its mRNA in the hippocampus. *Brain Research*, *764*(1–2), 1–8.

Gottfredson, L. S. (2004). Intelligence: Is it the epidemiologists' elusive "fundamental cause" of social class inequalities in health? *Journal of Personality and Social Psychology*, *86*, 174–199.

Gottfried, A. W., Gottfried, A. E., Bathurst, K., Guerin, D. W., & Parramore, M. M. (2003). Socioeconomic status in children's development and family environment: Infancy through adolescence. In M. H. Bornstein & R. H. Bradley (Eds.), *Socioeconomic status, parenting, and child development* (pp. 260–285). Mahwah, NJ: Lawrence Erlbaum Associates.

Gottlieb, D. J., Beiser, A. S., & O'Connor, G. T. (1995). Poverty, race, and medication use are correlates of asthma hospitalization rates: A small area analysis in Boston. *Chest*, *108*(1), 28–35.

Graber, J. A., & Brooks-Gunn, J. (1995). Models of development: Understanding risk in adolescence. *Suicide and Life-Threatening Behavior*, *25*, 18–25.

Grassi-Oliveira, R., Ashy, M., & Stein, L. M. (2008). Psychobiology of childhood maltreatment: Effects of allostatic load? *Revista Brasileira de Psiquiatria*, *30*(1), 60–68.

Green, R. E., Melo, B., Christensen, B., Ngo, L., & Skene, C. (2006). Evidence of transient enhancement to cognitive functioning in healthy young adults through environmental enrichment: Implications for rehabilitation after brain injury. *Brain and Cognition*, *60*(2), 201–203.

Guilarte, T. R., Toscano, C. D., McGlothan, J. L., & Weaver, S. A. (2003). Environmental enrichment reverses cognitive and molecular deficits induced by developmental lead exposure. *Annals of Neurology*, *53*(1), 50–56.

Gunnar, M. R., Frenn, K., Wewerka, S. S., & Van Ryzin, M. J. (2009). Moderate versus severe early life stress: Associations with stress reactivity and regulation in 10–12–year–old children. *Psychoneuroendocrinology*, *34*(1), 62–75.

Hammack, P. L., Robinson, W. L., Crawford, I., & Li, S. T. (2004). Poverty and depressed mood among urban African-American adolescents: A family stress perspective. *Journal of Child and Family Studies*, *13*(3), 309–323.

Hampton, F., Mumford, D., & Bond, L. (1997, March). *Enhancing urban student achievement through family oriented school practices*. Paper presented at the annual meeting of the American Educational Research Association, Chicago, IL.

Harada, C., Harada, T., Mitamura, Y., Quah, H. M., Ohtsuka, K., Kotake, S., et al. (2004). Diverse NF-kappaB expression in epiretinal membranes after human diabetic retinopathy and proliferative vitreoretinopathy. *Molecular Vision*, *10*, 31 – 36.

Harris, J. R. (1998). *The nurture assumption*. New York: W. H. Norton.

Harris, J. R. (2006). *No two alike*. New York: W. H. Norton.

Hart, B., & Risley, T. (1995). *Meaningful differences in the everyday experiences of young American children*. Baltimore: Brookes Publishing.

Haskins, R. (1989). Beyond metaphor: The efficacy of early childhood education. *American Psychologist*, *44*(2), 274 – 282.

Hawkins, J. D., Guo, J., Hill, K. G., Battin-Pearson, S., & Abbott, R. D. (2001). Long-term effects of the Seattle Social Development Intervention on school bonding trajectories. *Applied Developmental Science*, *5*(4), 225 – 236.

Hawkins, J. D., Kosterman, R., Catalano, R. F., Hill, K. G., & Abbott, R. D. (2008). Effects of Social Development Intervention in childhood 15 years later. *Archives of Pediatrics and Adolescent Medicine*, *162*(12), 1133 – 1141.

Herman, J., & Gribbons, B. (2001). *Lessons learned in using data to support school inquiry and continuous improvement: Final report to the Stuart Foundation*. Los Angeles: Center for the Study of Evaluation.

Herrera, C., Grossman, J. B., Kauh, T. J., Feldman, A. F., McMaken, J., & Jucovy, L. Z. (2007). *Making a difference in schools: The Big Brothers Big Sisters school-based mentoring impact study*. Philadelphia: Public/Private Ventures.

Hill, N. E., Bromell, L., Tyson, D. F., & Flint, R. (2007). Developmental commentary: Ecological perspectives on parental influences during adolescence. *Journal of Clinical Child and Adolescent Psychology*, *36*(3), 367 – 377.

Hillman, C. H., Castelli, D. M., & Buck, S. M. (2005). Aerobic fitness and neurocognitive function in healthy preadolescent children. *Medicine and Science in Sports and Exercise*, *37*(11), 1967 – 1974.

Hoff, E. (2003). The specificity of environmental influence: Socioeconomic status affects early vocabulary development via maternal speech. *Child Development*, *74*(5), 1368 – 1378.

Hoffman, A. M. (1996). *Schools, violence, and society*. Westport, CT: Praeger Publishers.

Hsuch, J., & Yoshikawa, H. (2007). Working nonstandard schedules and variable shifts in low-income families: Associations with parental psychological well-being, family functioning, and child well-being. *Developmental Psychology*, *43*(3), 620 – 632.

Hussey, J. M., Chang, J. J., & Kotch, J. B. (2006). Child maltreatment in the United States: Prevalence, risk factors, and adolescent health consequences. *Pediatrics*, *118*(3), 933 – 942.

Huttenlocher, J. (1998). Language input and language growth. *Preventive Medicine*, *27*(2), 195 – 199.

Huttenlocher, J., Haight, W., Bryk, A., Seltzer, M., & Lyons, R. (1991). Early vocabulary growth: Relation to language input and gender. *Developmental Psychology*, *27*(2), 236 – 248.

Isaacs, E. B., Gadian, D. G., Sabatini, S., Chong, W. K., Quinn, B. T., Fischl, B. R., et al. (2008). The effect of early human diet on caudate volumes and IQ. *Pediatric Research*, *63*(3), 308 – 314.

Izawa, C. (2000). Total time and efficient time management: In search of optimal learning and retention via study-test-rest presentation programs. *American Journal of Psychology*, *113*(2), 221 – 248.

Jack, G., & Jordan, B. (1999). Social capital and child welfare. *Children and Society*, *13*, 242 – 256.

Jaeggi, S. M., Buschkuehl, M., Jonides, J., & Perrig, W. J. (2008). Improving fluid intelligence with training on working memory. *Proceedings of the National Academy of Sciences of the United States of America*, *105*(19), 6829 – 6833.

Jekielek, S., Moore, K. A., & Hair, E. (2002, February). *Mentoring: A promising strategy for youth development*. *Child Trends* [research brief]. Available: www. mentoring. ca. gov/pdf/MentoringBrief2002. pdf

Jensen, E. (2003). *Tools for engagement*. Thousand Oaks, CA: Corwin Press.

Jensen, E. (2005). *Teaching with the brain in mind*. Alexandria, VA: ASCD.

Jensen, E., & Nickelsen, L. (2008). *Deeper learning: 7 powerful strategies for in-depth and longer-lasting learning*. Thousand Oaks, CA: Corwin Press.

Jerald, C. D. (2001). *Dispelling the myth revisited: Preliminary findings from a nationwide analysis of "high-flying" schools*. Washington, DC: The Education Trust.

Jiaxu, C., & Weiyi, Y. (2000). Influence of acute and chronic treadmill exercise on rat brain POMC gene expression. *Medicine and Science in Sports and Exercise*, *32*(5), 954 – 957.

Johns, M., Schmader, T., & Martens, A. (2005). Knowing is half the battle: Teaching stereotype threat as a means of improving women's math performance. *Psychological Science*, *16*, 175 – 179.

Johnson, D. S. (1981). Naturally acquired learned helplessness: The relationship of school failure to achievement behavior, attributions, and self-concept. *Journal of Educational Psychology*, *73*(2), 174 – 180.

Johnston-Brooks, C. H., Lewis, M. A., Evans, G. W., & Whalen, C. K. (1998). Chronic stress and illness in children: The role of allostatic load. *Psychosomatic Medicine*, *60* (5), 597 – 603.

Jolliffe, D. (2004, July 20). *Rural poverty at a glance*. Rural Development Research Report Number 100. Washington, DC: Economic Research Service, U. S. Department of Agriculture. Retrieved June 10, 2009, from www. ers. usda. gov/Publications/RDRR100

Jones, B., Valdez, G., Nowakowski, J., & Rasmussen, C. (1994). *Designing learning and technology for educational reform*. Oak Brook, IL: North Central Regional Educational Laboratory.

Jonides, J. (2008). Musical skill and cognition. In M. Gazzaniga (Organizer), C. Asbury & B. Rich (Eds.), *Learning, arts, and the brain: The Dana Consortium report on arts and cognition* (pp. 11 – 16). New York & Washington, DC: Dana Press.

Jordan, H., Mendro, R., & Weerasinghe, D. (1997). *Teacher effects on longitudinal student achievement: A report on research in progress*. Paper presented at the annual CREATE meeting, Indianapolis, IN.

Joseph, R. (1999). Environmental influences on neural plasticity, the limbic system, emotional development and attachment: A review. *Child Psychiatry and Human Development*, *29*(3), 189 – 208.

Jyoti, D. F., Frongillo, E. A., & Jones, S. J. (2005). Food insecurity affects school children's academic performance, weight gain, and social skills. *Journal of Nutrition*, *135*, 2831 – 2839.

Kam, C., Greenberg, M., & Walls, C. (2003). Examining the role of implementation quality in school-based prevention using the PATHS curriculum. *Prevention Science*, *4*(1), 55 – 63.

Kanaya, T., Scullin, M. H., & Ceci, S. J. (2003). The Flynn effect and U. S. policies: The impact of rising IQ scores on American society via mental retardation diagnoses. *American Psychologist*, *58*(10), 778 – 790.

Kandel, E. (1998). A new intellectual framework for psychiatry? *The American Journal of Psychiatry*, *155*, 457 – 469.

Kannapel, P. J., Clements, S. K., Taylor, D., & Hibpshman, T. (2005). *Inside the black box of high-performing high-poverty schools*. Lexington, KY: Prichard Committee for Academic Excellence.

Karpicke, J. D., & Roediger, H. L. (2008). The critical importance of retrieval for learning. *Science*, *319*(5865), 966 – 968.

Keegan-Eamon，M.，& Zuehl，R. M.（2001）. Maternal depression and physical punishment as mediators of the effect of poverty on socioemotional problems of children in single-mother families. *American Journal of Orthopsychiatry*，71(2)，218 - 226.

Kearney，J. A.（1997）. Emotional development in infancy：Theoretical models and nursing implications. *Journal of Child and Adolescent Psychiatric Nursing*，10(4)，7 - 17.

Kerns，K. A.，Eso，K.，& Thomson，J.（1999）. Investigation of a direct intervention for improving attention in young children with ADHD. *Developmental Neuropsychology*，16(2)，273 - 295.

King，K.，Vidourek，R.，Davis，B.，& McClellan，W.（2002）. Increasing self-esteem and school connectedness through a multidimensional mentoring program. *Journal of School Health*，72(7)，294 - 299.

Kirkpatrick，L. A.，& Ellis，B. J.（2001）. An evolutionary-psychological approach to self-esteem：Multiple domains and multiple functions. In G. J. O. Fletcher & M. S. Clark （Eds.），*Blackwell handbook of social psychology：Interpersonal processes*（pp. 411 - 436）. Malden，MA：Blackwell.

Klebanov，P.，& Brooks-Gunn，J.（2006）. Cumulative，human capital，and psychological risk in the context of early intervention：Links with IQ at ages 3，5，and 8. *Annals of the New York Academy of Sciences*，1094，63 - 82.

Klingberg，T.（2000）. Limitations in information processing in the human brain：Neuroimaging of dual task performance and working memory tasks. *Progress in Brain Research*，126，95 - 102.

Klingberg，T.，Fernell，E.，Olesen，P. J.，Johnson，M.，Gustafsson，P.，Dahlström，K.，et al.（2005）. Computerized training of working memory in children with ADHD：A randomized，controlled trial. *Journal of the American Academy of Child and Adolescent Psychiatry*，44(2)，177 - 186.

Klopfenstein，K.（2004）. Advanced placement：Do minorities have equal opportunity? *Economics of Education Review*，23(2)，115 - 131.

Koger，S. M.，Schettler，T.，& Weiss，B.（2005）. Environmental toxicants and developmental disabilities：A challenge for psychologists. *American Psychologist*，60(3)，243 - 255.

Kovas，Y.，Haworth，C. M.，Harlaar，N.，Petrill，S. A.，Dale，P. S.，& Plomin，R.（2007）. Overlap and specificity of genetic and environmental influences on mathematics and reading disability in 10 - year - old twins. *Journal of Child Psychology and Psychiatry*，48 (9)，914 - 922.

Kretovics，J.，Farber，K. S.，& Armaline，W. D.（2004）. It ain't brain surgery：Reconstructing schools to improve the education of children placed at risk. *Educational*

Horizons, *82*(3), 213 - 225.

Kumanyika, S., & Grier, S. (2006). Targeting interventions for ethnic minority and low-income populations. *Future Child*, *16*(1), 187 - 207.

Lachat, M., & Smith, S. (2005). Practices that support data use in urban high schools. *Journal of Education for Students Placed at Risk* (*JESPAR*), *10*(3), 333 - 349.

Lave, J. (1988). *Cognition in practice*. New York: Cambridge University Press.

Lee, V., & Burkam, D. (2003). Dropping out of high school: The role of school organization and structure. *American Educational Research Journal*, *40*(2), 353 - 393.

Lengler, R., & Eppler, M. (2007). *Towards a periodic table of visualization methods for management*. IASTED proceedings of the Conference on Graphics and Visualization in Engineering (GVE 2007), Clearwater, FL.

Leroux, C., & Grossman, R. (1999, October 21). Arts in the schools paint masterpiece: Higher scores. *Chicago Tribune*, p. A-1.

Levenson, C. W., & Rich, N. J. (2007). Eat less, live longer? New insights into the role of caloric restriction in the brain. *Nutrition Reviews*, *65*(9), 412 - 415.

Lewis, A. (1993). The payoff from a quality preschool. *Phi Delta Kappan*, *74*, 746 - 749.

Liaw, F. R., & Brooks-Gunn, J. (1994). Cumulative familial risks and low-birthweight children's cognitive and behavioral development. *Journal of Clinical Child Psychology*, *23*(4), 360 - 372.

Lichter, D. T. (1997). Poverty and inequality among children. *Annual Review of Sociology*, *23*, 121 - 145.

Lippman, L., Burns, S., & McArthur, E. (1996). *Urban schools: The challenge of location and poverty*. Washington, DC: U. S. Department of Education, Office of Educational Research and Improvement.

Love, J. M., et al. (2005). The effectiveness of Early Head Start for 3 - year - old children and their parents: Lessons for policy and programs. *Developmental Psychology*, *41*(6), 885 - 901.

Love, J. M., Kisker, E. E., Ross, C. M., Schochet, P. Z., Brooks-Gunn, J., Paulsell, D., et al. (2002). *Making a difference in the lives of infants and toddlers and their families: The impacts of Early Head Start. Volume I: Final technical report*. Princeton, NJ: Mathematica Policy Research Inc.

Lucey, P. (2007). Social determinates of health. *Nursing Economics*, *25*(2), 103 - 109.

Lupien, S. J., King, S., Meaney, M. J., & McEwen, B. S. (2001). Can poverty get under your skin? Basal cortisol levels and cognitive function in children from low and high socioeconomic status. *Developmental Psychopathology*, *13*(3), 653 – 676.

Maguire, E. A., Spiers, H. J., Good, C. D., Hartley, T., Frackowiak, R. S., & Burgess, N. (2003). Navigation expertise and the human hippocampus: A structural brain imaging analysis. *Hippocampus*, *13*(2), 250 – 259.

Margulies, S. (1991). *The effect of chess on reading scores: District Nine Chess Program second year report*. New York: The American Chess Foundation. Available: www. geocities. com/chess_camp/margulies. pdf

Marzano, R. J. (2004). *Building background knowledge for academic achievement: Research on What Works in School*. Alexandria, VA: ASCD.

Marzano, R. J. (2007). *The art and science of teaching*. Alexandria, VA: ASCD.

Marzano, R. J., Pickering, D. J., & Pollock, J. E. (2001). *Classroom instruction that works*. Alexandria, VA: ASCD.

Maslow, A. H. (1943). A theory of human motivation. *Psychological Review*, *50*, 370 – 396.

Matte, T. D., & Jacobs, D. E. (2000). Housing and health: Current issues and implications for research and programs. *Journal of Urban Health*, *77*(1), 7 – 25.

May, A. (2008). Chronic pain may change the structure of the brain. *Pain*, *137*, 7 – 15.

McCauley, D. S. (2007). *The impact of advanced placement and dual enrollment programs on college graduation*. Research report. San Marcos, TX: Texas State University-San Marcos. Retrieved June 30, 2008, from http://ecommons. txstate. edu/arp/206

McCoy, M. B., Frick, P. J., Loney, B. R., & Ellis, M. L. (1999). The potential mediating role of parenting practices in the development of conduct problems in a clinic-referred sample. *Journal of Child and Family Studies*, *8*(4), 477 – 494.

McLoyd, V. C. (1998). Socioeconomic disadvantage and child development. *American Psychologist*, *53*(2), 185 – 204.

Mehan, H., Villanueva, I., Hubbard, L., & Lintz, A. (1996). *Constructing school success: The consequences of untracking low-achieving students*. Cambridge, UK: Cambridge University Press.

Mehrabian, A. (2002). Beyond IQ: Broad-based measurement of individual success potential or "emotional intelligence". *Genetic, Social, and General Psychology Monographs*, *126*(2), 133 – 239.

Meinzer, M., Elbert, T., Wienbruch, C., Djundja, D., Barthel, G., & Rockstroh, B. (2004). Intensive language training enhances brain plasticity in chronic aphasia. *BMC Biology*, *2*, 20.

Menyuk, P. (1980). Effect of persistent otitis media on language development.

Annals of Otology, *Rhinology*, *and Laryngology Supplement*, *89*(3), 257－263.

Mid-continent Research for Education and Learning (McREL). (2005). Schools that "beat the odds". *McREL Insights*. Aurora, CO: Author. Retrieved June 28, 2008, from www. mcrel. org/PDF/SchoolImprovementReform/5051IR_Beat_the_odds. pdf

Mikulincer, M. , & Shaver, R. (2001). Attachment theory and intergroup bias: Evidence that priming the secure base schema attenuates negative reactions to out-groups. *Journal of Personality and Social Psychology*. *81*, 97－115.

Miller, A. L. , Seifer, R. , Stroud, L. , Sheinkopf, S. J. , & Dickstein, S. (2006). Biobehavioral indices of emotion regulation relate to school attitudes, motivation, and behavior problems in a low-income preschool sample. *Annals of the New York Academy of Sciences*, *1094*, 325－329.

Miller, L. B. , & Bizzell, R. P. (1984). Long-term effects of four preschool programs: Ninth- and tenth-grade results. *Child Development*, *55*(4), 1570－1587.

Milne, A. , & Plourde, L. A. (2006). Factors of a low-SES household: What aids academic achievement? *Journal of Instructional Psychology*, *33*(3), 183－193.

Morrison-Gutman, L. , & McLoyd, V. (2000). Parents' management of their children's education within the home, at school, and in the community: An examination of African-American families living in poverty. *The Urban Review*, *32*(1), 1－24.

Moses, M. , Johnson, E. S. , Anger, W. K. , Burse, V. W. , Horstman, S. W. , Jackson, R. J. , et al. (1993). Environmental equity and pesticide exposure. *Toxicology and Industrial Health*, *9*(5), 913－959.

Mouton, S. G. , & Hawkins, J. (1996). School attachment perspectives of low-attached high school students. *Educational Psychology*, *16*(3), 297－304.

Murray, A. (1997). Young people without an upper secondary education in Sweden: Their home background, school and labour market experiences. *Scandinavian Journal of Educational Research*, *41*(2), 93－125.

National Commission on Teaching and America's Future (NCTAF). (2004). 2004 Summit on *High Quality Teacher Preparation*. Available: www. nctaf. org/resources/events/2004_ summit-1

National Education Association (NEA). (2003, Spring). *Using data about classroom practice and student work to improve professional development for educators*. Washington, DC: The NEA Foundation for the Improvement of Education. Available: www. neafoundation. org/downloads/NEA-Using_Date_Classroom_Practice. pdf

Newcomer, J. W. , Selke, G. , Melson, A. K. , Hershey, T. , Craft, S. , Richards, K. , et al. (1999). Decreased memory performance in healthy humans induced by stress-level cortisol treatment. *Archives of General Psychiatry*, *56*(6), 527－533.

Newman, T. (2005, Spring). Coaches' roles in the academic success of male student athletes. *The Sport Journal*, 8.

Nithianantharajah, J., & Hannan, A. J. (2006). Enriched environments, experience-dependent plasticity and disorders of the nervous system. *Nature Reviews Neuroscience*, 7 (9), 697–709.

Noble, K. G., McCandliss, B. D., & Farah, M. J. (2007). Socioeconomic gradients predict individual differences in neurocognitive abilities. *Developmental Science*, 10(4), 464–480.

Noble, K. G., Norman, M. F., & Farah, M. J. (2005). Neurocognitive correlates of socioeconomic status in kindergarten children. *Developmental Science*, 8(1), 74–87.

Noble, K. G., Wolmetz, M. E., Ochs, L. G., Farah, M. J., & McCandliss, B. D. (2006). Brain-behavior relationships in reading acquisition are modulated by socioeconomic factors. *Developmental Science*, 9(6), 642–654.

Nye, B., Konstantopoulos, S., & Hedges, L. V. (2004). How large are teacher effects? *Educational Evaluation and Policy Analysis*, 26(3), 237–257.

Oden, S., Schweinhart, L., & Weikart, D. (2000). *Into adulthood: A study of the effects of Head Start*. Ypsilanti, MI: High/Scope Press.

Palmer, L. L., Giese, L., & DeBoer, B. (2008). *Early literacy champions in North Carolina: Accelerated learning documentation for K–3 SMART (Stimulating Maturity through Accelerated Readiness Training)*. Minneapolis, MN: Minnesota Learning Resource Center.

Parrett, W. H. (2005). Against all odds: Reversing low achievement of one school's Native American students. *School Administrator*, 62(1), 26.

Pascual-Leone, A., Amedi, A., Fregni, F., & Merabet, L. B. (2005). The plastic human brain cortex. *Annual Review of Neuroscience*, 28, 377–401.

Paulussen-Hoogeboom, M. C., Stams, G. J., Hermanns, J. M. A., & Peetsma, T. T. D. (2007). Child negative emotionality and parenting from infancy to preschool: A meta-analytic review. *Journal of Youth and Adolescence*, 37(7), 875–887.

Peden, A. R., Rayens, M. K., Hall, L. A., & Grant, E. (2005). Testing an intervention to reduce negative thinking, depressive symptoms, and chronic stressors in low-income single mothers. *Journal of Nursing Scholarship*, 37(3), 268–274.

Pellegrini, A. D., & Bohn, C. M. (2005). The role of recess in children's cognitive performance and school adjustment. *Educational Researcher*, 34(1), 13–19.

Pereira, A. C., Huddleston, D. E., Brickman, A. M., Sosunov, A. A., Hen, R., McKhann, G. M., et al. (2007). An *in vivo* correlate of exercise-induced neurogenesis in the adult dentate gyrus. *Proceedings of the National Academy of Sciences of the United States of America*, 104(13), 5638–5643.

Peterson, C., Maier, S. F., & Seligman, M. E. P. (1995). *Learned helplessness: A theory for the age of personal control*. New York: Oxford University Press.

Pianta, R. C., Belsky, J., Houts, R., & Morrison, F. (2007). Teaching: Opportunities to learn in America's elementary classrooms. *Science*, *315*(5820), 1795 – 1796.

Pianta, R. C., & Stuhlman, M. (2004). Teacher-child relationships and children's success in the first years of school. *School Psychology Review*, *33*(3), 444 – 458.

Plomin, R., & Kovas, Y. (2005). Generalist genes and learning disabilities. *Psychological Bulletin*, *131*(4), 592 – 617.

Popham, W. J. (2004). A game without winners. *Educational Leadership*, *62*(3), 46 – 50.

Popham, W. J. (2008). *Transformative assessment*. Alexandria, VA: ASCD.

Poplin, M., & Soto-Hinman, I. (2006). Taking off ideological blinders: Lessons from the start of a study on effective teachers in high-poverty schools. *The Journal of Education*, *186*(3), 41 – 44.

Posner, M. I. (2008). Measuring alertness. *Annals of the New York Academy of Sciences*, *1129*, 193 – 199.

Posner, M., Rothbart, M. K., Sheese, B. E., & Kieras, J. (2008). How arts training influences cognition. In M. Gazzaniga (Organizer), C. Asbury, & B. Rich (Eds.), *Learning, arts, and the brain: The Dana Consortium report on arts and cognition* (pp. 1 – 10). New York & Washington, DC: Dana Press.

Pratt, P., Tallis, F., & Eysenck, M. (1997). Information-processing, storage characteristics and worry. *Behavior Research and Therapy*, *35*(11), 1015 – 1023.

Ramey, C. T., & Campbell, F. A. (1991). Poverty, early childhood education, and academic competence: The Abecedarian experiment. In A. C. Huston (Ed.), *Children in poverty: Child development and public policy* (pp. 190 – 221). Cambridge, UK: Cambridge University Press.

Ramey, C., & Ramey, S. (1998). Prevention of intellectual disabilities: Early interventions to improve cognitive development. *Preventive Medicine*, *27*, 224 – 232.

Ramey, C. T., & Ramey, S. L. (2006). Early learning and school readiness: Can early intervention make a difference? In N. F. Watt, C. C. Ayoub, R. H. Bradley, J. E. Puma, & W. A. Lebeouf (Eds.), *The crisis in youth mental health: Critical issues and effective programs, vol. 4: Early intervention programs and policies* (pp. 291 – 317). Westport, CT: Praeger Press.

Ratey, J., & Hagerman, E. (2008). *Spark: The revolutionary new science of exercise and the brain*. Boston: Little, Brown & Company.

Rector, R. E. (2005). *Importing poverty: Immigration and poverty in the United States: A book of charts (Special Report #9)*. Washington, DC: The Heritage Foundation.

Reeve, J. (2006). Extrinsic rewards and inner motivation. In C. Evertson, C. M. Weinstein, & C. S. Weinstein (Eds.), *Handbook of classroom management: Research, practice and contemporary issues* (pp. 645 – 664). Mahwah, NJ: Lawrence Erlbaum Associates.

Reeves, D. B. (2003). *High performance in high poverty schools: 90/90/90 and beyond*. Denver, CO: Center for Performance Assessment.

Rogers, D. E., & Ginzberg, E. (1993). *Medical care and the health of the poor*. Boulder, CO: Westview Press.

Rosenthal, R., & Jacobson, L. (1992). *Pygmalion in the classroom: Teacher expectation and pupils' intellectual development* (Expanded ed.). New York: Irvington.

Rushton, J. P. (2000). Flynn effects not genetic and unrelated to race differences. *American Psychologist*, *55*(5), 542 – 543.

Rutter, M., Moffitt, T. E., & Caspi, A. (2006). Gene-environment interplay and psychopathology: Multiple varieties but real effects. *Journal of Child Psychology and Psychiatry*, *47*(3 – 4), 226 – 261.

Sallis, J., McKenzie, T., Kolody, B., Lewis, M., Marshall, S., & Rosengard, P. (1999). Effects of health-related physical education on academic achievement: Project SPARK. *Research Quarterly for Exercise and Sport*, *70*(2), 127 – 134.

Sameroff, A. (1998). Environmental risk factors in infancy. *Pediatrics*, *102*(5), 1287 – 1292.

Sampson, R. J., Raudenbush, S. W., & Earls, F. (1997). Neighborhoods and violent crime: A multilevel study of collective efficacy. *Science*, *277*, 918 – 924.

Sanborn, K. J., Truscott, S. D., Phelps, L., & McDougal, J. L. (2003). Does the Flynn effect differ by IQ level in samples of students classified as learning disabled? *Journal of Psychoeducational Assessment*, *21*(2), 145 – 159.

Sanders, W. L., & Rivers, J. C. (1996). *Cumulative and residual effects of teachers on future student academic achievement*. Knoxville, TN: University of Tennessee Value-Added Research and Assessment Center.

Sapolsky, R. (2005). Sick of poverty. *Scientific American*, *293*(6), 92 – 99.

Sargent, D., Brown, M. J., Freeman, J. L., Bailey, A., Goodman, D., & Freeman, D. H., Jr. (1995). Childhood lead poisoning in Massachusetts communities: Its association with sociodemographic and housing characteristics. *American Journal of Public Health*, *85*(4), 528 – 534.

Saudino, K. J. (2005). Behavioral genetics and child temperament. *Journal of Developmental and Behavioral Pediatrics*, *26*(3), 214 – 223.

Schafft, K. A. (2006). Poverty, residential mobility, and student transiency within a rural New York school district. *Rural Sociology*, *71*(2), 212 – 231.

Schinke, S. P., Cole, K. C., & Poulin, S. R. (2000). Enhancing the educational achievement of at-risk youth. *Prevention Science*, *1*(1), 51 – 60.

Schmoker, M. (2001). *The results fieldbook: Practical strategies from dramatically improved schools*. Alexandria, VA: ASCD.

Schmoker, M. (2002). Up and away. *Journal of Staff Development*, *23*(2), 10 – 13.

Schwartz, D., & Gorman, A. H. (2003). Community violence exposure and children's academic functioning. *Journal of Educational Psychology*, *95*(1), 163 – 173.

Schwartz, J. (1994). Low-level lead exposure and children's IQ: A meta-analysis and search for a threshold. *Environmental Research*, *65*(1), 42 – 55.

Schweinhart, L. J., Barnes, H. V., & Weikart, D. P. (1993). *Significant benefits: The High/Scope Perry Preschool Study through age 27*. (Monographs of the High/Scope Educational Research Foundation). Ypsilanti, MI: High/Scope Press.

Segawa, M. (2008). Development of intellect, emotion, and intentions, and their neuronal systems. *Brain and Nerve*, *60*(9), 1009 – 1016.

Seligman, M. E., & Csikszentmihalyi, M. (2000). Positive psychology: An introduction. *American Psychologist*, *55*(1), 5 – 14.

Shaywitz, S. E., Shaywitz, B. A., Pugh, K. R., Fulbright, R. K., Constable, R. T., Mencl, W. E., et al. (1998). Functional disruption in the organization of the brain for reading in dyslexia. *Proceedings of the National Academy of Sciences of the United States of America*, *95*(5), 2636 – 2641.

Sibley, B. A., & Etnier, J. L. (2003). The relationship between physical activity and cognition in children: A meta-analysis. *Pediatric Exercise Science*, *15*, 243 – 256.

Simoes, E. A. (2003). Environmental and demographic risk factors for respiratory syncytial virus lower respiratory tract disease. *Journal of Pediatrics*, *143*, S118 – S126.

Sinclair, J. J., Pettit, G. S., Harrist, A. W., Dodge, K. A., & Bates, J. E. (1994). Encounters with aggressive peers in early childhood: Frequency, age differences and correlates of risk for behavior problems. *International Journal of Behavioral Development*, *17*, 675 – 696.

Skeels, H. M. (1966). Adult status of children with contrasting early life experiences: A follow-up study. *Monographs of the Society for Research in Child Development*, *31*(3), 1 – 65.

Slack, K. S., Holl, J. L., McDaniel, M., Yoo, J., & Bolger, K. (2004). Understanding the risks of child neglect: An exploration of poverty and parenting characteristics. *Child Maltreatment*, *9*(4), 395 – 408.

Slater, P. (2003, January 28). *State schools chief O'Connell announces California kids' 2002 physical fitness results*. California Department of Education. Retrieved July 8, 2007, from www. cde. ca. gov/nr/ne/yr03/yr03rel07. asp

Slavin, R. E., & Calderon, M. (2001). *Effective programs for Latino students*. Mahwah, NJ: Lawrence Erlbaum Associates.

Smith, J. R., Brooks-Gunn, J., & Klebanov, P. K. (1997). Consequences of living in poverty for young children's cognitive and verbal ability and early school achievement. In G. Duncan & J. Brooks-Gunn (Eds.), *Consequences of growing up poor* (pp. 132 – 189). New York: Russell Sage Foundation.

Sowell, E. R., Peterson, B. S., Thompson, P. M., Welcome, S. E., Henkenius, A. L., & Toga, A. W. (2003). Mapping cortical change across the human life span. *Nature Neuroscience*, 6(3), 309 – 315.

Spelke, E. (2008). Effects of music instruction on developing cognitive systems at the foundations of mathematics and science. In M. Gazzaniga (Organizer), C. Asbury, & B. Rich (Eds.), *Learning, arts, and the brain: The Dana Consortium report on arts and cognition* (pp. 17 – 50). New York & Washington, DC: Dana Press.

Sroufe, A. L. (2005). Attachment and development: A prospective, longitudinal study from birth to adulthood. *Attachment and Human Development*, 7(4), 349 – 367.

Stewart, L. (2008). Do musicians have different brains? *Clinical Medicine*, 8(3), 304 – 308.

Stipek, D. J. (2001). *Pathways to constructive lives: The importance of early school success*. Washington, DC: American Psychological Association.

Strong, R., Silver, H., & Perini, M. (2001). *Teaching what matters most: Standards and strategies for raising student achievement*. Alexandria, VA: ASCD.

Sutoo, D., & Akiyama, K. (2003). The significance of increase in striatal D(2) receptors in epileptic EL mice. *Brain Research*, 980(1), 24 – 30.

Szanton, S. L., Gill, J. M., & Allen, J. K. (2005). Allostatic load: A mechanism of socioeconomic health disparities? *Biological Research for Nursing*, 7(1), 7 – 15.

Szewczyk-Sokolowski, M., Bost, K. K., & Wainwright, A. B. (2005). Attachment, temperament, and preschool children's peer acceptance. *Social Development*, 14, 379 – 397.

Temple, E., Deutsch, G. K., Poldrack, R. A., Miller, S. L., Tallal, P., Merzenich, M. M., et al. (2003). Neural deficits in children with dyslexia ameliorated by behavioral remediation: Evidence from functional MRI. *Proceedings of the National Academy of Sciences of the United States of America*, 100(5), 2860 – 2865.

Teutsch, S., Herken, W., Bingel, U., Schoell, E., & May, A. (2008). Changes in brain gray matter due to repetitive painful stimulation. *Neuroimage*, *42*(2), 845 - 849.

Tiberius, R., & Tipping, J. (1990). *Twelve principles of effective teaching and learning for which there is substantial empirical support*. Toronto, Canada: University of Toronto.

Todd, J. J., & Marois, R. (2004). Capacity limit of visual short-term memory in human posterior parietal cortex. *Nature*, *428*(6984), 751 - 754.

Tong, S., Baghurst, P., Vimpani, G., & McMichael, A. (2007). Socioeconomic position, maternal IQ, home environment, and cognitive development. *Journal of Pediatrics*, *151*(3), 284 - 288.

Tremblay, R. E., Vitaro, F., & Brendgen, M. (2000). Influence of deviant friends on delinquency: Searching for moderator variables. *Journal of Abnormal Child Psychology*, *28*, 313 - 325.

Turkheimer, E., Haley, A., Waldron, M., D'Onofrio, B., & Gottesman, I. I. (2003). Socioeconomic status modifies heritability of IQ in young children. *Psychological Science*, *14*(6), 623 - 628.

U. S. Census Bureau. (2000). *National household education survey*. Washington, DC: National Center for Education Statistics.

U. S. Census Bureau. (2006, August 29). *Income climbs, poverty stabilizes, uninsured rate increases*. Retrieved June 10, 2009, from www. census. gov/Press-Release/wwv/releases/archives/income_wealth/007419. html

U. S. Department of Education. (2006). *Learning from nine high poverty, high achieving Blue Ribbon schools*. Retrieved May 21, 2009, from www. ed. gov/programs/nclbbrs/2006/profiles

U. S. Department of Health and Human Services. (2000). *Trends in the well-being of America's children and youth*. Washington, DC: Author.

U. S. News & World Report. (2008, December 4). *Best high schools: Gold medal list*. Retrieved May 21, 2009, from www. usnews. com/articles/education/high-schools/2008/12/04/best-high-schools-gold-medal-list. html

van Ijzendoorn, M. H., Vereijken, C. M. J. L., Bakermans-Kranenburg, M. J., & Riksen-Walraven, M. J. (2004). Assessing attachment security with the attachment q sort: Meta-analytic evidence for the validity of the observer AQS. *Child Development*, *75*(4), 1188 - 1213.

van Praag, H., Kempermann, G., & Gage, F. H. (1999). Running increases cell proliferation and neurogenesis in the adult mouse dentate gyrus. *Nature Neuroscience*, *2*(3), 266 - 270.

Viadero, D. (2002). Study finds social barriers to advanced classes. *Education Week*, *21*(39), 5.

Viadero, D. (2008). Exercise seen as priming pump for students' academic strides: Case grows stronger for physical activity's link to improved brain function. *Education Week*, *23*(27), 1 - 14.

Vythilingam, M., Heim, C., Newport, J., Miller, A. H., Anderson, E., Bronen, R., et al. (2002). Childhood trauma associated with smaller hippocampal volume in women with major depression. *American Journal of Psychiatry*, *159*(12), 2072 - 2080.

Wadsworth, M. E., Raviv, T., Compas, B. E., & Connor-Smith, J. K. (2005). Parent and adolescent responses to poverty-related stress: Tests of mediated and moderated coping models. *Journal of Child and Family Studies*, *14*(2), 283 - 298.

Wagner, M. (1997). *The effects of isotonic resistance exercise on aggression variable in adult male inmates in the Texas Department of Criminal Justice*. Doctoral dissertation, Texas A & M University, College Station.

Wahlsten, D. (1997). The malleability of intelligence is not constrained by heritability. In B. Devlin, S. E. Feinberg, D. P. Resnick, & K. Roeder (Eds.), *Intelligence*, *genes*, *and success: Scientists respond to The Bell Curve* (pp. 71 - 87). New York: Springer.

Wandell, B., Dougherty, R., Ben-Shachar, M., & Deutsch, G. (2008). Training in the arts, reading, and brain imaging. In M. Gazzaniga (Organizer), C. Asbury, & B. Rich (Eds.), *Learning*, *arts*, *and the brain: The Dana Consortium report on arts and cognition* (pp. 51 - 60). New York & Washington, DC: Dana Press.

Wang, Y., & Zhang, Q. (2006). Are American children and adolescents of low socioeconomic status at increased risk of obesity? Changes in the association between overweight and family income between 1971 and 2002. *American Journal of Clinical Nutrition*, *84*, 707 - 716.

Weaver, I. C., Cervoni, N., Champagne, F. A., D'Alessio, A. C., Sharma, S., Seckl, J. R., et al. (2004). Epigenetic programming by maternal behavior. *Nature Neuroscience*, *7*(8), 847 - 854.

Weikart, D. P. (1998). Changing early childhood development through educational intervention. *Preventive Medicine*, *27*(2), 233 - 237.

Weizman, Z. O., & Snow, C. E. (2001). Lexical input as related to children's vocabulary acquisition: Effects of sophisticated exposure and support for meaning. *Developmental Psychology*, *37*(2), 265 - 279.

Welsh, P. (2006, September 19). Students aren't interchangeable. *USA Today*, 9.

Westerberg, H., & Klingberg, T. (2007). Changes in cortical activity after training of working memory: A single-subject analysis. *Physiology and Behavior*, *92*(1 - 2), 186 - 192.

Whitener, L. A., Gibbs, R., & Kusmin, L. (2003, June). Rural welfare reform: Lessons learned. *Amber Waves*. Washington, DC: Economic Research Service, U. S. Department of Agriculture. Retrieved May 21, 2009, from www. ers. usda. gov/ AmberWaves/June03/Features/RuralWelfareReforme. htm

Wiggins, G., & McTighe, J. (2005). *Understanding by design*. Alexandria, VA: ASCD.

Williams, T., et al. (2005). *Similar students, different results: Why do some schools do better? A large-scale survey of California elementary schools serving low-income students*. Mountain View, CA: EdSource.

Williams, W. M., Blythe, T., White, N., Li, J., Gardner, H., & Sternberg, R. J. (2002). Applying psychological theories to educational practice. *Psychological Science*, *6*, 623 – 628.

Winship, C., & Korenman, S. (1997). Does staying in school make you smarter? The effect of education on IQ in *The Bell Curve*. In B. Devlin, S. E. Feinberg, D. P. Resnick, & K. Roeder (Eds.), *Intelligence, genes, and success: Scientists respond to The Bell Curve* (pp. 215 – 234). New York: Springer.

Wommack, J. C., & Delville, Y. (2004). Behavioral and neuroendocrine adaptations to repeated stress during puberty in male golden hamsters. *Journal of Neuroendocrinology*, *16* (9), 767 – 775.

Wood, C. (2002). Changing the pace of school: Slowing down the day to improve the quality of learning. *Phi Delta Kappan*, *83*(7), 545 – 550.

Wright, A. J., Nichols, T. R., Graber, J. A., Brooks-Gunn, J., & Botvin, G. J. (2004). It's not what you say, it's how many different ways you can say it: Links between divergent peer resistance skills and delinquency a year later. *Journal of Adolescent Health*, *35* (5), 380 – 391.

Yang, Y., Cao, J., Xiong, W., Zhang, J., Zhou, Q., Wei, H., et al. (2003). Both stress experience and age determine the impairment or enhancement effect of stress on spatial memory retrieval. *Journal of Endocrinology*, *178*(1), 45 – 54.

Yazzie-Mintz, E. (2007). *Voices of students on engagement: A report on the 2006 High School Survey of Student Engagement*. Bloomington, IN: Center for Evaluation and Education Policy, Indiana University.

Zhang, S. Y., & Carrasquillo, A. (1995). Chinese parents' influence on academic performance. *New York State Association for Bilingual Education Journal*, *10*, 46 – 53.

Zohar, A., Degani, A., & Vaaknin, E. (2001). Teachers' beliefs about low-achieving students and higher order thinking. *Teaching and Teacher Education*, *17*(4), 469 – 485.

Zuena，A. R.，Mairesse，J.，Casolini，P.，Cinque，C.，Alemà，G. S.，Morley-Fletcher，S.，et al. (2008). Prenatal restraint stress generates two distinct behavioral and neurochemical profiles in male and female rats. *PLoS ONE*，*3*(5)，e2170.

下卷

Aberg，M. A.，Pedersen，N. L.，Toren，K.，Svartengren，M.，Backstrand，B.，Johnsson，T.，et al. (2009). Cardiovascular fitness is associated with cognition in young adulthood. *Proceedings of the National Academy of Sciences of the United States of America* [*USA*]，*106*(49)，20906 - 20911.

Ackerman，B. P.，& Brown，E. D. (2006). Income poverty, poverty co-factors, and the adjustment of children in elementary school. *Advances in Child Development and Behavior*，*34*，91 - 129.

Adolphs，R. (2003). Cognitive neuroscience of human social behaviour. *Nature Reviews Neuroscience*，*4*(3)，165 - 178.

Adriaanse，M. A.，Gollwitzer，P. M.，De Ridder，D. T.，de Wit，J. B.，& Kroese，F. M. (2011). Breaking habits with implementation intentions: A test of underlying processes. *Personal Social Psychology Bulletin*，*37*(4)，502 - 513.

Alliance for Excellent Education. (2008). *Students of color and the achievement gap*. Washington，DC: Author. Available: http://www. all4ed. org/about_the_crisis/students/students_of_color

Alloway，T. P.，& Alloway，R. G. (2010). Investigating the predictive roles of working memory and IQ in academic attainment. *Journal of Experimental Child Psychology*，*106*(1)，20 - 29.

Alloway，T. P.，Gathercole，S. E.，Kirkwood，H.，& Elliott，J. (2009). The cognitive and behavioral characteristics of children with low working memory. *Child Development*，*80*(2)，606 - 621.

Almeida，D. M.，Neupert，S. D.，Banks，S. R.，& Serido，J. (2005). Do daily stress processes account for socioeconomic health disparities? *Journals of Gerontology Series B: Psychological Sciences and Social Sciences*，*60*(2)，S34 - S39.

Amat，J. A.，Bansal，R.，Whiteman，R.，Haggerty，R.，Royal，J.，& Peterson，B. S. (2008). Correlates of intellectual ability with morphology of the hippocampus and amygdala in healthy adults. *Brain and Cognition*，*66*(2)，105 - 114.

Appleton，J. J.，Christenson，S. L.，& Furlong，M. J. (2008). Student engagement with school: Critical conceptual and methodological issues of the construct. *Psychology in the Schools*，*45*，369 - 386.

Argyropoulos，G. P.，& Muggleton，N. G. (2013). Effects of cerebellar stimulation on processing semantic associations. *Cerebellum*, *12*(1), 83‑96.

Ariga, A., & Lleras, A. (2011). Brief and rare mental "breaks" keep you focused: Deactivation and reactivation of task goals preempt vigilance decrements. *Cognition*, *118*(3), 439‑443.

Attar, B. K., Guerra, N. G., & Tolan, P. H. (1994). Neighborhood disadvantage, stressful life events, and adjustment in urban elementary-school children. *Journal of Clinical Child Psychology*, *23*, 391‑400.

Barrouillet, P., & Lecas, J. F. (1999). Mental models in conditional reasoning and working memory. *Thinking and Reasoning*, *5*, 289‑302.

Barton, P. E. (2005). *One-third of a nation: Rising dropout rates and declining opportunities*. Princeton, NJ: Educational Testing Service.

Basch, C. E. (2011). Breakfast and the achievement gap among urban minority youth. *Journal of School Health*, *81*, 635‑640.

Baydar, N., Brooks-Gunn, J., & Furstenberg, F. (1993). Early warning signs of functional illiteracy: Predictors in childhood and adolescence. *Child Development*, *64*(3), 815‑829.

Belsky, J., Pasco Fearon, R. M., & Bell, B. (2007). Parenting, attention and externalizing problems: Testing mediation longitudinally, repeatedly and reciprocally. *Journal of Child Psychology and Psychiatry*, *48*(12), 1233‑1242.

Bequet, F., Gomez-Merino, D., Berthelot, M., & Guezennec, C. Y. (2001). Exercise-induced changes in brain glucose and serotonin revealed by microdialysis in rat hippocampus: Effect of glucose supplementation. *Acta Physiologica Scandinavica*, *173*(2), 223‑230.

Bernstein, J., Mishel, L., & Boushey, H. (2002). *The state of working America 2002‑2003*. Washington, DC: Economic Policy Institute.

Bishaw, A., & Renwick, T. J. (2009). *Poverty: 2007 and 2008 American community surveys*. Washington, DC: U. S. Census Bureau. Available: http://www. census. gov/prod/2009pubs/acsbr08‑1. pdf

Black, A. E., & Deci, E. L. (2000). The effects of instructors' autonomy support and students' autonomous motivation on learning organic chemistry: A self-determination theory perspective. *Science Education*, *84*, 740‑756.

Blackwell, L. S., Trzesniewski, K. H., & Dweck, C. S. (2007). Implicit theories of intelligence predict achievement across an adolescent transition: A longitudinal study and an intervention. *Child Development*, *78*, 263.

Bolland, L., Lian, B. E., & Formichella, C. M. (2005). The origins of hopelessness among innercity African-American adolescents. *American Journal of Community*

Psychology, *36*(3/4), 293 – 305.

Bracey, G. W. (2006). Poverty's infernal mechanism. *Principal Leadership*, *6*(6), 60.

Bradley, R. H., & Corwyn, R. F. (2002). Socioeconomic status and child development. *Annual Review of Psychology*, *53*, 371 – 399.

Bradley, R. H., Corwyn, R. F., Burchinal, M., McAdoo, H. P., & Coll, C. G. (2001). The home environments of children in the United States, Part II: Relations with behavioral development through age thirteen. *Child Development*, *72*(6), 1868 – 1886.

Brooks-Gunn, J., Guo, G., & Furstenberg, F. (1993). Who drops out of and who continues beyond high school? *Journal of Research on Adolescence*, *3*(3), 271 – 294.

Brophy, J. E. (2004). *Motivating students to learn*. Mahwah, NJ: Erlbaum.

Bryk, A. S. (2010). Organizing schools for improvement. *Phi Delta Kappan*, *91*(7), 23 – 30.

Buschkuehl, M., & Jaeggi, S. M. (2010). Improving intelligence: A literature review. *Swiss Medical Weekly*, *140*(19 – 20), 266 – 272.

Carbon, C. C. (2011). The first 100 milliseconds of a face: On the microgenesis of early face processing. *Perceptual and Motor Skills*, *113*(3), 859 – 874.

Carey, K. (2005). *The funding gap 2004: Many states still shortchange low-income and minority students*. Washington, DC: Education Trust.

Carleton, L., & Marzano, R. J. (2010). *Vocabulary games for the classroom*. Centennial, CO: Marzano Research Laboratory.

Carroll, L. (1993). *Alice's adventures in Wonderland*. New York: Dover.

Casey, B., Somerville, L., Gotlib, I., Ayduk, O., Franklin, N., Askren, M., et al. (2011). Behavioral and neural correlates of delay of gratification 40 years later. *Proceedings of the National Academy of Sciences of the USA*, *108*(36), 14998 – 15003.

Castelli, D., Hillman, C., Buck, S., & Erwin, H. (2007). Physical fitness and academic achievement in third- and fifth-grade students. *Journal of Sport and Exercise*, *29*, 239 – 252.

Castiello, U., Becchio, C., Zoia, S., Nelini, C., Sartori, L., Blason, L., et al. (2010). Wired to be social: The ontogeny of human interaction. *PLoS ONE*, *5*(10), e13199.

Catalino, L. I., & Fredrickson, B. L. (2011). A Tuesday in the life of a flourisher: The role of positive emotional reactivity in optimal mental health. *Emotion*, *11*(4), 938 – 950.

Chapman, C., Laird, J., Ifill, N., & KewalRamani, A. (2011). *Trends in high school dropout and completion rates in the United States: 1972 – 2009* (NCES 2012 – 006). Washington, DC: National Center for Education Statistics. Available: http://nces. ed.

gov/pubs2012/2012006. pdf

Chesebro, J. L. (2003). Effects of teaching clarity and nonverbal immediacy on student learning, receiver apprehension, and affect. *Communication Education*, *52*(2), 135–147.

Coe, R. (2002, September 12–14). *It's the effect size, stupid: What effect size is and why it is important*. Paper presented at the Annual Conference of the British Educational Research Association, University of Exeter, England.

Coleman-Jensen, A., Nord, M., Andrews, M., & Carlson, S. (2011, September). *Household food security in the United States in 2010*. Economic Research Report No. ERR-125. Washington, DC: Economic Research Service, United States Department of Agriculture. Available: http://www. ers. usda. gov/publications/err-economic-research-report/err125. aspx#. UVB-NXCrUmk

Compton-Lilly, C. (2003). *Reading families: The literate lives of urban children*. New York: Teachers College Press.

Cornelius-White, J., & Harbaugh, A. (2010). *Learner-centered instruction: Building relationships for student success*. Thousand Oaks, CA: Sage.

Croizet, J., & Claire, T. (1998). Extending the concept of stereotype threat to social class: The intellectual underperformance of students from low socioeconomic backgrounds. *Personality and Social Psychology Bulletin*, *24*(6), 588–594.

Daneman, M., & Carpenter, P. A. (1980). Individual differences in working memory and reading. *Journal of Verbal Learning and Verbal Behavior*, *19*, 450–466.

De Smedt, B., Janssen, R., Bouwens, K., Verschaffel, L., Boets, B., & Ghesquière, P. (2009). Working memory and individual differences in mathematics achievement: A longitudinal study from first grade to second grade. *Journal of Experimental Child Psychology*, *103*(2), 186–201.

Deci, E. L., Koestner, R., & Ryan, M. R. (1999). A meta-analytic review of experiments examining the effects of extrinsic rewards on intrinsic motivation. *Psychological Bulletin*, *125*, 627–668.

Dimberg, U., & Thunberg, M. (1998). Rapid facial reactions to emotional facial expressions. *Scandinavian Journal of Psychology*, *39*(1), 39–45.

Donnelly, J. E., & Lambourne, K. (2011). Classroom-based physical activity, cognition, and academic achievement. *Preventative Medicine*, *52* (Supplement 1), S36–S42.

Douglas-Hall, A., & Chau, M. (2007). *Most low-income parents are employed*. New York: National Center for Children in Poverty. Available: http://www. nccp. org/publications/pdf/text_784. pdf

Driemeyer, J., Boyke, J., Gaser, C., Büchel, C., & May, A. (2008). Changes in gray matter induced by learning — revisited. *PLoS ONE*, *3*(7), e2669.

Duckworth, A. L., & Quinn, P. D. (2009). Development and validation of the short grit scale (grit-s). *Journal of Personal Assessment*, *91*(2), 166 – 174.

Duncan, G. J., Brooks-Gunn, J., & Klebanov, P. K. (1994). Economic deprivation and early childhood development. *Child Development*, *65*, 296 – 318.

Duyme, M., Dumaret, A. C., & Tomkiewicz, S. (1999). How can we boost IQs of "dull children"? A late adoption study. *Proceedings of the National Academy of Sciences of the USA*, *96*(15), 8790 – 8794.

Dweck, C. (2006). *Mindset: The new psychology of success*. New York: Ballentine.

Eichen-baum, H. (2004). Hippocampus: Cognitive processes and neural representations that underlie declarative memory. *Neuron*, *44*, 109 – 120.

Eisenberger, N. I., Jarcho, J. M., Lieberman, M. D., & Naliboff, B. D. (2006). An experimental study of shared sensitivity to physical pain and social rejection. *Pain*, *126*(1 – 3), 132 – 138.

Ekman, P. (2004). *Emotions revealed: Recognizing faces and feelings to improve communication and personal life*. New York: Holt.

Elliott, J., Gathercole, S. E., Alloway, T. P., Holmes, J., & Kirkwood, H. (2010). An evaluation of a classroom-based intervention to help overcome working memory difficulties and improve long-term academic achievement. *Journal of Cognitive Education and Psychology*, *9*, 227 – 250.

Emery, R. E., & Laumann-Billings, L. (1998). An overview of the nature, causes, and consequences of abusive family relationships: Toward differentiating maltreatment and violence. *American Psychologist*, *53*, 121 – 135.

Erickson, K., Drevets, W., & Schulkin, J. (2003). Glucocorticoid regulation of diverse cognitive functions in normal and pathological emotional states. *Neuroscience and Biobehavioral Reviews*, *27*, 233 – 246.

Evans, G. W. (2003). A multimethodological analysis of cumulative risk and allostatic load among rural children. *Developmental Psychology*, *39*(5), 924 – 933.

Evans, G. W. (2004). The environment of childhood poverty. *American Psychologist*, *59*, 77 – 92.

Evans, G. W., & Kim, P. (2012). Childhood poverty and young adults' allostatic load: The mediating role of childhood cumulative risk exposure. *Psychological Science*, *23*(9), 979 – 983.

Evans, G. W., Kim, P., Ting, A. H., Tesher, H. B., & Shannis, D. (2007). Cumulative risk, maternal responsiveness, and allostatic load among young adolescents.

Developmental Psychology，*43*(2)，341－351.

Evans，G. W.，& Schamberg，M. A. (2009). Childhood poverty，chronic stress，and adult working memory. *Proceedings of the National Academy of Sciences of the USA*，*106* (16)，6545－6549.

Evans，G. W.，Wells，N. M.，& Moch，A. (2003). Housing and mental health: A review of the evidence and a methodological and conceptual critique. *Journal of Social Issues*，*59*(3)，475－500.

Feduccia，A. A.，& Duvauchelle，C. L. (2008). Auditory stimuli enhance MDMA-conditioned reward and MDMA-induced nucleus accumbens dopamine，serotonin and locomotor responses. *Brain Research Bulletin*，*77*(4)，189－196.

Fields，J. (2004). *Current population reports: America's families and living arrangements*. Washington，DC: U. S. Census Bureau. Available: http://www. census. gov/prod/ 2004pubs/p20－553. pdf

Fields，J.，& Casper，L. M. (2001). *Current population reports: America's families and living arrangements*. Washington，DC: U. S. Census Bureau.

Finn，J. D.，& Rock，D. A. (1997). Academic success among students at risk for school failure. *Journal of Applied Psychology*，*82*(2)，221－234.

Fredrickson，B. L.，& Branigan，C. (2005). Positive emotions broaden the scope of attention and thought-action repertoires. *Cognition and Emotion*，*19*，313－332.

Fredrickson，B. L.，& Joiner，T. (2002). Positive emotions trigger upward spirals toward emotional well-being. *Psychological Science*，*13*(2)，172－175.

Fredrickson，B. L.，Tugade，M. M.，Waugh，C. E.，& Larkin，G. R. (2003). What good are positive emotions in crises? A prospective study of resilience and emotions following the terrorist attacks on the United States on September 11th，2001. *Journal of Personality and Social Psychology*，*84*(2)，365－376.

Fukuda，K.，& Vogel，E. K. (2009). Human variation in overriding attentional capture. *Journal of Neuroscience*，*29*，8726－8733.

Gershoff，E. T. (2002). Corporal punishment by parents and associated child behaviors and experiences: A meta-analytic and theoretical review. *Psychological Bulletin*，*128*(4)，539－579.

Ghaith，G. M. (2002). The relationship between cooperative learning，perception of social support，and academic achievement. *System*，*30*，263－273.

Gianaros，P. J.，Horenstein，J. A.，Hariri，A. R.，Sheu，L. K.，Manuck，S. B.，Matthews，K. A.，et al. (2008). Potential neural embedding of parental social standing. *Social Cognitive and Affective Neuroscience*，*3*(2)，91－96.

Gillberg，M.，Anderzen，I.，Akerstedt，T.，& Sigurdson，K. (1986). Urinary catecholamine responses to basic types of physical activity. *European Journal of Applied Physiology*, *55*, 575–578.

Ginsberg, S. M. (2007). Teacher transparency: What students can see from faculty communication. *Journal of Cognitive Affective Learning*, *4*(1), 13–24.

Gobet, F., & Clarkson, G. (2004). Chunks in expert memory: Evidence for the magical number four ... or is it two? *Memory*, *12*(6), 732–747.

Gómez-Pinilla, F. (2008). Brain foods: The effects of nutrients on brain function. *Nature Reviews Neuroscience*, *9*(7), 568–578.

Gonzalez, V. (2005). Cultural, linguistic, and socioeconomic factors influencing monolingual and bilingual children's cognitive development. In V. Gonzalez & J. Tinajero (Eds.), *Review of research and practice* (Vol. 3) (pp. 67–104). Mahwah, NJ: Erlbaum.

Gorski, P. (2008). The myth of the culture of poverty. *Educational Leadership*, *65*(7), 32–36.

Gottlieb, D. J., Beiser, A. S., & O'Connor, G. T. (1995). Poverty, race, and medication use are correlates of asthma hospitalization rates: A small area analysis in Boston. *Chest*, *108*(1), 28–35.

Hackman, D. A., & Farah, M. J. (2009). Socioeconomic status and the developing brain. *Trends in Cognitive Sciences*, *13*(2), 65–73.

Hammack, P. L., Robinson, W. L., Crawford, I., & Li, S. T. (2004). Poverty and depressed mood among urban African-American adolescents: A family stress perspective. *Journal of Child and Family Studies*, *13*(3), 309–323.

Hamre, B. K., & Pianta, R. C. (2001). Early teacher-child relationships and the trajectory of children's school outcomes through eighth grade. *Child Development*, *72*(2), 625–638.

Hanson, J. L., Chandra, A., Wolfe, B. L., & Pollak, S. D. (2011). Association between income and the hippocampus. *PLoS ONE*, *6*(5), e18712.

Hanushek, E. (2005). The economics of school quality. *German Economic Review*, *6*(3), 269–286.

Hart, B., & Risley, T. R. (1995). *Meaningful differences in the everyday experience of young American children*. Baltimore: Brookes.

Hart, B., & Risley, T. R. (2003). The early catastrophe: The 30 million word gap by age 3. *American Educator*, *27*(1), 4–9.

Hattie, J. (2003, October). *Teachers make a difference: What is the research evidence?* Presentation at the Australian Council for Educational Research Annual Conference on Building Teacher Quality, Melbourne, Australia.

Hattie, J. (2008). *Visible learning: A synthesis of over 800 meta-analyses relating to achievement*. New York: Routledge.

Hattie, J. (2011). *Visible learning for teachers: Maximizing impact on learning*. New York: Routledge.

Hattie, J., & Timperley, H. (2007). The power of feedback. *Review of Educational Research*, *1*(77), 81 – 112.

Haystead, M. W., & Marzano, R. J. (2009). *Meta-analytic synthesis of studies conducted at Marzano Research Laboratory on Instructional Strategies*. Bloomington, IN: Marzano Research Laboratory.

Heckman, J., Humphries, J., & Mader, N. (2011). The GED. In E. Hanushek, S. Machin, & L. Woessman (Eds.), *Handbook of the economics of education* (Vol. 3) (pp. 423 – 483). Amsterdam: Elsevier.

Henry, P. C. (2005). Life stress, explanatory style, hopelessness, and occupational stress. *International Journal of Stress Management*, *12*, 241 – 256.

Hernandez, D. (2012). *Double jeopardy: How third-grade reading skills and poverty influence high school graduation*. Baltimore: Annie E. Casey Foundation. Available: http://www. aecf. org/~/media/Pubs/Topics/Education/Other/DoubleJeopardyHowThirdGrade ReadingSkillsandPovery/DoubleJeopardyReport040511FINAL. pdf

Hillman, C., Buck, S., Themanson, J., Pontifex, M., & Castelli, D. (2009). Aerobic fitness and cognitive development: Event-related brain potential and task performance indices of executive control in preadolescent children. *Developmental Psychology*, *45*(1), 114 – 129.

Hiroto, D. S., & Seligman, M. E. P. (1975). Generality of learned helplessness in man. *Journal of Personality and Social Psychology*, *31*, 311 – 327.

Hoff, E. (2003). The specificity of environmental influence: Socioeconomic status affects early vocabulary development via maternal speech. *Child Development*, *74*, 1368 – 1378.

Holmes, J., Gathercole, S. E., Place, M., Dunning, D. L., Hilton, K. A., & Elliott, J. G. (2010). Working memory deficits can be overcome: Impacts of training and medication on working memory in children with ADHD. *Applied Cognitive Psychology*, *24*, 827 – 836.

Hoy, W. K., Sweetland, S. R., & Smith, P. A. (2002). Toward an organizational model of achievement in high schools: The significance of collective efficacy. *Educational Administration Quarterly*, *38*, 77 – 93.

Hoy, W. K., Tarter, C. J., & Woolfolk-Hoy, A. (2006). Academic optimism of schools. In W. K. Hoy & C. Miskel (Eds.), *Contemporary issues in educational policy and school outcomes* (pp. 135 – 156). Greenwich, CT: Information Age.

Izard, C. E., Fine, S. A., Schultz, D., Mostow, A., Ackerman, B. P., & Youngstrom, E. A. (2001). Emotion knowledge as a predictor of social behavior and academic competence in children at risk. *Psychological Science*, *12*, 18 – 23.

Jaeggi, S. M., Buschkuehl, M., Jonides, J., & Perrig, W. J. (2008). Improving fluid intelligence with training on working memory. *Proceedings of the National Academy of Sciences of the USA*, *105*(19), 6829 – 6833.

Jensen, E. (2003). *Tools for engagement*. Thousand Oaks, CA: Corwin Press.

Jensen, E., & Nickelsen, L. (2008). *Deeper learning*. Thousand Oaks, CA: Corwin Press.

Jiang, J., Scolaro, A. J., Bailey, K., & Chen, A. (2011). The effect of music-induced mood on attentional networks. *International Journal of Psychology*, *46*(3), 214 – 222.

Jing, L., & Xudong, W. (2008). Evaluation on the effects of relaxing music on the recovery from aerobic exercise-induced fatigue. *Journal of Sports Medicine and Physical Fitness*, *48*(1), 102 – 106.

Job, V., Dweck, C. S., & Walton, G. M. (2010). Ego depletion: Is it all in your head? Implicit theories about willpower affect self-regulation. *Psychological Science*, *21*(11), 1686 – 1693.

Johnson, D. S. (1981). Naturally acquired learned helplessness: The relationship of school failure to achievement behavior, attributions, and self-concept. *Journal of Educational Psychology*, *73*(2), 174 – 180.

Johnson, D. W., & Johnson, R. (1999). *Learning together and alone: Cooperative, competitive, and individualistic learning* (5th ed.). Boston: Allyn and Bacon.

Johnston-Brooks, C. H., Lewis, M. A., Evans, G. W., & Whalen, C. K. (1998). Chronic stress and illness in children: The role of allostatic load. *Psychosomatic Medicine*, *60*(5), 597 – 603.

Jordan, A. H., Monin, B., Dweck, C. S., Lovett, B. J., John, O. P., & Gross, J. J. (2011). Misery has more company than people think: Underestimating the prevalence of others' negative emotions. *Personality and Social Psychology Bulletin*, *37*(1), 120 – 135.

Kapp, K. (2012). *The gamification of learning and instruction*. San Francisco: Wiley and Sons.

Karoly, L. A. (2001). Investing in the future: Reducing poverty through human capital investments. In S. Danzinger & R. Haveman (Eds.), *Understanding poverty* (pp. 314 – 356). New York: Russell Sage Foundation.

Kitamura, T., Mishina, M., & Sugiyama, H. (2006). Dietary restriction increases hippocampal neurogenesis by molecular mechanisms independent of NMDA receptors.

Neuroscience Letters, *393*(2 - 3), 94 - 96.

Klingberg, T., Fernell, E., Olesen, P. J., Johnson, M., Gustafsson, P., Dahlström, K., et al. (2005). Computerized training of working memory in children with ADHD: A randomized, controlled trial. *Journal of the American Academy of Child and Adolescent Psychiatry*, *44*(2), 177 - 186.

Kosfeld, M., Heinrichs, M., Zak, P. J., Fischbacher, U., & Fehr, E. (2005). Oxytocin increases trust in humans. *Nature*, *435*(2), 673 - 676.

Kozorovitskiy, Y., & Gould, E. (2004). Dominance hierarchy influences adult neurogenesis in the dentate gyrus. *Journal of Neuroscience*, *24*(30), 6755 - 7659.

Kraus, M. W., Piff, P. K., & Keltner, D. (2009). Social class, sense of control, and social explanation. *Journal of Personality and Social Psychology*, *97*(6), 992 - 1004.

Krause, C. (2011). Developing sense of coherence in educational contexts: Making progress in promoting mental health in children. *International Review of Psychiatry*, *23*(6), 525 - 532.

Kulik, J. (1998). *Curriculum tracks and high school vocational studies*. Ann Arbor, MI: University of Michigan.

Larmer, J., & Mergendoller, J. R. (2010). Seven essentials for project-based learning. *Educational Leadership*, *68*(1), 34 - 37.

Leuner, B., Caponiti, J. M., & Gould, E. (2012). Oxytocin stimulates adult neurogenesis even under conditions of stress and elevated glucocorticoids. *Hippocampus*, *22*(4), 861 - 868.

Liaw, F. R., & Brooks-Gunn, J. (1994). Cumulative familial risks and low-birthweight children's cognitive and behavioral development. *Journal of Clinical Child Psychology*, *23*(4), 360 - 372.

Lichter, D. T. (1997). Poverty and inequality among children. *Annual Review of Sociology*, *23*, 121 - 145.

Lindsey, R. B., Karns, M. S., & Myatt, K. T. (2010). *Culturally proficient education: An asset-based response to conditions of poverty*. Thousand Oaks, CA: Corwin Press.

Luby, J. L., Barch, D. M., Belden, A., Gaffrey, M. S., Tillman, R., Babb, C., et al. (2012). Maternal support in early childhood predicts larger hippocampal volumes at school age. *Proceedings of the National Academy of Sciences of the USA*, *109*(8), 2854 - 2859.

Malatesta, C. Z., & Izard, C. E. (1984). The facial expression of emotion: Young, middle-aged, and older adult expressions. In C. Z. Malatesta & C. E. Izard (Eds.), *Emotion in adult development* (pp. 253 - 273). Beverly Hills, CA: Sage.

Maldonado-Carreño, C., & Votruba-Drzal, E. (2011). Teacher-child relationships and the development of academic and behavioral skills during elementary school: A within- and between-child analysis. *Child Development*, *82*(2), 601–616.

Mangels, J. A., Butterfield, B., Lamb, J., Good, C., & Dweck, C. S. (2006). Why do beliefs about intelligence influence learning success? A social cognitive neuroscience model. *Social Cognitive and Affective Neuroscience*, *1*(2), 75–86.

Marks, H. (2000). Student engagement in instructional activity: Patterns in the elementary, middle, and high school years. *American Educational Research Journal*, *37*(1), 153–184.

McDonough, C., Song, L., Hirsh-Pasek, K., Golinkoff, R. M., & Lannon, R. (2011). An image is worth a thousand words: Why nouns tend to dominate verbs in early word learning. *Developmental Science*, *14*(2), 181–189.

McLoyd, V. C. (1998). Socioeconomic disadvantage and child development. *American Psychologist*, *53*(2), 185–204.

Menyuk, P. (1980). Effect of persistent otitis media on language development. *Annals of Otology, Rhinology, and Laryngology Supplement*, *89*(3), 257–263.

Miller, E. M., Walton, G. M., Dweck, C. S., Job, V., Trzesniewski, K. H., & McClure, S. M. (2012). Theories of willpower affect sustained learning. *PLoS ONE*, *7*(6), e38680.

Mischel, W., Shoda, Y., & Rodriguez, M. (1989). Delay of gratification in children. *Science*, *244*(4907), 933–938.

Myers, S. A., & Knox, R. L. (2001). The relationship between college student information-seeking behaviors and perceived instructor verbal behaviors. *Communication Education*, *50*(4), 343–356.

Niederer, I., Kriemler, S., Gut, J., Hartmann, T., Schindler, C., Barral, J., et al. (2011). Relationship of aerobic fitness and motor skills with memory and attention in preschoolers (Ballabeina): A cross-sectional and longitudinal study. *BMC Pediatrics*, *11*, 34.

Noble, K. G., Norman, M. F., & Farah, M. J. (2005). Neurocognitive correlates of socioeconomic status in kindergarten children. *Developmental Science*, *8*(1), 74–87.

Oberle, E., Schonert-Reichl, K. A., Lawlor, M. S., & Thomson, K. C. (2012). Mindfulness and inhibitory control in early adolescence. *Journal of Early Adolescence*, *4*(32), 565–588.

Odéen, M., Westerlund, H., Theorell, T., Leineweber, C., Eriksen, H. R., & Ursin, H. (2013). Expectancies, socioeconomic status, and self-rated health: Use of the simplified TOMCATS questionnaire. *International Journal of Behavioral Medicine*, *20*(2), 242–251.

O'Malley, G. (2011). Aerobic exercise enhances executive function and academic achievement in sedentary, overweight children aged 7 - 11 years. *Journal of Physiotherapy*, *57*(4), 255.

Pascarella, E. T., Salisbury, M. H., & Blaich, C. F. (2009, November). *Exposure to effective instruction and college student persistence: A multi-institutional replication and extension*. Paper presented at the annual conference of the Association for the Study of Higher Education, Vancouver, British Columbia, Canada.

Patall, E. A., Cooper, H., & Robinson, J. C. (2008). The effects of choice on intrinsic motivation and related outcomes: A meta-analysis of research findings. *Psychological Bulletin*, *134*, 270 - 300.

Patall, E. A., Cooper, H., & Wynn, S. R. (2010). The effectiveness and relative importance of providing choices in the classroom. *Journal of Educational Psychology*, *102*, 896 - 915.

Paul, G., Elam, B., & Verhulst, S. J. (2007). A longitudinal study of students' perceptions of using deep breathing meditation to reduce testing stresses. *Teaching and Learning in Medicine*, *19*(3), 287 - 292.

Pereira, A. C., Huddleston, D. E., Brickman, A. M., Sosunov, A. A., Hen, R., McKhann, G. M., et al. (2007). An in vivo correlate of exercise-induced neurogenesis in the adult dentate gyrus. *Proceedings of the National Academy of Sciences of the USA*, *104*(13), 5638 - 5643.

Persson, M. L., Wasserman, D., Geijer, T., Frisch, A., Rockah, R., Michaelovsky, E., et al. (2000). Dopamine D4 receptor gene polymorphism and personality traits in healthy volunteers. *European Archives of Psychiatry and Clinical Neuroscience*, *250*(4), 203 - 206.

Pianta, R. C., Belsky, J., Houts, R., & Morrison, F. (2007). Opportunities to learn in America's elementary classrooms. *Science*, *315*(5820), 1795 - 1796.

Putnam, R. (2000). *Bowling alone: The collapse and revival of American community*. New York: Simon and Schuster.

Ramirez, G., & Beilock, S. L. (2011). Writing about testing worries boosts exam performance in the classroom. *Science*, *331*(6014), 211 - 213.

Ratey, J. (2008). *Spark*. New York: Little, Brown.

Rattan, A., Good, C., & Dweck, C. S. (2012). "It's ok — not everyone can be good at math": Instructors with an entity theory comfort (and demotivate) students. *Journal of Experimental Social Psychology*, *48*(3), 731 - 737.

Razza, R. A., Martin, A., & Brooks-Gunn, J. (2012). The implications of early attentional regulation for school success among low-income children. *Journal of Applied Developmental Psychology*, *33*(6), 311 - 319.

Reed, J., & Ones, D. S. (2006). The effect of acute aerobic exercise on positive activated affect: A meta-analysis. *Psychology of Sport and Exercise*, 7, 477 – 514.

Reynolds, D., Nicolson, R., & Hambly, H. (2003). Evaluation of an exercise-based treatment for children with reading difficulties. *Dyslexia*, 9, 48 – 71.

Robb, K. A., Simon, A. E., & Wardle, J. (2009). Socioeconomic disparities in optimism and pessimism. *International Journal of Behavioral Medicine*, 16(4), 331 – 338.

Rogers, D. E., & Ginzberg, E. (1993). *Medical care and the health of the poor*. Boulder, CO: Westview Press.

Rothbart, M. K., & Bates, J. E. (2006). Temperament. In N. E. Eisenberg, W. E. Damon, & R. M. E. Lerner (Eds.), *Handbook of child psychology*, *Vol. 3: Social, emotional, and personality development* (6th ed.) (pp.99 – 166). Hoboken, NJ: Wiley.

Rowe, G., Hirsh, J. B., & Anderson, A. K. (2006). Positive affect increases the breadth of attentional selection. *Proceedings of the National Academy of Sciences of the USA*, 104, 383 – 388.

Salminen, T., Strobach, T., & Schubert, T. (2012). On the impacts of working memory training on executive functioning. *Frontiers in Human Neuroscience*, 6, 166.

Sapolsky, R. (2005). Sick of poverty. *Scientific American*, 293(6), 92 – 99.

Sargent, D., Brown, M. J., Freeman, J. L., Bailey, A., Goodman, D., & Freeman, D. H. Jr. (1995). Childhood lead poisoning in Massachusetts communities: Its association with sociodemographic and housing characteristics. *American Journal of Public Health*, 85(4), 528 – 534.

Sauter, D. A., Eisner, F., Ekman, P., & Scott, S. K. (2010). Cross-cultural recognition of basic emotions through nonverbal emotional vocalizations. *Proceedings of the National Academy of Sciences of the USA*, 107(6), 2408 – 2412.

Schmader, T., & Johns, M. (2003). Converging evidence that stereotype threat reduces working memory capacity. *Journal of Personality and Social Psychology*, 85(3), 440 – 452.

Schultz, D., Izard, C. E., Ackerman, B. P., & Youngstrom, E. A. (2001). Emotion knowledge in economically disadvantaged children: Self-regulatory antecedents and relations to social maladjustment. *Development and Psychopathology*, 13, 53 – 67.

Senay, I., Albarracín, D., & Noguchi, K. (2010). Motivating goal-directed behavior through introspective self-talk: The role of the interrogative form of simple future tense. *Psychological Science*, 21(4), 499 – 504.

Sheridan, M. A., Sarsour, K., Jutte, D., D'Esposito, M., & Boyce, W. T. (2012). The impact of social disparity on prefrontal function in childhood. *PLoS ONE*, 7(4), e35744.

Shernoff, D., Csikszentmihalyi, M., Schneider, B., & Shernoff, E. S. (2003). Student engagement in high school classrooms from the perspective of flow theory. *School Psychology Quarterly*, *18*(2), 158–176.

Silverman, M., Davids, A., & Andrews, J. M. (1963). Powers of attention and academic achievement. *Perceptual and Motor Skills*, *17*, 243–249.

Skipper, J. I., Goldin-Meadow, S., Nusbaum, H. C., & Small, S. L. (2009, April 28). Gestures orchestrate brain networks for language understanding. *Current Biology*, *19*(8), 661–667.

Slack, K. S., Holl, J. L., McDaniel, M., Yoo, J., & Bolger, K. (2004). Understanding the risks of child neglect: An exploration of poverty and parenting characteristics. *Child Maltreatment*, *9*(4), 395–408.

Slepian, M. L., & Ambady, N. (2012). Fluid movement and creativity. *Journal of Experimental Psychology: General*, *141*(4), 625–629.

Smith, J. R., Brooks-Gunn, J., & Klebanov, P. K. (1997). Consequences of living in poverty for young children's cognitive and verbal ability and early school achievement. In G. Duncan & J. Brooks-Gunn (Eds.), *Consequences of growing up poor* (pp. 132–189). New York: Russell Sage Foundation.

Söderqvist, S., Nutley, S. B., Peyrard-Janvid, M., Matsson, H., Humphreys, K., Kere, J., et al. (2012). Dopamine, working memory, and training induced plasticity: Implications for developmental research. *Developmental Psychology*, *48*(3), 836–843.

Spiegel, C., & Halberda, J. (2011). Rapid fast-mapping abilities in 2–year–olds. *Journal of Experimental Child Psychology*, *109*(1), 132–140.

Spilt, J. L., Hughes, J. N., Wu, J. Y., & Kwok, O. M. (2012). Dynamics of teacher-student relationships: Stability and change across elementary school and the influence on children's academic success. *Child Development*, *83*(4), 1180–1195.

Stallard, M. L. (2007). *Fired up or burned out: Flow to reignite your team's passion, creativity, and productivity*. Nashville, TN: Nelson.

Steele, C. M., & Aronson, J. (1995). Stereotype threat and the intellectual test performance of African Americans. *Journal of Personality and Social Psychology*, *69*(5), 797–811.

Steptoe, A., Wardle, J., & Marmot, M. (2005). Positive affect and health-related neuroendocrine, cardiovascular, and inflammatory processes. *Proceedings of the National Academy of Sciences of the USA*, *102*(18), 6508–6512.

Taki, Y. (2010). Breakfast staple types affect brain gray matter volume and cognitive function in healthy children. *PLoS ONE*, *5*(12), e15213.

Tasset, I., Quero, I., García-Mayórgaz, Á. D., del Rio, M. C., Túnez, I., & Montilla, P. (2012). Changes caused by haloperidol are blocked by music in Wistar rat. *Journal of Physiology and Biochemistry*, *68*(2), 175 - 179.

Taubert, M., Lohmann, G., Margulies, D. S., Villringer, A., & Ragert, P. (2011). Long-term effects of motor training on resting-state networks and underlying brain structure. *Neuroimage*, *57*(4), 1492 - 1498.

Temple, E., Deutsch, G. K., Poldrack, R. A., Miller, S. L., Tallal, P., Merzenich, M. M., et al. (2003). Neural deficits in children with dyslexia ameliorated by behavioral remediation: Evidence from functional MRI. *Proceedings of the National Academy of Sciences of the USA*, *100*(5), 2860 - 2865.

Thibodeau, L. M., Friel-Patti, S., & Britt, L. (2001). Psychoacoustic performance in children completing Fast ForWord training. *American Journal of Speech-Language Pathology*, *10*(3), 248 - 257.

Thorell, L. B., Lindqvist, S., Nutley, S. B., Bohlin, G., & Klingberg, T. (2009). Training and transfer effects of executive functions in preschool children. *Developmental Science*, *12*, 106 - 113.

Tomarken, A. J., Dichter, G. S., Garber, J., & Simien, C. (2004). Resting frontal brain activity: Linkages to maternal depression and socio-economic status among adolescents. *Biological Psychology*, *67*(1 - 2), 77 - 102.

Trappe, H. J. (2010). The effects of music on the cardiovascular system and cardiovascular health. *Heart*, *96*(23), 1868 - 1871.

Treadway, M. T., Buckholtz, J. W., Cowan, R. L., Woodward, N. D., Li, R., Ansari, M. S., et al. (2012). Dopaminergic mechanisms of individual differences in human effort-based decision-making. *Journal of Neuroscience*, *32*(18), 6170 - 6176.

Trentacosta, C. J., & Izard, C. E. (2007). Kindergarten children's emotion competence as a predictor of their academic competence in first grade. *Emotion*, *7*(1), 77 - 88.

Valentine, J., & Collins, J. (2011, April 11). *Student engagement and achievement on high-stakes tests: A HLM analysis across 68 middle schools*. Paper for the Annual Conference of the American Educational Research Association, New Orleans, Louisiana.

van Wouwe, N. C., Band, G. P., & Ridderinkhof, K. R. (2011). Positive affect modulates flexibility and evaluative control. *Journal of Cognitive Neuroscience*, *23*(3), 524 - 539.

Vandrick, S. (2000, March 14 - 18). *Language, culture, class, gender, and class participation*. Paper presented at the Annual Meeting of Teachers of English to Speakers of Other Languages, Vancouver, British Columbia, Canada.

Wadsworth, M. E., Raviv, T., Compas, B. E., & Connor-Smith, J. K. (2005). Parent and adolescent responses to poverty-related stress: Tests of mediated and moderated coping models. *Journal of Child and Family Studies*, *14*(2), 283–298.

Walker, D., Greenwood, C., Hart, B., & Carta, J. (1994). Prediction of school outcomes based on early language production and socioeconomic factors. *Child Development*, *65*, 606–621.

Wang, C., Szabo, J. S., & Dykman, R. A. (2004). Effects of a carbohydrate supplement upon resting brain activity. *Integrative Physiological and Behavioral Science*, *39*(2), 126–138.

Wang, Y., & Zhang, Q. (2006). Are American children and adolescents of low socioeconomic status at increased risk of obesity? Changes in the association between overweight and family income between 1971 and 2002. *American Journal of Clinical Nutrition*, *84*, 707–716.

Wanless, S. B., McClelland, M. M., Acock, A. C., Ponitz, C. C., Son, S. H., Lan, X., et al. (2011). Measuring behavioral regulation in four societies. *Psychological Assessment*, *23*(2), 364–378.

Weinreb, L., Wehler, C., Perloff, J., Scott, R., Hosmer, D., Sagor, L., & Gundersen, C. (2002). Hunger: Its impact on children's health and mental health. *Pediatrics*, *110*(4), e41.

Wentzel, K. R., Barry, C. M., & Caldwell, K. A. (2004). Friendships in middle school: Influences on motivation and school adjustment. *Journal of Educational Psychology*, *96*(2), 195–203.

Wild, B., Erb, M., & Bartels, M. (2001). Are emotions contagious? Evoked emotions while viewing emotionally expressive faces: Quality, quantity, time course and gender differences. *Psychiatry Research*, *102*(2), 109–124.

Williamson, M. (1996). *A return to love: Reflections on the principles of A* Course in Miracles. New York: Harper Paperbacks.

Wu, M. (2012). *The irreplaceables: Understanding the real retention crisis in America's urban schools*. Available: http://tntp.org/irreplaceables/dcps

Xue, Y., Leventhal, T., Brooks-Gunn. J., & Earls, F. J. (2005). Neighborhood residence and mental health problems of 5- to 11-year-olds. *Archives of General Psychiatry*, *62*(5), 554–563.

Yazzie-Mintz, E. (2007). *Voices of students on engagement: A report on the 2006 High School Survey of Student Engagement*. Bloomington, IN: Center for Evaluation and Education Policy, Indiana University. Available: http://ceep.indiana.edu/hssse/images/HSSSE%20Overview%20Report%20-%202006.pdf

译后记

改革开放 40 多年来,中国的扶贫工作取得了举世瞩目的成就,成为全球最早实现联合国千年发展目标中减贫目标的发展中国家,为全球减贫事业作出了重大的贡献。这些成就的取得得益于中国政府动员全党全国全社会的力量,尤其是党的十八大以来精准脱贫方略的实施。因此,联合国秘书长古特雷斯为"2017 年减贫与发展高层论坛"发来贺信,盛赞中国的精准减贫方略"是帮助最贫困人口实现 2030 年可持续发展议程宏伟目标的唯一途径"。

这些年来,我们团队致力于从教育神经科学的研究视角来探索贫困生的有效教学与阻断贫困的教育策略。2012 年,我们翻译出版了海伦·阿巴兹的《贫困生的有效学习:来自认知神经科学的前沿观点》一书,2018 年我们发表了《贫困代际传递的神经机制及教育干预策略》一文,该文被收入李宇明教授主编的《语言与贫困问题研究》一书。《贫困生的有效教学与有效投入》的翻译出版,是从教育神经科学视角来研究贫困生有效教学的又一本力作。

本书分为上、下卷。上卷从理论和实践两个层面介绍了贫困对学生的影响以及在贫困生培养方面有着成功经验的学校教育案例。下卷针对贫困生的课堂学习投入问题,解析了影响学习投入的相关因素,提出了面向不同阶段学生的干预措施。本书作者埃里克·詹森是一名有着丰富教育经验的教师,长期致力于教育神经科学的研究,出版了大量著作。他将教育神经科学的研究成果运用于贫困生的教学实践,使得贫困生的独特教学问题受到关注。作者在书中用通俗易懂的语言介绍了认知神经科学领域关于贫困对学生影响的相关研究结论,详细解释了基于这些研究结论提出的教育干预措施及具体实施步骤,架起了理论与实践之间的桥梁,使得研究者和从事一线教育工作的实践者均能在阅读此书的过程中有所收获。我们期望书中介绍的贫困生的有效教学策略可以为解决中国贫困生的教育问题提供借鉴经验。需要指出的是,书中大部分研究结论和实践策略均基于美国国情,其中关于种族、联邦国家教育管理体制方面的问题和经验与中国国情并不一定相符,但是作者根据贫困对脑结构和功能的影响来全方位地考虑贫困生的认知神经机制以及心理和行为因素,探索课堂和学校两个层面干预策略的研究与实践思路,正是中国现阶段教育精准扶贫工作所需要的,也是值得该领域的研究者与实践者借鉴的。我们期待本书能为该领域的研究者和实践者提供新的思路与视角。

本书初稿的翻译分工情况如下:上卷:导言,张哲;第一章,周加仙、张哲;第二章,黄学军、张哲;第三章,周加仙、李素婷;第四章,郭晴晴、周加仙;第五章,丁秋露;第六章,黄学军。下卷:致谢、前言、导言、第七章、第八章,金固伦;第九章、第十章,王艺睿;第十一章、第十二章,周萍;第十三章,周加仙、冯嘉琳;第十四章,冯嘉琳、周加仙;第十五章,王璇。在此基础上,张哲、周加仙对全书进行了重译、修改与校对,最后由周加仙审定全部译稿。

受时间和译者水平的限制,本书在翻译中难免存在一些疏忽和表达不恰当之处,诚挚地希望广大读者批评指正。

周加仙　张哲

2020 年 4 月 8 日